郭豫斌◎主編

圖解世界史【古代卷】

文明的起源和繁榮

西元前3500年至西元475年的世界故事

好讀出版

目　錄

印度河文明

希臘文明

羅馬文明

如何閱讀本書

閱讀導言

歷史對於整個人類，就像記憶對於我們每個人一樣，它說明我們現在做的是什麼，爲什麼我們這樣做，以及我們過去是怎樣做的。因此誰要想瞭解世界，就必須知道它的歷史。

《圖解世界史》是這樣的一本書，我們希望透過一些通俗的語言和故事體裁，對世界歷史做一個概述。它只講其中最重要的事件、人物和對關鍵階段的描述，選擇了一種最易認識整個世界面貌的簡明形式。一本生動的書，總能多吸引一位讀者，對文化傳承的意義更大。這本書可以作爲歷史專著的補充讀物。你可以用非常休閒的方式去閱讀它，讀讀停停，我們相信在歷史人文的浪漫風景中，你不會感到乏味。

舒適的版面安排

現代人讀書，比起以往的讀者更能夠享受多樣的人性化空間，這是時代的進步，也是閱讀革命和讀圖時代給閱讀者的饋贈。充滿美學的版式設計，使閱讀者毫不疲倦地從每一單元中，輕鬆獲得豐富的資訊。

關於圖片

「讀圖」是我們這個時代的閱讀時尚，因而被冠以「讀圖時代」的雅名。其實這只是人類視覺元素的進化，文字是符號，圖片也是符號，兩者相得益彰。本書在詮釋圖片時，盡可能提供一種嶄新的角度，使其和故事呼應補充。細心的讀者也許會發現，其實在圖片中還隱藏了許多用文字無法表述清楚的故事，這就是圖片的神奇魅力。我們相信每位讀者都能讀出自己的故事。

提綱式的閱讀指南

我們在每一篇故事前特別安排了提要的文字，對於急切吸收內容的讀者，這足以讓他記住這個故事。在每篇故事下還設置了小標題，盡可能地幫助讀者理清楚內容的脈絡。

關於「人文歷史百科」

這是爲故事的背景和關聯知識提供的一個櫥窗。透過「人文歷史百科」，你不會爲自己對某些知識或枯燥的數字，存在模糊的印象而感到不安。「人文歷史百科」和每個主題故事巧妙地融合在一起，讓你感受到閱讀的精采。

對表格的利用

有些故事牽涉的項目十分複雜，我們盡可能採用表格的形式，使之一目了然。這些表格對知識的歸納和記憶，定能發揮相當作用。

排列故事序號，便於索引資料。

004.美尼斯統一埃

在上古時代帝王中，古埃及的美尼斯恐
一個浩浩大國的君主。

戰國時代的埃及

尼羅河定期的氾濫帶來了肥
色土壤，在這塊肥沃土地上，滋
來越多的人，於是有了農耕、
字、有了神廟、有了智慧，也有
和富人，以及爲爭奪財富發生的戰

早在氏族社會末期，古埃及
了城市。以這些城市爲中心，加
的許多村莊，就組成許多小王國
及人稱爲「斯派特」，希臘人稱
姆」。到了西元前四千年末，尼羅
便出現了幾十個以原始城市爲中
王國，奉行弱肉強食的原則，沒
的朋友，也無永久的敵人。各王
爭奪土地、水源、奴隸和財富，
行戰爭。各國之間關係時好時壞
時和，就這樣毫不厭倦地折騰了
年。在埃及南部黑拉康玻里一座
牆壁上，繪有一幅壁畫，描繪人
石槌、弓
器，在船
地上進行

←戴白色王冠的美尼
大約在西元前310
及堤尼斯州的統
逐漸強大起來，
軍隊攻打下埃及，
羅河三角洲一帶
幾天幾夜的決戰，
於打敗了下埃及。

30

故事小標題，提示故事內容。

故事名稱。

提綱式導讀：概括故事內容，提示故事精華。

表格形式：幫助讀者對知識的歸納和記憶。

→美尼斯頭像

一個了，他是古埃及的統一者，也是世界上第

第一王朝的誕生

【人文歷史百科】

古城孟斐斯

孟斐斯是世界上最古老的城市之一，有近五千年的歷史，是埃及古王朝時期的首都。遺址位於開羅以南的拉伊納村。孟斐斯有著名的階梯金字塔，它是古埃及的第一座金字塔，此外還有巨大的拉姆西斯二世花崗岩雕像以及其他古跡。

場面，讓我們可以瞭解到當時戰爭的殘酷情況。

在這些散亂的小王國中，他們的首領都擁有領地內軍事、行政、司法、祭祀的大權，也有自己的保護神，例如鷹神、公牛神、狼神、鱷魚神等，實際上這些神就是原來各個氏族部落崇拜的圖騰。在一塊出土的浮雕石板上，描繪了以獅子、鷹和朱鷺等鳥獸爲圖騰的小王國，聯合在一起凶猛地追殺敵人。畫面上的敵人有的已死亡，有的正被噬殺。畫面上方有兩面旗幟，其頂端站著鷹和朱鷺，下面綁著兩名行走模樣的戰俘，象徵著鷹和朱鷺王國捕捉到的俘虜。

經過多年混戰，戰亂的古埃及終於形成了兩個霸主王國。南方的河谷地帶爲上埃及，北方的三角洲地帶爲下埃及，分界點約在今天的開羅。上埃及崇尚白色，國王頭戴白冠，國庫稱「白屋」，崇拜鷹神荷魯斯；下埃及崇尚紅色，國王頭戴紅冠，國庫稱「紅屋」，崇拜蜜蜂神或眼鏡蛇神。

美尼斯家族所在的王國，擴張前位於上埃及的最南端，作爲埃及南部邊境的守護者，他們可能是在與南方蠻族的衝突中掌握了作戰的技巧，後來在統一埃及的內戰中顯示出了這種本領。美尼斯也許是我們能追溯到最早的軍事統帥，他在西元前3100年前後成爲上埃及國王，並且發動了征服下埃及的大規模戰爭。戰爭的慘烈場景已經湮沒在五千年的歷史長河中了，但其結果帶給埃及永恆的歷史輝煌。

美尼斯征服了下埃及王國，成爲第一個得到「上下埃及國王」稱號的君主。在凱旋儀式上，下埃及國王沮喪地摘下象徵權力的紅色王冠，跪地拱手把它奉獻給美尼斯。美尼斯大宴功臣，加官晉爵，犒勞軍隊。從此，美尼斯自稱「上下埃及之王」，有時戴白冠，有時戴紅冠，有時甚至得意地兩冠一起戴。不過人有旦夕禍福，有一天美尼斯帶著衛隊出城捕殺河馬，哪知水中竟藏有一頭飢餓凶猛的鱷魚，趁美尼斯站在河邊專注獵物之機，張開血盆大口，一口將這位顯赫的埃及王拖入水中給「美餐」掉了。也許，這只是一個

古埃及王朝表	
第一王朝	西元前 3100年～前 2890年
第二王朝	西元前 2890年～前 2686年
第三王朝	西元前 2686年～前 2613年
第四王朝	西元前 2613年～前 2498年

恐怖而有趣的歷史傳聞。

關於這場戰爭，在開羅博物館珍藏的一塊浮雕石板上有生動的記載。石板正面手持權杖的很可能就是美尼斯本人，他緊抓著戰敗者的頭髮。右上角的隼是埃及的主神之一荷魯斯（Horus），象徵國王，用繩索牽著橢圓形上有鬍鬚的人頭，代表征服的土地；隼足踏六根植物的枝條，表示六千俘虜；下面的魚叉和內有波浪線的方塊，可能表示被征服的國家瀕海。

埃及的統一在歷史上意義重大，使埃及逐漸形成了比較完善和穩定的國家體制，埃及文明迅速超越了紛爭不斷的兩河流域文明。古埃及的三十一個王朝由此開始，就像尼羅河一樣綿綿漫長。

←美尼斯調色板，高 63公分

美尼斯是古埃及第一王朝（西元前 3100年至前 2890年）國王。調色板正面當中的美尼斯頭戴王冠，右手持權杖，左手抓著敵人頭髮作扣擊狀；右上方立一雄鷹，爪下有一人頭和六根紙草，代表六千名俘虜。

尼羅河文明 31

人文歷史百科：為故事的背景和關聯知識提供的精采櫥窗。

圖片：補充表現故事的形象，展現圖片中隱藏的故事。

圖片文字說明：提供一種嶄新的角度，使圖片和文字故事呼應補充。

西元前3500年至西元475年的世界文明的起源和繁榮

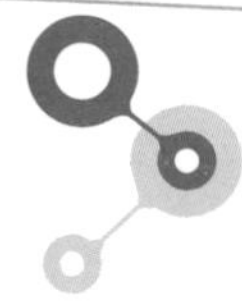

文明的開端——史前文明回顧和農人時代來臨

>> 我們所居住的地球已有四十六億歲。它在三十億年前出現了生命，三百二十萬年前開始了人類的發展。

>> 原始社會是一段漫長的歷史。在這段時間裡，人類跨出了巨大而又緩慢的進化腳步。在創造文字之前，人類曾有一段使用石製武器和工具的漫長時期。因此，假如我們要想知道在那遙遠而混沌的過去，人類遠祖們所經歷的任何事情，就必須研究腳下的石頭。

>> 舊石器時代晚期並不僅以石器打鑿成薄片的技術的進步而著稱。這一時期至少出現了三種開創性的發明：狗的馴化、弓箭、繪製和仿造人類和動物的形體。狗原本是人類的對手，舊石器時代晚期的獵人們將牠馴養爲人類的忠實夥伴，這一功績使人類第一次取得了讓動物服務於人類的機會。舊石器時代晚期的人類，利用木料的彈性發明了弓箭，透過拉開弓弦增強肌肉的力量，使射出去的東西比徒手投擲得更遠。至於繪畫和仿造人獸圖形，這是人類知道最早的視覺藝術作品。

>> 約一萬兩千至一萬年前的時代，被稱爲「新石器時代」。新石器時代最早的技術發明，乃是創發磨製工具並使之成型的方法。這不僅使工具的形狀更符合人類生活的需求，也使遠古人們擴大了活動與獲取物質的範圍。

>> 有一些史學家把歷史局限在有文字記錄的年代，在最近的五、六千年。在本書中，我們將不劃出這樣的分界線，但我們將講到兩類歷史。凡是根據文字記錄的，我們叫它「記錄的歷史」。其他一類，即較遠古的一類，由石頭、骨骼以及其他遺物拼湊而成的，我們就叫它「沒有記錄的歷史」。

>> 近東是各古老文明的發祥地，不管過去或現在，它都是歐、亞、非三大洲的會合點。這是環繞東地中海一大片半圓形的區域，含括埃及、敘利亞、美索不達米亞、小亞細亞、愛琴海諸島、克里特島和希臘半島等地。

>> 農業和畜牧業，無疑是人類迄今最重要的發明。它們一直是人類生活的經濟基礎，儘管某些時候和某些地方，它們被商業和製造業奪去了光彩，但長久以來，它們仍舊扮演了維持人類生活經濟基礎的角色。這種機制，不啻可視

爲一種讓人類和其他物種同時獲得繁衍的條件。

>>葡萄、橄欖、無花果、櫻桃、桃、蘋果、梨以及牛、山羊和綿羊，可能都產於西南亞，並在新石器時代得到馴化。但稻米、塊根植物、檸檬和香蕉以及駝牛、象和駱駝這些阿拉伯和中亞動植物，是在西亞以外地區得到馴化的，而這些馴化之功或都是獨立完成的，甚至不是透過西亞的刺激擴散激起的。

>>當歐洲人還在四處遊獵和採集時，生活在兩河流域美索不達米亞地區的蘇美人，已經創造了人類的第一個高度文明。他們發明了車輪以及由毛驢或牛牽引的犁具；修建了可容五萬人的城市，保護城市阻擋洪水的堤壩及可以灌溉農田的河渠。

>>我們現在從沒有記錄歷史的朦朧年代過渡到有記錄歷史的光明年代，這都得感謝文字的發明。這項偉大的發明是在人們的生活中緩慢地創製和衍生的。從西元前3500年（或更早些）開始，到西元前五百年爲止，橫跨整個銅器和青銅時代，直到進入鐵器時代。

>>在近東、尼羅河流域、幼發拉底河流域、克里特島和愛琴海諸島嶼，都產生了豐富的文化搖籃。那些古代的近東文明，由於並肩成長，因而有不少共通點，它們不僅交換商品，也交換了彼此的思想和發明。如果能把所有近東文明的歷史都結合起來作一個單一的敘述，我們也許可以更清楚地看出，它們之間是如何仿效和互相影響。

尼羅河文明——神祕的埃及

>>埃及是尼羅河的贈禮，埃及的肥沃土壤正是來自這條大河。許多世代以前，狹窄的尼羅河谷兩旁的高原，水量十分充沛，因此古埃及人稱他們的國土爲「黑土」，有其緣由。這黑色土壤不僅肥沃、富有生產力，在其之上發展出來的農作，更成爲埃及人賴以生存的根基。尼羅河流域和幼發拉底河流域都有古代世界穀倉之稱。這些人類的早期搖籃，爲人類貢獻出豐富的文化基產。

>>法老時代的埃及人在開發尼羅河下游河谷及三角洲叢林沼澤的過程中，創立了第二個最古老的地區文明。

>>古代埃及人學習書寫，最初是畫圖，後來用某些符號代替發音。他們最古老的文字記錄，可遠溯至西元前3500年。文字的發明是埃及古代史上最重要的事件，對人們的思想生活發揮了莫大影響。比如商業生活的發展迅速，因爲有了文字，帳目和契約都有據可循。對政府的成長也有幫助，法律用文字寫下，官吏可上呈報告給法老，法老也可給他的官吏們頒布書面命令。

>> 埃及人是偉大的建築家。和大多數古代民族一樣，埃及人最美麗的建築物是廟宇、宮殿和墳墓。因爲古埃及人相信有來生，他們不僅爲死者提供食物、飲料、武器，甚至擦臉的油膏，而且還煞費苦心地設法保存遺體。因此，他們發明一種擦油保屍的技術，並以石頭建造墳墓。他們盡量保持肉身的完好狀態，讓靈魂隨時回歸，爲了擔起這樣的重責大任，墳墓必須堅固密閉。而至高無上的法老們擁有大量的財富和許多可供他們驅使的僕役，便建起了巨大而堂皇的超級墳墓——（拉普）金字塔。

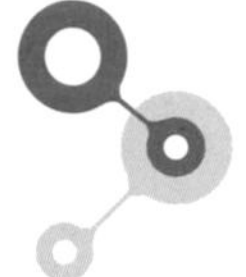

兩河文明——燦爛的美索不達米亞與波斯帝國的興起

>> 在美索不達米亞地區有一個著名的早期民族，就是蘇美人。他們在有水利灌溉的河流平原上種植小麥和大麥，並牧養供乳的家畜、紡織布匹以及製造陶罐。蘇美人和埃及人一樣，也使用石製工具，但他們在西元前四千年或更早些便已知使用銅。

>> 蘇美民族所建立的很多城市，曾長期被來自西方的閃族入侵者所統治。他們最偉大的國王是薩爾貢，其帝國幅員廣大。約在西元前2870年，他在美索不達米亞北方，即現在的巴格達城附近建立了都城「阿卡德」。有一段很長的時期，幼發拉底河流域下游的一部分地區被稱爲「阿卡德」。同時，這地區也被稱爲「巴比倫尼亞」，由巴比倫城得名。

>> 巴比倫是古代世界的著名城市之一。西元前四千年左右，巴比倫的漢摩拉比王是古代美索不達米亞的名君，他征服了整個阿卡德和蘇美。儘管武功顯赫，漢摩拉比最引以自豪的，卻是自己所疏通的大灌溉運河和所建築的華麗廟宇。今日人們對漢摩拉比最爲知曉的，還是他下令編纂的那部法典。這法典曾刻在一塊黑色石頭上，即著名的「漢摩拉比石碑」，在出土之前已歷經了四千年之久了。

>> 在漢摩拉比的法律保護之下，商業繁盛起來了，這可從千萬塊泥板中得到證明。穀物、油類、棗子、皮革和陶罐，都經由背負重載的驢子組成的商隊，運輸到鄰近國家去，換回金、銀、銅、石頭、木料、鹽、奴隸及其他許多貨物。

>> 漢摩拉比的繼承人繼續建築廟宇，用豐盛的祭物供獻神祇，建立城市，並挖掘灌溉運河。巴比倫帝國末代君王於西元前1926年被好戰的西臺人給推翻。

>> 在埃及、美索不達米亞和克里特早期諸王國的漫長歷史中，青銅是製造工具和武器的金屬。但到了西元前1100年前的某個時期，熔化鐵礦石把它模鑄出

需要的形狀和銳利度等技巧已開始應用。這對於近東的諸王國和諸帝國具有驚人的影響，那些「使用鐵」的民族能夠征服其他的民族。鐵成爲一項重要的商品，眾民族爲了爭奪鐵礦，引起了許多戰爭。亞述人在泥板上寫字、騎馬、駕戰車，並以強弩射箭。他們的戰車隊和騎兵隊威震遠近。他們的矛手、劍手和射手組成的步兵，在作戰時都是組成不易攻破的密集隊形或方陣。到西元前十一世紀的時候，亞述人已使用鐵兵器作戰了。

＞＞從西元前十一世紀開始，亞述有過一長串好戰的國王，幾乎每年都要召集他們的人民放下耕犁，拿起刀劍，進行一次次猛烈的侵略戰爭。國王們自己也身在戰場上，在殘殺中鍛鍊得異常強悍，他們的暴行和他們的名字一樣都可列成長表。

＞＞古代波斯是北至裏海，南達波斯灣之間、多山的伊朗高原的一部分。這個高原的另一部分是米提。米提人和波斯人常是合在一起提的，他們居處相鄰，在歷史上也同時出現，或有近親關係，因而都自稱爲伊朗人。約西元前550年，波斯王居魯士征服了米提。居魯士精通戰術，雄心似火，一生的事業就是從事征服和侵略戰爭。他征服了整個小亞細亞，並在西元前539年，把巴比倫變成了波斯的屬國。居魯士帝國除了美索不達米亞以外，還含括了巴比倫的敘利亞屬地。這個新興的波斯帝國繼承了此地區傑出的文化。波斯人從古代美索不達米亞繼承了楔形文字；直接或間接地從亞述人那裡承襲了建築術、軍隊組織以及統治一個帝國的方法。

＞＞當我們把近東——這個「舊世界的心臟」，也就是文明歷史開始的地方——記在心裡的時候，我們切不可忘記還有遠東和美洲大地。中國、印度和遠東的其他國家都存在著古老的文化；美洲雖然在人類歷史中比較年輕，在好幾千年前也有了自己的文明。遠東是被沙漠和山脈隔開了，而新大陸也被海洋隔開。但所有近東、遠東和新大陸，甚至在古代都已有過一些聯繫，它們對於近代世界都有豐富的貢獻。

＞＞希伯來人，有「以色列兒女」之謂，他們的神聖著作構成猶太人的聖書和基督教聖經中的《舊約全書》。他們是游牧民族，他們到處遊蕩，爲牛羊尋找牧場。《舊約全書》告訴我們，希伯來人是怎樣在一個饑荒時期南下到埃及，後來受到壓迫又逃走了，並經過漫長的遊蕩後才回到巴勒斯坦。

＞＞以色列對世界主要的貢獻，是它的神靈福音：向世人發出警告，不可崇拜偶像，反對多神信仰，堅持奉祀唯一且至高無上的上帝——耶和華。有些希伯來人認爲耶和華是他們那個部落或民族獨有的神，然而一些較大部分的教師們卻認為耶和華是全人類的上帝，是至公和至聖的。這種上帝的觀念及其十誡和其他崇高的教義，給予世界一個在宗教和道德上新的標準。

印度河文明

>> 印度半島是個巨大的三角形，它的底基由高聳的興都庫什山和喜馬拉雅山脈所組成；尖端則是一個不規則的、楔形的酷熱平原，向南伸入印度洋。印度本身幾乎自成一個大陸。它像中國一樣，由於沙漠和高山的天然障礙，與歐洲和近東隔斷。此外，它三分之二的疆界受到海水的沖刷，在遠古時候，曾有一些航行的船隻，在印度和美索不達米亞之間做過小幅的海上貿易。

>> 古代印度透過美索不達米亞接受了腓尼基的字母。鐵也是外來的，最初從西方輸入。同樣地，侵略者也偶爾從北方越過高山，長驅直入到肥沃的印度河流域和恆河流域。

>> 1931年，在印度河沿岸極深的泥層之下，發現了一座五千年前的古城遺址。在遺址上發現了具有良好建築工藝的磚屋、雕像、陶罐和銅碑，證明印度至少在西元前三千年左右，早已存在和埃及與蘇美相似程度的文明。

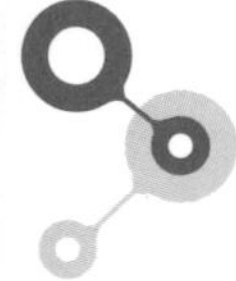

希臘文明——消失的克里特文明與希臘古典文化

>> 位於東地中海希臘南面、埃及西北方的，是一座多山的長島，即克里特島。直到西元十九世紀結束之前，歷史學家們從沒有想到克里特島曾是一個古帝國的發祥地。但從某個時刻起，那裡掩埋的廢墟被發掘了，它告訴了我們一個富庶的帝國和它突然發生的悲劇故事。

>> 在埃及的金字塔建立之前，克里特島上的居民已開始使用銅、製造陶罐、建造村落，也許還冒險在海上行船。他們是否曾航行到埃及，或者埃及人曾來到克里特島，我們無從知道。但這兩個國家顯然彼此有過接觸，從克里特的陶器、武器和各種金屬器具的製造者中，可發現向埃及學來了很多東西。克里特藝術家們因為模仿和改造埃及的圖案，變得更加精巧了。克里特成為埃及文化向北傳播的重要通道。

>> 從西元前3400年到前1200年的兩千多年裡，克里特是地中海文明重心之一，而這個時期被稱為「邁諾安」時代。在希臘傳說中克里特的國王叫做米諾斯。大體上講，克里特的邁諾安時代所包括的時期，相當於埃及自古王國起到帝國的衰亡，又相當於美索不達米亞自蘇美諸城邦時代起，到巴比倫加喜特王朝統治之末為止。

＞＞大約從西元前2000年到西元前1400年間，克里特文化達到了頂峰。據發掘的材料顯示，當時克里特擁有很富庶的城市，其中最大的是克諾索斯。克諾索斯的統治者便是全島之王，他在希臘和其他地方建立了殖民地。根據克諾索斯宮殿廢墟所顯示的，國王既有眾多的機匠、珠寶工匠、藝術家和僕役，還有聽他指揮的許多官吏和辦事人員。在宮殿的儲藏室裡有一排排的大罐子，裝著橄欖油、酒和穀物，還找出了大批的泥板，上面寫著政府檔案和各類記事。

＞＞大約在西元前1400年，在克里特發生了一個突然而神祕的悲劇。克諾索斯的偉大王宮被劫掠和焚毀了，克里特的其他城市也遭到了同樣的殘酷命運。是叛亂還是地震？很可能是外來敵軍打敗或躲過了克里特海軍，突然侵犯了那些富庶城市，劫走了豐富的財物。也許那些入侵者就是從希臘半島，或者從邁錫尼來的海盜。

＞＞克諾索斯被劫掠後的一段時期，愛琴海區域出現過一次大規模的向南遷徙。這是一個遷徙和侵略的時期，一隊隊的冒險者到處打家劫舍，從故鄉被趕出來的各族人民，不得不向新的土地尋找定居之處。一些流浪者乘船漂流在海上，另一些人卻乘著笨重的兩輪車，從陸地上通過小亞細亞和敘利亞。他們最先的幾批人遇到了從埃及來的一支軍隊，被打敗而遭殺害。但是在他們以後出來的人們，就在敘利亞和巴勒斯坦定居了下來。

＞＞希臘人是過往時間的繼承者，同時也是優秀的遺產管理者。他們接受了前人許多東西，也留給了後人許多東西。語文、火種、工具和武器的使用都是自遠古時代流傳下來的。除此之外，舊石器時代傳承給他們縫紉、繪畫、雕刻以及寶玉飾品。從新石器時代起，他們又繼承了栽種穀物、豢養牲畜、磨製石器、築房、製陶、紡線、織布以及製造輪車的祕訣。

＞＞不僅如此，希臘人還從文明程度甚高的鄰人——克里特人、腓尼基人、埃及人和亞述人那裡學習手藝和技巧。正如我們所看到的，那些近東的人們懂得如何製造青銅工具和船舶、建築豪華的石廟、雕刻精美的形象、演奏樂器、書寫法典和文書，以及組織強有力的政府。對於這些，希臘人不需自己發明，只是選用就夠了。

＞＞多樣性往往是進步的重要因素，對希臘文明來說正是如此。有很多東西可供希臘人選擇，舉例來說，有多種不同的文字，如巴比倫人的楔形文字、埃及人的象形文字以及閃米特人的表音字母。希臘人或出於聰明、或出於幸運地選擇了字母，取這最簡便的好方法，運用於自己音調優美的語言。這種選擇以及其他技藝上，希臘人表現得這樣高明，適應良好，而且還做了一些改良，使他們很快地超過了導師。

>>談到古希臘，自然不能想像它是個統一的國家。西元前700年，這是一個擁有眾多小國支離破碎的地區，分布於山川河谷流域的平原和沿海及島嶼之上。這些小國皆以一座城市爲中心，稱爲「城邦國家」。

>>古希臘兩個最發達的城邦國家是斯巴達和雅典，但它們的發展走了不同的道路。在伯羅奔尼撒半島的南部，斯巴達以其訓練有素的軍隊占領了一個又一個城市，並使所有非斯巴達人淪爲奴隸。但這些異邦人並不想永遠忍受奴隸的待遇，因而經常出現騷動和起義。爲了制伏數量上占優勢的奴隸，斯巴達的所有男子都必須成爲士兵。

>>在古時候，雅典原本僅是阿提卡崎嶇岩石上的一個城堡，現在竟以衛城而盛名。當時城邦制是希臘的理想時代，雅典正是一個理想的城邦。希臘最偉大的哲學家之一曾經寫過，一個理想的城邦所包括的民眾，應相當於在一個演說者的聽距範圍以內可以集合起來的數目。其他的古希臘作家們同意他的說法，認爲在一個城邦之內，如果所有的公民都能會見而且習於相識，都能參加市民和宗教的典禮，都能出席公共的劇場，讚賞神廟和公共建築物，並以高度的熱忱愛護他們的城市，那是值得稱頌的。

>>典型的城市成群地圍繞在一個山崗或高岩，理由很簡單。山頂原是天然的要塞，同時容易建築工事，防禦敵人，所以山頂或城堡最初便是城市。由於居留地擴大，分布到山崗周圍很遠的地方，於是中央高處冠以建築的地方叫做「衛城」，原意是「城頂」或「城市最高處」。

>>從今天的角度看，雅典的民主還不夠完善，因爲只有人民中的一小部分眞正行使這個權力：即男性的自由公民。所謂的雅典市民，指的就是他們。按照居統治地位的男子的觀點，婦女不具備參與公眾言論的能力，只能待在家裡，因而和奴隸及外來的陌生人一樣被排除在民主政治之外。然而對當時那個時代來說，這種統治形式是非常先進的，地球上大多數國家，直到二十世紀初還沒有達到這樣的水平。

>>「伯里克利的黃金時代」、「希臘的奇蹟」、「希臘的光榮」——這是人們提到五世紀希臘文明時通常所用的一些誇張的說法。

>>希臘藝術也是城邦文明獨特的產物。由於神廟成爲城邦文化非宗教和宗教的核心，藝術和建築在神廟上得到最高度的表現。這些神廟是受人尊崇的男女保護神的住處，如雅典衛城的聖地巴特農神廟，就是爲雅典娜女神建造的。

>>從埃及、巴比倫和克里特這些最初的偉大文明王國誕生起，到亞歷山大帝國的瓦解，我們已看到近東最古的文明，特別是埃及文明，先透過克里特島，後來又透過希臘跟埃及的商業傳給了希臘人。希臘諸城邦在抵抗了巴比倫和亞述諸古文明的繼承者波斯帝國對這個文明的侵略之後，把它發展到了輝煌的極致。

>>亞歷山大由於征服了波斯帝國，將希臘文化傳遍了近東，創造了希臘化時代。希臘化的文明主要是一個近東的文明，雖然它在黑海沿岸和地中海西部有它遙遠廣泛的據點，然而在接下來的歷史中，羅馬開始扮演了主角。

羅馬文明——羅馬的輝煌與夢想

>>根據古代傳說，羅馬城是在西元前753年，由兩個被一隻母狼哺養大的孿生兄弟羅慕洛和勒莫所創建的，近代歷史學家卻不相信這類的傳說。羅馬曾有一個時期是一個小小的城邦，一個小小的王國，和它的鄰邦屢次發生戰爭。最後，塔克文王朝似乎在西元前六世紀末被推翻了，傳統王政年代結束於西元前509年，羅馬自此成爲一個共和國。

>>羅馬從最初一個土牆茅屋的村落變成一座石砌城市的重要因素，是伊特拉斯坎人的教導。無論如何，在西元前六世紀之後的期間，羅馬受到伊特拉斯坎人的影響極深，甚至羅馬最後的幾個國王可能就是伊特拉斯坎人。羅馬人主要是從伊特拉斯坎人那裡學到了書寫，採用了一種修改過的希臘字母，這是伊特拉斯坎人從庫邁學來的。爲了增強羅馬的軍事力量，最重要的是學得了希臘的方陣。以前，羅馬人和其他義大利部落的人一樣，打仗時沒有秩序或紀律。從伊特拉斯坎人那裡，他們學得了用希臘的甲冑、盔、矛和盾來裝備他們的步兵，並且用密集隊形作戰。

>>約西元前510年，羅馬人推翻了殘暴的國王。和雅典人一樣，羅馬人也不願再受國王的統治；但是，民主制度也不符合他們的理想。於是，他們選擇了一條中間路線：他們選舉了一個城市政府，以兩名執政官爲首。執政官的任期僅有一年，兩人中任何一位沒有另一人的同意都不能單獨決策。

>>此時的羅馬是個貴族共和國，只有貴族才能在元老院裡得到席位，或擔任最高級的政府職位，或在公共禮拜裡當祭司，或是解釋法律，這些法律當時還是不成文的。貴族的身分是由父親傳給兒子。

>>自從第一次布匿戰爭開始，崇尚希臘的精神在羅馬增強了。羅馬軍團在西西里島，看到了點綴著希臘化城市的大理石廟宇和雕像、繪畫、劇場。不久，

希臘戲劇譯成拉丁文，在羅馬搬演著。第二次布匿戰爭中，錫臘庫札、卡普亞和塔蘭托都因協助漢尼拔而受到懲罰和劫掠。羅馬從這些城市運走了許多財物和希臘藝術品。

>> 羅馬人很快就不能容忍他們僅是眾多城市中的一個，羅馬必須成爲義大利半島的第一大城。這個目標必須借助強大的軍隊才得以實現。於是，一個戰爭接著一個戰爭，使羅馬的統治地域不斷擴大，到西元前270年，羅馬城幾乎統治了整個義大利半島，人口達三百萬。

>> 羅馬帝國，其正式名稱是元老院與羅馬人民，在當時占據了整個地中海。羅馬帝國通常被分爲前期帝國時期（西元前27年至192年）和後期帝國時期（西元193年至476年），也有人又從後期帝國中分出三世紀危機時期（西元193年至284年）。羅馬本來使用拉丁語，但隨著領土擴張至希臘、中東一帶，希臘語變成了主要語言。就連當時成書的《新約聖經》也是用希臘語寫成。由於語言上的分歧，羅馬帝國在五世紀分裂成爲東、西兩個帝國。羅馬帝國自建立以來，不斷對外擴張，是個具有侵略性的古代超級大國。

>> 自屋大維在西元前27年建立元首制，羅馬帝國進入前期帝國時期。屋大維在位期間對外征戰，將帝國版圖擴大到了多瑙河以南。屋大維的統治爲隨後的百餘年帶來了長期的穩定局面，稱之爲「羅馬和平時期」。

>> 西元二世紀末，羅馬帝國因長期征戰，耗盡資財，在表面繁榮下蘊藏著深刻的危機。西元三世紀，羅馬社會動盪不安，同時帝國境外的日耳曼人像潮水一般地向羅馬帝國席捲而來。正當內外交困之際，統治階級內部又不斷地爭權奪利。隨著帝國衰落，西羅馬帝國於西元476年滅亡。儘管西羅馬帝國滅亡了，卻也留下了豐富的遺產。最顯而易見的是那偉大的建築遺跡——圓形劇場、競技場、廟宇、導水管、公路和橋樑。

古代世界

西元前3500年 西元475年

文明的開端 / 尼羅河文明 / 兩河文明 / 印度河文明 / 希臘文明 / 羅馬文明

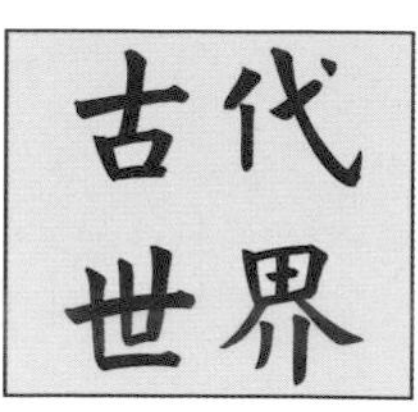

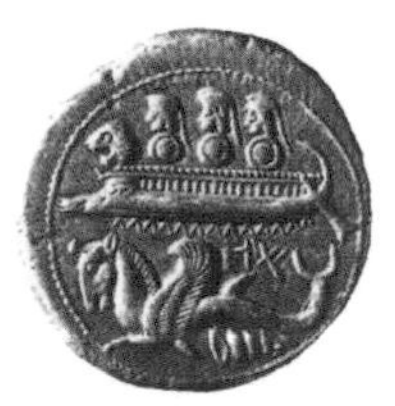

腓尼基人船紋金幣

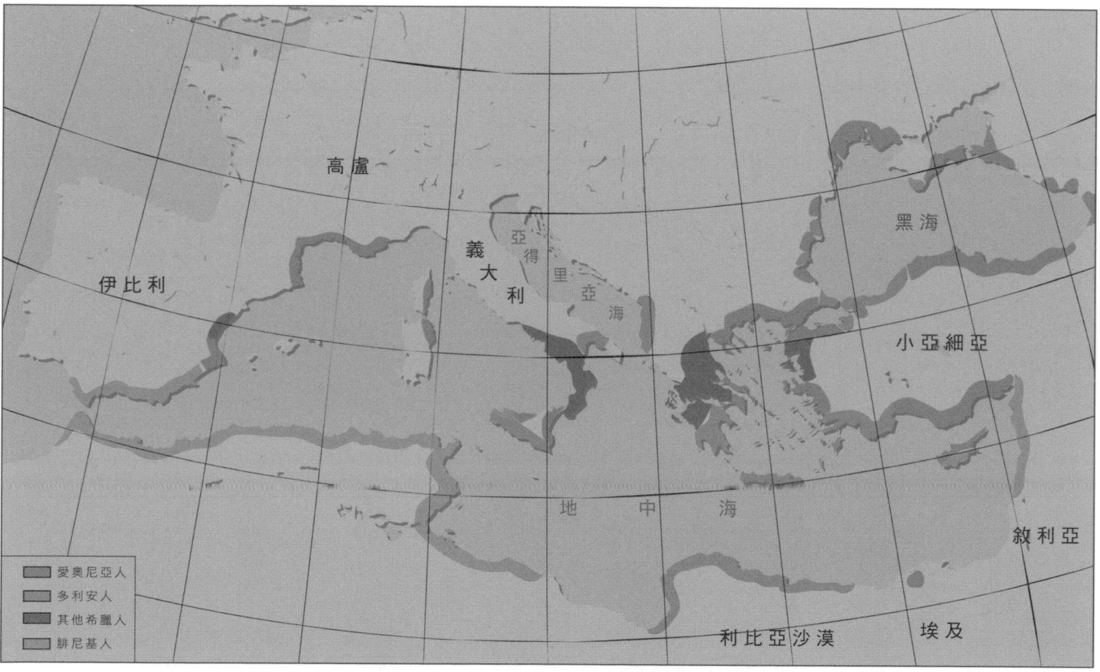

西元前500年，古代地中海地區殖民活動地圖

001.最初的人類

最初的人類以群體狩獵和採集為生。他們棲身於洞穴、樹枝搭成的簡單窩棚或獸皮搭成的帳棚之中。他們發明了長矛和弓箭，學會了挖掘陷阱，並用索套捕獵野獸。

生命的起源

最早地球上並沒有人類，如果我們使用電影語言來描述，約四十六億年前的地球是個紅彤彤的大火球，地表就像爆發過核子戰爭似的，一副悲慘的模樣。隨後這個火球慢慢冷卻下來，空氣中充滿死寂和頹廢的氣味。三十八億年前的原始海洋中開始慢慢隆出一些陸地，到了六億年前，海洋裡才有了點可憐的生命。海菌、海藻五顏六色地浮在海面上，像一盆長了黴花的湯。

到了三億年前，陸地上開始出現森林，又過了一億年，長尾巴的恐龍開始統治這個星球了。但這些披鱗附甲的龐然大物，卻被臭氧層的空洞或來自外太空的小行星撞擊給害苦了，牠們在地球上混了一億多年就絕跡了。恐龍死後出現了一段沒有大型生物的日子，動物們都是小個子，鳥開始在天上輕快地飛翔，世界上發生的一切事情都不痛不癢，像沒有情節的黑白無聲電影。

寂寞的地球又捱了九千多萬年，約在五百萬年前，一群被稱爲「猿」的生物，彷彿在一夜之間完成了進化，出現在草野上或森林裡，他們是一些能夠直立行走的「猿人」。他們的前肢奇蹟般地被解放了，逐漸發展成爲雙手。在後來的兩百萬年裡，這種生物的腦容量增長了三倍，從「猿人」變成了「能人」。由於這個時期的主要工具是用石頭做成

生物起源地質年表		
太古代	約 46億年前～25億年前	最原始生物
元古代	約 25億年前～6億年前	原始多細胞生物
古生代	約 6億年前～2.25億年前	早期脊椎動物
中生代	約 2.25億年前～7000萬年前	早期哺乳動物
新生代	7000萬年前～至今	靈長類、猴類、猿類

拉瑪古猿　南方古猿　直立人　智人　尼安德塔人　克羅馬儂人　中石器時代人　新石器時代人

人類進化時間表	
拉瑪古猿	距今1400萬～700萬年
南方古猿	距今400萬～100萬年
直立人	距今200萬～20萬年
早期智人	距今25萬～4萬年
晚期智人	距今5萬年～現在

的，因此人類歷史的頭五十萬年，就稱爲「石器時代」。

來自非洲的「露西」女士

最早的人類，是一位叫「露西」的女士，她身高僅一百公分，長得一副寬鼻長脣的模樣，夜間冒出來肯定會嚇你一跳。露西是美國科學家在衣索比亞阿法爾地區發現的，距今三百二十萬年以前的「最古老原始人」。發掘出的骨骼包括一根完整的小腿脛骨，一塊完整的肩胛骨及部分股骨、肋骨、椎骨、鎖骨、骨盆、踝骨等。「露西」的發現震憾了考古界。

關於「露西」的故事特別傳奇。三百二十萬年前的某個夏天，非洲阿法爾盆地草木茂盛，這裡有一片涼爽而潮濕的稀疏草原。不遠處，火山冒著火龍。南方古猿「露西」眺望著太陽即將下沉的方向，等待著家人們的歸來。男人們用天然木棍獵取羚羊，或用石片切開其他動物的胸腔。

「露西」有三個孩子，其中兩個在跟父親打獵時不小心被猛獸吃進肚子，僅剩的一個孩子仍是野性十足，總喜歡私自跑出去玩。「露西」也許過分擔心她的孩子，她更應該擔心自己，「露西」就在轉身想回到洞穴的一剎那，一個不小心，就失足落入水潭。那一瞬間，沒有任何工具能讓她從水中逃脫，而她的四肢也沒那麼強壯和靈巧。恰在這時，一隻鳥盤旋在這片水潭的上空，輕盈地掠過「露西」最後的視野。一年又一年過去了，轉眼就是三百二十多萬年後的1974年，久違的陽光重新灑落在「露西」那沒有肉身的骨骼上。她不久就坐上汽車或飛機，被藏入博物館，成了「人類的祖母」。據說科學家在發掘這具意義非凡的骨骼時，正哼著披頭四的歌曲，因此就把這具遺骨取名爲「露西」。也有人乾脆稱她爲「夏娃」。

「露西」這位人類的遠祖之母並不是孤獨的，五十萬年後她有了一批鄰居。這批遠古人遊蕩在隔壁的肯亞地區，變成好幾百塊散碎的骨頭，被今日的考古學者們挖出。此外，還有一些落單的「前輩」們，獨自游蕩非洲，不知是野獸吃了他們，還是他們吃了野獸。總之，他們的骨頭都不完整，有的只有頭骨，或是零星的大腿骨，東一

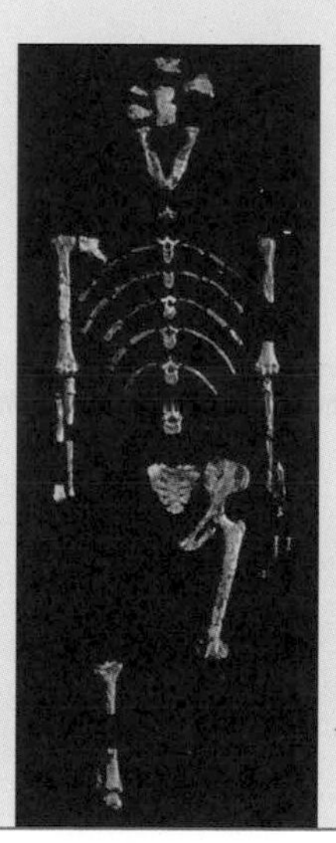

←露西的骨架
生活在320萬年前的成人女性「露西」，年齡約二十五歲，身高約107公分，體重約28公斤。

塊，西一塊，撒丟在非洲大陸上。這些三百萬年前出現的最早人類代表，浪跡非洲草原，開啓了石器時代的曙光。

生活在中國的猿人

中國出土的古人遺骸，是兩顆人牙，生活在一百七十萬年前，地點在雲南元謀縣。這兩顆人牙的主人不但會使用打製的石器，還會用火——附近有火烤過的骨頭。據專家從牙齒上判斷，他已經能夠直立行走。總之，這個牙齒發達、吃烤肉的傢伙火光曾經照亮了他的山洞，最後又被時間的風吹得無影無蹤，如今僅剩下了兩顆門牙，安放在博物館裡伴著那些參觀他的人。

五十萬年前的北京周口店人，一共出土了上百塊骨頭。據說男的身高可到一百六十二公分，女的一百五十二公分。他們用火和棒子來保衛自己，跟這山洞的原居民——一群激烈的鬣狗，進行了長達數萬年的居住權爭奪戰。鬣狗多次占據了山洞，後來洪水淹沒了這幫「北京人」的洞，住在他們頭頂上的「山頂洞人」則倖免於難。

這些猿人最大的特色是懂得審美，喜歡拿動物骨頭做成的針來縫製衣服。用的線是動物韌帶和葛麻纖維，衣料是鹿、狐狸、野兔、羚羊的皮。他們脖子上還掛著海貝項鍊，耳朵上帶著黃綠石耳墜，腦袋上插著鳥骨、魚骨、石頭珠子。海貝是從幾百里外的海邊弄來的，十分稀奇，穿成一串，掛在手腕上。他們還造了墳墓，這也是一項創舉，時間是兩萬年前。他們的腦容量已經幾乎跟現代人一樣。

【人文歷史百科】

周口店遺址

距北京西南四十八公里的周口店是中國舊石器時代的重要遺址，這是一個巨大的天然洞穴，埋藏有豐富的脊椎動物化石。1929年，中國古生物學家裴文中教授在此發現第一個頭蓋骨，隨後又發現大量石器和用火遺跡，證實這些洞穴是當初古猿人藏身和保存火種的地方。他們斷斷續續地在洞裡住了約三十萬年，堆積物達2.6萬立方公尺。前後從中清理出四十多個男女猿人化石、一百多種動物化石，及數萬件石器。

↓**北京猿人復原圖**
北京猿人使用的石器、骨器等工具，可以有效驅趕甚至殺死肉食類動物。

我們還可設想他們已經掌握了較複雜的語言。然而這種語言是如何發展的，仍是一大謎團。可以肯定的是，語言這項無形工具在較大群體中發揮了規範日常生活的作用，並改善了群體間的合作。

早期人類的生活

我們可以想像，先民們的生活十分無聊和簡陋，一天約只吃兩頓飯。在早上七點到九點，吃一頓早餐，因爲要勞動，所以比較豐盛。下午三點至五點吃簡單的晚餐，太陽下山就睡覺了，跟現在落後的偏僻農村一樣。

那時人類的數量仍不比周圍環伺的大型野獸多。劍齒象、犀牛、野豬、虎和狼陪伴著我們的祖先，先民們和牠們互相交換著肉吃。這些猛獸也住在山洞裡，有時候，我們在牠們棲息的山洞裡發現了人的骨頭，就像在先民的山洞裡發現牠們的骨頭一樣。當運氣好的時候，先民們獲得勝利，對牠們進行敲骨吸髓的處理和報復。把牠們的骨頭墊在石頭上，邊拿另一塊石頭猛砸，砸出古代的針、吸管、魚鉤、勺子、笛子、梭子等用具。

這些生活在兩萬多年前的人已相當聰明，除了會砸擊石器、縫製衣服，還發明了厲害的弓箭，這是當時的遠端發射器。也許是個極富巧思的人看見烏鴉歇在樹上晃悠，把樹枝壓彎了，烏鴉飛起時，樹枝猛烈反彈，打得烏鴉呱呱直叫，這個原理啓發他發明了弓。最初的弓是用來發射石球的，後來一個聰明的傢伙把木棒削尖做成了小矛，安裝上去發射，就成了最早的「箭」了。

這些可愛的先民們，他們善於使用石斧、弓箭和削尖了的木棒，但還不懂得如何生產糧食，逍遙於單純而美好的石器時代。估計有三分之一的人能夠好端端地活到二十出頭，其餘的活到十幾歲就死了。據考證，早期人類可能在十四到十六歲時就已經性成熟，比現代人要早得多。先民中偶爾也會出現長壽者，成爲部落裡的領袖人物，或是繁衍後代的大長老和傳授技藝的導師。古代傳說的神仙，其原形或許就是來自這些長壽的長者。

←骨針和裝飾品
大約在五萬年前的舊石器時代，人類就會製作和使用針了。這種針是用細骨製作的。而線極可能是鹿的韌帶，長達半公尺以上，又細又白，猶如生絲。有了針線，便能縫製衣服，由此推測山頂洞人應是穿著衣服的。舊石器時代人已經有了審美觀念，會製作和佩戴裝飾品，項鍊是用彩色的石珠、礫石、獸牙、魚骨和海蚶殼磨光、鑽孔，用繩子穿起來製成的。

群體狩獵

原始狀態下的獵人生活格外富有傳奇色彩，身體必須像羚羊一樣靈活，勇敢如同獅豹，每一次狩獵都是對生命的挑戰。那時的動物社會比我們今日要精采多了。牙齒長達十英尺的猛瑪象、長有尖利獠牙的劍齒虎等在四處活動，這些龐然大物時時刻刻威脅著赤手空拳的原始人。

一天，獵人們圍住了一頭犀牛，這是頭長有三尺長犀角的大傢伙，皮毛堅韌，如果用現代的獵槍，在安全距離內就可把牠擊斃。但是，對遠古的獵人來說，他們必須赤膊上陣，甚至還要和牠進行近身格鬥。他們手中的武器是四到五英寸長、用燧石製成的手斧，手斧一端尖利，一端圓滑，用這種器具對付凶猛的犀牛或許有些不可思議，但事實就是如此。還有一些男孩會幫助大人一起對付猛獸，但孩子們手中的武器只是野獸的角尖或長骨，或是用石頭削尖的長木矛。

他們先是投擲石塊，被激怒的犀牛橫衝直撞，人們不得不近身與牠搏鬥。犀牛最後被制伏了，但也有幾個人躺下了。有的人已經死去，有的人鮮血橫流，等待著死亡的降臨……

終於有一天，一個天才獵人發明了用陷阱捕獲野獸的方法，大伙才不必再在猛獸的垂死掙扎中以性命相搏。他們可以耐心地等在陷阱旁，等著獵物筋疲力盡時，用石塊將牠擊斃，然後拖回洞中慢慢享受。

↓狩獵的場景

原始狀態下的獵人，一旦發現長毛象這樣的大型動物，就會從周圍包抄上去，手持石頭、骨器、棍棒將獵物擊斃。

【人文歷史百科】

智人

舊石器時代中晚期的人類已進入智人階段，流星索的廣泛使用、人工取火的發明、鏢槍的改進、弓箭的出現，使漁獵生活有了重要發展。在舊石器時代晚期，產生了靈魂信仰和審美觀念。舊石器時代中期，石器製作技術有所提高，型態更為規整。舊石器時代晚期，石器製作技術有了更大的突破，開始生產細石器，出現磨製、穿孔技術，並利用骨、角原料製作生產工具和生活用品，不僅有骨錐、骨針、骨鏟和骨刮削器，還發明了脫柄骨魚鏢和弓箭。弓箭是一種複合工具，借用彈力把箭射向遠方，大大提高了狩獵技術，人們可獲得更多的獵物。

火的使用

在華盛頓一座大建築物前，刻著下面幾行意義深刻的字：

火，一切發現中最偉大的發現
使人類能夠生存於不同的氣候之中
創造出更多的食物
並迫使自然的力量爲他們工作。

由於地球上某時期冰川寒氣的侵入，我們的祖先若找不到一個隱蔽的場所，就很容易喪命。幸虧那時地表石灰岩中有許多天然洞穴，爲我們的祖先帶來了一絲希望。大批的人住了進去，躲避著寒冷和死亡的威脅，但仍有很多身體虛弱的人在寒冷中喪命。

也許在石器時代的某一時刻，有個大膽的毛頭小子因爲好奇，奇蹟地掌握了用火的技術。火的使用不僅使我們的祖先生活變得舒適，並且在地球的冰河期挽救了他們的生命。

根據神話和傳說，普羅米修斯教會了人類如何保持火種，如何用火取暖煮食，如何把火點燃而不燒傷手指，不被這種效用無窮但危險的力量所嚇倒。無論如何，有一天，當閃電再次擊中乾草引發野火的時候，凍得瑟瑟發抖的先民們，把那些燒得劈啪作響的乾材帶到了居住洞穴裡，潮濕的洞穴一會兒就變得暖烘烘的，所有圍坐在火堆周圍的人，心底湧上了一股暖意。

如果我們願意把情節繼續下去，在一天傍晚，我們的祖先圍坐在火堆旁取暖聊天時突然失了神，一不小心把一隻野雞掉進了火堆裡。當燒熟的野雞散發出陣陣誘人的香味，嘴饞的小孩把它扒出來嚐了一口，一種從未品嚐過的美妙滋味讓他興奮得嗷嗷大叫，在洞窟中狂奔。

多麼富有詩情畫意的原始景象啊，這是人類告別茹毛飲血的重要日子，美味和營養、體力和智慧像雙胞胎一樣，饋贈給了人類。當然遠遠還不止這些：火的發現和使用，給了我們的祖先更多的工具和武器，火也把鐵放在了人類的手裡。火焰中溶化出來的金屬徹底改變了人的命運，此後人類進化的速度日新月異。

→火的使用
火給原始人的生活帶來了革命性的變化，燒烤的肉食利於消化，能增強人的體質；它能夠幫助人們禦寒，擴大活動範圍；它也是重要的武器，能增強人們圍殲野獸的能力。

洞穴中的原始藝術

隨著人類智慧的迅速進化，第四紀冰河也逐漸向全世界蔓延。冬季慢慢地伸展著，對於所有的生命來說，這個時代變得更寒冷嚴酷而漫長。原始人類被迫待在岩洞裡的時間越來越長。寒冷和恐懼驅使著他們躲在洞穴的最深處，對著搖盪不定的火堆發呆。他們開始思考一些簡單生存問題之外的哲學玄機，如：我們從哪裡來、我們是誰、我們爲什麼會死亡、是什麼東西令我們恐懼和害怕……

起伏的洞壁在閃爍不定的火苗中，充滿了奇異的動感，它攫住了一個人的心靈，令他想起在遼闊原野上奔馳著的動物——公牛、馬兒、矮種馬、牡鹿、馴鹿、獅子、猛瑪象、熊……牠們與天空、大地和起伏不定的山脈融爲一體。他進而想起與夥伴們追逐或躲避這些動物，和牠們殊死搏鬥的驚險過程。血液在他身體裡沸騰，頭腦裡猛地靈光一閃。他站起來，從火堆裡拿起一根燒焦的木棒，高高地舉起，在洞壁上勾畫出第一筆線條：藝術誕生了。

其他人開始模仿，他們甚至將自己想要得到的動物也畫到岩壁上，然後再用石刀、石斧砍斫一番。或許他們認爲這樣就可以控制獵物的靈魂、抽走牠們的力氣，眞正的獵物就會俯首就擒。有些動物描繪得十分龐大，似乎代表某種力量，再加上一些特殊符號，使整個洞畫顯得十分神祕。

就這樣，舊石器時代的先民們在岩壁上留下了人類最早的繪畫，在法國拉斯科山洞的壁畫，在西班牙阿爾泰米拉洞的壁畫，那些高度抽象、簡約凝重而又極具雄渾力量的史前繪畫，是早期人類智慧的發端，也是現代繪畫的起點。洞畫的對象大都是人們獵捕過、搏鬥過或懼怕過的各種野獸，許多獸骨、獸角和象牙

【人文歷史百科】

拉斯科壁畫

法國西南部拉斯科壁畫是石器時代最引人注目的人類藝術創作。儘管壁畫上沒有人類的圖像，大多數繪畫描繪的動物都在周圍的環境中找到了：野馬、野牛、猛瑪象、巨角塔爾羊、原牛、鹿和貓科動物。在動物的周圍沒有描繪植被或環境，動物都是以輪廓描繪，通常以警覺和有力的站姿出現，動物的活力透過柔和顏色、粗獷且有規律的線條來體現。除了壁畫圖像外，還發現了大量的動物雕刻和抽象圖案。在自然光線不足的情況下，這些作品的創作是在火炬和燒動物油的石燈照明下完成的。

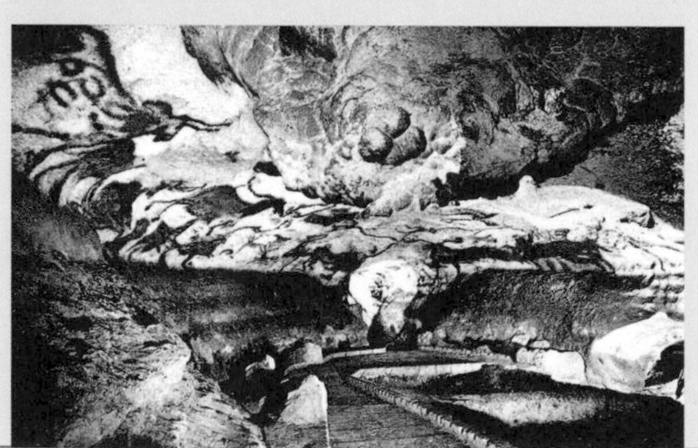

↑ **拉斯科洞窟**
洞窟深處的岩畫，色彩神祕莫測，表現了當時人們觀念中的深奧與玄機。

上也刻有這些細緻的畫面，它爲人們指出古代藝術的豐富領域，也許還暗示語言走向文字的一些最初過程。

↑尼安德塔人復原像
尼安德塔人具有現代歐洲人的外貌特徵。

尼安德塔人

1857年在德國尼安德塔河谷的石灰岩洞穴裡，沙夫豪森教授發現了一副人類的骨骼化石。這個被命名爲「尼安德塔人」的傢伙，出現於距今十萬年到三萬年之間，他的腦容量已達到1300至1700毫升，所以聰明非凡。

猜測一下這傢伙死前的情景，他肯定是狩獵時受了重傷，艱辛地回到了自己的洞穴裡，在熟悉的角落躺了下來。他把手斧放在身邊，然後翻了個身，將頭枕在右臂上，慢慢地死去……數萬年後，人們在這個洞穴裡發現了一具骷髏，頭枕在右臂上，一副睡臥的姿態。他的旁邊放有一把手斧，而在頭下，堆放著一堆整齊的打製燧石。

從那一堆燧石可說明他並不孤單。或許他有自己的族人，有自己的妻兒。在他死後，族人或妻兒把燧石堆放在他身邊，或許希望他在另一個世界能繼續使用這些生命中最重要的工具。他下葬時四周鮮花環繞，其中一些花據說還具有醫療效能，因爲他是一個殘疾人。他的遺骨顯示出他在孩提時就失去了右臂，而且還患有關節炎。

這些能夠思考「靈魂」觀念的尼安德塔人，他們可能是那些最早有宗教信仰的人之一。此後，他們的化石開始在西起西班牙和法國、東到伊朗北部和烏茲別克、南到巴勒斯坦、北到北緯五十三度線的廣大地區被大量發現。由於他們長著高鼻子，所以歐洲人將他們視爲自己的祖先。

【人文歷史百科】

舊石器時代

舊石器時代在考古學上是以使用打製石器為標誌的人類文化發展階段，是石器時代的早期階段。一般認為這段時期在距今約二百五十萬年至一萬年前。地質時代屬於上新世晚期更新世。時期劃分一般採用三分法，即舊石器時代早期、中期和晚期，大體上分別相當於人類體質進化的能人和直立人階段、早期智人階段、晚期智人階段。

在舊石器時代，人們以採集和漁獵為主，過著集體生活。在舊石器時代早期，人類已經學會了用火，中期出現了骨器，晚期已經能製造簡單的組合工具，而且開始形成了母系氏族。

↑最早的宗教意識
尼安德塔人為同伴舉行葬禮。

002.最初的農人

散落的菜籽在洞口處茁壯成長起來，野獸變得越來越溫順了，先民們突然發現：自己的生活竟變得那麼富有。

農人時代的開端

八千年前，西歐人還握著武器和野獸搏鬥，沒有固定的場所，隨著季節的變換和野獸的遷移而四處遊獵；閒暇時，他們用燒黑的樹枝在洞壁上畫一些動物的形象，或是一些後人不知是何意義的符號，這便是他們生活的全部。而在東方，一個新的時代來臨了，文明的曙光照亮了他們的生活。他們的生活已經很舒適，新的發明不斷湧現，新的技藝不斷形成，史學家稱這個時期爲「新石器時代」。而一個更有詩意的名字則是「農人時代」，因爲這個時期最主要的特徵便是農業的開端。

最初的農業生產還很原始，說起刀耕火種，我們的腦海裡會浮現出一幕遠古洪荒的景象，一群人身穿獸皮、衣不蔽體，揮舞著大刀長矛，砍樹放火，然後用一根木錐往地裡扎，隨便撒點種子，不耕地、不施肥、不除草……就是這種簡陋的情景，卻開創了人類輝煌的農業文明。

↑遠古的梯田
遠古美索不達米亞地區的梯田遺址。

近東的文明

近東，人類最初各種偉大文明的發祥地。早在七千年以前或者更早，這裡就進入了農人時代。近東在歐、亞、非三大洲的會合點，是環繞東地中海的半圓形區域，包括美索不達米亞、埃及、小亞細亞、敘利亞、愛琴海諸島、克里特島和希臘半島等地。在埃及和美索不達米亞，沖積土層和河邊低地提供了農作物良好的生長環境，那些黑色肥沃的土壤，孕育了豐富的莊稼，讓人們品嘗到豐收的喜悅。而在小亞細亞、賽普勒斯以及近東其他各處，蘊藏著豐富的銅礦礦脈，它等待著冶金工人從這裡創造輝煌。這裡的平順河流也給後來商業的興起提供了條件，人們仍然可以駕著獨木舟和小船出沒其中，或者捕魚，或者進行探險活動。

人類文明在世界各地的發展是不均衡的，當近東進入農人時代，開始轟轟烈烈譜寫人類文明史時，西歐人仍在獵人時代徘徊。在美洲，印第安人的祖先們過著和西歐獵人相似的生活，一手和獵物搏鬥，一手摸索著藝術的基石。在北非，舊石器時代的獵人還在計畫著怎樣獵殺一頭猛獸，計畫著怎樣把洞穴布置得更加溫暖。至於中非、南非以及東亞、南亞地區，那裡的人們處於什麼樣

↑原始農業部落
狗是人類最早馴養的動物之一，提高了狩獵的效率。

的生活狀態，我們知之甚少，但一定也會有許多動人的故事。

栽種植物

不知道從什麼時候開始，先民們學會了採摘野菜和果實食用，偶爾也不小心把菜籽落在洞口處。一天早晨，一個身穿獸皮的傢伙睜開惺忪的睡眼，突然發現洞口處長出了綠芽。隨著日照、雨水作用的加強，這些綠芽長成了野菜。獵人們在洞口獲得一次意外的豐收後，驚喜地發現：野菜還可以在自家門口生長。於是，有人就開始在居住地附近栽植種籽，人類栽種植物的歷史就這樣開始了。

在埃及、西亞和歐洲，人們的栽種範圍逐漸擴大到大麥、小麥、玉米、豌豆和小扁豆等。後來，大豆和蘋果也成了人們的食物來源，其他穀類、水果和蔬菜也慢慢走上人類的菜譜，農人時代進入了繁榮期，眞正的農業開始了。

又過了幾百年，一些聰明的農人已不滿足於直接食用這些食物，開始對它們進行加工。他們把收穫的穀物曬乾，然後以一種特殊的方式貯藏起來，最後把它們做成了無發酵的麵包。麵包的出現豐富了人們的飲食，而且很快成爲人類生活必需品。各種作物的大量湧現，以及人們不斷改進的食物加工技術，使農業文明的基礎更加豐富而堅實。

馴養動物

或許在某個黃昏，人們在宿營地分食完獵獲的野獸後，將殘餘的肉渣和骨頭遺留在原地。而那些在周邊打轉的野狗趁機大飽口福。從此，這些野狗開始跟隨著人類活動，當雙方不再以石斧與牙齒相向時，這群野狗便成了人類最初的馴養動物。牠們的野性在人類吃剩的殘餘食物面前，慢慢消失了。牠們逐漸變成人類的忠實夥伴，甚至在人們獵殺大型動物時，率先衝上去狠咬幾口。

野狗被馴養得如此溫順，讓人們驚喜不已。於是，他們開始馴養其他的野獸。很快牛、豬、山羊和綿羊成了人類馴養的對象，而母牛和山羊提供的乳汁，讓人類獲得了肉食以外的驚喜。一些最早的牧人對乳水和乳酪的需求，甚至超過了肉食。最早馴養牛羊的地方大概是西亞或中亞，但馴養動物的方法很快傳遍了人類的各個居住地。馴養動物的成功，擔保了人們的肉食供應，也爲人們整體的食物供應加了一層保障。

003.尼羅河畔的埃及人

西元前五世紀，古希臘歷史學家希羅多德到古埃及探訪歷史遺跡和風土民情時，曾經讚嘆說：「埃及是尼羅河的贈禮。」

充滿靈性的河流

如果我們要講述一些民族起源的歷史，實際上，它就是一部介紹古人四處覓食、逃避飢餓的生存遊記。也就是說，哪裡食物豐足，我們的祖先就遷徙到哪裡。尤其肥沃的尼羅河河谷，在幾千年前肯定就大名鼎鼎了。

大約在一萬年前，尼羅河周圍地區的氣候轉爲乾燥，雨量減少，茂盛的植物漸漸消失，出現了浩瀚無垠的沙漠。於是，少量的土著人陸續遷到尼羅河兩岸定居下來。但後來眾多的埃及人究竟從哪裡冒出來的？這始終是個謎。據學者推斷，埃及人可能一半源自非洲，另一半來自西亞。來自西亞的閃族或阿米諾爾德人，大多具有較高的文化。這些尼羅河畔的外來移民，由於長期與當地土著人通婚，一種新的文化和民族因而誕生。據估計，埃及人以一個新民族的姿態走上歷史舞臺，約是西元前四千年至前三千年之時。

講到埃及的故事，尼羅河是它永恆的主題。這是一條充滿靈性的河流，每年都會氾濫一次，大致從夏至起延續百日。經此氾濫，沙漠奇蹟般地變成了沃土，大水退去後，埃及便處處花開，留下幾吋厚的肥沃黏土，覆蓋著所有農田和牧場。

尼羅河的氾濫被希羅多德稱爲是一種「恩賜」。眞是奇怪，地球上一般河流氾濫，往往都會造成自然災害，可是尼羅河的氾濫，不但不成災，反而有利於灌溉，於是災禍變成了福祉。埃及農人的勞作眞可說是太輕鬆了，他們不必犁地和鋤地就可獲得豐收；他們只需等待河水灌滿溝渠田疇，水退後就可以播種了。埃及人實在是太聰明了，播種時只需要趕豬下田，看著這些傢伙把種子用力踩到泥土中，然後就可悠悠閒閒地等著收穫。

有趣的事情還不僅僅如此，因爲日子過得太愜意了，埃及人還常常教猴子上樹幫他們摘果實，或者把蚊帳拿到池塘裡撈魚捕蝦。埃及人的食物也格外豐

←**尼羅河畔的農人，想像圖**
埃及農人的勞作實在是太輕鬆了，他們不必犁地和鋤地就可獲得豐收。

→**尼羅河上打漁的埃及人，想像圖**
尼羅河的氾濫，不但不成災，反而有利於灌溉，撈魚捕蝦是埃及人的一大樂趣。

盛，主食爲穀類、魚蝦及形形色色的燻肉製品等，富人常以美酒佐餐，連窮人也可能喝到啤酒，和同一時期茹毛飲血的其他民族相比，簡直就像生活在天堂，而這一切都是來自尼羅河的恩賜。

↑戴假髮的貴婦
戴假髮是古代埃及人社會時尚，不分男女。

塗顏色、眼部畫眼圈，是一般埃及婦女常有的打扮。在有錢人家，化妝品通常隨人殉葬。因此凡有墳墓的地方，一定可找到鏡子、剃刀、梳子、髮針、粉盒等東西。

一個有趣的民族

即便在今日，古埃及也是個令人感興趣的話題。對於埃及，最初的印象來自陵墓、神廟，因此會覺得埃及人似乎永遠都是一臉冰霜。其實，我們如果把目光移向塑像、浮雕及記載傳說的神話故事，便可知道埃及人的生活是格外的精采和輕鬆。

埃及人的長相很有特點，寬肩細腰、平足厚唇、身材矮小、肌肉發達。埃及人的頭髮黑而微曲，婦女一律把髮剪得很短，就像近代摩登少女的髮型一樣。男人喜歡修面戴假髮，爲了戴假髮方便，他們大都把頭剃光，當然貴婦也有戴假髮的。假髮的長短和社會地位成正比，因此只有國王的假髮最長。埃及的化妝用具數量和種類繁多，臉上塗胭脂，嘴上搽口紅，頭髮手腳抹油、指甲

埃及人在孩提時代，不分男女，都可以不穿衣褲到處亂跑，男孩子大都僅戴耳環及項圈，女孩子由於天生愛美，常在腰間掛上美麗的串珠。古王國時代的埃及人不論男女，自肚臍以上都全裸著，他們終年只穿一條窄窄的短裙，這條裙是白麻布做成的，即使是地位高貴的祭師也是如此。

尼羅河畔的女孩特別早熟，一般十歲多一點就已發育成熟，婚前發生性行爲在埃及也是家常便飯。到了托勒密時代，男色與女色同樣盛行，許多俊美的少年往往成爲尤物。一些名妓的積蓄，據說足以用來建築一座小金字塔。埃及的舞女和男妓是上流社會的美麗點綴，每赴堂會都打扮得花枝招展。他們身穿透明羅衫，腰佩珍珠寶帶，手、腳以及耳上都是閃閃發光的金環，格外迷人。這種情色奢侈的場景，在古代其他地區的民族中絕對少見，因此柏拉圖提到埃及人，有過一句名言：「雅典人愛知識，埃及人愛黃金。」

【人文歷史百科】

埃及太陽曆

古埃及人制定了世界上最早的太陽曆。在西元前四千年，埃及人就已經將一年定為三百六十五天，因為埃及人發現，每當天狼星在日出前出現時，尼羅河就開始氾濫，埃及人把這一天定為一年的第一天。按尼羅河水的漲落和莊稼生長的情況，將一年分為三個季節，即氾濫季節、播種季節和收穫季節。

←古埃及塑像
這是一對身材矮小的古埃及夫婦，厚厚嘴唇，肌肉發達，頭髮黑而微曲。

004.美尼斯統一埃及

在上古時代帝王中，古埃及的美尼斯恐怕是資格最老的一個了，他是古埃及的統一者，也是世界上第一個浩浩大國的君主。

戰國時代的埃及

尼羅河定期的氾濫帶來了肥沃的黑色土壤，在這塊肥沃土地上，滋生了越來越多的人，於是有了農耕、有了文字、有了神廟、有了智慧，也有了窮人和富人，以及為爭奪財富發生的戰爭。

早在氏族社會末期，古埃及就出現了城市。以這些城市為中心，加上周圍的許多村莊，就組成許多小王國，古埃及人稱為「斯派特」，希臘人稱為「諾姆」。到了西元前四千年末，尼羅河沿岸便出現了幾十個以原始城市為中心的小王國，奉行弱肉強食的原則，沒有永久的朋友，也無永久的敵人。各王國為了爭奪土地、水源、奴隸和財富，經常進行戰爭。各國之間關係時好時壞，時打時和，就這樣毫不厭倦地折騰了好幾百年。在埃及南部黑拉康玻里一座古墓的牆壁上，繪有一幅壁畫，描繪人們拿著石槌、弓箭等武器，在船上和陸地上進行激戰的場面，讓我們可以瞭解到當時戰爭的殘酷情況。

←戴白色王冠的美尼斯
大約在西元前3100年，上埃及提尼斯州的統治者美尼斯逐漸強大起來，他親自率領軍隊攻打下埃及。激戰在尼羅河三角洲一帶展開。經過幾天幾夜的決戰，美尼斯終於打敗了下埃及。

【人文歷史百科】

古城孟斐斯

孟斐斯是世界上最古老的城市之一，有近五千年的歷史，是埃及古王朝時期的首都。遺址位於開羅以南的拉伊納村。孟斐斯有著名的階梯金字塔，它是古埃及的第一座金字塔，此外還有巨大的拉姆西斯二世花崗岩雕像以及其他古跡。

在這些散亂的小王國中，他們的首領都擁有領地內軍事、行政、司法、祭祀的大權，也有自己的保護神，例如鷹神、公牛神、狼神、鱷魚神等，實際上這些神就是原來各個氏族部落崇拜的圖騰。在一塊出土的浮雕石板上，描繪了以獅子、鷹和朱鷺等鳥獸為圖騰的小王國，聯合在一起凶猛地追殺敵人。畫面上的敵人有的已死亡，有的正被噬殺。畫面上方有兩面旗幟，其頂端站著鷹和朱鷺，下面綁著兩名行走模樣的戰俘，象徵著鷹和朱鷺王國捕捉到的俘虜。

經過多年混戰，戰亂的古埃及終於形成了兩個霸主王國。南方的河谷地帶為上埃及，北方的三角洲地帶為下埃及，分界點約在今天的開羅。上埃及崇尚白色，國王頭戴白冠，國庫稱「白屋」，崇拜鷹神荷魯斯；下埃及崇尚紅色，國王頭戴紅冠，國庫稱「紅屋」，崇拜蜜蜂神或眼鏡蛇神。

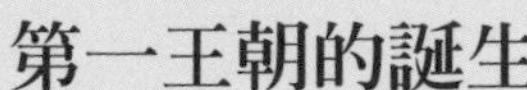

第一王朝的誕生

美尼斯家族所在的王國，擴張前位於上埃及的最南端，作爲埃及南部邊境的守護者，他們可能是在與南方蠻族的衝突中掌握了作戰的技巧，後來在統一埃及的內戰中顯示出了這種本領。美尼斯也許是我們能追溯到最早的軍事統帥，他在西元前3100年前後成爲上埃及國王，並且發動了征服下埃及的大規模戰爭。戰爭的慘烈場景已經湮沒在五千年的歷史長河中了，但其結果帶給埃及永恆的歷史輝煌。

美尼斯征服了下埃及王國，成爲第一個得到「上下埃及國王」稱號的君主。在凱旋儀式上，下埃及國王沮喪地摘下象徵權力的紅色王冠，跪地拱手把它奉獻給美尼斯。美尼斯大宴功臣，加官晉爵，犒勞軍隊。從此，美尼斯自稱「上下埃及之王」，有時戴白冠，有時戴紅冠，有時甚至得意地兩冠一起戴。不過人有旦夕禍福，有一天美尼斯帶著衛隊出城捕殺河馬，哪知水中竟藏有一頭飢餓凶猛的鱷魚，趁美尼斯站在河邊專注獵物之機，張開血盆大口，一口將這位顯赫的埃及王拖入水中給「美餐」掉

古埃及王朝表	
第一王朝	西元前 3100年～前 2890年
第二王朝	西元前 2890年～前 2686年
第三王朝	西元前 2686年～前 2613年
第四王朝	西元前 2613年～前 2498年

了。也許，這只是一個恐怖而有趣的歷史傳聞。

關於這場戰爭，在開羅博物館珍藏的一塊浮雕石板上有生動的記載。石板正面手持權杖的很可能就是美尼斯本人，他緊抓著戰敗者的頭髮。右上角的隼是埃及的主神之一荷魯斯（Horus），象徵國王，用繩索牽著橢圓形上有鬍鬚的人頭，代表征服的土地；隼足踏六根植物的枝條，表示六千俘虜；下面的魚叉和內有波浪線的方塊，可能表示被征服的國家瀕海。

埃及的統一在歷史上意義重大，使埃及逐漸形成了比較完善和穩定的國家體制，埃及文明迅速超越了紛爭不斷的兩河流域文明。古埃及的三十一個王朝由此開始，就像尼羅河一樣綿綿漫長。

←**美尼斯調色板，高63公分**
美尼斯是古埃及第一王朝（西元前3100年至前2890年）國王。調色板正面當中的美尼斯頭戴王冠，右手持權杖，左手抓著敵人頭髮作扣擊狀；右上方立一雄鷹，爪下有一人頭和六根紙草，代表六千名俘虜。

005.千年不朽的木乃伊

埃及人雖然會做木乃伊，但他們以為血管中所裝的乃是氣、水及液體。他們天真地相信，心肝五臟為思想的中心。

靈魂不死的神話

在古埃及，不論是法老還是窮人，都富有冥想精神，認爲只要肉身存在，忽忽悠悠的靈魂就不會消失，於是他們將屍體製成千年不朽的乾屍，煞有介事地等待著靈魂的歸來。有一個動人的故事，講述了這種習俗的起源。

相傳，古埃及有一位名叫奧塞利斯的法老，是地神之子，他不僅賜給人生命，還帶給人們幸福安定的生活。因此人們很崇拜他，稱他爲「尼羅河神」。

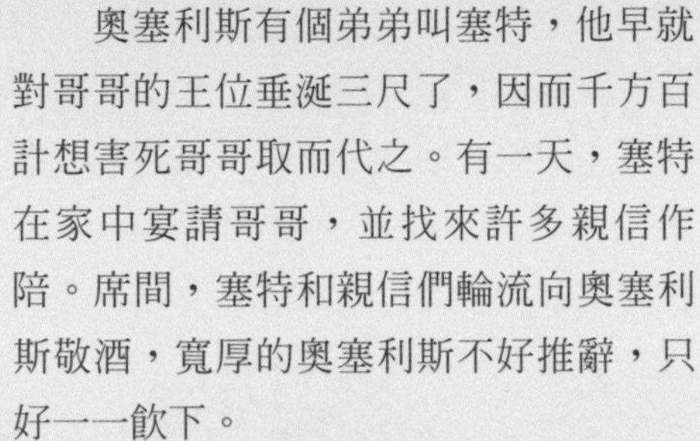

→奧塞利斯壁畫

奧塞利斯是地下世界之神、復活之神、豐饒之神，文明的賜予者和冥界之王，執行人死後是否可得永生的審判。象徵是手持權杖、連枷，戴著假鬍子，被描述成木乃伊國王的形象。一般在壁畫中，若臉上塗有綠色顏料，則表示在復活中或已經復活。

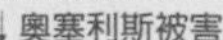

↓奧塞利斯被害

塞特請哥哥共進晚餐，還找了許多人作陪。進餐時，塞特指著一隻美麗的大箱子對大家說：「誰能躺進這個箱子，就把它送給誰。」奧塞利斯在衆人的慫恿下，當著大家的面試了一試。但他一躺進去，塞特就關上箱子把他扔到尼羅河裡去了。

奧塞利斯有個弟弟叫塞特，他早就對哥哥的王位垂涎三尺了，因而千方百計想害死哥哥取而代之。有一天，塞特在家中宴請哥哥，並找來許多親信作陪。席間，塞特和親信們輪流向奧塞利斯敬酒，寬厚的奧塞利斯不好推辭，只好一一飲下。

看到哥哥醉意已酣，奸詐的塞特指著一只華麗的大箱子說：「這是一只神奇的寶箱，誰能躺進去，它就屬於誰！」他的親信們馬上裝模作樣地去試，但都做出躺不進去的樣子。然後他們慫恿奧塞利斯也進去試試，奧塞利斯爲了不掃大家的興，就應允了。但他剛躺進去，心狠手辣的塞特立即關上箱蓋，並緊緊鎖死，將箱子投入尼羅河。

奧塞利斯的妻子雨神伊西斯此時已經有了身孕，得知奧塞利斯被害的消息後悲痛欲絕，但這個堅強的女人懷著對丈夫的深愛，歷盡磨難找回了屍體。不料，塞特又將屍體偷走，並把它分成十四塊扔掉。伊西斯將屍體的碎塊找回並埋葬。後來，奧塞利斯的遺腹子荷魯斯出生了，這個勇敢的孩子長大成人後，不僅打敗了塞特報了殺父之仇，還登上了王位。他挖出父親屍體的碎塊，將其拼在一起做成木乃伊，在神的幫助下使父親得以復活。復活後的奧塞利斯成爲

冥界之王，專司審判死者，保護世上的法老。

破解千年之謎

木乃伊眞的會復活嗎？它究竟是如何製成的呢？隨著考古科學和現代科技的迅猛發展，這個玄妙而神奇的千年謎團終於被破解。

原來，生活在數千年前的古埃及人已經掌握了極其高明的防腐技術，他們首先將死者面部塗滿融化的松脂，再從其鼻孔吸出腦髓，並注入藥料。然後，用石刀切開屍體側腹取出內臟，並用棕油清洗胸腔和腹腔。然而，非常有趣的是，古埃及人從不取出死者的心臟，因爲虔誠的埃及人篤信胡狼神阿努比斯會將每個死者的心都放在天秤上一一秤量，以此評判他生前的品德。也正緣於此，古埃及人通常會在木乃伊的屍身上放一些心形護身符，免得瞭解主人所有祕密的心，會洩漏了一些對主人不利的祕密。而其他內臟則在處置之後放回腹腔，隨即將屍體縫合。縫合好的屍體要在天然碳酸鈉溶液中浸泡七十天後才能取出晾乾，重新填入香料，在外部塗上樹膠，最後以亞麻布層層包裹。

埃及人認爲包裹屍體是件凶險至極的事，因而每一次操作必須伴有肅穆的禱告。他們還請祭司誦念咒法爲「木乃伊」開眼、開鼻、開耳、開口，並把食物塞進木乃伊口中。據說，經過這道儀式後，木乃伊就能呼吸、說話，並且還會吃飯呢！木乃伊的眼睛通常以寶石塡充，極其生動傳神。令人驚訝的是，數千年前的古埃及人就已深諳美容之道，他們會選擇性地爲木乃伊塗上牛奶、葡萄酒、香料、蜂蠟，或是松脂和柏油的混合物，這樣就可以保持木乃伊皮膚的柔韌性；有時，還會在木乃伊的腮上畫一抹胭脂紅，令其栩栩如生。

千年不腐的木乃伊製作完成後，死者的親屬會將它放入特製的人形木盒裡，在墓室中倚牆而立。舉世聞名的金字塔就是保存法老木乃伊的墳墓。

【人文歷史百科】

《愛德溫．史密斯紙草》

《愛德溫．史密斯紙草》是古埃及的重要醫學著作，因發現者而得名。紙草約為西元前一千六百年的抄本，其上半部類似當今的人體解剖學，其中列舉出四十八種病例，分為可治、難治、不可治三種類型，並對病狀做出詳細描述；下半部已失傳。

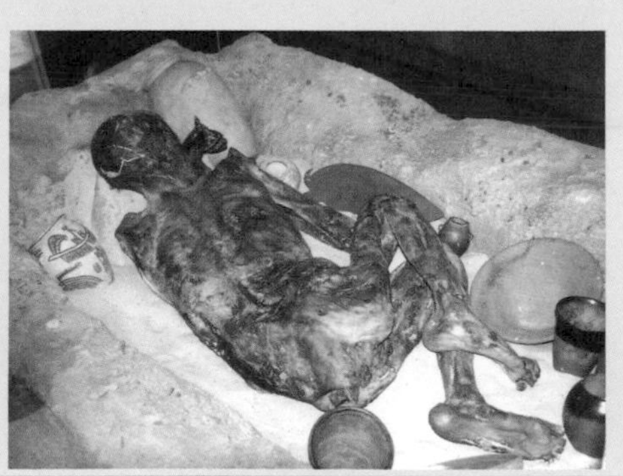

→**乾屍「木乃伊」**

木乃伊的製作方法，是先把屍體浸在一種防腐液裡，溶去油脂，洗掉表皮。七十天後，把屍體取出晾乾。在腔內填入香料，外面塗上樹膠，以免屍體接觸空氣和細菌，然後用布把屍體嚴密包裹起來。這樣，經久不腐的「木乃伊」就製成了。

006.破譯奇妙的圖畫文字

文藝復興和啓蒙主義時代，大家所知道的文明發源地，僅限於希臘、中國和印度，至於埃及，除金字塔外，可說是一無所知。

謎一樣的文字

埃及的發現，在考古學上是最輝煌的一章。中世紀大家所知道的埃及，只是羅馬的一個殖民地，或基督教的一個附庸。文藝復興時代，人們一談文明，開口便是希臘。即使在歐洲啓蒙時代，大家所知道的文明發源地，也僅限於中國和印度，至於埃及，除金字塔外，可說仍一無所知。1798年拿破崙遠征埃及，他所帶去的人除軍隊外，尚有一部分學者及技術人員。拿破崙帶他們去的目的，主要是想對埃及的地理歷史有較深刻的瞭解。由於拿破崙這個非軍事的念頭，埃及終於重現於世。

1799年8月的一天，法國軍官布夏爾正在指揮羅塞塔附近朱利安要塞的土方工程。當工兵推倒一堵舊牆時，發現了一塊刻有銘文的黑色石碑，它就是大名鼎鼎的羅塞塔石碑。這是一塊精緻的雪花岩石牌，上面刻滿了各種畫像，和在神廟和宮殿裡看到的圖畫差不多。布夏爾向長官梅努將軍報備。拿破崙手下一位懂希臘文的將軍立刻著手翻譯這段希臘文字，這是西元前196年埃及教士寫的一道教令，內容是讚頌古希臘天文學家托勒密的功績。學者們不禁假設，這段希臘文應該是前兩段文字的譯文，埃及象形文字之謎似乎有了線索。法軍投降

←商博良像
商博良成功解譯象形文字，是件困難且了不起的事情。今天人們所說的「埃及學」，就是從商博良開始的。

後，這塊石碑和法軍從埃及弄走的許多文物一起被運到了大英博物館。學者們對它進行了多年的對比研究，可是毫無進展，原因是根本讀不懂古埃及人的象形文字碑文。

商博良的驚人發現

埃及人神祕的文字，因爲歷史的緣故，處處顯示著閃族人的血緣。不知道是愚蠢還是聰明，埃及人雖發明了字母，可是並未完全採用拼音文字。埃及文字像是個大雜燴，有象形文字，有會意文字，有字母拼音，還有種種輔助符號。到了西元前525年，波斯人征服了古埃及。之後，埃及人開始使用波斯文字來記載發生的事情。而記載古埃及歷史的那些圖畫和圖形，隨著研究和製造這些圖形、圖畫技術的祭司逐漸凋零，後來竟沒有人認識了。

商博良出生於法國南部的洛特省，年輕時已具備出色的語言天賦，二十歲時就掌握了拉丁語、希臘語和許多古代東方語言，他當時是勒諾布林公學的歷史學教授。

商博良從1822年到1824年間，完全投入到對羅塞塔石碑的研究，發表多篇研究論文，成功地譯解出古埃及象形文字的結構：這些符號有些是字母，有些是音節文字，有些則是義符，一個符號代表一整個事物。他編制出完整的埃及文字元號和希臘字母的對照表，爲後來解讀大量古埃及遺留下的紙草文書，提供了非常有用的工具。

古埃及文字之謎終於被揭開。原來，這種象形文字是古埃及人在西元前四千年前後創造的。它用固定圖形表示某種事物或概念，也就是象形文字。例如，畫三條波浪式的橫線表示「水」，畫兩座夾峙河谷的山峰表示「山」，畫個中間加點的圓圈表示「日」。相比之下，表意字比象形字讀起來頗多費解，例如畫許多小蝌蚪代表「多」，表示某種東西很多；牛在水邊奔跑，表示飢渴的「渴」。如果要寫成一個句子，表達一個完整的意思，就把這些單個的圖畫符號組合在一起，構成一個複雜的表意圖形。

←羅塞塔石碑
存放在大英博物館埃及廳中的羅塞塔石碑，是個高約114.4公分、寬72.3公分、厚27.9公分，略呈長方形，但實際上缺了許多邊角的平面石碑，大理石材質製造，重約762公斤。大理石的黑色表面上刻有塗上白漆的文字，石碑的兩側刻有後人加上的文字，其中左側為「1801年時由英軍在埃及獲得」，右側則為「國王喬治三世捐贈」。

007.永恆的金字塔

「時間戰勝了一切，但金字塔戰勝了時間。」歷史雖然抹去了法老渴望永生的夢想，但它抹不去金字塔永遠的神祕。

左塞王的階梯金字塔

對古埃及人來說，死亡不是什麼可怕的事情，只是到另一個世界生活，肉體和靈魂暫時分離罷了，總有一天兩者還會結合，死而復生。左塞王以前的埃及諸王採用一種稱爲「馬斯塔巴」的建築作爲墓室，「馬斯塔巴」的外形就如同方形平臺，通常是用泥磚建造。到了西元前2780年左塞王登基時，埃及已經積攢了不少財富，國王的氣勢也不可同日而語，再無法滿足於「馬斯塔巴」墓室規模。

左塞王一日上朝，問右側著一身白亞麻布長袍的胖大臣道：「普塔赫姆，我命你到薩卡拉負責修建我的墓地，你辦得怎樣了？」普塔赫姆說道：「神之子，現有一位年輕有爲的建築師叫伊姆荷太普，不知陛下是否願意審閱他的設計圖？」左塞王對此顯然很感興趣。

↑左塞王和伊姆荷太普的雕像

「來人！召伊姆荷太普進殿。」

伊姆荷太普看上去二十出頭，眉宇間透出一股靈氣，他從懷中抽出一卷羊皮紙，說道：「設計圖已經畫好，敬請陛下過目。」左塞王上下打量，神采飛揚，兩眼透光。那圖上是座階梯形狀的巨大建築，下寬上窄，由六層依次縮小的馬斯塔巴式陵墓堆壘而成。最下邊一層底邊長度約121×109公尺，墓高約60公尺，地下墓室深約28公尺。墓前爲一圓柱大廳，中間置一座左塞王雕像，由四十根圓柱環繞，意即古埃及四十個州對中央的臣屬。墓地仿效首都白城的王宮，圍以白色石灰石城牆，設十三座假門和一座眞正的城門。整個設計渾然一體，氣勢恢宏。

伊姆荷太普創制的國王陵墓，就是世界上有名的「金字塔」。因他設計的塔是梯形分層的，這座塔式陵墓是世界上第一座石質陵墓，後朝國王紛紛仿效，從此在古埃及掀起一股營造金字塔之風。伊姆荷太普後來也平步青雲，加官晉爵，被封至宰相、大祭司長，死後還

←階梯金字塔

左塞王的金字塔建在古城孟斐斯附近的塞加拉。它以六層臺階向上升起，所以被稱為「階梯金字塔」。金字塔全用石頭砌築，這也是一種新的構思，因為在這之前埃及的陵墓都是用泥磚建造的。

被尊奉爲二等神，人稱「普塔（智慧之神）之子」。

古夫大金字塔

就像喜歡誇大物品價値一樣，埃及人誇大了金字塔的永恆：「人類害怕時間，時間害怕金字塔。」四千五百年前，古夫金字塔要比現在光鮮得多，金字塔的表面平整而光滑，在晨昏的陽光下，它所反射的光芒常嚇呆了在田間勞作的農人。

古夫王是埃及古王國時期第四王朝的法老，在位二十三年間，傾全國物力、財力，徵用十萬多勞役，爲自己建造出一座空前絕後的大陵墓。大金字塔是埃及現存規模最大的金字塔，被譽爲「世界古代七大奇觀之一」。據歷史學家希羅多德記載，古夫王造金字塔一度造到囊空如洗、難以爲繼的地步，古夫王竟然指使自己的女兒賣淫以籌集資金。這位公主秉承其父旨意，和那些腰纏萬貫的當朝權貴們勾搭。不過，古夫王的女兒爲父賣身也並非全是爲了盡孝，多少還存了一點私心雜念，就是想爲自己也留下一個身後紀念物，因而請求每個想和她交媾的人向她捐贈石頭，這些石頭後來用來修建了三座女眷小金字塔中的一座，與古夫金字塔相對。

繞著古夫王字塔漫步，很難不有所感慨：在鐵器、車輪、滑輪和絞車都尚未發明的時代，古埃及人竟然將兩百三十萬塊，平均重達二・五噸以上的石頭從遠處運來，完美地疊砌在一百四十六公尺高的建築物上，這是何等的智慧啊！而且墓地周圍本無石材可採，材料均從遙遠的亞斯旺等地長途拖運而來，爲此還專門修築了一條運石大道，便於牛拉人撬，其勞動強度之大可想而知。古夫金字塔設計與建造的精妙之處在於內部結構，塔內有三間墓室：一間地下，二間地上。國王的居室自然高高在上，底下兩間爲王后專用。三間墓室均有走廊相連，其空間要承受幾百萬噸的壓力，竟安然無恙保存了幾千年，眞是奇蹟。

欣賞古夫金字塔，最好是坐在一塊沙丘上，拋開這個謎、那個謎，什麼都別想，等著日落，等著人散，等著星辰升起，等著驚世駭俗的美充盈心間。歲月已遠，關於金字塔的種種猜想都似是而非。

←大金字塔
塔高約146.5公尺，基座邊長約230.38公尺。構築這座金字塔，據估計至少需要十萬人工作二十年。

↓ 卡瑪爾的照片，攝於1954年

008.古夫王的太陽船

太陽船又稱「古夫金字塔船」，是法老靈魂遨遊太空的交通工具，造於西元前2650年左右，已經有四千六百多年的歷史了，至今保存良好。

卡瑪爾殘垣下尋寶

1950年代，埃及的考古學家開始對古夫金字塔的塔基進行清理，負責這項工作的是建築工程師卡瑪爾·馬拉赫。他是一個對考古學及古埃及歷史極感興趣的工程師。他一直認爲古夫金字塔邊上除了那幾個船坑之外，肯定還埋藏著一些神祕的東西，所以在清理過程中，特別注意對神祕古蹟的探查；但到清理工作即將結束時，仍無任何發現。

金字塔建造之初都是有圍牆的，古夫金字塔的圍牆因爲年代久遠，只剩下了地基和殘垣斷壁。有一天，細心的卡瑪爾忽然注意到，南面圍牆與金字塔的距離似乎短了一些，經測量只有十八·六公尺，而其他三面的圍牆距金字塔邊緣都是二十三·六公尺。古埃及人是一個崇尚對稱與和諧的民族，設計者不可能平白無故地將南面距離縮短五公尺，這裡肯定有原因。

於是，卡瑪爾用自己的探針在南面圍牆下探查，終於，在探針帶上來的泥土中，他驚喜地發現了一些發紅的土，那正是古埃及人做成的水泥的顏色。於是開始在這個地方挖掘、鑽探，最後終於發現了東、西兩個長方形石板陣，分別排列著四十一塊白色石灰岩石板。

卡瑪爾認定它們是洞穴的蓋板，經請求獲准打開東邊的洞穴。當第一塊石板被吊起時，一股幽香撲鼻而來，那是一種帶著防腐防蛀香料味道的遠古氣息。映入眼簾的是一塊塊大小、長短不一的木板和棕繩、蘆葦以及船槳等。時隔四千五百多年，這些東西仍然不蛀不爛。毫無疑問，這就是大金字塔的主人古夫王的太陽船。

經挖掘發現，太陽船船板全部爲雪松木，最長的達二十三公尺，最短的不足十公分，一共有一千二百二十四塊，分爲六百五十份，按順序整齊地擺放在石坑裡。

怎樣把木板組裝在一起？古埃及人造船不需要釘子，唯一能夠把木板結合起來的就是這些繩子。木板上有四千個洞眼，工人們試著用這些繩子將它們穿起來，最後終於像縫衣一般將整艘船穿紮起來。這個摸索復原的過程整整用了十一年。

←古夫墓中發掘出的木製太陽船

在古夫金字塔底部，發現了五個放置太陽船的坑穴，其中三個是空的。1954年和1987年，從另兩個坑穴中分別發掘出兩艘已經拆散，但保存完好的敘利亞雪松船，其中一艘長43公尺，已經被複製。

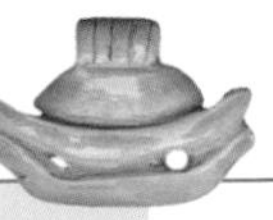

→古埃及陶器太陽船護身符

冥界之舟太陽船

←復原的太陽船
在太陽船博物館展出的復原品，長達 43 公尺。

「太陽船」傳說是專門用來供法老升天時追隨太陽神飛越天空時乘坐的，因爲埃及法老認爲自己是地上的奧塞利斯神，如果奧塞利斯死了，就會變成了冥界之神，掌管冥界。那麼他的兒子荷魯斯，就成了現世之神，而每個法老都把自己當成奧塞利斯之子，活在世上的荷魯斯。因此奧塞利斯神就每天坐著太陽船從東面地平線上出來，之後，他就變成了現世之王，變成荷魯斯了，然後每天又從西邊落下，變成了奧塞利斯，然後再出來變成荷魯斯，按照這個循環秩序，每天這樣運動。

四千五百年前的某一天，一艘造型獨特而又裝飾豪華的大船航行於尼羅河上。與其他船隻不同的是，它不僅造型非凡，豪華程度也非同一般，更重要的是，炎炎烈日下，它竟封閉嚴密，主船艙四周用蘆葦搭接起來，幾乎密不透風。

原來，這是運送古夫王木乃伊的船，是從首都孟斐斯啓程，開往吉薩古夫大金字塔的。法老的木乃伊就停放在密封的船艙裡。船到吉薩，轉入事先修好的祕密通道，進入大金字塔。隨後，由新即位的法老哈夫拉主持殯葬儀式。儀式結束後，運送木乃伊的大船被拆散，埋在事先挖好的地下坑穴裡，以便承擔運送古夫王靈魂上天的使命。

太陽船的出土被認爲是二十世紀中葉考古界最偉大的發現，也是迄今發掘到最完整的船隻，對於研究古埃及的造船業、航運業和當時的社會經濟生活具有重要價值。爲保存這艘充滿神祕色彩、與大金字塔同齡的古船，埃及政府修建了一座太陽船博物館。1982年，一座由義大利人設計、耗資數百萬埃鎊的專用博物館終於在原地落成，並對公眾開放。

【人文歷史百科】

埃及博物館

埃及博物館坐落在開羅市中心的解放廣場，1902年建成開館，是世界上最著名、規模最大的古埃及文物博物館。該館收藏了五千年前古埃及法老時代至西元六世紀的歷史文物二十五萬件，其中大多數展品年代超過三千年。博物館分為二層，展品按年代順序分別陳列在幾十間展室中。該館中的許多文物，如巨大的法老王石像、純金製作的宮廷御用珍品，大量的木乃伊、重242磅的圖坦卡門純金面具和棺槨，其作工之精細令人讚嘆。

↑正在復原的太陽船
工人們用繩子將1224塊已拆散的雪松船板穿起來。

009.法老的死亡咒語

「誰打擾了法老的安寧，死亡之翼將垂臨他的頭上。」最初打開圖坦卡門陵墓墓穴的人都死於非命，法老的死亡咒語應驗了。

誰打擾了沉睡的法老

1922年11月26日黃昏，橘紅色的夕陽正墜向西山懸崖，金色的餘暉呈扇狀灑滿帝王谷。可是，霍華德·卡特卻沒有欣賞到落日的輝煌。此時，他沿著三千多年前就已開鑿出來的十六級階梯，來到了帝王谷底，在一條長達二十七英尺的岩石通道的盡頭，呈現眼前的是刻有古埃及法老王室標誌的密封洞口，洞口有曾被啓封開動過的痕跡。卡特多麼希望洞口之後就是那位統治了埃及十年，於西元前1325年去世的年輕法老圖坦卡門的陵墓啊！可是，他又擔憂發現的僅是一座在古代和近代被人洗劫一空的空墓。

爲了尋找這個古埃及三十一朝中唯一未被發現的法老──第十八王朝末期法老圖坦卡門的陵墓，卡特和他的挖掘隊付出了長達八年的心血，卡那封勳爵更爲此投入了巨額資金……

隨著洞口的擴大，氣氛越來越緊張。卡特舉起手電筒向裡面看去，半天

←驗查金棺的霍華德·卡特，攝於1922年
在一個套了四層貼金木套的墓室中，放著一個巨大的水晶石棺，在打開兩層貼金木棺之後，竟是一具用整塊黃金製成的金棺，厚達三公分。

【人文歷史百科】

帝王谷

帝王谷位於尼羅河西岸，距岸邊七公里，可以從底比斯衛城北端陡峭的環山公路到達。這裡一共有六十座帝王陵墓，屬於第十八、十九和二十王朝的法老。所有的墓都是同樣的格局，每位法老從登基的那一天起，便開始建造和裝修陵墓。到目前為止，1922年被發現的圖坦卡門墓是帝王谷中最後被發現的一座法老墓，也是唯一一座未遭破壞的墓。

沒有說話。卡那封用嘶啞的聲音問：「你看見了什麼？」卡特轉過身子，眼睛裡閃著光芒，結結巴巴地說：「我看見了一個奇蹟，一個了不起的奇蹟！」

洞口終於被打開。室內黃金閃閃發光──有堆著的包金戰車、鍍金裝飾的獅子、一人多高的法老雕像、怪獸的臥榻，以及數不勝數的箱子和匣子，裡面放滿寶石裝飾的金指環、項圈和手鐲。在這座只有四間墓室的陵墓中，到處都是珍貴的珠寶、工藝品以及各種兵器。

最讓他們震驚的是，在一個套了四層貼金木套的墓室中，放著一個巨大的水晶石棺，在打開兩層貼金木棺之後，竟是一具用整塊黃金製成的金棺，厚達三公分！

圖坦卡門的「木乃伊」就躺在這個金棺裡，用薄薄麻布裹著，渾身布滿項圈、護身符、手鐲、戒指等各種寶石。

更令人震驚的是「木乃伊」頭上的眞金面具，一副和他本人相貌一模一樣的眞金面具！面具上有一塊傷疤，取下後發現，木乃伊臉上同一位置也有一塊傷疤。有人據此認爲，這傷疤與年輕法老的暴死有關。

←卡那封勳爵
1922年，英國考古學家霍華德．卡特曾與卡那封勳爵一道，第一批進入埃及路克索谷圖坦卡門法老的墓穴，卡那封勳爵不久便死於蚊子叮咬引發的感染。當時的英國媒體報導說，是法老的咒語殺死了卡那封勳爵。科學家們則提出另外一種分析意見，可能是隱藏在法老墳墓之中、暫時處於休眠狀態的一種病毒殺死了這位英國貴族。

離奇的死亡事件

「誰打擾了法老的安寧，死亡之翼將垂臨到他的頭上。」

這是刻在圖坦卡門陵墓甬道裡一塊墓碑上的咒語。當時，被巨大寶藏沖昏頭的二十多人，絲毫沒有注意到法老的死亡咒語。而在陵墓中探寶時，卡那封勳爵不幸被蚊子咬到左側臉頰，他當時並未在意，回到開羅後才發現叮咬處有些癢，有一次刮鬍子碰破了，於是開始發燒，一病不起。五個月後，竟神祕地離開了人世。

令人恐懼的是卡特飼養的金絲雀死亡。在發現圖坦卡門的陵墓之前，卡特從倫敦帶來一隻金絲雀。他的挖掘隊成員都是埃及人，其中一人看到金絲雀之後，感到非常激動，說這是像金子一樣的鳥，牠會帶領我們找到圖坦卡門的陵墓。

幾天後，圖坦卡門的陵墓果然被發掘出來。就在他們進入陵墓的當天晚上，卡特回到住處，一開門就看到僕人拿著幾片金黃色的羽毛，驚恐萬分地看著他，哆哆嗦嗦地說，你的金絲雀被蛇吃掉了。

埃及是一個多蛇的國家，一隻鳥被蛇吞沒什麼大不了的。但是僕人虔誠地說，蛇是法老的保護神，牠隨時能吐出火焰，消滅那些侵犯法老的人。是鳥把我們引到了那個地方，讓我們看到了圖坦卡門的陵墓。鳥被吃掉是神的旨意。他讓卡特不要再進入那個陵墓。卡特知道法老王冠中間都有一條眼鏡蛇，那是他們崇拜的神蛇。但他並不相信這樣神祕的東西存在。可是，卡那封的意外離世，使他覺得金絲雀的死亡，似乎暗含著某種警示或寓意。

截至1936年底，已有二十二位進入過圖坦卡門陵墓的人死於非命，其中直

←挖掘現場，圖坦卡門的陵墓挖掘圖
圖坦卡門的陵墓是考古史上最轟動的發現之一，五千件精美的出土文物，這一切使得「圖坦卡門寶藏」成了考古史上最著名的一次發現。卡特在1922年的這一發現，標誌著輝煌考古時代的結束。

接參與陵墓挖掘的十三人——這是一個歐洲人最忌諱的數字。

在傳媒的作用下，「法老的詛咒」一時風傳世界，令世人恐慌不已。

年輕法老的死亡之謎

在法老咒語引起人們一片恐慌時，法老的神祕死亡，成爲人們關注的另一焦點。

圖坦卡門是古埃及十八王朝的第十二位法老。阿肯那頓去世後，九歲的他以女婿的身分即位，八歲的前法老幼女成爲他的王后。古埃及一向沿襲血親婚姻，圖坦卡門是誰的兒子卻不得而知，唯一可以確定的，就是他身上有著王族的血統。然而，十八歲風華正茂的時候，圖坦卡門卻忽然猝死。

最早讓人感覺圖坦卡門死於非命的起因，是他的陵墓規格。雖然他的陪葬品無異於一座珍寶庫，但相對於法老的身分來說，他的陵墓太小，殯葬規格也太低。這些豪華的珍品並不是爲小法老特製的，而是當時王室專爲暴死的王族下葬準備的應急品，很多物品（甚至包括陵墓本身）是臨時徵集的，上面舊主人的名字被抹去的痕跡依稀可辨。而法老的金棺落葬時連方位都擺錯了，居然也未被糾正。可以明顯看出這位法老是匆忙下葬的。

其次，從打開陵墓開始，就有人懷疑圖坦卡門臉上的傷疤是他的致命死因。1968年，英國利物浦大學進一步爲木乃伊做X光透視之後證實：法老頭顱中有塊移位的骨頭，後腦勺有一塊血液凝結的陰影。更可怕的是，他的頸骨曾經被對接——除了謀殺，沒有任何理由可以讓法老頸椎折斷。

在古埃及法老的喪葬儀式中，有一個由繼承王位之法老

↑ 圖坦卡門陵墓中的陪葬品無異於一座珍寶庫，攝於 1922年

→黃金面具（正面）

↑埃及紙莎草圖畫
圖坦卡門與同父異母的妻子

主持的開口儀式。圖坦卡門的浮雕裡記錄著宰相阿伊在主持法老的開口儀式，他雖然不是法老，但卻已穿戴了法老的裝束。之後他娶了法老的年輕王后。而此間王后曾寫給敵國一封信，要求招贅對方的王子做法老。而王子前來成婚的隊伍卻在半途失蹤，她最終未能如願，並很快離開人世，大權全部落入阿伊之手。

由此可見，圖坦卡門死於謀殺幾乎無可爭議。

↓圖坦卡門的黃金棺，埃及博物館藏
圖坦卡門的木乃伊由三個人形棺與三個外廓層層保護，每一個的大小恰好卡進另一個，手工相當精細。最內一層的人形棺由22K金打造，重110.9公斤，著名的黃金面具大約重 10.23公斤。

010.獅身人面像之謎

司芬克斯為何物？為什麼希臘人一見它便驚恐萬狀？
原來希臘神話中有一頭可怕的怪物，長有人頭獅身和兩隻翅膀，名字叫司芬克斯。

哈夫拉的獅身人面像

四千五百年以前，在尼羅河西岸古夫大金字塔旁邊，一座新的金字塔即將竣工，這就是略低於古夫大金字塔的哈夫拉金字塔。

竣工前夕，哈夫拉王來到施工現場，望著這座宏偉的建築，不免有些遺憾。儘管死後能住在如此奢華的地下宮殿中，能在這裡乘坐太陽船升天，遨遊太空，但是後人卻見不到自己的容貌，於是他吩咐建築師爲自己雕鑿一座石像以供瞻仰。

當時，大金字塔前邊有一座光禿禿的小山丘，是爲開採金字塔所用石料準備的，因裡面含有貝殼之類的雜質，不符合大金字塔要求的質量標準，就被留下來了。建築師們湊在一起商議建築方案的時候，從小山丘的外形中產生了靈感，結合古神話傳說，把小山丘設計成哈夫拉的頭像和獅子的身軀。這樣既體現了法老的威嚴，又顯示了獅子的勇猛。

一座高二十一公尺，長約五十七公尺的獅身人面像終於落成了。它坐西向東，頭戴皇冠，額套聖蛇浮雕，耳後方巾垂肩；雙目炯炯，凝視東方，嘴角露出剛毅自信的笑容；一對碩大無比的爪子並列向前伸展，臥伏在哈夫拉金字塔前邊。黎明時分，它披一身朝陽，像一個忠誠的衛士，守候在金字塔前，予人一種肅穆莊嚴的感覺。連哈夫拉王也讚不絕口。

由於獅身人面像狀如希臘神話中的人面怪物司芬克斯，因此人們又稱它爲「司芬克斯」。

遺忘的法老

雖然傳統理論認爲，是哈夫拉仿照自己的頭像建造了獅身人面像，但唯一的根據只是獅身人面像在哈夫拉金字塔的前邊，這唯一的證據不免顯得薄弱而無力。因此，千百年來，獅身人面像的建造之謎困擾了一代又一代的遊客和專家：究竟是誰建造了獅身人面像？

←**獅身人面的司芬克斯石雕**
司芬克斯是希臘神話中獅身人面、長有雙翼的女妖。司芬克斯像常用以裝飾花瓶、牙雕和金工藝術品，並置於墓頂或盾牌上，用來驅邪。在古希臘傳說和其他文學作品中，她的名字常常用來比喻難以猜度的人或難以解開的謎。

吉薩
埃及吉薩省省會，位於開羅西南六公里處，尼羅河下游西岸，與開羅隔河相望。人口約一百六十七萬。該地史前即有人類居住，曾發掘出新石器時代物品。城西南利比亞沙漠中有金字塔、獅身人面像及大理石陵廟等古蹟。三座金字塔分別是古夫、哈夫拉和孟卡夫拉王陵寢，其中以古夫金字塔最大。

最近，考古學研究有了新的發現，一位沉寂了四千五百年的人物——第四王朝第三位法老、古夫王之子、哈夫拉同父異母的哥哥迭德夫拉浮出水面。

古夫王死後，迭德夫拉繼承法老。他即位後，便開始在古夫大金字塔旁邊建造自己的金字塔。同時，爲了顯示法老的威嚴，他在自己的金字塔前邊建造了一座獅身人面像。在古埃及神話中，獅子是力量的象徵，是一切神祕的守護神，法老是權力和智慧的象徵。因此，這座有著深刻寓意的雕像並非出自建築師的靈感，而是法老本人的創意，雕像的人面就是仿照迭德夫拉本人的相貌雕刻的。經有關專家鑑定發現，獅身人面像中的人面，更接近於法老迭德夫拉。

然而，迭德夫拉在位不久就神祕死去。他的死因已無從考證，後來繼承法老王位的就是他的弟弟哈夫拉。哈夫拉沒有把他葬在尚未竣工的大金字塔中，而是將他葬在了吉薩北邊的阿布拉瓦什一座很小的金字塔中。

由於在古王國時期，法老們都把自己的金字塔建在吉薩，而且建得很大，吉薩因此成爲金字塔的代名詞。而離開吉薩的迭德夫拉，卻從此被世人拋進歷史的角落。

哈夫拉即位後，繼續整修迭德夫拉建造的金字塔，死後這座金字塔就成了他永久的歸宿。這座吉薩高地的第二大金字塔，連同他前面的獅身人面像一起，被載入了人類永恆的史冊。而有關獅身人面像的建造者之爭，卻伴隨著歷史的變遷，從未間斷。

→《伊底帕斯和司芬克斯》
安格爾（1780至 1867年）取材於希臘神話：在特拜城外出現一個可怕的怪物，她長著美女的頭、獅子的身體，人們叫她「司芬克斯」。她是巨人堤豐與蛇妖厄喀德那生的女兒之一。司芬克斯雖是獅身人首的女妖，可她長得很美又有學問，當她出現在特拜城山道口時，每遇到過關人，就用「早上四隻腳，中午兩隻腳，晚上三隻腳」的謎語讓人猜，凡猜不出者皆被吃掉，被她害的人不計其數。

王子的夢想

或許，古夫王的兒子在建造獅身人面像時，並沒有想到這個大金字塔的守護神會一次次遭沙浪吞沒；這個被賦予了靈魂的龐然大物，會一次次向人類發出求救的呼喚。

那是三千五百年以前第十八王朝的時候，獅身人面像幾乎快埋沒在大沙漠之下。百年以後，一個王子漫遊來到這個地方，坐在獅身人面像旁邊休息。這時的獅身人面像僅有一個頭露在沙子外面，王子坐在頭像的旁邊避風，不知不覺睡著了。他夢見獅身人面對他說：「我是司芬克斯，我現在快被沙子掩沒了。如果你能把我身邊的沙子清走，我會幫助你成爲新一任的法老。」

王子醒來後，看到眼前這個獅身人面像的臉和自己夢中見到的一樣，覺得這是一個好兆頭。雖然下一任的法老已有人選，但世事總有變化。於是他找來一些人，把獅身人面像周圍的沙子清走。清理完之後，王子在獅身人面像的兩腳中間立了一塊石碑，將這個故事刻在石碑上，至今這塊石碑還在雕像的腳下。

不久後，王子登基做了法老，他就是圖特摩斯四世。

這是古埃及歷史上第一次清理獅身人面像。十八世紀拿破崙進攻埃及的時候，沙子已經埋到獅身人面像的脖子，一直到十九世紀末，才有人清理這些流沙，前後共花了七十年時間，才將獅身人面像從沙漠之中拯救出來。

←**獅身人面像**
獅身人面像位於吉薩區哈夫拉金字塔之前，這座獅身人面像，高20公尺，長57公尺，除兩隻前爪外，全由整塊山石雕成。該雕像雕刻得精美無比，頭戴皇冠，額前裝飾著聖蛇雕飾，耳後方巾垂肩，頷下佩戴鬍套。雙目炯炯，凝視東方，嘴角露出剛毅、自信的笑容。黎明時分，它披一身朝陽，像一個忠誠的衛士，守候在金字塔前，予人一種肅穆、莊嚴的印象。

←吉薩之戰，油畫
1798年，拿破崙揮師進軍埃及，一路打到金字塔，曾經在吉薩高地上和埃及人展開一場生死大戰。拿破崙對於躺在金字塔中的法老們素無好感，下令用重砲轟擊獅身人面像，結果獅身人面像卻昂然不動，只斷了幾根鬍鬚。

尋找丟失的鼻子

在歲月的流逝中，獅身人面像威風凜凜的形象已今非昔比，昔日外層的紅色膠泥大多脫落，王冠、聖蛇不翼而飛，只剩下頭頂上一個四方形固定王冠的深洞，臉龐上的鼻子也蕩然無存。

關於雕像的鼻子，相傳是中王朝時被一個阿拉伯酋長用加農砲打掉的。他不僅打掉了獅身人面像的鼻子，還連同笑容一起打掉了。所以現在的獅身人面像，嘴角也稍有缺陷。

也有人說，1798年拿破崙率領法軍進入埃及時，曾經在吉薩高地上和埃及人展開一場生死大戰。為了鼓舞士氣，拿破崙手指著大金字塔說：「士兵們，四千年的歷史和古埃及的法老在注視著你們，前進吧，去征服他們！」但這場著名的金字塔之戰，除了把司芬克斯的鼻子轟掉一塊之外，並沒撼動金字塔的存在，它們依舊如磐石般，矗立在吉薩高地上。

而這一說法有頗多爭議，從拿破崙留下的日記和回憶錄來看，拿破崙並非只是一介武夫，他從小便對歷史感興趣。在1798年率兵出征埃及時，他還帶了一支近兩百人的科學藝術考察團，其中包括歷史學家和考古學家。這樣一位對古文化遺產感興趣而又想據為己有的人，怎麼會對著著名的吉薩大金字塔開火呢？

由於獅身人面像的石料是質地鬆軟的石灰石，不如金字塔那麼堅固有韌性。因此，真正使獅身人面像遭到嚴重破壞的是歲月的侵蝕，是四千五百年的日曬雨淋、沙暴侵襲和自然風化。

儘管獅身人面像已變得面目斑駁，但它依然和大金字塔一起矗立在吉薩高地上，展現著當年的風華。

011.太陽之子的悲劇

阿肯那頓，阿頓神之子，古埃及宗教改革第一人。他的失敗並不在於改革本身，但一個興盛王朝從此改變了命運。

從宗教改革開始

阿肯那頓是古埃及第十八王朝的法老，是阿蒙霍特普三世的小兒子。他自幼博覽群書，滿腹經綸，但也性格倔強，剛愎自用。他即位之初便開始了大刀闊斧的宗教改革。

第十八王朝是古埃及史上的強盛時期，但宗教勢力強大，阿蒙神廟的祭司們不僅專橫跋扈，甚至假借神的旨意干預國家政務，阿肯那頓即位之初就決心消除阿蒙神廟祭司的勢力。埃及是一個多神的國家，不僅有全國崇拜的最高神，各地還有自己祭祀的地方神祇。阿肯那頓崇拜地方神阿頓神，便下令以阿頓神取代阿蒙神，命令全體子民一律供奉新神，同時掃除千百年來古埃及人崇拜的地方神以及其他神。

此令一出，全國風波迭起，好端端的爲什麼不拜阿蒙神了？爲什麼連地方神也不能拜了？不知內情的百姓都有大難臨頭的感覺；阿蒙神廟的祭司們更是上竄下跳，宮廷裡亂成了一團。

退位的法老趁兒子前來請安之機，勸兒子收回成命。他說：「多年來在阿蒙神的保佑下，國家強盛，祥和太平。老百姓崇拜阿蒙神多年，突然改弦更張，不僅會觸怒阿蒙神，老百姓也無法接受的。還有那些祭司，你把他們趕出神廟，不是逼著他們造反嗎？」

但阿肯那頓已經調動軍隊嚴加防範，特別是有新啓用的一批大臣的支持，看似胸有成竹。只是他沒有考慮到啓用的那批大臣都是從下層提拔的新人，他們既無經驗也沒威信。特別是他重用的阿伊，本爲地方上小地主出身，起初充當王室的下級書吏，只因爲會見風使舵，諂媚邀寵，絞盡腦汁寫了一首肉麻的阿頓頌歌獻給阿肯那頓，就被提升到高官之位。

阿肯那頓自然聽不進父親的勸告，敷衍幾句便告辭返回王宮。不料，回到宮裡，面對的卻是王后納芙蒂蒂苦口婆心的勸告，阿肯那頓心中更爲不悅，決定快刀斬亂麻。

第二天一上朝，阿肯那頓就發布了兩道命令：第一，關閉阿頓神廟以外的所有神廟，其神廟所有財產一併劃歸阿頓神廟，其神廟所有祭司一律趕出

←**阿肯那頓頭像**

在埃及的埃爾．阿馬納地方發現了阿肯那頓的一尊半身雕像。從雕像可以看出，他有著一張柔和的女性化臉型，及一種敏感的詩人氣質。長長的睫毛，夢似的眼光，鵝蛋形的頭，加上一個瘦弱的體形。

廟門。第二，遷都底比斯以北三百公里的希爾摩，新都取名「埃赫塔頓」，由阿伊負責營建新都，赫倫希布負責取締一切非阿頓神廟。各級官員必須聽從調遣，消極怠工或拒不服從者必嚴加懲處。文武百官聽罷，個個目瞪口呆。

↑阿蒙神，埃及壁畫
阿蒙是一位埃及主神希臘化的名字，到了第十八王朝，阿蒙才開始成為埃及普遍承認的神，排擠埃及的其他神祇，甚至走出埃及成為宇宙之神，法老們把自己的一切勝利都歸功於阿蒙，並在阿蒙的神廟上耗費財富和勢力。

在疲憊中沉淪

緊接著，大規模驅逐祭司的行動開始了，赫倫希布帶領著士兵闖進一座座阿蒙神廟，將祭司們連打帶罵地趕出廟門。前來接管神廟的阿頓神廟祭司們，則一個個喜笑顏開。轉眼間，阿蒙神廟的大批田產和奴隸更換了主人。

阿蒙神廟的祭司們被迫離開神廟後，便糾集在一起，對抗新王朝，兩大宗教之間的鬥爭從此拉開序幕。

阿肯那頓在位的第六年，新都埃赫塔頓落成完工。阿肯那頓帶領整個宮廷官員遷都之後，底比斯的祭司們便開始了明目張膽地舉行阿蒙神的祭祀活動，同時勾結舊貴族勢力，公開與朝廷作對，兩大宗教之間的鬥爭也愈演愈烈。百姓由於建造新都飽受賦稅勞役之苦，更是怨聲載道，新王國充滿了危機。

而此時的阿肯那頓仍然糾纏於和舊宗教勢力的不懈對抗中。他罷免舊貴族，鎮壓宗教起義。出身卑微的阿伊以其對阿頓神堅定不移的忠心，和對阿蒙祭司們的毒辣手段，獲得阿肯那頓的欣賞，並娶了王后納芙蒂蒂的首席女官為妻，幾乎平步青雲，官至宰相，權傾朝野，不可一世。

另一方面，赫倫希布則因在鎮壓舊宗教勢力中屢次立功，被提升為大將軍，掌握埃及全軍，勢力與阿伊不相上下。

有了這一文一武兩位大臣為自己分憂，身心疲憊的阿肯那頓放心地把朝廷事務交給兩人去處理，日漸疏離朝政，沉醉於宗教生活和宮廷生活的享樂，整日除了去阿頓神廟祈禱獻祭，便是在宮廷中玩樂。日復一日，昔日宗教改革的銳氣逐漸消磨殆盡。而此時，對他恨之入骨的阿蒙神廟祭司們和舊貴族勢力，已經磨刀霍霍，展開了對他的預謀報復。

←法老與太陽神，埃及壁畫
阿肯那頓法老崇拜太陽神「阿頓」，推行「一神信仰」宗教改革。

在麻木中遇刺

這一天終於來了，那是個天氣晴朗的日子，阿頓神的光輝照耀著每一寸土地，阿肯那頓和王后納芙蒂蒂同坐一車去阿頓神廟祭神。半途中馬車突然停了下來，阿肯那頓朝前看去，原來是一個青年攔住了車隊。衛士長上前詢問，這個人說有冤狀上告，同時舉起手中的紙卷。阿肯那頓讓那青年到自己車邊來，由阿伊代爲接收他的訴狀。

青年跪行到法老所坐的馬車輪下，阿伊則從馬上俯身去接狀紙。就在他剛剛彎腰的時候，那青年一躍而起，從紙卷中抽出一把鋒利的青銅短刀，向車上的法老胸部猛刺過去。

「啊！」阿肯那頓驚叫一聲，本能地向後閃去。就在這千鈞一髮之際，坐在阿肯那頓身邊的納芙蒂蒂伸手握住了刀刃，車右側的衛士橫轉過青銅矛，狠勁捅向刺客的後背。矛頭破腔而入，刺客未及刺到法老便沉重地倒下了，恰好壓在法老的身上，刀尖也在這時挨著法老的鼻子劃過。

法老遇刺的消息很快傳遍埃及上下，像是事前準備好的一樣。阿蒙神廟的祭司們立刻放出風聲，稱這是阿蒙神對阿肯那頓的警告，如果他繼續對阿蒙神不敬，後果將不堪設想。

←**阿肯那頓和妻子祈禱太陽神，雪花石膏雕刻**
這是阿肯那頓陵墓中出土的雕刻，在阿肯那頓改革時期，造型藝術與繪畫衝破了傳統模式，追求現實主義或自然主義，形象生動，煥然一新。

在抑鬱中遠去

一時間，各種謠言四起，全國上下人心惶惶。當初那些支持阿肯那頓實行宗教改革的中小地主貴族，總希望透過對外戰爭掠奪財富，而阿肯那頓致力於內部鬥爭，減少了前進亞洲的軍事行動，沒能滿足他們的要求，引起他們的強烈不滿。如果說當初阿肯那頓還有一批新提拔的朝官支持的話，那麼現在除了續表忠心的阿伊和赫倫希布外，早已眾叛親離。在這種形勢下，一向仁慈為懷的王后納芙蒂蒂憂心忡忡，她瞭解阿肯那頓剛愎自用的性格，委婉地勸他對阿蒙神廟的祭司們做出讓步，以穩定局勢，安定民心。

不料，阿肯那頓大為光火，將王后狠狠痛斥一番。對他來說，做出讓步就等於承認了自己的失敗。直到此時，他仍然將法老的威嚴看得重於一切。王后悲哀地望著他，知道一切都已經無可挽回，包括國家的命運。她傷心極了，獨自帶著孩子回到了底比斯。

西元前1326年，阿肯那頓抑鬱成疾，在新都清冷的王宮裡，孤寂地離開了人世。王后納芙蒂蒂仍未原諒他，拒絕參加他的葬禮。

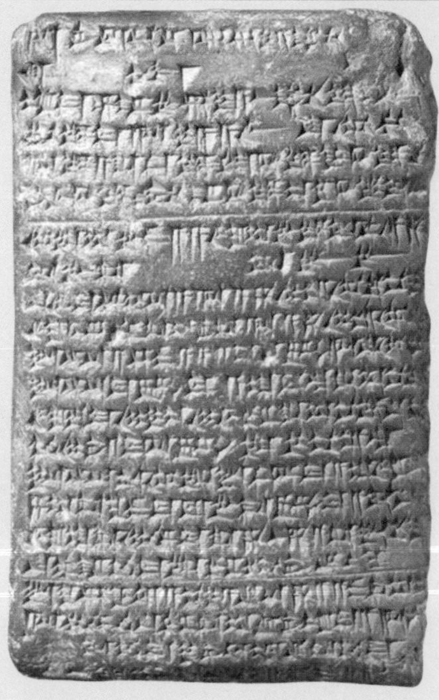

↑記載阿肯那頓改革的石碑，大英博物館藏

阿肯那頓寫下了《太陽頌》以讚美自己心中的阿頓神。《太陽頌》是歷史上最偉大的詩篇。「當東方天際泛起朱霞，我們便知道您已到來。啊，偉大的阿頓，一切生命的源頭，東方，由於您的升起，顯得光芒萬丈。世界，經您略加妝點，立刻容光煥發。在宇宙間，您就是美麗，您就是光輝，您就是偉大。」

九歲的圖坦卡門即位後，在阿蒙神廟祭司和舊貴族的壓力下，終止宗教改革，把首都遷回底比斯。然而，當圖坦卡門十八歲開始獨自掌管朝政時卻猝死。令人不可思議的是，宰相阿伊登上了法老的寶座。不久，赫倫希布又以武力奪取了王位。

從此，十八王朝在動亂中結束，一個新的王朝開始了。

【人文歷史百科】

阿蒙神廟

卡納克神廟就是阿蒙神廟，因位於埃及的卡納克村而得名。阿蒙是底比斯的庇護神；後來被尊為太陽神，成為國家最高的神祇。埃及國王認為自己是太陽神之子，每次對外戰爭的勝利，都視為是阿蒙神保佑的結果。戰爭結束後，就把大批戰利品，包括土地、奴隸、金銀、寶石獻給阿蒙神廟。經過幾百年埃及法老不斷添造，阿蒙神廟終於形成一組龐大的寺廟建築群。

012.卡迭石之戰

拉美西斯二世統治埃及六十七年，是古埃及史上統治時間最長、影響最大的法老，標誌著埃及帝國的權力達到頂峰。

法老出征

拉美西斯二世是古埃及第十九王朝的法老。在他即位之前，來自小亞細亞的西臺人已迅速崛起，不斷向外擴張，不僅攻占敘利亞和巴勒斯坦，還攻陷了巴比倫帝國的首都巴比倫。拉美西斯二世即位後，決心重整旗鼓，與西臺一爭高低。

西元前1275年 4月末，拉美西斯二世御駕親征，率四個軍團約三萬兵力，從三角洲東部的嘉魯要塞出發，揮師北上。

埃及四個軍團分別以神的名字命名，拉美西斯二世親自率領的先鋒部隊叫「阿蒙軍團」，法老乘坐的戰車用黃金和寶石裝飾而成，極盡豪華。經過近一個月的急行軍，四大軍團進入卡迭石地區。在卡迭石以南約十五英里處，拉美西斯二世命令部隊停止前進。他察看了這裡的地形，河水湍急，峭壁聳立，地勢險要，是連結南北敘利亞的咽喉要道。前邊就是卡迭石了，攻克了這第一個目標，北進的道路就暢通無阻了。於是，當晚部隊原地宿營。

與此同時，埃及大軍的行蹤被西臺的探子發現了，正在與臣下商議進攻埃及作戰計畫的西臺國王穆瓦塔里接到情報，訝異得目瞪口呆：「什麼，埃及人也敢來打我們？這簡直不可思議！」

可是，三萬大軍已從天而降，戰情刻不容緩。經商議後，西臺帝國制定了以卡迭石為中心的作戰計畫，準備扼守

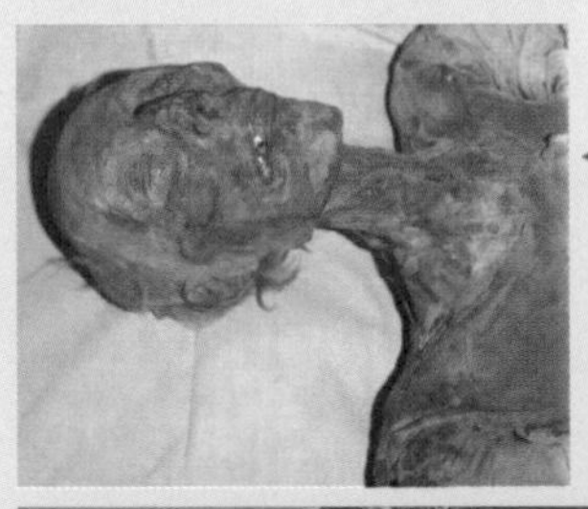

←拉美西斯二世法老的木乃伊
富麗堂皇的宮殿，美輪美奐的神廟，大得嚇人的巨石雕像，一代風流君主，最後留下的不過是具乾屍。

↑拉美西斯二世，現代繪畫
拉美西斯二世是埃及古國落日的餘暉。歷史上的君主，像他這麼多彩多姿是頗罕見的。他不但年輕、英俊、勇敢，而且還具有一副孩子般天真爛漫的性格。他在情場上亦是戰勝者。輝煌的戰功，為他帶來了五十多塊記功碑、一篇史詩，和數以百計的後宮佳麗。他生了一百多個兒子，五十多個女兒。

要點，誘敵深入，以粉碎埃及軍隊北進企圖，並立即調集包括約兩千五百輛雙馬戰車在內的兩萬人兵力，隱蔽在卡迭石城堡內外，等候埃及軍隊進入伏擊圈，一舉殲滅。

←西臺戰車
在埃及人還未認識到馬的重要並學會駕馭馬車的時候，西臺戰車曾使埃及人為之膽顫。

戰獅救駕

第二天清晨，埃及部隊的四個軍團分四個梯隊向卡迭石前進，先鋒部隊是法老率領的阿蒙軍團。隊伍進行到一片開闊地方時，衛兵抓來兩個牧羊人。經過審問，牧羊人說西臺國王為了避免衝突，早已命令軍隊撤出卡迭石城，駐紮到別處去了。

拉美西斯二世一聽大喜，心想，難怪一路上都沒見到西臺軍隊的蹤影，他們到底還是畏懼我的，於是下令全軍快速前進。他嫌埃及大軍行進速度太慢，便自個兒帶著親衛部隊，直奔卡迭石城下。

此時，西臺國王率領大軍包抄到拉美西斯二世的後面。那兩個牧羊人，正是西臺國王派去向埃及法老提供假情報，誘騙埃及法老及其軍隊進入他們的埋伏圈。正如西臺國王所料，拉美西斯二世果然中計。

但在西臺國王還來不及高興時，拉美西斯二世的衛兵抓獲了兩名西臺俘虜，從俘虜口中獲知一個可怕的消息：西臺王已經包圍了埃及法老和他的親衛隊。

對拉美西斯二世來說，這個消息太出乎意料了。但他畢竟久經沙場，隨即就鎮定下來，一面派急使催促後面的軍隊緊急救援，一面組織力量突圍。他跨上戰車，指揮士兵冒險從防線最弱的一面突圍。

西臺國王沒有想到拉美西斯二世會主動向自己進攻，在毫無心理準備的情況下，西臺士兵被埃及軍隊的突然進攻搞得暈頭轉向，許多士兵只顧逃跑，掉到河裡的人不計其數。

混亂中，西臺國王趕緊指揮反擊。埃及士兵畢竟人數有限，沒多久就敗下陣來。拉美西斯二世在侍衛的掩護下，左突右擋，帶著大臣們邊抵抗邊逃命。這時有一隊西臺的騎兵追了過來，拉美

←卡迭石戰役壁畫
西元前1299年，在敘利亞的卡迭石城下與南下擴張的西臺人進行決戰，戰爭延續十幾年。

↑ **拉美西斯二世石窟造像**

西元前1317年，拉美西斯二世（西元前1304年至前1237年在位）收復了一度被西臺人占領的兩河失地，爾後再次征服強盛的努比亞。於是，廉價奴隸和財富源源不絕地流入尼羅河平原。法老為了表彰這種「豐功偉績」，修建規模浩大的廟宇和顯示戰功的石窟祭殿。

西斯二世眼看就要大難臨頭，立刻向他的衛士大喊：「快把我的護獅放出來！」原來，拉美西斯二世養了一群護身的獅子，但從來沒有將牠們拿來投入戰鬥。這回到了生死關頭，便把保命的最後一招使了出來。果然，西臺騎兵一見獅子衝了過來，回頭便逃。

正在危急時刻，埃及的先鋒部隊趕到，兩軍激戰驟起。西臺軍隊以兩千五百輛戰車向埃及先鋒部隊阿蒙軍團發起猛烈攻擊。埃及士兵奮力抵抗，戰場上刀光劍影，死傷慘重。

西臺國王又組織了第三次衝鋒，把他最後剩下的戰車以及後備部隊全部用了上去。埃及兵殊死抵抗著西臺戰車的進攻，卡迭石城郊到處是雙方士兵的屍體。到太陽落山的時候，西臺軍隊眼看就要勝利了。埃及的後備軍團及時趕到，西臺人禁不住前後夾攻，只得敗退。

入夜，西臺軍退守要塞，戰鬥結束。雙方勢均力敵，勝負未分。

西臺和親

西元前1270年，拉美西斯二世的王宮裡張燈結綵，喜氣洋洋。有著兩百多個嬪妃的拉美西斯二世又要納妃了，而這次迎娶的並非普通的王室成員，而是來自小亞細亞的西臺國大公主——哈圖莎。

埃及位於非洲北部，西臺位於今天的土耳其一帶。西臺國王爲什麼要把自己的女兒嫁到千里之遙的北非呢？

原來，卡迭石大戰之後，西臺和埃及之間的仇恨越來越深。雙方不斷進行戰爭，連綿不斷的拉鋸戰持續了十六年之久。最後，雙方都已筋疲力盡，再打下去兩個國家都要滅亡了。

西元前1296年，西臺的老國王病逝。新國王是老國王的弟弟哈圖西里。這時的西臺國像個奄奄一息的病人，再也無力站起來了。新國王決定派出和平使團去埃及講和。

拉美西斯二世此時也已無力再戰，見西臺國王主動講和，正中下懷，雙方在孟斐斯簽訂了和約。和約刻在一塊銀板之上，因此又叫「銀板文書」。

爲了鞏固和約和雙方的同盟關係，西臺國王將長女哈圖莎嫁給拉美西斯二世爲妃。從此兩國握手言和，維持了數百年的和平相處。

←**埃及與西臺的和約**
西元前1283年，與西臺國王哈圖西里三世簽訂和約，條約除確定雙方之間互不侵犯和永久和平外，還包括雙方結盟共同對抗外來的和內部的威脅，以及相互引渡對方逃亡者等內容。

013.女王的輝煌與毀滅

克麗歐佩脫拉，古埃及最後一位法老。她以無與倫比的智慧，征服了世界上最強悍的羅馬男人，保全了埃及的獨立和自己的地位。

特殊的禮物

西元前48年，凱撒追趕戰敗的龐培來到埃及，在亞歷山卓短期逗留，一天晚上正在看書，突然房門被推開，一個男人扛著一大捆東西走進來。

副官說，他是埃及女王的信使，專程送來女王的禮物——一張貴重的地毯。凱撒看著放在地上的那一大捆東西，心存疑惑。明天就要調停小國王和他姐姐埃及女王共同執政的問題了，這時候送來一張地毯有何意，會不會有什麼危險？那個人也不經他同意，上來就把地毯打開了……

一個女人從地毯上站起來，這個女人就是埃及女王克麗歐佩脫拉。

克麗歐佩脫拉和弟弟小托勒密一同登基爲王，並結爲夫妻。但此後兩人展開了王權之爭，克麗歐佩脫拉被趕出了埃及。埃及是羅馬的庇護國，克麗歐佩脫拉想借助凱撒的力量奪回王位。於是，她便叫忠實的僕人通過祕密通道，進入到凱撒臨時下榻的寢宮裡，趕在小托勒密之前見到凱撒。

←女王的禮物
當凱撒離開羅馬前往亞歷山卓時，他收到了歷史上最有名的禮物：一張東方地毯和二十一歲的埃及豔后克麗歐佩脫拉。

凱撒得知克麗歐佩脫拉的來意後，心裡自然驚喜。對他來說，支持誰都一樣。年輕貌美的女王送上門來，豈有不納之理？兩人就這麼雙雙墜入情網。

凱撒爲女王而戰

緊接著，宮廷裡謠言四起，說克麗歐佩脫拉是賣國賊，把國家出賣給了羅馬人。於是，朝廷、軍隊、貴族和老百姓紛紛聲討女王。其實這乃是小國王和他的謀士們整個策劃行動的第一步：製造輿論，收買民心。小國王雖然年齡不大，但他背後有一群智囊團：一個太監、一個太師和一個將軍。他們知道凱撒只帶了一支小小的艦隊，便沒把他放在眼裡。

在一個清晨，一支由兩萬多名士兵組成的軍隊兵臨亞歷山卓城下，和凱撒的部隊形成對峙局面。凱撒不得不和這五倍於己的敵人作戰，並不斷派出信使，下令地中海沿岸各地軍隊緊急增援亞歷山卓。不久，凱撒據點的水源被切斷，通往港口的狹窄通道被截斷。凱撒

→凱撒頭像

想突圍出去，但傷亡慘重。就在這緊急關頭，凱撒的士兵將火把拋到了敵船上。刹那間，九十艘埃及船艦包括糧船化成一片火海，大火蔓延到埃及圖書館，記載著古埃及幾千年文明史的浩瀚文字，頃刻間化爲烏有。

混戰中，凱撒坐鎮指揮的戰艦被敵艦撞上，眼看就要沉沒，他們只好跳到一條小船上。但由於小船嚴重超載，不久也沉沒了，凱撒掉進了大海中。他在海中掙扎著，躲避著不時飛來的投擲物。最後終於爬上一條小船，這個五十多歲的強悍男人，就這樣從海水中狼狽地逃回王宮。

後來，凱撒的援軍及時趕到，新興的羅馬人憑藉刀劍和磅礴的氣勢，把埃及人打得筋疲力盡，節節敗退，小國王在戰鬥中掉進尼羅河溺水而死。

羅馬的夢幻之旅

在凱撒的幫助下，克麗歐佩脫拉重新坐上了埃及法老的寶座，同時和她最小的王弟聯合執政。按照埃及法老的慣例，他也是女王的法定丈夫。

凱撒本可宣布埃及爲羅馬的行省之一，但由於克麗歐佩脫拉懷孕了，他需要這個繼承人，於是改變了主意。爲迎接孩子出生，這個本應該凱旋而歸的羅馬獨裁者，壓下了羅馬信使送來的一封封急件。幾個月後，二十三歲的克麗歐佩脫拉生下一個男孩，取名凱撒里昂。凱撒把兒子作爲信物，留在克麗歐佩脫拉身邊，答應女王隔年迎接她們到羅馬去。這樣，她和她那個身爲合法丈夫的小托勒密，就有可能與羅馬結盟了。

一年後，凱撒以最盛大的歡迎儀式，迎接同盟者埃及女王和她的十二歲夫婿——小托勒密的到來，將他們安頓在特地爲女王準備的豪華別墅裡。在此後一系列的慶典活動中，凱撒都給了女王至高無上的待遇，甚至爲克麗歐佩脫拉的一尊雕像舉行祝聖典禮。埃及女王被他以神的化身加在羅馬共和國人民的頭上，就像她在埃及受到的崇拜一樣。

這些待遇引起了羅馬人的不滿。凱撒的政敵藉機預謀要除掉凱撒。於是，

【人文歷史百科】

托勒密王朝（前323年至前30年）

希臘人在埃及建立的王朝。由亞歷山大大帝部將、留駐埃及的總督托勒密．索特爾所建。西元前323年亞歷山大死去，托勒密成為埃及的實際統治者。後來與亞歷山大的其他部將互相混戰，最後領有埃及。西元前305年，托勒密正式稱王，為托勒密一世。

←**克麗歐佩脫拉頭像**

西元前69年古埃及已經進入了托勒密王朝，就在這年的初夏，埃及國王托勒密十二世及其王妹克麗歐佩脫拉五世的小女兒，降生在亞歷山卓城。這個天生聰明剛強的小公主得到了父母的寵愛，被取名為小克麗歐佩脫拉，因伊麗莎白．泰勒演出的《埃及豔后》而廣為人知。對女兒百般寵愛的托勒密十二世夫婦，永遠也不可能知道，這個小小的女孩，將成為王朝的終結者。

凱撒在元老院開會時被政敵刺殺身亡。

凱撒的猝然離世，使克麗歐佩脫拉的一切夢想破滅了，她立刻帶著兒子連夜離開羅馬，返回埃及。

征服安東尼

回到埃及，克麗歐佩脫拉發現丈夫托勒密十四世對她與凱撒的關係頗爲不滿，便設計將其毒死，立兒子凱撒里昂爲王，兩人共治埃及。此時，羅馬新一輪內戰結束，「後三頭」崛起，埃及成爲了軍事將領安東尼管轄的國家。不久，安東尼在小亞細亞傳令，召見埃及女王。

克麗歐佩脫拉知道要想保住她在埃及的統治地位，只能依靠羅馬在東方的支持。去見安東尼的時候，她把自己打扮得極盡光鮮亮麗。她乘坐的樓船用各種金銀珠寶裝飾而成，在夕陽下金光閃耀，金碧輝煌。船尾由黃金鍛製，船槳由白銀打造。一群打扮成仙女的女童在划槳，幾個打扮成邱比特的男童在搖扇。如同維納斯女神般美麗的女王，斜靠在一張金絲錦緞鋪著的睡椅上，顯得高貴典雅。

安東尼一下子被女王的氣派震懾住了。相形之下，他不過是一介武夫，不禁覺得自己是那麼的寒酸粗鄙。他心裡很不平衡：畢竟是我召見妳，結果來了妳不下船，倒要我到船上來見妳，像是妳召見我似的。當晚，女王在船上舉行盛大宴席，安東尼決定第二天晚上回請女王，設計一個更大的場面，把女王的陣勢壓下去。

第二天，女王和她的隨從如約而至，結果，她所帶的儀仗隊又一次把安東尼比下去了。安東尼在精神上一下子被克麗歐佩脫拉擊垮了，甘願拜倒在女王的石榴裙下，跟隨女王回到亞歷山卓城。

迎戰屋大維

整個冬天，安東尼沉浸在克麗歐佩脫拉的溫香軟玉裡，直到第二年春天他在小亞細亞的行省被攻掠，才不得不趕赴敘利亞整軍備戰。此後，出於政治需要，安東尼與「後三頭」之一屋大維的姐姐在羅馬舉行了婚禮。

當安東尼在羅馬結婚的消息傳到埃及時，克麗歐佩脫拉正在分娩的痛苦中等待安東尼的到來。這個消息對她的打

↓安東尼和克麗歐佩脫拉，阿爾瑪．苔德瑪爵士的古羅馬風情畫

安東尼拋棄羅馬的江山，長期與克麗歐佩脫拉駐留埃及，這引發了羅馬的政變。圖中的克麗歐佩脫拉見安東尼敗局已定，卻不出兵援助。畫面中匆匆趕來的將軍，看見的依舊是玫瑰帳中的美人。這恐怕已是他們最後的訣別。

擊可想而知。兩人再見已是三年之後，安東尼對女王自是舊情難忘，他不顧義大利禁止一夫多妻的習俗，公開與女王結婚。當然，他們的結合不僅僅出於愛情，安東尼將要進行的戰爭費用甚巨，需要埃及的財力支援，女王國內地位不穩，也需要安東尼的保護。但安東尼與克麗歐佩脫拉結婚，等於與屋大維公開決裂，特別是安東尼於不久後便與屋大維的姐姐離婚，導致了兩人的徹底反目。西元前31年，屋大維帶領軍隊討伐安東尼，雙方在雅剋星展開了一場殊死海戰。

安東尼和克麗歐佩脫拉共組聯軍迎戰屋大維，安東尼的艦隊在前，女王的艦隊在後。戰爭打得十分慘烈，眼看安東尼就要招架不住了，克麗歐佩脫拉帶著埃及的六十艘戰艦掉頭而去。安東尼一看女王撤退，立刻離開自己的部隊，乘坐小船向克麗歐佩脫拉追去。安東尼一走，士氣驟然衰落。他的部下很快被打得潰不成軍，落荒而逃。

幻滅亞歷山卓

回到亞歷山卓城，安東尼避而不見女王，躲在自己的宮殿裡生悶氣。而克麗歐佩脫拉在以前修建的陵墓中隱居起來。兩人僵持一段時間之後，宮裡盛傳克麗歐佩脫拉死了，安東尼本就心情沮喪，聽到這個消息更加心灰意冷，於是舉刀自殺。然而，在他奄奄一息的時

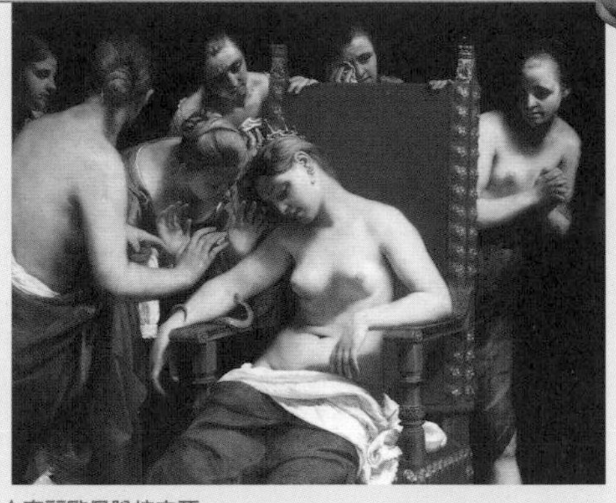

↑**克麗歐佩脫拉之死**
在古代埃及，眼鏡蛇是常被用來對死刑政治犯施仁政的工具，因為眼鏡蛇的毒液發揮作用快，痛苦較小。克麗歐佩脫拉選擇眼鏡蛇自殺，死得更痛快，比讓羅馬征服者處死強多了。還有一點，至少對她來說更為重要的是，被蛇毒死是一種很體面的死法。

候，又聽說克麗歐佩脫拉沒死，就讓部將將自己抬到女王身邊。

克麗歐佩脫拉看到安東尼，知道已經無法救治，頓時傷心不已。安東尼就死在克麗歐佩脫拉的懷抱中。安東尼死後，屋大維趕到，向克麗歐佩脫拉招降，並派人將她隱居的陵墓包圍起來，嚴加把守，進出的人都嚴格搜身，以防止女王自殺。

有一天，克麗歐佩脫拉吩咐僕人從外邊送來一籃無花果，衛兵檢查了籃子，沒查出異樣。未料籃子底下藏著一條眼鏡蛇。克麗歐佩脫拉穿上作爲女王最爲華貴的服裝，戴上王冠，躺在法老的臥榻上，將手伸進了無花果籃子……

三十八歲的克麗歐佩脫拉就這樣結束了自己的一生，從此埃及這個神祕國度納入羅馬帝國版圖，成爲羅馬的一個行省。

014.神奇古都底比斯

「百門之都」一名，顯示出了底比斯曾經有過的歷史輝煌；它的興衰，代表了一個泱泱大國家崛起與墜落的縮影與見證。

底比斯的興衰

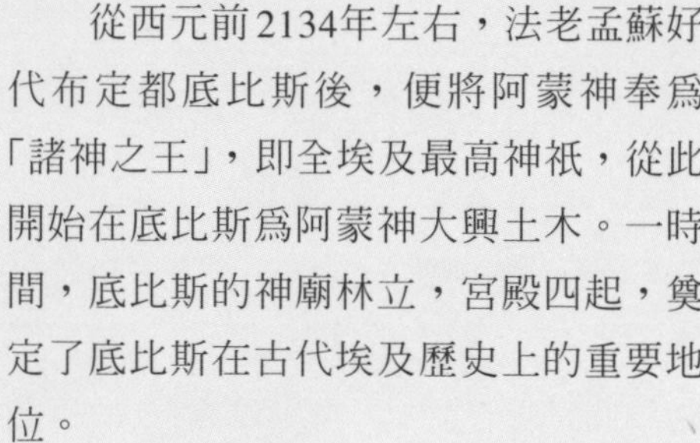

←底比斯石柱遺跡
底比斯今稱路克索，位於尼羅河岸邊，是古埃及帝國中王朝和新王朝的都城，至今已有四千多年的歷史。據說當時的底比斯人煙稠密、廣廈萬千，城門就有一百座，荷馬史詩中把這裡稱為「百門之都」。歷代法老在這裡興建了無數的神廟、宮殿和陵墓。經過幾千年的歲月，昔日宏偉的殿堂廟宇都變成了殘缺不全的廢墟，但人們依然還是能夠從中想見它們當年的雄姿，它是古埃及文明高度發展的見證。

底比斯位於開羅以南七百多公里處，在埃及古王國時期是個不太出名的商道中心。但由於通往西奈半島和彭特的水路與通往努比亞的陸路都要經過這裡，特殊的地理位置決定了它日後的繁榮。

從西元前2134年左右，法老孟蘇好代布定都底比斯後，便將阿蒙神奉為「諸神之王」，即全埃及最高神祇，從此開始在底比斯為阿蒙神大興土木。一時間，底比斯的神廟林立，宮殿四起，奠定了底比斯在古代埃及歷史上的重要地位。

但隨之而來的戰爭，使底比斯無可避免地經歷了第一次衰落。從西元前1790年到西元前1600年左右，外族西克索人征服了大半個埃及。直到西元前1580年，阿赫摩斯一世帶領埃及人趕走西克索人，重新定都底比斯，底比斯才開始恢復往日的繁榮。阿赫摩斯一世開創了古埃及新王國時代，在此後的一千五百年間，統治者們發動一連串的侵略戰爭，掠取了大量財富和戰俘，將埃及的領土擴大到南接蘇丹，北達敘利亞，並把底比斯建成了當時世界上最顯赫宏偉的都城。

↑古城底比斯鳥瞰圖

新王國後期，在愛琴海和小亞細亞一帶「海上民族」的不斷入侵下，底比斯開始了自己的厄運。西元前663年左右，入侵埃及的亞述軍隊再次火燒、洗劫了底比斯。直到西元前27年一場大地震來臨，底比斯城裡僅存的一些紀念性建築瞬間傾塌無遺。當太陽再次升起，一切塵埃落盡之後，人們看到的只是一些斷壁殘垣了。

衆神之王阿蒙神

阿蒙神原本是底比斯這個小部落的地方神。埃及第十一王朝時，底比斯成了埃及的首都，阿蒙神迅速晉升為全埃及的主神。而在此之前，埃及的最高主神為太陽神拉，埃及的地方神紛紛和拉神融為一體，把祂們的名字和拉神連在一起。阿蒙神和拉神融為一體後，成為

「阿蒙──拉」，稱爲眾神之王，天界的王。

阿蒙神的妻子是一位美麗的女神，叫穆特，兒子叫洪蘇，是月神。阿蒙神與妻兒同住在底比斯的卡納克神廟。阿蒙從未對人露出自己的眞實形象，對兒子洪蘇也不例外。洪蘇要求看到父親的眞實面目，阿蒙卻不願意破例，但又不忍心拒絕，於是用一隻公羊的皮和頭把自己包起來，在兒子面前出現。洪蘇以爲自己見到了父親的眞面目，就把這個祕密告訴了所有人。此後，埃及不殺公羊，只有每年阿蒙的生日才殺一隻，用牠的皮把阿蒙的神像包起來。從西元前1567年開始的古埃及新王朝，每天清晨，法老和他的臣民都要到卡納克神廟前迎接太陽的升起，迎接他們心中最崇敬的神靈「阿蒙神」從睡夢中醒來。

神祕的帝王谷

帝王谷位於埃及古城底比斯西南的德爾巴哈里山中，埋葬著新王國時期大多數法老的陵墓。從新王國時期開始，法老們便在尼羅河西岸的懸崖山谷裡鑿岩爲墓，其中最著名的就是「帝王谷」。圖特摩斯一世的墓建在陡峭的懸崖上，在懸崖的石灰岩壁上鑿開一條坡度很陡的隧道，由隧道進入墓室。此後五百年間，法老的建築師們都是沿用這種方式構築岩穴陵墓。圖特摩斯的木乃伊在那裡平安度過了多久，我們不得而知，但可以確定，在悠久的埃及歷史中這段時

←象牙珠寶盒
底比斯出土，大約製作於西元前十三世紀。

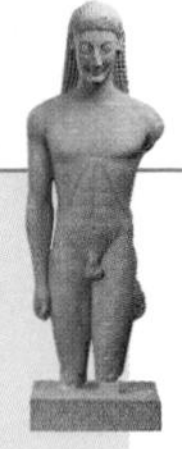

→埃及青年像

間不會很長。他和他的女兒，以及另外幾個人的木乃伊，終於被人遷了出來。當然，這不是盜墓者所爲，而是祭司們預防盜墓的措施。

帝王谷共有八十多座陵墓，其中包括埃及最偉大、也最爲人所熟知的幾位法老在內，如有「古埃及拿破崙」之稱的圖特摩斯三世、阿蒙霍特普三世、塞提一世及其子拉美西斯二世（即拉美西斯大帝）。

在很長一段時間裡，帝王谷一直未被發現。隨著歲月的推移，這裡的陵墓神不知鬼不覺地讓前仆後繼的盜墓者洗劫一空。唯有一座陵墓直到1922年才被英國考古學家卡特發現，它就是第十八王朝末期法老圖坦卡門的陵墓，由於建在其他陵墓底下而免遭厄運。

↑帝王谷
帝王谷是個充滿神祕色彩的地方，誰也不清楚它的來龍去脈。這是一條荒無人煙的峽谷，在埃及人的心中，這裡陰魂不散。當年豪華的墓穴已被洗劫一空，許多洞穴的入口敞開著，成為野狐、沙隼和蝙蝠的巢穴。儘管陵墓已破敗不堪，這條山谷還是著名的神聖帝王谷，懷古或好奇的人士依舊趨之若鶩。

015.雄偉的卡納克神廟

卡納克神廟以其宏大、雄偉、莊嚴而著稱於世。它的建築藝術，尤其各種類型的柱式結構，對世界古典建築藝術產生了深遠影響。

雄偉的建築

在卡納克神廟，當太陽從東方升起，絢麗的陽光彷彿來自卡納克神廟中的方尖碑。光線爬過高大的塔門，染紅了大柱廳盛開的蓮花大圓柱，然後移到排列整齊的獅身公羊頭像上，那是阿蒙——拉神的化身之一，每隻獅身公羊頭像下都站著一個小小的法老，接受著神的庇佑。

古王國時代，法老自身就是神；而到了新王國時代，法老是受到阿蒙神庇護才存在的。因此，歷代法老都在建造阿蒙神廟和方尖碑、阿蒙神像等，爲卡納克神廟添磚加瓦，唯恐討好神靈不夠虔誠，形成了後來卡納克的大規模建築群。

其中，令人歎爲觀止的是規模宏大的大柱廳。它是地球上用柱子支撐起來的最大寺廟。更進一步地說，卡納克神殿的體積可以裝下一個巴黎聖母院，占地超過半個曼哈頓城區。且不說塔門巨大而厚重，雕像高大而挺拔，就一百三十四根圓柱子高度竟有二十二公尺，每根要六個人才能合抱，每根「盛開」的蓮花大圓柱頂可以容納百餘人。

最神奇的要數哈特謝普蘇特女王的方尖碑，高三十公尺，重三百二十噸，不知它是怎麼從亞斯旺的山體上分離出

→卡納克神廟入口處的公羊甬道
卡納克神廟是古埃及國王獻給太陽神、自然神和月亮神的廟宇建築群，規模宏大，全部用巨石修建。

來，又是如何在卡納克神廟豎起的。

在石柱矗立有如原始森林般的大殿裡，卻只有中間與兩側屋面高低落差形成的側窗採光，在橫樑和柱頭的掩映下，光線越來越暗，形成一種神祕而壓抑的氛圍。而這些壓抑之感正是崇拜的起始點，這正是卡納克阿蒙神廟建築師們藝術構思的基點。

↑巨石圓柱
卡納克神廟廟門巍峨高達38公尺，蔚為壯觀；主殿雄偉凝重，面積約5000平方公尺，有十六行共一三四根巨石圓柱，其中最高的十二根，每根高在20公尺以上，柱上殘留有描述太陽神故事的彩繪。

一本閱不完的歷史畫卷

經過數千年的風雨侵蝕和人爲損害，卡納克神廟殘留的遺跡已不到當年的十分之一，但是在東南西北的神道上，依然可以辨清不同時期的建築風格和歷史脈絡。沿著東西中軸線，可以直達聖壇，那是古時候祭司和法老才能進入的地方。遺憾的是，如今那些神像只剩下半身了，上半身不是在大英博物館、羅浮宮，就是在開羅博物館。當人們對諸神的信仰與崇拜消失之後，這些歷史文明的見證，就成了無用的石頭，能搬走的，能改作他用的，都以比當初建造更爲快捷的速度消失了。直到人們發現卡納克神廟原是世上最雄偉的神殿，是古埃及歷史文明最重要的文化遺產之一，可以用它來研究古埃及歷史，可以用它來賺取外匯……修復工程才終於開始。

而那些刻在柱上、牆上、神像基座上的優美圖案和象形文字，那些表現戰爭之慘烈、田園生活之幸福、神靈與法老之親密的石刻圖案和文字，會讓你如夢方醒：世上有許多景點是用來觀賞的，而卡納克神廟卻是一本閱不完的歷史畫卷。

【人文歷史百科】

紙草書卷

世界上最古老的一種圖書，也稱「紙莎草紙書卷」，產生於西元前三千年的埃及。紙草書卷的製作方法為：用生長在尼羅河三角洲的一種類似於蘆葦的莎草科植物為材料，取其莖髓切成薄片，壓乾後連在一起製成紙莎草紙。埃及人用蘆葦莖為筆在紙上書寫象形文字，寫成後捲起。紙草書卷一直應用到西元四世紀左右，後來為羊皮書所代替。

016.文明古國努比亞

努比亞，古埃及人稱之為「庫施」，古希臘人稱之為「努比亞」。
努比亞文明是非洲黑人中最早的歷史文明，是非洲大陸上僅次於埃及的文明古國。

因財致禍的努比亞

古代努比亞人生活在非洲東北部的一個地區，也就是現今的埃及南部和蘇丹北部。向東，阿拉伯人是其睦鄰；向北，與之常相往來的是古埃及人和地中海區的居民；往南，他們和非洲民族互通有無。於是，經商便成了一代又一代努比亞人賴以謀生的職業。也因此，相對於其他地區，努比亞的富足似乎來得更容易而便捷些。

但是，他們的不幸也正隨著財富的增加而悄然臨近。因爲他們的鄰居——埃及，自從統一強大之後，貪婪的觸角已多次叩響他們的門扉，最後在西元前1920年，黑皮膚努比亞人的土地上踏滿了埃及人的腳印。努比亞境內的財寶從此再難獨享。然而，努比亞人民不屈的反抗從未停止過。當埃及日漸衰落之時，努比亞人終於在約西元前兩千年左右，建立了歷史上第一個黑人國家——庫施王國，並轉而向北蠶食埃及南部地區。

可惜好景不長，西元前十六世紀末，埃及法老東山再起，當他們到達庫施的首都凱爾邁時，仇恨之火燃盡了整個城鎮。轉眼間，這個昔日熙熙攘攘的商貿中心在濃烈的煙霧中化爲灰燼。

努比亞再一次落入埃及之手，長達五個世紀。漫長的歲月可以改變一切，包括他們的文化。因爲，無論是衣著服飾、宗教信仰，還是殯葬禮儀，努比亞都已完全埃及化了。然而，在他們的內心深處，卻一直頑強地保存自己的文化，並最終發展爲高度發達的努比亞文化——納巴塔王國與麥羅埃王國。

庫施的輝煌與終結

西元前十六到前十四世紀期間，努比亞的大部分土地被埃及侵占，爲了能獲得解放，努比亞人民長期不懈地與之抗爭著，終於在西元前十二世紀末，在卡施塔的帶領下，再次建立了屬於自己的王國——納巴塔王國。

之後，努比亞人又一鼓作氣，攻占

←努比亞傭兵
從古王國開始，在埃及的軍隊中，出現了異族傭兵。埃及人可能是和這些異族的首領簽訂了某類合約，以確保傭兵來源的穩定。第一王朝中間期，努比亞麥德查人來到了埃及，他們組成了弓箭手傭軍團，作為埃及的武裝警衛，在埃及的武裝部隊中服役。他們因為協助卡莫西斯抵抗西克索侵略者而聞名世界。

→努比亞軍人

→**努比亞人，大都會博物館**
西元前800年，努比亞人和羚羊、猴子與豹皮。亞述時期的象牙製品，高度5.3英寸。

了埃及南部的部分領土。

但是，如何能獲得更多埃及的土地呢？就在卡施塔的兒子佩耶為此躊躇之時，埃及第二十四王朝的法老們與底比斯阿蒙神廟的祭司不和，他們向佩耶發出求援信。眞是天賜良機，佩耶立刻揮師北上，迅速攻占了埃及首都底比斯。埃及的大好河山從此易主，佩耶取而代之成為了埃及法老，埃及歷史上的第二十五王朝誕生了，而這也是埃及歷史上著名的「黑人王朝」。

庫施的極盛地位是無可爭議的，連強大的亞述帝國也希望能和庫施保持友好關係。但是，努比亞人並未領情，他們應耶路撒冷猶太王希西加的請求，揮師遠征，一舉擊敗了強大的亞述軍隊。首都也由納巴塔遷到了上埃及的錫布茲（今路克索）。

可是，強勁而凶狠的亞述人怎會就此甘休？西元前663年，裝備精良的亞述軍隊對庫施發動反攻，武器落後對手的庫施軍隊節節敗退。在強敵壓境之下，庫施只好將都城遷至納巴塔，而他們在埃及建立的第二十五王朝也到此結束。

麥羅埃王國的復興

西元前六世紀中葉，由於埃及法老薩美提克二世的遠征，勢弱的庫施只好再次將首都從納巴塔南遷到了麥羅埃，從此又被稱為「麥羅埃王國」，也就是今天的蘇丹。

麥羅埃王國雖然小了些，但由於它地處尼羅河第五、六瀑布之間的河谷平原地帶，土地肥沃，水源充足，周圍的山區森林茂盛，有豐富的鐵礦和金礦，又處於水陸交通的十字路口，再加之遠離了埃及和其他強國的騷擾侵犯，慢慢地，這個小小的王國又興盛富強起來。

當西元前525年波斯征服了埃及，繼而想進一步染指庫施時，庫施國王得知消息後，便派使者給波斯國王岡比西斯送去一張大弓，意思是說：「如果波斯人能像我一樣輕易地拉開這張弓，那就來吧！」驕傲的岡比西斯不聽警告，親率大軍入侵庫施，結果慘敗，返回埃及後再不敢進犯。從此，麥羅埃王國平靜地在那裡倖存了達九百年之久。

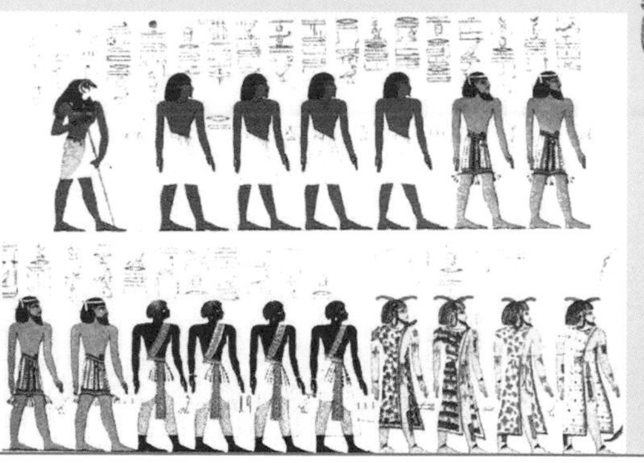

↑**古埃及壁畫** 西元前1300年，埃及人、迦南人和努比亞人。

017.讓人神往的美索不達米亞

當歐洲人還在四處遊獵和採集時，生活在幼發拉底和底格里斯兩河之間的美索不達米亞地區的蘇美人，已開始享受文明的快樂了。

伊甸園的智慧樹

《聖經》上說人類最早萌芽於伊甸園，也許我們不應該認爲那是什麼神話，應該相信它是存在的，而且位置就在美索不達米亞。因爲人類文明的第一縷曙光便是來自那片神奇的土地，除了美索不達米亞，還有哪裡能種下這棵「智慧樹」呢？

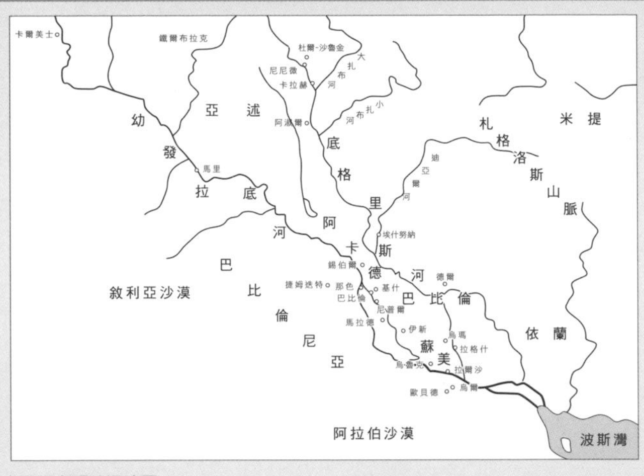

↑**兩河文明時期地圖**

古代美索不達米亞地區的文明分布圖（西元前3000多年至西元前539年）

遠古的美索不達米亞平原，並不像今天的伊拉克那樣乾旱、炎熱和貧瘠，這裡曾經是世界上最富饒的地方，人類最早耕種的地區和文明發源地。兩河流域地勢平坦，無險可守。因此這片綠洲成了周邊游牧部族爭奪的對象，不斷有敵人從東、西、北三方入侵。一些城市興起又沒落了；一種語言和另一種語言融合了；一個國王打倒了另一個國王。事實上史前時代開始直到中世紀，周圍各種族就像雨水匯集到低窪地一樣不斷流入這塊谷地，並迅速地混雜在一起。最早在底格里斯、幼發拉底兩河流域的沖積平原上定居下來的是蘇美人，他們早薩爾貢許多個世紀之前，就掌握了高度發達的文明。他們分散在沿岸開荒耕種，逐漸建立起眾多以廟宇城市爲中心的獨立社區，發展出了最早的農業文明。

↑蘇美人塑像

蘇美城邦

七千年前的蘇美人氣派地用磚建造人類最早的城邦。由於兩河流域石頭少，所以他們把泥土燒製成數百萬塊磚，用瀝青作黏合劑，建造巨大的臺基式塔廟，用來供奉他們的神祇。就是在今天，伊拉克的房子也是這種泥質建造的。

到了西元前三千年左右，蘇美人先後建立起一些小國家，他們以某個城市爲中心，包括附近農村組成，地方不過百里，人口不過四、五萬，人們通常稱之爲「城市國家」或「城邦」。每個城市都有自己獨特的廟宇、主神、祭司體系和神王。城邦的中心建築物是神廟，它建築在高壇之上，高壇是多層的，可以沿著階梯上去，頂層設有神殿。這種高壇的樣式，成了兩河流域傳統的建築風格，一直流傳下來。在蘇美人的宗教觀念裡，神和普通人一樣，需要吃穿住行，也要結婚生孩子。所以，人們日常生活的需要就是神的需要。進貢的貢品也是人們平時生活的必需品，主要是食物、飲料、牲畜和油等。

蘇美人的社會結構鬆散，儘管他們大多保持了統一的語言文字、宗教習慣和文化，但並未因此形成政治上的統一。當時蘇美人的城邦有好幾十個，各個城邦都有自己的朝廷，國王稱爲「帕達西」。這些城邦國家之間從一開始就充滿了爭吵，有時是因爲宗教原因，但更多時候卻是爲了爭奪有限的水資源控制權，這直接決定了農作物的產量。

↑蘇美城邦中的神殿，想像復原圖，西元前 2600年左右

由於兩河流域石頭少，蘇美人就把泥土燒製成數百萬塊磚，用瀝青作黏合劑，建造巨大的臺基式塔廟，用來供奉他們的神祇。

大約在西元前2800年，拉格什和烏瑪之間爲邊界問題發生爭端，基什城邦國王麥西里姆出面調停，在兩邦之間樹立界標，這是目前所知道的最早國際外交事件。後來烏瑪重新挑起邊界爭執。拉格什國王安那吐姆率軍出征，烏瑪被迫退還所占領的草原，並重新樹立從前基什國王麥西里姆所立的界碑。這一事件記載在一個碑上，碑上刻有鷲形，碑的斷塊現保藏在巴黎羅浮宮。鷲碑是目前所知道的，反映蘇美城邦之間戰爭的最早文獻。蘇美城邦之間紛亂的戰爭持續了幾百年之久，直到盧伽爾札吉西在西元前2371年，吞併了所有的蘇美城邦，建立起兩河流域的第一個大帝國。

【人文歷史百科】

泥板上的文明

最初的蘇美文字是刻在石頭上的，但因美索不達米亞的石頭很少，同時又不生長紙草，所以他們就把文字寫在軟泥板上，然後把它烤乾。他們書寫用一管尖筆，像一種鉛筆或鑽子，寫出來的文字是楔形體。因此，那種文字便被稱為「楔形文字」，許多書寫家都是祭司。

把書信、商業契約、公開紀錄都寫在泥板上或磚上，是一項極為笨重的工作。當然它們便於保存，這對於研究歷史的人是幸運的。美索不達米亞的文明，大半是從這些泥板上發現出來的，包括我們所知的薩爾貢的故事，全都是以這種蘇美文字的變體記述的。

018.蘇美人

「只有人，他的壽命不會很長，無論他做什麼，只是一場虛無。」——蘇美詩歌

蘇美人的詩歌

蘇美人是兩河流域南部地區最早的居民，在他們之前，那裡還是一片無人居住的沼澤窪地。西元前五千年左右，他們從東部山區一帶遷來時，結成氏族公社，從事農業，種植大麥、小麥和蔬菜，還飼養綿羊、豬、牛、驢等牲畜。蘇美人是個有智慧的民族，他們用集體的力量挖掘溝渠以引水灌田，還修築了堤壩以抵擋洪水。

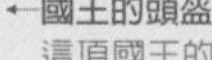

←國王的頭盔
這頂國王的頭盔屬於梅斯卡蘭杜王，年代在西元前兩千年左右。頭盔裡面有布襯裡的痕跡，襯裡是穿過頭盔邊緣的鑽孔而固定的。髮式中整齊的辮子，後面用束髮帶綁住，著名的銅製阿卡德頭像也有這樣的髮式，據說那尊銅像是薩爾貢王或他的孫子，因此這種髮式也許是地位的象徵。

從遺留下的文物來看，蘇美人的長相與眾不同，個個都是圓頭圓腦，大眼睛，鼻子突出，嘴大唇薄。蘇美男人大部分蓄鬚，剃光的人也有。但在蓄鬚的蘇美男人中，大部分均把上唇鬍鬚剃掉。蘇美人的衣服大半是羊毛織品，婦女僅左肩穿衣服；早期的男子服裝，僅腰部以下有著衣，之後才穿上衣；但奴僕不分男女，在室內時，自腰以上均裸露於外。不論男女，通常頭戴便帽，足趿拖鞋。蘇美的貴婦和近代的歐美女性一樣，是丈夫財富的櫥窗。她們除穿軟皮鞋外，還佩戴手鐲、項鍊、戒指、耳環及踝飾。

在西元前2300年前後，蘇美人的文化已相當成熟。當時的詩人及學者有不少敘述古代史的作品出現。在詩文中，他們根據傳說寫出了創世紀、樂園與洪水氾濫。洪水為什麼氾濫？他們一般的解釋是，由於一位古代帝王得罪了上天。蘇美的洪水之說，一傳

→蘇美組雕像
（西元前 3500至前 2500年）
從遺下的文物上看，蘇美人的長相與眾不同，個個都是圓頭圓腦，大眼睛，鼻子突出，嘴大唇薄，男人大部分蓄鬚。

←金牛頭豎琴，西元前2600年
發現於伊拉克烏爾國王墓中，其裝飾反映了當時蘇美發達的工藝水平。

至巴比倫，再傳至希伯來，最後演變成了《聖經》內容的一部分。1929年，伍萊教授在烏爾城挖掘，在很深的地底下發現一個厚達八英尺的淤泥黏土層。伍萊教授推斷：這個淤泥黏土層係一次幼發拉底河大氾濫的結果，蘇美人的洪水之說也許指的就是這次氾濫。伍萊教授在淤泥黏土層之下，還發現許多文化遺跡。蘇美詩人所描述的黃金時代，相信與這些遺跡有關。

蘇美人的創造

蘇美人先後創造了很多史上第一，他們率先開鑿運河，率先使用驢子拉的輪車和蘆葦、木頭製作的船隻，率先掌握磚拱技術，率先使用銅釘子，率先寫出第一本成文法，使用十二個月的陰曆，把欠缺的天數用閏月補足，運用獨特的六十進位法：把一個圓周分爲三百六十度，一小時分爲六十分，一分鐘分爲六十秒。他們掌握四則運算，立方根、平方根公式，還使用世界上最早的肥皂，有世界最早的犁，培養了全世界最早的小麥和大麥。把麥子磨成粉、和成麵、放上發酵粉，烤成古代麵包，加上蜂蜜作爲甜味劑，還有美味的椰棗汁，成爲西方世界的主食。蘇美人還把麵包碎末浸在水裡，創造了液體麵包，也就是發明了啤酒。對於肉，他們也沿用了麵包的製作方法——烤。爲此，蘇美人還發明了世界上最早的餐叉。

【人文歷史百科】

蘇美人的教育

蘇美人的教育掌握在祭司手中，祭司為利用教育及神話鞏固其權勢，就在各神廟附設學校。學校的教課程有：寫、算、公民、宗教、禮俗、法律等。有關學校的泥簡，目前出土者不少。從這些泥簡中知道，在數學方面，他們不但懂加減乘除，而且還懂平方、立方及實用幾何。有一塊泥簡，如兒童教育的一課，上面刻有這樣的字句：「人類，在原始時代，不知吃飯，不知穿衣。他們爬行地面，餓了，就地吃草，渴了，就溝喝水。」

↓蘇美人隊伍，飾板浮雕
這組浮雕反映了古代蘇美人生活的許多細節，格外生動。

019.吉爾伽美什

幼發拉底河和底格里斯河定期的氾濫，在蘇美人的心裡植下深深的恐懼，這種滄桑和無奈，在《吉爾伽美什》上得到了最完整的體現。

從文字到文學

在蘇美人文物中，文字是最讓人驚異的東西。蘇美人的文字，在古老年代似乎已臻成熟。這些字不單足夠宗教、商業之用，還能做成詩文，表達極其複雜的感情及思想。從文字發展到文學，至少需經好幾百年的時間。

文字初創，主要限於記帳、打收據、開運貨單、訂契約。其後，宗教上許多事務，如祭祀日程的擬定、儀式的記載、禱告的撰述，都需要借重文字。文字運用範圍日廣，操縱日漸靈活，於是慢慢產生了故事、傳奇、詩歌等文學作品。由文字演變成文學作品，由文學作品再彙集成書，不知經歷了若干世紀。不過，不管怎麼樣，在西元前2700年左右時，蘇美人建有許多大圖書館。法國考古學家德．薩札卡曾在提洛地方發掘到三萬多塊泥簡。這些泥簡是古迪亞時期產品。每塊泥簡都有仔細整理分類過的痕跡。掘出泥簡之處，顯然是一規模極爲宏大的圖書館。

【人文歷史百科】

楔形文字

蘇美人的文字在西元前2800年左右脫離了表意符的範疇，基本具備了我們現代所說的「文字」的雛形。最早的蘇美文字是刻在石頭上的，而大約在西元前3200年，蘇美人開始採用泥板刻字，他們先將文字刻在濕潤狀態的黏土製成的板狀物上，然後用火或陽光烤乾。這種留在泥板上的文字，由於筆劃像楔子，所以稱為「楔形文字」，又叫「釘頭字」或「箭頭字」。

最先出現於蘇美的詩篇，不是情歌，而是頌聖詩。流行於古蘇美的頌聖詩多半談不上什麼技巧。所有頌聖詩，差不多開頭幾行都一樣，其中幾行雖略有不同，然大體上其內容皆爲前面幾句的引申。古代巴比倫史詩《吉爾伽美什》，起源於蘇美時代，經長時間口耳相傳，於古巴比倫時收集、整理、編訂而成，是已發現最早的史詩。在亞述古都尼尼微的巴尼拔圖書館發現的這一史詩，用楔形文字分別刻在十二塊泥板上，共三千多行。這篇史詩，和希臘之《伊利亞德》

←**楔形文字泥板**
描寫史詩《吉爾伽美什》的泥板，現收藏於大英博物館。

多行。這篇史詩，和希臘之《伊利亞德》史詩相類似，也是由好幾個不同的故事連綴而成。故事所牽涉之時代，上可溯至西元前三千年的蘇美時代，下則到達古巴比倫的洪水氾濫若干時期以後，是原始社會末期至奴隸社會初期流傳在兩河流域的神話傳說精華的彙集。

英雄幻滅的故事

幼發拉底河和底格里斯河定期的氾濫，在蘇美人心裡植下的是深深的恐懼，沒有人知道在那波濤洶湧的背後是怎樣的一個地方，一種對死亡的恐懼和對世事的悲涼，深深地烙刻在這個民族之上。而這一種滄桑和無可奈何，則在史詩《吉爾伽美什》上得到了最完整的體現。

《吉爾伽美什》的前十一塊泥板上的史詩，主要記述蘇美時代英雄吉爾伽美什的傳說故事。烏魯克城的統治者吉爾伽美什「三分之二是神，三分之一是人」。人們不堪忍受他的殘酷統治，祈求諸神拯救。諸神創造半人半獸的勇士恩啓都與之爲敵，兩人激烈搏鬥不分勝負，互相欽佩而結爲密友。後來，他們一同爲民造福，先後戰勝沙漠中的獅子，殺死迫害人民的森林妖怪芬巴巴。吉爾伽美什拒絕女神伊什妲爾的求愛，並在恩啓都幫助下殺死前來復仇的天牛，恩啓都受到死的懲罰。吉爾伽美什出於對死的恐懼和受神主宰的威脅，決定探求永生之法。經過遇洪水而健在的烏特那庇什廷的指點才找到的長生草被蛇吞食以後，他悲痛萬分。第十二塊泥板寫他在與恩啓都亡魂對話後，才明白人類不能永生。

故事迂迴曲折，情節跌宕起伏，語言十分優美，史詩歌頌了古代英雄爲民建功的行爲，也生動地反映了人們探索生死奧祕這一自然規律的願望，也表現了人們反抗神意但最終難逃失敗的悲劇色彩。儘管史詩帶有濃厚的傳奇色彩，但在一定程度上反映了某些眞實的歷史過程。史詩並不長，薄薄的一本小冊子，可是它所蘊涵的價值，卻是無與倫比的。在巴比倫時期的泥板以及石刻中，許多是以吉爾伽美什的傳奇故事爲題材的，說明該史詩不僅有很高的文學價値，而且也有重要的史學價値。

↓刺殺天牛
吉爾伽美什拒絕了伊什妲爾的求愛，他不喜歡伊什妲爾的水性楊花，到處留情。伊什妲爾遭到拒絕後，由愛生恨，便請天牛替她報受辱之仇，吉爾伽美什與天牛展開了生死搏鬥，最後除掉了天牛。

020.阿卡德王國

當蘇美人步入文明社會時，阿卡德人還是一盤散沙，分成氏族、部落，剛開始農耕和定居生活，被蘇美人視為落後民族。

蘇美的衰落

文明有如生命，要生存必須和死亡不斷鬥爭。生命和死亡抗爭的方法，最巧妙的就是新陳代謝——不斷創造新細胞，不斷創造新生命。世界上，許多文明之所以綿延不絕，就是由於它們不斷開創新境，不斷注入新血之故。

西元前3200年到西元前2000年這段時期，在史學界稱爲「蘇美時代」，而其中最有名的是月神之城——烏爾。西元前三千年的烏爾已是一個大都市，居民達三萬人之多。在烏爾城中心矗立著月神南娜及其妻寧伽爾的塔廟，塔廟屹立在二十五公尺高的三層臺階之上，俯瞰著周圍擁擠的民房、店鋪和市場。兩條寬闊的渠道繞城一周，和附近的幼發拉底河相通。

在這宛如童話一般的故事中，不能不提到盧伽爾札吉西。此人可以說是當時美索不達米亞的第一名將。盧伽爾札吉西東征西討，不但奇蹟般地徹底征服了國力達於鼎盛的拉格什，更乘勝追擊攻滅烏魯克等五十個城邦，將美索不達米亞的南部除烏爾以外的廣大土地，牢牢地控制在自己的掌握中，並進而號稱「烏魯克之王」。

盧伽爾札吉西是蘇美人最後的驕傲，在他之後，蘇美人的事蹟漸漸地淡出歷史，直至遭到被征服的命運。蘇美的征服者是阿卡德人，他們身材勻稱，

←烏爾城遺址
西亞的古代城市，位於伊拉克的穆蓋伊爾，約於西元前五千年至前四千年，蘇美人開始在烏爾定居，到西元前四千至前三千年這裡形成城市。該城平面呈葉形，南北最長處為1000公尺，東西最寬處為600公尺。城內中央偏西北為塔廟區，該區東南是行宮。其附近為王陵。王陵出土物豐富，有鏤空金杯、金牛頭豎琴、帶青金石劍柄和黃金劍鞘的短劍等，豪華富麗，工藝精湛。

←阿卡德王薩爾貢一世青銅頭像
約創作於西元前2300年，收藏於伊拉克巴格達博物館。這尊頭像出土於尼尼微，據認為是薩爾貢一世的頭像。他的臉部呈深黃色，造型威嚴、莊重，顯示了這位國王的剛毅、堅強和自信，但沒有早期國王雕像可怖的神態。

臉型狹長，中間凸起，鷹鉤狀的高鼻，像座高聳的分水嶺隔開兩隻深陷的眼睛，男子通常長有捲曲的落腮鬍。他們在大約西元前三千年左右進入了兩河流域，或說他們原本就是一個游牧民族，自敘利亞草原來到這裡，帶著幾分浪子的驕傲，帶著幾分面對著繁華之城的驚訝。

來到美索不達米亞的阿卡德人，很快地就適應了這裡的生活環境。他們就像海綿一樣，貪婪地吸收著這裡的養分。他們學會使用車輪，並很快地組建起自己的戰車部隊，他們瞭解到原來一年裡除了有十二個月之外，還有一個叫做閏月的東西，他們也開始建立起自己的城邦。

薩爾貢一世

薩爾貢一世是個傳奇人物，他的出身低微，是位不知父親為何人的私生子。史籍記載中只說其「母卑」，這「卑」字在古代多半意味著他母親從事的是婦女最古老而羞辱的職業之一——賣淫，或者是任人欺凌的女奴。小薩爾貢生下來後，母親就把他放在罐裡，用瀝青封口，放在河裡漂走。一個園丁撿到了他。薩爾貢稍長應徵入宮，成為國王的侍童。國王寵愛他、教育他，但他長大後卻推翻了國王，將王冠戴在自己頭上。這段故事令人想起很多後來的英雄傳說，如果否定這些傳說之間存在著傳承或抄襲，那麼難免會使人得到某種不可靠的推論，許多古代文明傳說都提及新生嬰兒被漂到河水裡遺棄，這或是一種不少見的現象。

薩爾貢僭位稱王後，不僅貴族不服，平民也難以接受。薩爾貢思忖：「既然我能夠靠長矛短劍奪王位，就也得靠長矛短劍保住它。」於是，薩爾貢親自帶人到各地招募人丁，優先招收阿卡德人。那四鄉貧民聽說國王管飯、發衣裳，哪個不願應召，沒有幾天就募得五千多名強悍兵丁。留在城裡的士兵則挨門挨戶搜繳武器、盾牌，不從者立斬。於是，薩爾貢就這麼建立起西亞史上的第一支常備軍。而在此之前，整個美索不達米亞，甚至是整個世界都沒有所謂的常備軍。貴族在戰爭時組成部隊的車兵和騎士，普通的市民則為步兵，那是很原始的部落戰爭方式。西元前2750年，薩爾貢聯合閃族游牧民族，幾輪大

德人，阿卡德人最後反而被蘇美人的文明給征服，也就是同化了。包括蘇美的文字、宗教和經商傳統，薩爾貢本人及其後繼者都成為蘇美文明的保護者。

↑薩爾貢與羊，浮雕
整個頭像表情端莊，富於個性，充滿生氣，是埃及法老的雕像中從未出現過的。

戰下來，阿卡德人的勢力擴展到了地中海沿岸，建立起一個遼闊的阿卡德王國。

薩爾貢和他的閃族聯軍對蘇美人的征服，是歷史記載上第一次游牧民族對定居農業文明的大規模入侵，在以後的四千多年裡，類似的入侵在世界各地屢見不鮮。但薩爾貢征服的只是軍事上的征服，因為蘇美人的文明畢竟高於阿卡

天下四方之王

薩爾貢死於西元前2316年左右，其子瑪尼什吐蘇即位後，一方面大力發展國內經濟，另一方面也沒有放棄另一種方式，即進行戰爭的掠奪，因此展開了對波斯灣沿海國家的戰爭。

這裡值得一提的是，薩爾貢的孫子納拉姆辛（約西元前2290年至前2254年在位）在平定了因祖父的橫徵暴斂而引起的一波暴動之後，他便考慮將經濟利益託付給偉大的戰爭之神。在西方重克埃布拉，在南方波斯灣上重征馬干，在東北山區與盧盧卑人交戰。再加上他從祖父薩爾貢處所繼承的阿卡德王國，從父親瑪尼什吐蘇處所繼承的海灣貿易線，納拉姆辛的威勢一時無所匹敵，他本人也雄姿英發，進而號稱為「天下四方之王」。

但是所謂盛極必衰，阿卡德王國的

聲勢卻並沒有持續太久。就如同另外一位號稱「天下四方之王」的居魯士大帝的波斯帝國一樣，很快地，阿卡德就衰落了。納拉姆辛的繼承人、他的兒子沙爾卡利沙利為宮廷政變所推翻，而他所建立的龐大王國也在西元前2230年左右，被來自山地的一支庫提人所滅。

在阿卡德王國滅亡之後，阿卡德人並未在歷史上消失。阿卡德人的一支逐漸漂泊到了底格里斯河的中游，並與當地印歐語系的胡里特人融合，形成了一個全新的民族。而這個民族將在日後的歲月裡，讓整個世界歷史都為之震驚，它的名字就叫做「亞述」。

↑亞述人的守護神獸

人首、獅身、牛蹄；頭頂高冠，胸前掛著一綹經過編梳的長鬍鬚，一對富有威懾力的大眼睛，身上還長著展開著的一對翅膀，顯得氣宇軒昂，令人敬畏。

021.古巴比倫的興起

阿卡德王國滅了，蘇美人走了，兩河流域卻並未因此停下前進的腳步。事實上，一個全新的歷史階段伴隨著孕育時的陣痛到來了。

驍勇善戰的閃族人

自阿卡德王國覆亡，新月的腹地一下子就完全暴露在那些「蠻族」閃亮的刀鋒之下，柔軟而不堪一擊。操著不同語言的民族，如潮水般湧入了這片土地。而其中有一支來自敘利亞草原的閃族尤爲引人注目。

閃族又叫做「閃米特族」，指的是活躍在西元前十四世紀左右的一個特殊種族。根據《聖經》相傳，他們是閃的後裔，而閃是諾亞的長子，諾亞是人類之父亞當的第九世孫。「閃」和他的兩個兄弟「雅弗」、「含」的後裔一族，生出中東、歐洲幾乎所有民族的祖先。

儘管這些閃米特人尚處於氏族部落時期，然他們驍勇善戰，自稱爲「阿摩利人」。不久之後，美索不達米亞平原的中部出現了兩個由阿摩利人所建立的新城市：伊新和拉爾沙。大量先進的工具落入阿摩利人的手裡，他們如飢似渴地學習著。他們並沒有放棄好戰的天性，先進的技術和狂野的血結合了起來，所釋放出來的能量是如此驚人。甚至當周圍的城邦幾乎都被閃族人榨乾了之後，那種瘋狂也沒有停止，他們很快就把戰火燃向了自己的同胞。

伊新和拉爾沙之間的對峙持續了兩百餘年之久。在這兩百餘年間，或戰或和，氏族制度下的兩個城市到最後幾乎都筋疲力盡。在這種背景下，西元前十九世紀初，一支名爲阿姆納努姆的部落在巴比倫擺脫了伊新的控制，並在其首領蘇木阿布（西元前1894年至前1881年在位）的率領下，成功地建立了新王國——

←閃米特人的浮雕

西元前十九世紀，閃米特族系一支名為阿姆納努姆的部落再次統一兩河流域，建立古巴比倫王國，存在時間約為西元前1894年至前1595年，約三百年後遭異族攻滅。此後近千年間，該地屢經不同族群的統治者征服。

古巴比倫第一王朝。

巴比倫這個原本是幼發拉底河邊的一個不知名的小城市。這個曾經由蘇美人建立，曾經爲阿卡德人征服的小城市，自此鄭重地登上了歷史的舞臺。

←巴比倫人的浮雕像
經過民族融合後的巴比倫人，在種族上還保持著許多閃族人的特點：黑頭髮，多鬍鬚，膚色略黑。

古巴比倫第一王朝

巴比倫人在種族上有著許多閃族人的特點：黑頭髮，多鬍鬚，膚色略黑，男女都蓄長髮，喜愛使用香料。男女平素所穿著服裝，爲長可及地的白麻布緊身衣。女性著緊身衣時，常以一肩裸露在外。男性除緊身衣外，加穿披風和罩袍。

由於閃族阿摩利人統治的伊新和拉爾沙的衰落，新興的巴比倫人趕上了一個發展的黃金時期，原本爲戰火所侵擾的兩河商路開始漸漸地復甦。豐富的水源，肥沃的土地，來來往往的商旅爲地處樞紐的巴比倫帶來的不僅僅是財富，更主要的是它們促進了這個城邦制度的完善。

巴比倫中央集權的專制制度則在第六代王漢摩拉比（約西元前1792年至前1750年在位）的手中發揮到了極致。即位之初，漢摩拉比的日子其實並不好過，雖然此時巴比倫的國力、軍力、物力都遠遠超越了鄰近諸邦，卻未達到可以完全無視這些城邦、僅憑一城之力就統一兩河流域的地步。根據歷史文獻的描繪，漢摩拉比是位聰明絕頂、脾氣火爆的青年。他所率領的部隊，翻山越嶺，來去如風。他一生打過多次戰役，總是每戰必勝。他對敵人不留情面，手段非常殘酷，據說五馬分屍便是他最愛用以處置反對者的方式。漢摩拉比以鐵腕制伏了兩河流域諸小邦，把巴比倫從一個地處新月中部的富庶城邦，發展成一個從波斯灣至地中海沿岸的中央集權制大帝國。

→巴比倫時期的世界地圖，大英博物館藏
歷史學家認為，古代巴比倫人可以稱得上是世界上最早的地圖繪製者。當時的巴比倫人是用木製尖筆在黏土板上繪製地圖的。尖筆是一種筆尖鋒利的書寫工具。這樣的地圖最早可以追溯到西元前2300年。

【人文歷史百科】

巴比倫的遺產

凡是去巴比倫遺址參觀的人，差不多都會這樣想：沿幼發拉底河這一片乾燥的荒丘，會是一個璀璨文化富強古國的首都所在地？但歷史斑斑可考，巴比倫創造了天文學，豐富了醫學，建立了語言學，制定了第一部偉大法典。希臘人從它那裡學到了數學、物理學和哲學；猶太人從它那裡學到了神學，並將之弘揚於世；阿拉伯人從它那裡學到了建築學，並以之影響了整個中世紀歐洲。

漢摩拉比統一兩河流域之後，自稱是世界四方之王，並制訂了一部曠世法典，即以其名命名的《漢摩拉比法典》。

漢摩拉比法典

我們現在對《漢摩拉比法典》的瞭解，源於1902年由法國考古隊在伊朗的

↑ **《漢摩拉比法典》，石雕，約西元前 1792年至前 1750年**
高約71公分，石碑全長213公分，現收藏於巴黎羅浮宮。石碑的雕刻比較精細，表面高度磨光。石碑上刻滿了楔形文字，上部是巴比倫人的太陽神沙瑪什向漢摩拉比國王授予法典的浮雕。

蘇薩所發現的漢摩拉比法典石柱。整個石柱本身質地是黑色玄武岩，上部浮雕爲太陽神沙瑪什將權杖授予面前的漢摩拉比；下部則爲用楔形文字銘刻的二百八十五條法典條文。法典前言中的一些話，例如法律的目的在「抑強扶弱」、「教化萬民」、「增進萬民福祉」等，仍是近代我們還常常聽到的。這些話自然也非這位西元前2100年的東方君主一人所發明，因爲一些話在距今六千年前，蘇美人早已說過了。

就現代眼光來看，這部法典有許多地方矛盾之處。例如，開頭係假借神的口吻說話，但轉入世俗的條文後，卻把神給拋開了。有些條文非常進步，有些條文又非常野蠻。大體上說《漢摩拉比法典》把各方都照顧到了。按其順序有私有財產、不動產、商務、親屬、傷害及勞動等。這部法典一般而言顯現出文明的進步。

在《漢摩拉比法典》結尾有一段話，是歷史上任何法典所沒有的。這部合乎正義的法典，是漢摩拉比這位一代賢明君主制定的。這部法典，乃社會安寧，政治清明的根基……他是萬民的保護者……無論蘇美人或阿卡德人，均給予同等的重視。漢摩拉比之所以要制定這部法典，目的在於消滅持強凌弱和保護孤兒寡婦……任何受壓迫的，都可到正義之王的面前來申訴。讓他知道，這部法典是有其效力的。漢摩拉比王希望每個人透過這部法典，知道什麼是他的權利。

由此來看，漢摩拉比這個人不但是個軍事天才，也是個具有智慧的政治家和民主主義者，但不可忘記的，他生活的歷史階段畢竟還是一個野蠻的掠奪時代。後來的巴比倫國王貪欲無度，把國家搞得天怒人怨，沒過幾代，暴亂迭起；處於西北方的西臺人浩浩蕩蕩衝殺過來，一時繁榮蕩盡，萬千生靈塗炭，爲盛極一時的古巴比倫帝國畫下了句點。

→尼普爾城遺址

西亞的古代城市。位於今伊拉克的希拉城東南。年代起自蘇美時期，經巴比倫時期、帕提亞時期，至西元三世紀後衰落。1889年起，對遺址進行了調查和挖掘。分為東、西兩部分，主要建築集中在東部，有恩利勒神廟、伊南娜神廟及塔廟、居址等。城中出土了數以萬計的楔形文字泥板文書，多屬古巴比倫時代，許多是用蘇美文寫的文學作品。

022.西臺帝國

由騎兵們建立起的最早的大帝國之一，就是西臺帝國。就軍事和政府而言，西臺人可與埃及人和巴比倫人相媲美。

西臺古王國

在最早出現的印歐人中，文化較高、勢力較大之一支，叫西臺。他們經由博斯普魯斯海峽、達達尼爾海峽、愛琴海及高加索地區而來。他們到達這黑海之南的山區半島，即今日的小亞細亞，定居在安那托利亞的哈圖斯之周邊地區，用武力征服了農耕土著居民哈梯人，而以統治階級自居。

西元前十九世紀前後，此地成爲亞述的商業殖民地。小亞細亞逐漸形成庫薩爾、涅薩、哈圖什等城邦。西元前十八世紀，庫薩爾王皮哈那及其繼承者安尼達向外擴張，征服鄰近的城邦，遷都涅薩，結束亞述的殖民活動。西元前十七世紀，拉巴爾納獲得庫薩爾王位，號爲庫薩爾王，建立了西臺古王國。他的兒子哈圖西里一世統治期間遷都哈圖什，征服西里西亞，其疆界達到地中海岸。穆爾西里一世即位後，與幼發拉底河中游的喀西特人城邦哈納結盟。西臺在古巴比倫的後期逐漸強盛，常向兩河流域侵擾，最大一次入侵發生在西元前十六世紀初，西臺軍隊攻陷巴比倫城，滅古巴比倫國，飽掠而歸。

【人文歷史百科】

哈圖什

西臺王國都城（西元前十七至前十三世紀）。今土耳其安卡拉東部的博阿茲柯伊。十九世紀以來，考古學家陸續發掘其遺址，出土了一座座古代建築物，還有珍貴的雕刻品及大批楔形文字泥板（包括年代紀、法典、外交文書等）。

穆爾西里一世死於宮廷陰謀。此後西臺進入大動盪時代，篡奪王位事件不斷發生，至泰利皮努斯即位時，西臺版圖縮小，僅限於安那托利亞中部一帶。約西元前十四世紀，國勢漸盛，發展成西臺帝國。

西臺古王國發展時期雖屬青銅時代，但西臺是西亞地區最早發明冶鐵術和使用鐵器的國家。西臺的鐵兵器曾使埃及等國家爲之膽寒。亞述人的冶鐵術就是從西臺人那裡學來的。西臺國王把鐵視爲專利，不許外傳，以至貴如黃金，其價格竟是黃銅的六十倍。西臺以農業爲主，工業除冶金之外，還有陶器製造、紡織等。國王將征服的土地分配給諸子統治，被征服的土著居民或被遷往他地，或留在原地，成

←**西臺戰車**
在埃及人還未認識到馬的重要並學會駕馭馬車的時候，西臺戰車曾使埃及人為之膽顫。圖中的弓箭手正乘戰車，追趕一位受傷的閃族敵人。

→西臺人的青銅箭頭

爲西臺的農奴。一般奴隸被視爲領主的財產，而戰俘是奴隸的主要來源。

←西臺人雕塑

西臺人的雕塑作品新穎生動，尤其是石壁上的浮雕作品。城門和王宮門旁，一般都雕有巨大而生動的石獅。他們的建築材料多用巨石，明顯優於兩河流域的土坯。

馬匹和戰車上的帝國

西臺帝國創立者圖達里亞斯二世進攻並毀滅哈爾帕城，表明西臺的復興。西臺帝國時期屬中央集權制，國王統攬軍事、行政、外交、司法、宗教等權力於一身，爲最高統治者。「太陽」成爲國王的王銜，國王死後被尊奉爲神。擁有鐵製武器的西臺軍隊在古代世界戰無不勝。車輪和馬匹相結合，既是征服和法律的陸路運送者，也是商業和技藝的運送者；兩者合一，使得遼闊帝國的建立和統治成爲可能。

西元前十五世紀末至西元前十三世紀中期，是西臺最強盛的時期。此間，西臺人摧毀了由胡里特人建立的米坦尼王國，並趁法老阿肯那頓的宗教改革之機，奪取埃及的領地，與之爭霸。埃及第十九王朝的法老們都與西臺交過手；至拉美西斯二世時，西臺與埃及的軍隊會戰於卡迭石，雙方損失都很慘重，最後於西元前1283年簽訂和約。與埃及的爭霸，使得西臺元氣大傷。西元前十三世紀末，「海上民族」席捲了東部地中海地區，重創了西臺。西元前八世紀，殘存的西臺王國便被鄰近的亞述所滅。

西臺人以楔形文字記述自己印歐語系的語言，創造了西臺楔形文。西臺人最突出的文化，是以《西臺法典》爲代表的西臺人法律；它比古巴比倫的法律更人道，判處死刑的罪過不多，更沒有亞述人法律中那些諸如剝皮、宮刑、釘木樁等酷刑。西臺人的藝術才能不十分出色，但他們的雕塑作品新穎生動，尤其是石壁上的浮雕作品。城門和王宮門旁，一般都雕有巨大而生動的石獅，這些建築材料多用巨石，明顯優於兩河流域的土坯。

西臺文明的歷史成就不僅在於發現和使用了鐵，更顯而易見的是，它充當了兩河流域和西亞西部地區文化交流的仲介。毫無疑問，某些文化成分就是透過這個仲介，從美索不達米亞傳到迦南人和西克索人中間，甚至還傳到愛琴海諸島，因此，西臺文明可說是埃及文明、兩河流域文明和愛琴海地區諸文明之間的主要鏈環之一。

←西臺國王黃金雕像　西元前1600年，高3.8公分，羅浮宮藏

023.亞述帝國

亞述人在泥板上寫字，並擅長騎馬、駕戰車，以強弩射箭。他們的戰車隊和騎兵隊，威震遠近。他們的矛手、劍手和射手，組成不易攻破的「方陣」大軍。

一個崇尚武力的民族

←亞述浮雕
亞述帝國擁有一支當時世界上兵種最齊全、裝備最精良的常備軍。圖為攻城的亞述軍隊。

西元前三千年末期，在兩河流域的北部，一個叫塞姆人的蠻族部落興起了，塞姆人是閃族與其他民族的混合體，他們在底格里斯河中游建立亞述城，因此被稱爲亞述人。這是個以彪悍性格著稱的民族，從興至滅，其最大的特色便是崇尚武力。他們所欣羨的，是雄赳赳、氣昂昂的勇士，因此亞述人的故事充滿了征服或被征服、血腥的勝利或悲慘的失敗。

亞述本來是巴比倫的一個藩屬，在巴比倫受制於喀西特人時期，趁機獨立壯大。壯大後的亞述，國王甚至自稱爲「統治萬有之主」，可見其狂妄。在國王提格拉特帕拉沙爾三世（西元前746年至西元前727年）時代，亞述人建立了一支當時世界上兵種最齊全、裝備最精良的常備軍。提格拉特帕拉沙爾三世和他的後代，憑藉強大軍隊，進行了一連串的侵略戰爭，先後征服了小亞細亞東部、敘利亞、腓尼基、巴勒斯坦、巴比倫尼亞和埃及等地，成爲兩河流域和北非一帶最大的軍事強國。

亞述帝國軍隊擁有當時最先進的攻城武器。一種叫投石機，亞述軍隊特有的攻城器械。它們是一個個巨大的木框，裡面裝有一種特製的轉盤，上面絞著用馬鬃和橡樹皮編成的繩索。只要用

↓亞述浮雕
亞述巴尼帕爾王出獵圖，畫面中流暢有力的線條，突顯了圍獵時的緊張氣氛，是古代亞述人的藝術精品。

力一拉，就能射出巨大的石彈和燃燒著的油桶。還有一種攻城錘，是由青銅所鑄成，攻城時用來撞擊城牆。

亞述的軍隊兵種齊全，分爲戰車兵、騎兵、重裝步兵、輕裝步兵、攻城兵、工兵等。行軍非常迅速，即使過河也不困難，他們善於使用充氣的皮囊渡河。這種皮囊可以聯結起來，安置在河面上，從這岸排到彼岸，上面再鋪上樹枝，就成了一條軍用的浮橋。

野蠻的征服

亞述國王報復不肯投降的戰敗國家極其殘酷，殺燒擄掠無所不用。破城之後，亞述士兵殘酷地對待城裡的人們，敲碎他們的頭顱，割斷他們的喉管，火燒他們的房屋，搶走他們的財產，還擄走他們的妻子和兒女。

西元前743年，亞述軍隊攻陷了敘利亞首都大馬士革。由於城中軍民拚死抵抗，城破之後被亞述士兵斬下的頭顱，竟然堆成一座小山。亞述人還把成千的戰俘綁在上端削尖的木樁上，讓他們在痛苦中慢慢死去。對於孩子，亞述人也不肯饒過，統統殺掉。城中所有的貴重物品都被運回亞述。西元前八世紀，亞述王辛赫那里布將都城由薩爾貢城遷到底格

↑亞述壁畫
亞述軍人殘忍對待戰俘的場景（剝皮）。

里斯河左岸的尼尼微。在猶太人的經典中，尼尼微被稱爲「血腥的獅穴」。

在亞述史上最恐怖的君主是提格拉・毗列色一世。他是一位偉大的獵人，他獵獅的記錄，徒步獵獲了一百二十頭，乘車獵獲了八百頭。他也是位好戰的君主，獵國如獵獅。一塊石碑這樣記載：「我率勇士，遠征庫姆。陷城池，獲珍寶，無可數計。敢反抗者，我必焚其城，使成灰燼……我征阿丹什，其民自山中出，俯伏我膝下。我惟令其納稅並不加害。」這位國君東征西討，在征服西臺、亞美尼亞及其他四十餘小國後，奪取了巴比倫。他聲威之浩大，嚇得埃及人也來敬獻禮品。

↓亞述國王，古代亞述浮雕

提格拉・毗列色一世的繼承者叫亞述拉瑟帕二世。他征服了十幾個小邦，帶回來不少戰利品。他有兩大嗜好：一、生挖

俘虜眼睛；二、討一大堆妻妾。薩馬尼塞三世時，亞述進兵大馬士革，與敘利亞人數度惡戰。一次戰役，生殲敵人達一萬六千人之眾。到了提格拉・毗列色三世和薩爾貢二世統治時，亞述王國加強了中央集權統治，實行軍事改革，發動大規模侵略戰。疆域東起伊朗高原，西臨地中海（隨後阿薩哈東時達埃及），北及高加索，南瀕波斯灣，形成一囊括西亞、東北非的龐大軍事帝國，首都是尼尼微。

亞述人的生活

在生活方面，亞述和巴比倫並無二致。因爲這兩個國家，事實上不過是一個文化的南北兩部。比較上，巴比倫稍重商業，亞述偏重農業。簡單地說，巴比倫的富人是大老闆，而亞述的富人就是大地主。

像所有軍國主義國家一樣，亞述政府在法律方面鼓勵生育。凡墮胎者，處以死刑；故意使自己小產的婦女，依法當受炮烙之刑。婦女地位較巴比倫爲低：不敬丈夫，要受很嚴重的處罰；妻

←浮雕復原畫
一個亞述男人和他凶猛的獵犬。

【人文歷史百科】

亞述人的教育

為了培育男孩子的忍耐力和軍人的勇敢精神，十幾歲的男孩每隔一些日子，都要光著屁股接受一次荊條嚴厲的抽打，能夠忍受到皮開肉綻、鮮血淋漓者將得到獎勵，所以亞述男孩以勇武剛強著稱。後來，希臘時代的斯巴達帝國也用同樣手段來訓練男孩。

子絕對不得與其他男人發生關係，但丈夫只要他高興，便可討回一大堆小老婆；妻子與人通姦，丈夫得當場殺死姦夫淫婦。亞述娼妓很多，但一律受政府管制。亞述國王的嬪妃名目繁多，且絕對不許離開宮廷，因此，她們除了整天唱歌、跳舞、做針線外，剩下來的時間便只有互相磨牙鬥嘴及暗中傾軋。

亞述的法律十分嚴厲，關於刑罰，從示眾開始，有強迫勞動、打板子、割鼻子、割耳朵、割舌頭、剜眼睛、刺殺、砍頭等。亞述人對於兒童經常灌輸殘忍教育，他們教兒童變著花樣虐待戰俘：火燒、剝皮、殺頭，還覺得不足，甚至當著戰俘之面，挖出其兒女眼睛。

亞述人對文化的最大貢獻，當數他們的圖書館。單以阿叔巴尼帕圖書館而言，就有泥板文書達三萬塊。這些泥板文書都一一分門別類，附有標籤。泥板文書中，不少刻有國王訓諭：「盜竊此書者……亞述及比利特大神必降禍於他……他及其子孫均必遭殞滅。」

亞述人喜歡浮雕，浮雕之於亞述，等同雕塑之於希臘，繪畫之於義大利。

→亞述人的守護神

亞述人的浮雕，特別是辛那赫里布時代所雕的動物，其技巧之精妙，可說已至爐火純青之境。

↑垂死的牝獅，浮雕

約西元前668年至前627年，現收藏於倫敦大英博物館。浮雕描繪的是一隻勇猛而充滿活力的獅子，因身中數箭而發出哀鳴的畫面，顯現出一種「困獸猶鬥」的悲劇氣氛。牠滿身鮮血淋漓，後半身已癱軟，但強壯的前腿仍抵著想讓全身站起；牠昂頭怒吼，顯示出生命垂危之際的狂怒與嘶鳴，形象極其悲壯，使人們想像牠一定是誤入了陷阱，然後中箭，於是產生殊死掙扎的力量，發出垂死的吼聲。

帝國的滅亡

歷史車輪在西亞也像在埃及一樣，碾過了一座又一座王國和帝國的廢墟，撞碎了數千年帝國的迷夢，亞述帝國也是如此。

由於亞述的生存完全依靠掠奪，而掠奪需要龐大的軍隊，一旦武力不足，等待它的便是滅亡之途。亞述人的勝利付出的代價巨大，犧牲了許多士兵，尤其是那些亞述帝國的青壯年。亞述人在享受勝利果實的同時，也使自己的身心趨於腐化，然強健的身心卻是致勝的條件。另外，大批戰俘及奴隸充斥兵源，使亞述賴以獲勝的軍隊素質匹變。由於這些原因，一旦蠻族入侵，帝國便立告瓦解。

到西元前七世紀中葉，亞述帝國漸漸衰落，埃及率先擺脫了亞述的統治。隨後，東北方的游牧部落接連興起，也日益威脅著尼尼微。西元前626年，居住在新巴比倫的迦勒底人和東邊的米提人聯合起來進攻亞述。西元前612年，新巴比倫和米提聯軍不費吹灰之力便占領了亞述北部各據點。這支聯軍如同摧枯拉朽般地打敗了亞述軍隊，尼尼微陷落了。從前亞述諸王對付巴比倫及蘇薩的慘劇，這時便在尼尼微重演。房屋宮殿廟宇付之一炬，田地遭徹底破壞，人民半數被殺，一半變成奴隸。經此打擊，一代名城尼尼微和龐大的亞述帝國一起，就這樣從地面上消失了。

亞述帝國留給歷史的印象太刻骨銘心，近東人提到亞述，那是一個驕橫君主征服各小邦所成的一個帝國；猶太人提到尼尼微，那是一個充滿血腥、強盜及謊言的都城。在無情歲月中，所有英明偉大的君主，慢慢都會被人忘懷；所有繁華美麗的都市，慢慢都會成爲廢墟。

自亞述帝國崩潰後兩百年，希臘將軍兼歷史學家塞諾芬率兵到達尼尼微，他已不大相信那兒就是曾經統治過半個世界的一代名都。今天到達尼尼微的人，對於昔日的繁華，當然更連一點憑證都找不到了。

↑國王和諸王子，亞述浮雕

024.名都尼尼微

自亞述帝國崩潰後兩百年，希臘將軍兼歷史學家塞諾芬率兵到達尼尼微，他已不大相信那兒就是曾經統治過半個世界的一代名都。

聖經中記載的城市

作爲世界八大古都的尼尼微是座傳奇城市，《聖經・約拿書》記錄了神如何對付亞述首都尼尼微城的事。當時亞述是世界上最強盛的帝國，《聖經》把尼尼微描寫爲一個充斥殘忍、暴力和偶像崇拜的城市，理應受到神的審判。不過許多人都認爲這只是一則穿鑿附會的故事。它在戰爭中遭毀壞之後，經過了幾千年的時間，一直被埋藏在沙土裡，直到近世才讓考古學家挖掘出來。

尼尼微遺址的出土，不單證明《聖經》上所說的尼尼微城是確實存在過的，而且在這個城市中，還挖掘出了亞述王的圖書館，其中藏書約有十萬塊楔形文字的泥板。這些書籍裡面有歷史、字典、詩歌、祭禮、合約、信札，還有許多藥方。另外，還有描寫洪水的故事，它和《聖經・創世紀》沒有出入，並且還提到《舊約聖經》所記的人物像亞哈、西拿基立、西耳根等人，而這些都是歷史中未曾記錄過的著名人物。

【人文歷史百科】

世界上最早的渡槽

西元前703年，西拿基立下令建一條四百八十三公里長的渡槽，引水到國都尼尼微。渡槽建在石牆上，跨越澤溫的山谷。石牆寬二十一公尺，高九公尺，共用了兩百多萬塊石頭。渡槽下有五個小橋拱，讓溪水流過。

西元前2500年左右，尼尼微形成一座眞正的城市，並成了美索不達米亞地區的文化中心之一。尼尼微在成爲亞述的首都之後，開啓它的鼎盛時期。

最早提到尼尼微城的文獻，是西元前十八世紀的亞述泥板文書。漢摩拉比時期，巴比倫王國統治尼尼微。西元前十四世紀，該城被米坦尼人占領，不久又落入亞述人之手。一個世紀以後，尼尼微成爲亞述夏都。亞述王西拿基立（西元前704年至前681年在位）時，正式成爲帝國的新都城。西拿基立的繼承者伊桑哈頓在位時，繼續擴建尼尼微，使它成爲一座像《聖經・約拿書》中所描繪的有十二萬多居民的大都城。西元前612年，該城被新巴比倫和米提聯軍毀滅。

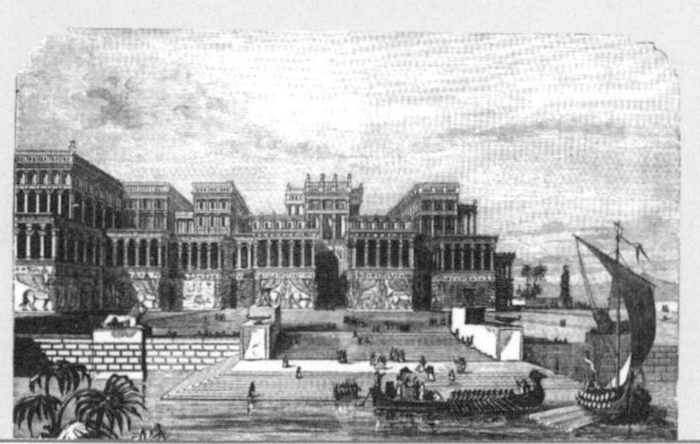

←**古城尼尼微，想像復原圖**

西元前612年，新巴比倫和米提聯軍攻進了尼尼微城。尼尼微在被洗劫一空後，又被放了把大火，一代名城就這麼和龐大的亞述帝國一起消失了。

舉世無雙的王宮

←古城尼尼微復原的水晶宮

幾千年過去，人們除了從史書上知道曾經有過尼尼微這樣一座城市外，其他一無所知。法國考古學家博塔在1842年反覆琢磨了《聖經·約拿書》之後，來到了伊拉克的摩蘇爾市。在流經摩蘇爾的底格里斯河左岸，他發現了一大一小兩座小山崗，大的叫「庫容吉克」，小的叫「約拿之墓」。博塔認爲這兩座山崗就是古城尼尼微的遺址。

1845年，有一位名叫萊亞德的英國考古學家也按照《聖經·約拿書》中對尼尼微城址的描述，找到了這裡，對庫容吉克山崗進行了長達六年的發掘工作，終於找到了辛赫那里布的王宮和亞述巴尼拔王的部分藏書室，證明這裡就是亞述帝國的首都尼尼微。其址位於伊拉克的北部，底格里斯河的東岸，隔河與今天的摩蘇爾城相望。1846年起開始對尼尼微的遺址進行發掘，1950年代後修復了部分城牆、城門和王宮。

尼尼微城形狀不規則，占地約七·五平方公里。城牆長十二公里，有內外兩重，外牆帶雉堞，間有城塔，內牆爲土坯高牆。有城門十五座，五座已經發掘。已發現的城內主要建築，包括三組宮殿和兩組神廟。城南是西拿基立宮，國王自豪地給它取名叫「無雙殿」，意指它是世上最大、最美的建築。

無雙殿的四壁及地板，所用木石不但質地高貴，而且嵌有珍寶。它用的瓦，由於出自精工製造，看上去晝夜都會發光。無雙殿的裝飾品有巨型銅獅銅牛，有巨石刻成的有翼牛陣，有一系列充滿牧歌情調的浮雕。

到了伊桑哈頓時代，除重修無雙殿外，還擴建尼尼微。由於他到過埃及，故在柱頭及裝飾方面，引進不少新花樣。據記載，宮殿神廟完工之日，隨著勝利，裡面裝滿了由近東各國送來的金銀財寶。尼尼微的城北是阿蘇爾巴尼帕宮。兩宮之間有阿蘇爾納西爾帕二世宮、文字神納布廟及愛與戰爭女神伊絲塔爾廟。城中還有動植物園、武器庫及排水設施。出土了大量文物，包括浮雕石板、銘文泥板和藝術品，其中以阿卡德王薩爾貢一世青銅像和國王獵獅圖浮雕石板最爲有名。

←**約拿的告誡**
《聖經·約拿書》上記著這麼一件事：上帝曾派先知約拿去尼尼微城，宣告要毀滅此城。當尼尼微人知罪悔改，上帝收回成命後，約拿便怨上帝使他失信於尼尼微人。當約拿因自己在乘涼的一棵大樹被蟲咬死而惋惜時，上帝就對他說了：「這棵樹不是你種的，你尚且愛惜它，何況尼尼微城住著那麼多我的子民，我豈能不愛惜呢？」

025.新巴比倫王國

尼布甲尼撒二世不但是最成功的軍事家和政治家，而且也是最偉大的建築師。他對巴比倫的貢獻，除漢摩拉比外，無人可相提並論。

迦勒底人的崛起

西元前三千年，游牧民族迦勒底人來到了兩河流域，在今天的伊拉克境內建立了國家。他們深信占星術，長期的星象觀察使迦勒底人發現天上的星群是隨季節不斷變化著的，他們以此來占卜吉凶禍福。爲了占星的需要，迦勒底人特別注意幾顆明亮的行星動態，他們把星空上的顯著亮星，用想像的虛線連接起來，描繪出各種動物和人的形象，形成最早的白羊、金牛、雙子、巨蟹、獅子、室女、天秤、天蠍、人馬、摩羯、寶瓶和雙魚這十二個星座，後來就成了著名的黃道十二宮了。這就是現代星座的由來。

西元前七世紀後期，曾經輝煌過的亞述帝國在內憂外困中奄奄一息，過去凡被它征服過的國家都想趁機報復，其中以最後來自巴比倫的出擊最爲致命。

那波帕拉沙爾是巴比倫迦勒底人的領袖。在西元前630年，那波帕拉沙爾趁亞述內亂之機，逐漸取得對巴比倫尼亞的控制，西元前626年自立爲巴比倫王；後與米提結成聯盟，在西元前612年攻陷尼尼微，滅亞述帝國。那波帕拉沙爾和米提王瓜分了亞述的領土，那波帕拉沙爾得到了西半部，歷史上稱爲「新巴比倫王國」。在此之後，爲爭奪亞述的遺產，新巴比倫王國和埃及賽斯王朝發生衝突；其軍隊多次遠征敘利亞、巴勒斯坦地區，以遏制埃及在這一地區的影響，並強迫當地諸小國稱臣納貢。

尼布甲尼撒二世

尼布甲尼撒二世是那波帕拉沙爾之子，他彷彿是上天安排在戰場的精靈，小小年紀就跟隨父親統兵作戰了，且在多場重要戰役中獨自指揮作戰。戰場上的尼布甲尼撒二世勇敢機敏，身先士卒，深得將士們的擁護。在即位之前，他便親自指揮過卡爾赫米什戰役，重創了埃及軍隊。西元前604年，尼布甲尼撒二世即位，當時他面臨著詭譎的西亞情勢。此時，敘利亞的大部分地區皆臣服於新巴比倫；但富庶且貿易發達的地中海東岸地

←創造星座的迦勒底人
迦勒底人是牧羊民族，深信占星術。夜晚，他們一邊看守羊群，一邊眺望美麗動人的星空。在他們眼裡，天上的星星就宛如地上的羊群，因此迦勒底人把星星稱為「天上的羊」，把行星稱為「隨年的羊」。為了占星的需要，迦勒底人把天上顯著的亮星，用想像的虛線連接起來，描繪出各種動物和人的形象，這就是今日的十二星座。

區，包括猶太王國和腓尼基諸城邦，卻在埃及和巴比倫之間猶疑不定。埃及這時雖已如即將落山的夕陽，但仍有實力染指西亞地區，因此，尼布甲尼撒二世與生俱來的野心和能力，註定了他加入到這場爭霸戰的命運。

尼布甲尼撒二世首先與東面的米提王國結盟，以免除後顧之憂，為此還娶了米提的公主，從而流傳下建造「空中花園」的故事。後來尼布甲尼撒二世還不放心，為防禦米提人，他在兩國邊界處築起了一道長城，這可能是目前世界上所發現最早的長城了。

接著，尼布甲尼撒二世向西邊大膽發動了一次又一次的攻擊。他即位之後，曾迫使地中海東岸各國承認其宗主權，但由於埃及的插手，這些國家背叛了尼布甲尼撒二世。尼布甲尼撒二世於是在西元前587年攻占耶路撒冷，扶植了傀儡齊啓德亞統治猶太王國。

但埃及人不甘示弱，隨即於西元前590年發動一次遠征，又迫使猶太王國、腓尼基城邦中的推羅、西頓等臣服。尼布甲尼撒二世聞訊大怒，尤其對齊啓德亞的背叛最為切齒痛恨。他又在西元前580年再次發動了巴勒斯坦戰爭，圍困耶路撒冷半年之後攻陷，將這座聖城劫掠一空，大批居民被遷到巴比倫，包括被弄瞎的國王齊啓德亞，史稱「巴比倫之囚」。這群猶太人直到新巴比倫滅亡之後，才得以返回故土。

尼布甲尼撒二世還進攻推羅，圍困了十三年之久，這可能也是世界史上歷時最長的圍城戰了。最後雙方達成和議，推羅保持自治，承認尼布甲尼撒二世的宗主權。外約旦的許多小王公也向尼布甲尼撒二世稱臣。

↑被俘投降的猶太國王，浮雕

【人文歷史百科】

巴比倫之囚

古猶太人被擄往巴比倫的歷史事件。西元前597年至前538年，猶太王國兩度被新巴比倫王國國王尼布甲尼撒二世征服，大批民衆、工匠、祭司和王室成員被擄往巴比倫。西元前538年波斯國王居魯士滅巴比倫後，被囚擄的猶太人才獲准返回家園。這段歷史對猶太教改革產生了巨大影響。

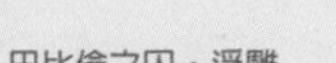

←巴比倫之囚，浮雕

西元前580年，新巴比倫王國再次占領猶太王國，新巴比倫國王尼布甲尼撒二世下令把數萬名猶太人作為俘虜，押回巴比倫，開始了猶太歷史上的「巴比倫之囚」時代。這是猶太人的第一次大流散，結束了猶太人巴勒斯坦立國的歷史。

神奇的空中花園

尼布甲尼撒二世和北方的米提王國結盟，迎娶了米提王之女安美依迪絲爲妃。米提是一個山國，山林茂密，花草叢生。在這裡長大的王妃，對於的巴比倫長年無雨的生活，非常不能適應，懷念著故鄉美麗的綠色丘陵。尼布甲尼撒二世爲了取悅思鄉的王妃，決定不惜動用鉅資與人力，在巴比倫建造一座花園，而且，這座花園必須比米提任何一座花園都要瑰麗、美好。

空中花園估計位於距離伊拉克首都巴格達約一百公里處附近，幼發拉底河東面。它建於皇宮廣場的中央，是座四角錐體的建築，堆起縱橫各四百公尺，高十五公尺的土丘。每層平臺就是一壇花園，由拱頂石柱支撐著，臺階並鋪上石板、蘆草、瀝青、硬磚及鉛板等材料，目的是爲了防止上層水分的滲漏；同時泥土的土層也很厚，足以使大樹扎根。最上方的平臺大約四百英尺見方，高出地面七十五英尺，遠看過去彷似一座小山丘。

【人文歷史百科】

巴比倫陋俗

希羅多德記載：巴比倫有些人家，待女兒長成後，即帶至市場交給掮客出售。這種出售，年有一次。掮客和出售女孩居中，顧客圍著挑選，以色論價，賣完為止。這種買賣裡彼此有個默契，就是買者必以所買之女為妻。

尼布甲尼撒二世更在花園的最上面建造大型水槽，通過水管，隨時供給植物適量的水分；有時，噴水器也會降下人造雨，在花園的低窪部分建有許多房間，從窗戶便可看到成串滴落的水簾，即使在炎炎盛夏也覺得非常涼爽。

在長年平坦乾旱、只能生長若干耐鹽灌木的土地上，竟然出現了令人驚嘆的綠洲。高踞天空的空中花園，名花處處、綠樹濃蔭。我們可以想像，尼布甲尼撒二世和他的愛妃暢遊其中，其場景是多麼的柔情蜜意。在空中花園下面，生活著巴比倫的庶民。他們一代又一代，男耕女織，不停地以雙手雙肩支撐著整個巴比倫國度。

←**空中花園，想像復原圖**
空中花園估計位於距離伊拉克首都巴格達約一百公里處附近，幼發拉底河東面，在堪稱四大文明古國的巴比倫帝國最興盛時期的尼布甲尼撒二世時代（西元前604年至前562年）所建。

兩河文明的消逝

儘管尼布甲尼撒二世建造的空中花園，被譽爲古代世界七大奇觀之一，但是好景不長，西元前562年，耀武揚威四十多年的尼布甲尼撒二世終於閉上了他的眼睛。新巴比倫隨後陷入政治分裂的危機，王位更換頻繁，約西元前556年，一位阿拉美尼亞籍的國王即位，他信奉著阿拉美尼亞的神靈。宗教觀念的更弦激怒了巴比倫的祭司，內部矛盾日漸明顯。而波斯人此時已逐漸強大起來，吞併了米提和小亞細亞地區的呂底亞王國，切斷了巴比倫的貿易路線，新巴比倫陷入極大危機。

西元前539年，波斯王居魯士率軍攻入兩河流域南部，圍攻巴比倫城，對統治不滿的祭司主動獻城，波斯人很快即占領了巴比倫城。就這樣，經過短暫的輝煌，新巴比倫就此覆滅了。新巴比倫王國雖短命，但尼布甲尼撒二世的一連串軍事行動，牽動了整個西亞歷史的格局。他的時代是巴比倫經濟異常繁榮的時代，再加上在建築史上取得的成就，他無疑應躋身世界史上最有影響的帝王之列。

新巴比倫的滅亡，使兩河流域的居民從此退出了美索不達米亞文明的舞臺，整個兩河流域受到波斯人的控制。西元前四世紀以後，楔形文字的使用逐漸減少。西元前330年亞歷山大入侵兩河流域，這個文明發源地開始由希臘人來統治。因此到了後期，楔形文字僅剩少數祭司和書記官可識讀。於是到了西元前70年之時，巴比倫文化隨著楔形文字一起消失在歷史的長河中。從此，這塊不再富饒的土地便一直處在異族的統治下，直到二十世紀的伊拉克王國。

←巴別塔構想圖
大洪水後，人們齊聚於示拿的曠野，要在此築一座城，並在城中建一座通天的高塔。上帝得知此事後，擾亂了人們的語言，人們從此語言不通，便停了手上的工作，分散到各地去。「巴別」意味變亂，這座巴比倫古城中心未完工的塔被稱為「變亂之塔」。

026.波斯的興起

米提人和波斯人是居處相鄰的近親，都自稱為伊朗人。他們是熟練的騎士，能夠迅速包圍敵人，在快馬飛馳時還能箭無虛發。

米提和波斯

←居魯士的浮雕像
居魯士是波斯帝國第一位名君。他登上王位以後，逐步統一了伊朗高原上的各個部落，在西元前550年建立了波斯帝國。攻陷巴比倫城以後，他把波斯首都移到此城。居魯士後來在波斯東北部和游牧民族作戰時陣亡了。

話說越過高聳的興都庫什山、遠離喧囂擾攘的兩河流域，有處廣垠寧靜的高原。在兩河流域，蘇美人、阿卡德人打得天翻地覆，這裡卻人煙稀少，平靜祥和；人們在高原和貧瘠的山間，過著牧歌似的生活。除了與兩河流域接壤的西南部埃蘭人不時地到西亞的中心地帶騷擾擄掠外，高原內地幾乎未曾有過什麼大的戰亂。

西元前十世紀左右，有兩支印歐語系的民族移居到相對平靜的伊朗高原，一支叫米提，一支叫波斯。米提人居住在裏海以南，而波斯人則住在米提人以南的地區。初來乍到，兩族生活轉向半農半牧，謀求溫飽，相安無事。誰也沒想過，他們後來能在西亞政治舞臺上扮演著舉足輕重的角色。

在兩個新的移居民族中，米提人原始社會組織先解體，建立了王國，定都阿克巴塔納，頭一個國王戴奧凱斯制出朝儀：任何百姓不能再隨便晉見國王，而須透過傳令官員稟報；任何人若再像過去一樣在國王面前嘻皮笑臉或隨意吐痰，便要嚴懲。此制一定，國王便成了高高在上的聖主。後來其子即位時，米提組織起強大軍隊，征服了波斯人；接著又把觸角伸出高原，和兩河流域的迦勒底人攜手並肩，埋葬了稱雄西亞、北非的大帝國亞述，這下便名聲大噪。

到了國王阿斯提阿格斯當政時，米提的國王平安傳了四代，統治著伊朗高原和亞述。西元前612年，米提和新巴比倫聯合摧毀了亞述帝國，米提從此號稱帝國，成爲西亞最強大的國家之一，波

←米提人和波斯人，浮雕
西元前八世紀末到前六世紀中葉，米提部落率先建立起王國，成為伊朗歷史上第一個講伊朗語的部族建立的國家。米提王朝末期，波斯人以伊朗高原的西南部為中心，逐漸占據強勢地位，並於西元前550年征服了米提。繼而在吞併了周邊部族以及新巴比倫王國之後，波斯君主居魯士建立起強大的王國，即波斯帝國。

【人文歷史百科】米提對波斯的影響

米提對波斯文化的貢獻有：雅利安語言，三十六字母，以羊皮紙和筆代泥板的書具；米提柱廊；米提道德觀念：平時勤儉，戰時英勇；以阿胡拉．瑪茲達及阿里曼為基本觀念的祆教；父權家庭和多妻制。

斯人成爲他們的臣屬。居魯士就是波斯人與米提人通婚的後代。

國王與外孫

阿斯提阿格斯雖然繼承父親所打下來的疆土，但他一即位便盡情享樂。上行下效之下，當時的貴族社會男衣紋繡、女飾珠寶、馬佩金鞍，務以繁華奢侈爲尚。至於老百姓，當年辛苦工作、伐木爲車、粗衣糲食的民風不復存，代之以雕車飾馬、征逐酒食，享樂不已。

居魯士的身世特別傳奇，「歷史之父」希羅多德詳細記錄在他的巨著《歷史》中。米提國王阿斯提阿格斯在一次睡夢中，夢見女兒芒達妮的子嗣將奪取自己的王位，並成爲亞細亞的霸主。於是，他決定將女兒嫁給地位較低且性格溫順的波斯王子岡比西斯，以便使女兒的子嗣失去問鼎米提王權的資格。但在女兒懷孕時，這位國王又被一個噩夢驚醒：他夢見從女兒的肚子裡長出的葡萄藤，遮住了整個亞細亞。爲防不測，國王決定處死自己的外孫。

居魯士一生下來，就被交給國王的親信大臣哈爾帕哥斯處理。哈爾帕哥斯不敢傷害公主的兒子，便命一個牧人將孩子棄之荒野。牧人的妻子恰巧剛產下一個死嬰，他們於是留下了居魯士，用死嬰頂替交差。牧人的妻子叫斯帕科，在米提語中是「母狼」的意思，因此日後有傳說稱居魯士童年時曾受母狼的哺育。

小居魯士長到了十歲時，和村裡的一些孩子玩遊戲，孩子們推選居魯士爲遊戲中的國王，鞭笞了一個抗命的貴族之子。事情越鬧越大，以至於國王阿斯提阿格斯親自介入調查，居魯士的身分終於被發現。宮廷祭司說，這個孩子已經在遊戲中當上國王，不會再成爲國王了。阿斯提阿格斯終於消除疑慮，將居魯士送回他在波斯的母親懷裡。

帝國的創立

西元前559年，年輕英俊的居魯士成爲米提屬國波斯境內安瑟一地的王子，

→居魯士文書
居魯士進入巴比倫城以後發布了一則安民告示，古代史上叫它做「居魯士文書」。文書的開頭就用上了一連串頭銜：我是居魯士，宇宙的王、偉大的王、強有力的王、巴比倫的王、世界四方的王……

並且統一了波斯的十個部落。曾奉命處死居魯士的大臣哈爾帕哥斯便與他聯絡，要他起兵攻打米提，自己則約爲內應。原來，當初國王發現哈爾帕哥斯未殺死居魯士，一氣之下，把他兒子砍頭剁手，還要哈爾帕哥斯當場把他兒子的肉吃掉。哈爾帕哥斯說：「國王之命，誰敢不從？」但最後的報復是，他死心塌地協助居魯士，刻骨的仇恨讓他決心要搞垮米提這個大帝國。

西元前553年，居魯士起兵對抗米提。爲了說服波斯人追隨自己，他命令全體波斯人帶鐮刀集合，讓他們在一天之內將超過三公里見方的土地給開墾出來。在完成這項任務之後，居魯士發出第二道命令，讓他們在次日沐浴更衣後集合。居魯士宰殺了他父親所有的綿羊、山羊和牛，並準備了酒和各種美食犒勞波斯全軍。第二天，波斯人聚集在草地上，盡情飲宴；此時，居魯士問他們是喜歡第一天的勞苦，還是第二天的享樂。

聽到大家都選擇了後者，居魯士便說：「各位波斯人啊，如果你們聽我的話，就會享受無數像今天這般的幸福；如果你們不肯聽我的話，那就要受到無數像昨日那樣的苦役。」之後波斯人奉居魯士爲領袖，起兵攻打米提。

征服米提的戰爭持續了三年，西元前550年，居魯士終於攻克了米提都城，正式建立波斯帝國。居魯士屬於波斯人的阿契美尼德家族，因此他所創立的帝國也被稱爲阿契美尼德王朝。

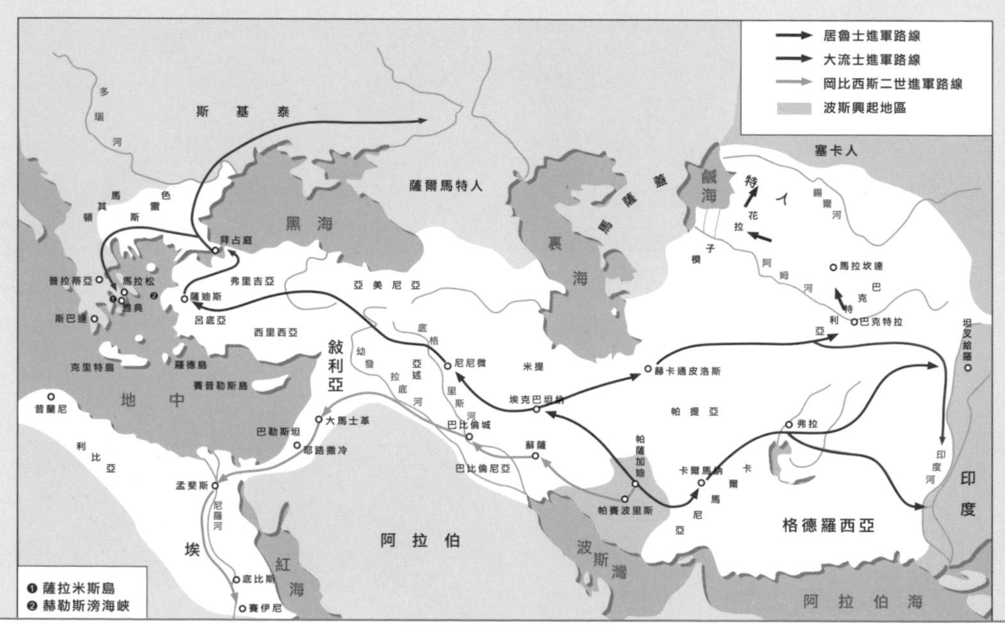

↑波斯帝國強盛時期的疆域

傳奇的居魯士

居魯士風采翩翩，波斯古代藝術家對於男子的造型，一律以居魯士爲範本。希臘人一提到他無不肅然起敬，在希臘人觀念中，他是最富於傳奇性的人物，在亞歷山大大帝出現前，就數他最有英雄風範。居魯士建立的波斯帝國攻下了薩迪斯及巴比倫，結束了閃族人在西亞長達一千餘年的統治。它囊括了亞述、新巴比倫、米提及小亞細亞諸國的版圖，形成了當時爲止世界上最廣大的帝國。

居魯士執行宗教寬容政策，允許被征服者供奉自己本族的神。半個世紀以前，巴比倫人曾經兩次進攻耶路撒冷，焚毀了猶太教的聖殿，將猶太權貴和工匠掠回巴比倫，史稱「巴比倫之囚」。當猶太人哀嘆何時才能結束流亡生活的時候，卻得到居魯士的詔令，允許他們回耶路撒冷並重建聖殿。猶太人欣喜若狂，在《聖經》中，他們將居魯士稱作「上帝的工具」，上帝應許他「使列國臣服在他面前，使城門在他面前敞開」。

居魯士的最後一役是和北方游牧人發生的戰爭。西元前530年，他出兵征討裏海東岸廣闊草原上的馬薩蓋特人。他們由寡居的女王托米麗司統領。

波斯軍隊採取慣用的戰術，突襲了馬薩蓋特，捉住了女王托米麗司的兒子。馬薩蓋特人被激怒了，女王派遣使者到波斯軍營中索回其子，卻遭到居魯士的拒絕。後來，又聽說兒子已讓居魯士殺死，更加激起了女王的憤恨；她發誓要爲兒子報仇，用鮮血灌飽居魯士。在女王的指揮下，馬薩蓋特軍越戰越勇，結果波斯軍隊的大半士兵陣亡，居魯士本人也死於戰場。馬薩蓋特人獲得最後的勝利。

居魯士的遺體歸葬故都帕薩加迪，他贏得了永久的尊敬；兩百年後，滅亡波斯帝國的亞歷山大大帝從希臘東征到此，不僅沒有毀壞他的陵墓，相反還下令加以修葺。居魯士陵兩千五百年來屹立不倒，在陵墓旁的一根柱子上，一段銘文至今仍清晰可見：「我是居魯士王，阿契美尼德宗室。」

←居魯士陵墓遺址
西元前六世紀末修建，位於伊朗帕薩加迪，其陵墓墓室位於七層石壇上，造型特殊，外觀甚為質樸。

027.大流士一世

從古代美索不達米亞，波斯人繼承了楔形文字；從亞述人那裡，直接或間接地承襲了建築技術、軍隊組織以及統治一個帝國的方法。

宮廷政變

伊朗高原西部有一個名叫貝希斯敦的村子，村子附近四百五十公尺高的懸崖峭壁上刻有銘文和畫像。這些銘文是用古波斯、埃蘭、巴比倫文字雕刻的。銘文的上方刻著波斯國王大流士的全身畫像。他高昂著頭、挺著胸，一副征服者的驕傲姿態。在大流士國王的腳下，一群人跪伏在地上，旁邊還有九名囚犯，他們垂著腦袋，被繩子束著脖子，雙手反綁在背後。這九人是大流士在十九次戰爭中俘虜的九位國王。這就是歷史上著名的「貝希斯敦銘文」，銘文向人們敘述著發生在兩千多年前的一段故事。

西元前529年，居魯士在波斯東北部和游牧民族作戰時陣亡了。其子岡比西斯繼承了他的王位，爲岡比西斯二世；在西元前525年征服了埃及，擴大了帝國的版圖。

正當岡比西斯遠征埃及之時，波斯本土爆發了僧侶高馬達領導的政變。高馬達長得和岡比西斯的弟弟巴爾迪亞有些相似。岡比西斯早就把弟弟暗地裡殺死，一直不敢讓別人知道。高馬達利用了這一點，自稱是王弟巴爾迪亞，打著「居魯士之子、岡比西斯之弟」的旗號，吸引許多人跟隨他。西元前522年4月，高馬達奪取了王位。岡比西斯聽到此消息後，急忙返回波斯，不料在途中卻突然死了。

有一天，岡比西斯過去的一個王妃發現新國王高馬達沒有耳朵。她把這件事告訴了她的父親，也就是大臣歐塔涅斯。歐塔涅斯馬上斷定新國王不是巴爾迪亞，而是僧侶高馬達。因爲在居魯士當國王時，這個高馬達犯了過失而被居魯士下令割去雙耳。歐塔涅斯馬上把眞相告訴另外的六名波斯貴族，其中包括後來的國王大流士一世。他們決定再發動一次政變，殺死高馬達，奪回政權。

↑大流士一世浮雕，西元前520年

貝希斯敦銘文

這幾位大臣知道眞相後，派人在首都到處散布「新國王不是眞正的巴爾迪亞，而是高馬達」的消息。沒幾天，假巴爾迪亞的消息便在京城傳了開來。高馬達知道眞相敗露之後，驚慌失措，馬上逃到米提的一處地方，最後被歐塔涅斯和大流士等人殺死。

高馬達死後，這七位大臣商議起由誰來當新國王的問題，但誰都認爲自己應該當國王。一天，七個人又爲此事爭執起來，歐塔涅斯最後退出了王位的競爭，只要求今後不管誰當國王，都不得對他有不敬之處。其餘六人同意了他的要求，但是由誰當國王的問題還沒有解決。最後六人商定，第二天早晨，六人乘馬在郊外集合，看誰的馬先嘶叫就由誰來當國王。最後，大流士讓他的馬夫想了一個計策，使他的馬先叫了起來，當上了國王。

大流士出身於阿契美尼德工族的旁支，其父希斯塔斯帕是帕提亞的總督。大流士隨岡比西斯二世出征埃及，被任命爲萬人不死軍的總指揮。西元前522年，他登上波斯王位，稱大流士一世。

【人文歷史百科】

漂亮的波斯人

波斯人可說是近東各民族中長得最英俊的。就古代遺留雕像觀察，他們大都身材勻稱，儀容秀美。任何一個人，如果有張長短合度的臉，上面長著一個挺直的希臘鼻子，看起來大概都會討人喜歡；而波斯人大多數都具有這種條件。波斯帝國鼎盛時代，男女均極講究裝飾；脂粉乃常用的化妝品，為求眼睛漂亮，很多人還使用眼膏。

由於大流士是受貴族推選的國王，照東方君主慣例，新登基的君主一方面要應付宮廷糾紛，一方面要鎮壓地方叛變。大流士鎮壓了巴比倫、埃及、亞述、埃蘭等地的叛亂和反抗，爲了穩固中央集權，大流士以殘酷的暴力手段及迅雷不及掩耳的速度，鎮服了各地方的叛變。巴比倫因爲抵抗稍久，爲了殺雞儆猴，攻城後他一口氣處死了三千人。大流士還繼續發動對外戰爭，向東征服了中亞和印度河流域，往西占領了愛琴海的一些城市；由此，建立了世界史上第一個橫跨亞、非、歐三大洲的超級帝國。爲了炫耀自己的功績，大流士讓人用埃蘭文、波斯文和巴比倫文三種文字，把勝利功勳刻在懸崖上，這就是「貝希斯敦銘文」。

←**貝希斯敦銘文，西元前520年**

1835年，法國人羅林森在今伊朗西部發現了著名的《貝希斯敦銘文》。這是一塊記功石刻，主要記述了波斯帝國國王大流士一世的一些功績。以古波斯文、埃蘭文、巴比倫文這三種楔形文字鐫刻在貝希斯敦岩崖上，包括銘文以及銘文上方，都有大流士和被他打敗的九名反叛首領的浮雕。

大流士的改革

波斯這個龐大帝國包括了許多經濟、社會、文化發展水平完全不同的地區，假如仍舊使用波斯原有的國家機構和組織來進行統治，是很困難的，於是大流士決定進行改革。

因爲帝國內部有許多國家，大流士就把它們劃爲行省，派總督和軍事長官去管理，直接對國王負責。它們必須向中央交納貢俸，整個國家的大權由國王親自掌握。

除省長、將軍與監察三者分立制衡之外，國王更常常派作爲其耳目的情報人員，以欽差大臣的名義，隨時赴各省考察。他們考察的範圍非常廣泛，民政、財政、軍事通通均可過問。失職的省長輕則丟官，重則賜死。要賜死一位省長很容易，國王只須令其內侍送去一杯毒酒就夠了。

在省長之下，實際推動政事的是一批官吏。這批官吏，各有各的職掌。他們分職辦事，往往無須請示或指導。就算省長變動，甚至朝代更迭，這批官吏卻不會變動。在整個波斯歷史上，國王可死可廢，這批官吏仍舊得以留存下來。

↑波斯人的戰爭，現代繪圖

大流士還獨掌軍權，自任最高統帥。他建立了一支禁衛軍，這支部隊由兩千騎兵、兩千步兵組成，任務是保護國王的安全。擔任國王禁衛軍是貴族子弟的特權。常備兵由波斯人及米提人組成，守備部隊例由常備兵中產生。

波斯帝國就全國戰略據點劃分爲若干守備區，每一守備區均派有守備部隊駐守。一般部隊則由屬國組成，原則上一個屬國一支部隊，這支部隊同一語言、同一武器、同一戰法。波斯部隊由於來源不同，故其裝備亦異。一支正規部隊的武器有弓箭、刀矛、匕首、彈弓、盾牌、頭盔、胸甲和鎧甲，動力有馬和象，隨軍軍屬有傳令、司書、宦官、營妓。波斯部隊一般均有戰車，這種戰車在榀軸上普遍都裝有又長又大的鐮刀。

↑波斯人的戰爭，古代壁畫

魂斷希臘

波斯帝國前面的兩位國王居魯士和岡比西斯，都在對外擴張戰爭中死去。大流士也像居魯士、岡比西斯一樣，夢想征服全世界。在東方，他鎮壓了中亞的花剌子模、粟特和大夏等地的暴動，並掠取了印度河流域西北部。西元前518年，繼岡比西斯之後，波斯又一次用兵埃及，鞏固在北非的統治。接著，大流士率軍渡過博斯普魯斯海峽，去征討那些居住在多瑙河下游和黑海北岸一帶的西徐亞人。西徐亞人堅壁清野，誘敵深入，致使波斯孤軍進到一望無邊的大草原，然後集中力量將之打敗。連遭敗北的大流士，在歸途中占領了赫勒斯滂海峽和色雷斯部分地區，兵鋒直指希臘城邦。從此，波斯的版圖東至印度河流域，北至中亞，西達愛琴海西部的島嶼，南抵阿拉伯海，成爲地跨亞、非、歐三洲的大帝國。

希臘擁有強大海軍，而波斯還沒有。大流士利用腓尼基人、巴勒斯坦人組建了一支擁有數百艘戰船的艦隊。波斯從此成爲一個擁有海軍的國家，可與希臘人爭奪地中海東部的海上霸權。西元前499年，小亞細亞沿岸的米利都起義被波斯帝國鎮壓下去後，大流士藉口希臘城邦雅典曾支持過米利都，開始遠征希臘。

西元前492年，大流士初次率軍向希臘本土進軍，因海軍在愛琴海北岸遭遇風暴覆沒而受挫。不久，大流士又一次組織軍隊遠征希臘，結果在馬拉松戰役中敗給雅典軍隊。幾年之後，大流士帶著沒能實現征服希臘的遺憾病死。他的兒子薛西斯即位，仍不接受教訓，孤注一擲地進軍希臘，當然又是慘遭失敗。大流士一手所建立起來的波斯大帝國，維持不到一百年便煙消雲散。波斯的銳氣和實力，一挫於馬拉松，再挫於薩拉米斯，三挫於帕拉提亞。東方大帝國，一傳再傳便即崩潰，似乎是理所當然；因爲這類帝國的興起，憑藉的全是堅實武力，一旦武力不能維持，帝國即會趨於瓦解。西元前330年，率軍侵入波斯的馬其頓王亞歷山大給了波斯帝國最後一擊，不可一世的波斯帝國終於滅亡了。

←亞歷山大與大流士激戰（局部），西元前二世紀繪，那不勒斯博物館藏

這幅畫是應雅典統治者之約而專門繪製的，畫面上描繪了馬其頓王亞歷山大與波斯王大流士一世在伊塞決戰的情景。亞歷山大輕騎衝入波斯軍陣，大流士倉皇地準備逃竄，他的部下在千鈞一髮之際挺身護衛。

028.波斯人的生活

波斯上層社會，認為做買賣是卑賤之事。一個人最值得驕傲的，是無論吃的、穿的、用的，皆完全取自於自己家裡。

波斯人的習俗

波斯的歷史儘管充滿了血腥味，但其人民生活卻是極溫文爾雅的。波斯人都很慷慨健談、熱情好客，平輩相見必擁抱接吻爲禮，對長輩必一躬到地。

波斯人對吃、喝雖很簡略，可是對清潔卻極重視。他們絕不在街上吃東西，或在公眾場所吐痰、擤鼻涕等。對他們來講，工作做得再好，如做工時手不乾淨，所做的東西便失去了價值。另外，他們相信身體「不潔淨，守護神便會離你而去」。凡患有傳染病者，不許四處走動；違反此規定者要受到極嚴厲的懲罰。假日或宴會，除齋戒、沐浴外，大家都要穿著雪白的衣服。

波斯經典和婆羅門與摩西律法一樣，關於典禮儀式中有關齋戒、沐浴的事項，規定得非常詳細。他們認爲靈魂的潔淨，首先要從身體的潔淨做起。在波斯，剪下來的指甲、毛髮和口吹過的東西都是不潔的；如非經過洗滌，絕不可加以碰觸。

像猶太人一樣，波斯經典亦視肉慾爲大罪；手淫者要挨皮鞭，男女苟合視爲大罪；甚至賣淫亦被視爲蛇蠍。希羅多德說：「波斯人認爲，用強暴手段誘騙別人女人的人，是惡人；被騙走女人而心心念念想報仇的人，是笨蛋；被騙走女人而毫不理會的，是智者。因爲，女人如果不動心，無論如何是騙不走的。」

波斯人最愛動物。狗受到寵信，在波斯經典中，亦視爲家庭之一員。虐待狗，例如：給牠吃腐敗的東西，給牠吃太燙的食物，都要受到重罰。一條很有趣的規定是：殺害經三隻公狗交配過的母狗，應挨四百皮鞭。公牛普遍受到尊敬，因爲牠是生殖力的象徵；母牛則被視爲具有神性，人們常對牠獻祭和祈禱。波斯人不但珍視家畜，就是野獸也很受人珍視。一條規定是：懷孕中之母獸，距離牠最近的人家，具有細心照料的責任。

←帕賽波里斯：倖存的帝國宮殿
西元前518年，波斯帝國的中興之王大流士一世為顯示王中之王的權威和萬國一統的氣魄，下令建造帕賽波里斯宮殿。大流士時期完成了舉行朝賀的阿帕達納宮和起居的塔恰拉宮；其後諸王不斷擴建，前後共花費近一百五十年的時間。

【人文歷史百科】

波斯人的醫學

在波斯，醫藥是祭司的專長，祭司認為世間九萬九千九百九十九種病，一律都是魔鬼製造的；因此，治病之道，第一是符咒，第二是齋戒。他們有時也用藥，但總覺得用藥不及用符咒保險。因為用藥有時會出毛病，用符咒則絕對安全。

富裕的波斯人

波斯是一個崇尚武力的國家，因此除作戰之外，再已無餘力從事其他工作。由於征服所獲得的財富非常多，因此他們要買什麼都不愁沒錢。一連串的戰爭征服，使波斯的財富一年一年地增加。這些財富，雖經歷代宮廷一百五十餘年的豪華享受、成百次糜費不貲的戰爭，到大流士三世逃跑的時候，還能夠帶走白銀八千塔倫，但至亞歷山大攻下波斯所有都城後，清點庫存，尚餘白銀十八萬塔倫。這筆錢如果折合成今日的美元，竟達二十七億元之巨。

波斯富貴人家一般都有著寬廣的屋宇、美麗的花園。有些花園占地非常之大，裡面養有各種動物供主人獵樂。波斯富麗堂皇的家庭不少，家中的桌椅都用金銀鑲邊，地面鋪有柔軟而色澤豔麗的地毯，桌上的花瓶、手中的金杯，多是外國的精工巧匠所做。波斯人最喜唱歌跳舞。他們用以伴奏的樂器有豎琴、笛、大鼓、小鼓等。珠寶首飾應有盡有，頭有冠冕、耳環，頸有項圈、項鍊，足有踝環、鞋飾。在波斯不但女人好妝飾，男人也好妝飾。不少波斯少年每當公共集會，耳部、頸部、臂部也妝點得珠光寶氣，因此男色之風非常盛。波斯的珍珠、寶石、翡翠、琉璃等，皆係舶來品。波斯人喜歡戴巨型鑽石，那些鑽石多半都磨雕成可怕的魔鬼形狀。波斯王的寶座亦全是純金鑄成，座椅、華蓋和支撐華蓋的柱子，因純金所鑄，看上去金碧輝煌，令人稱羨。

普通的波斯人也很富裕，他們認爲世間最幸福之事就是擁有一個家。家不僅是一幢房子，裡頭還得有妻子、兒女以及雞、犬、牛、羊。此外，祭司的經常光臨也屬必要。一個最幸福的家庭必多子多孫、六畜興旺、福星常至、爐火熊熊。

↓一個狩獵的國王，波斯壁畫

029.腓尼基人

腓尼基人曾經掌控地中海地區的海洋貿易長達三千年之久，但除此之外，我們對這支神祕民族的瞭解非常有限，他們可說是一個「消失了的民族」。

一個喜歡航海的民族

←腓尼基人用黎巴嫩雪松建造的船隻

腓尼基人是猶太人的近鄰。他們也是閃族人的一支，很早就定居在地中海沿岸，並自建了兩座防守完善的城鎮——提爾和西頓。西元前十二世紀初，腓尼基達到極盛時期。由於腓尼基人居住在狹窄的地中海東岸，其腹地是長滿森林的山地；倚山臨海的形勢使他們在陸上活動的發展空間受到很大的限制，只留下海上唯一的對外聯繫通道。腓尼基人適應了這種獨特的地理環境條件，成爲最具有航海天賦的中東民族。

腓尼基人利用黎巴嫩地區生長茂密的雪松來建造船隻。他們的船隻是一種原始的平底小舟，長度不超過二十公尺。船上有短凳，供三十名槳手就座划行。船中央有一空艙，用來堆放貨物或供人乘坐。船有一面風帆，但只有當風從背後吹來時，才可加速航行。

由於腓尼基人早已經消失在歷史的煙波雲海之中，有關他們的記載，都出自曾經吃過腓尼基人苦頭的希臘人和羅馬人之手。據說，「腓尼基」是古代希臘語，意指紫紅色的國度。原來在當時的埃及、巴比倫、西臺以及希臘的貴族和僧侶，都喜歡穿紫紅色的衣袍，可是這種顏色很容易褪去。他們注意到居住在地中海東岸的一些人總是穿著鮮亮的紫紅色衣服，且他們的衣服似乎都不會褪色，即使衣服穿破了，顏色依舊如新。所以大家便把地中海東岸的這些居民，叫做「紫紅色的人」，即腓尼基人。

腓尼基人最著名的事蹟，便是發達的海上貿易和殖民事業。據說，腓尼基人曾於西元前七世紀末繞行非洲一圈，比達・伽馬發現好望角還早二千一百多年呢！

腓尼基人壟斷了西方的海上貿易，他們的船隻往返希臘、義大利和西班牙，甚至冒風浪之險，穿過直布羅陀海峽到錫利群島去買錫。他們在所

←腓尼基人頭像

這尊石雕上的字母意味著腓尼基人對後世巨大的文化貢獻。

到之處都設立了小貿易站，名之曰殖民地。這些小貿易站，有許多是近代一些城市如加的斯和馬賽的發源。他們買賣有厚利可圖的一切物品，從不受良心的譴責。他們把滿登登的金銀櫃看作是一切善良人的最高理想。

←腓尼基牙雕作品
有錢請得起巧匠為她們雕出自己的肖像，應非普通人，可推論出這應是一位貴族婦女。

世界上第一套拼音字母

腓尼基人航海和經商是出了名的，而他們的文化也很有名，因爲他們創造了世界上第一套拼音字母。

伴隨著航海業的發展，腓尼基人的生意越做越大，對書寫商業檔案的需要逐日遽增。於是，腓尼基人爲世界史做出了一項傑出的貢獻，他們發明了第一套簡便易寫的字母系統。腓尼基人熟知蘇美人書法，但他們認爲這些符號寫起來不僅笨拙，還很浪費時間。他們是忙碌的商人，可不能把時間耗費在寫這兩、三個字母上。於是他們開始琢磨，發明了一套優於舊文字的新文字系統。他們借用古埃及人的幾個象形文字，並簡化蘇美人的若干楔形文字，以便於書寫爲要，迅速捨棄掉舊文字系統的華美字樣，終於把數千個不同圖像變爲簡單便利的二十二個字母。

腓尼基字母給予後世的影響甚巨，它向東傳播到西亞、南亞，以至東亞一些國家，成爲這些國家文字的源頭；向西則傳到希臘地區，形成了希臘字母。希臘字母在腓尼基字母的基礎上增創了母音，又把字母形體改爲簡單、優美的幾何圖形，使希臘字母完全擺脫了原先圖形的束縛。這種經過改良的文字系統之後傳入義大利，拉丁字母就是從希臘字母中衍生出來的。

古羅馬人稍微改動字型，又把它們教給了西歐未開化的野蠻人。那些野蠻人就是歐洲人的祖先，後來現代歐美各國的文字便是在拉丁字母的基礎上所衍生的；因此可以說，腓尼基文字是歐美國家文字的始祖。

𐤀	𐤁	𐤂	𐤃	𐤄	𐤅
𐤆	𐤇	𐤈	𐤉	𐤊	𐤋
𐤌	𐤍	𐤎	𐤏	𐤐	𐤑
𐤒	𐤓	𐤔	𐤕	腓尼基人使用的二十二個字母	

030.希伯來人

古代猶太人是在一片朦朧混沌中跨過文明門檻的，與世界許多古老民族的遠古歷史一樣，猶太人早期的史實與傳奇交融難辨。

猶太人的起源

希伯來人是猶太人在古代的稱呼，它的來歷與猶太人早期的遷徙有關。

位於今地中海東岸和阿拉伯半島西側的巴勒斯坦，是猶太民族的主要發祥地，但古代猶太人卻不是這裡的最早居民。早在四千年之前，古代閃族中的一支——迦南人，就在這裡建立了一些城邦國家，因此古代這裡被稱爲「迦南」或「迦南地」。正當迦南人在這裡發展了以青銅文化爲特徵的農業文明時，猶太人的先祖——同屬閃族的希伯來人，在其首領亞伯拉罕的帶領下，從東面輾轉來到了迦南。

據《舊約聖經》記載，這是一群受到古巴比倫文化影響的游牧部落。他們最早可能來自阿拉伯半島溫和濕潤的南部，後因當地氣候驟變，而遷徙到美索不達米亞平原來。當西元前兩千年漢摩拉比建立強大的古巴比倫帝國之時，希伯來人便生活在幼發拉底河下游的繁華城市——烏爾。不久，猶太人在其神靈的啓發下，沿大河北上，並渡過幼發拉底河，向西進入迦南。

←亞伯拉罕到迦南，油畫，1614年 Pieter Pietersz作品

亞伯拉罕是希伯來人的始祖，是該民族一神教的創始人。據《舊約．創世紀》記載，亞伯拉罕原名亞伯蘭，是諾亞長子閃的後代。亞伯蘭七十五歲時，耶和華對他說：「你要離開本地、本族、父家，往我所指示你的地方去。」亞伯蘭遂率妻子撒萊、侄子羅得等人，輾轉遷徙到迦南地。

當地的迦南人稱他們爲「哈卑路人」，意即渡河而來的人，後以一音之訛而稱爲「希伯來人」。根據埃及古文獻和在西亞其他地方出土的諸多文獻記載，新來的希伯來人是個游牧族群，他們不僅受地方統治者的管轄，經常襲擾定居的迦南人，有時也受雇於當地統治者。後來，希伯來部落在良好而肥沃的河流地，利用迦南人的豐富經驗，開始從事農業生產。

說來也不知道是好運還是壞運，巴勒斯坦不偏不倚，正位於尼羅河各大都市與底格里斯及幼發拉底河各大都市之間。由於其地理位置處於要衝地帶，商業又十分發達，因而經常遭遇戰爭和掠奪。這個地區由於自古即成兵家必爭之地，因此，一次又一次的戰禍不斷向它襲來。希伯來人周旋於諸大帝國之間，時而納貢、時而被征服、時而被占領。

→摩西畫像

巴勒斯坦變成了美索不達米亞及埃及的夾心餅，這是一種折磨，也是一種熬煉，透過《聖經》、聖詩和預言，我們不時可以聽到這一地區人民對天作無可奈何的呻吟。

出埃及記

在迦南期間，希伯來人的一位首領叫做雅各，在他晚年時，迦南發生了嚴重的旱災和饑荒，他只好帶著家人前往埃及避難，在尼羅河三角洲中部的歌珊地區定居下來。歌珊是位於尼羅河以東、埃及古都孟斐斯東北三十多公里的地方，爲古代亞、非商旅來往之要衝。這裡土地肥沃、水草豐盛、氣候宜人，在當地居民的影響下，猶太人加速了由游牧生活向定居農業的過渡。雅各的十二個兒子也在此繁衍，擴展成爲猶太人的十二個部落支派，人丁興旺。

然而好日子僅維持了四百年，聰明能幹的猶太人日漸招來埃及人的怨恨，大批猶太人淪爲奴隸，處境艱難。埃及法老下了一道殘酷的法令：凡猶太人生下來的男孩都必須淹死。這樣做的目的是想滅絕猶太人。但是猶太人的保護神——上帝耶和華是不會忘記祂的子民的，於是一位領袖人物出現了，他就是摩西。

猶太人的首領摩西帶領全族人越過紅海，逃出了埃及。在

↑雅各與瑞吉兒，壁畫，1518年 Palazzi Pontifici作品，梵蒂岡二樓涼廊藏
作品表現了雅各在埃及期間帶領猶太人生活的情景。

逃離埃及的行程中，猶太人受盡苦難；他們沒有足夠的水和食糧，餐風露宿，每天行走在大沙漠中，有不少人想返回埃及，寧可重當奴隸，也不願再受這種路途之苦。

摩西看到他的族人對命運失去了信心，十分痛苦。一天，當他們經過西奈山麓的時候，摩西爬上山頂，待了四十天。下山後，他對族人說，他見到了耶和華神，並得到祂的聖諭，有了神的指引，猶太人的處境就能好轉。後來，摩西成了猶太教的創始人。

逃出埃及後，摩西對猶太人說，只有回到迦南才是唯一的出路。但是大多數猶太人都沒有勇氣和勇猛強悍的迦南人戰鬥。猶太人在沙漠中轉來轉去，消磨了四十年的時光，摩西也成爲一個衰弱的老人而去世了。接替摩西領導猶太人的是約書亞。這時猶太人的新一代已長成，經過長期艱難生活的磨練，年輕的猶太

←摩西大理石雕像，高235公分，1515年米開朗基羅作品

人個個成爲強悍勇敢的戰士。約書亞帶領他們歷經無數次的戰鬥，終於渡過了約旦河，在迦南定居下來。

士師時代

從西元前十三世紀定居迦南，到西元前十一世紀希伯來王國建立這兩百年間，稱爲「士師時代」。猶太人定居迦南後，並未完全趕走原先的迦南土著。一方面猶太人與迦南人之間的較量對抗尚未結束，同時猶太人內部又紛爭四起，因此各種戰爭仍然連綿不斷。於是，這時期希伯來各部落或幾個部落中，各產生一個叫「士師」的領導者。

「士師」，希伯來語意爲審判官或拯救者，其職責在平時爲民事糾紛的仲裁者，在戰時爲率眾出戰的指揮官，因而他們是集部落酋長、宗教首領和軍事指揮於一身的人物，代表耶和華總攬政治、宗教和軍事大權，管理猶太人。

以色列人的第一個國王掃羅是從各部落中抽籤產生的，掃羅死後，南方的猶太人首領大衛當了國王（約西元前1000年至前960年）。據《舊約聖經》記載，大衛王是在公民和長老的支持下即位的。他執政後，決心繼承掃羅開創的統一事業，把各部落聯合在自己的王冠之下。爲此目的，他一方面團結猶太人各部落，使他們都臣服於他；另一方面他與推羅結盟，進行對抗非利士人的戰爭，且最後戰勝了對方；又從迦南人手中奪取耶路撒冷，建立了統一的以色列——猶太王國。

大衛王在位四十年，經常發動對外戰爭，他先後征服了許多地區，並透過結盟關係來保護其占領區，鞏固了他從埃及邊界和亞克巴灣直到幼發拉底河畔的地位。

大衛王死後，其子所羅門即位（西元前960年至前930年）。在統治期間，他透過外交途徑，確保了以色列——猶太王國在當時毗鄰的大國中享有平等地位，同時與埃及和推羅結爲盟友，積極發展海外貿易，特別是與紅海一帶的貿易。他還大興土木，不惜耗費鉅資完成了由大衛王時代開始，在耶路撒冷的錫安山上建造的豪華宮殿和耶和華神廟。

猶太王國的興衰

所羅門王登基之前，頭腦異常冷靜。他把他的政敵，一個一個加以肅清。

所羅門統治時代是以色列——猶太王國的極盛時期。所羅

←大衛大理石像，高191公分，1409年多那太羅作品，佛羅倫斯博物館藏
大衛是《舊約聖經》中的少年英雄，他意氣風發，運用智慧勇敢地擊敗了巨人哥利亞。他用彈繩甩石，擊中了巨人的頭，巨人應聲倒地，大衛以利刃割下了哥利亞的頭。

【人文歷史百科】

猶太人的割禮

猶太人是提倡疾病預防的鼻祖，男孩子割包皮（每個猶太男孩出生的第八天必要割掉包皮），被猶太人稱之為「割禮」，在古埃及與現代閃族間非常盛行。割禮，一方面來說，是對上帝尊敬、對民族忠誠的表現，另外，也是預防性病的一種方法。猶太民族雖歷盡艱危而不滅絕，也許和這種種潔淨規定大有關係。

門王死後，王國內部早已存在的矛盾立即顯現出來。以色列人居住的北方，土質肥沃，經濟發達，但在政治上處於劣勢，國家的賦稅、勞役大部分落在以色列人的頭上。猶太人居住的南方，雖然經濟落後，但因大衛王、所羅門王都出自南方的猶太人，因而對北方有君臨之勢。

由於上述原因，在所羅門統治末期，北方就興起了以耶羅波安為首，反對所羅門統治的分裂運動。所羅門死後，得到埃及支持的耶羅波安從埃及返國，攻陷了耶路撒冷，統一的王國從此分裂：南方由大衛王朝繼續統治，以耶路撒冷爲中心，稱「猶太」；北方以撒馬利亞爲中心，稱「以色列」。

西元前八世紀末，亞述帝國西侵，亞述王薩爾貢二世攻陷了撒馬利亞，以色列王國滅亡。猶太王國在亞述與埃及爭霸的夾縫中賴以生存，西元前605年亞述被新巴比倫帝國滅亡。兩年後新巴比倫帝國攻入耶路撒冷，猶太王國淪爲其附庸。西元前586年耶路撒冷被攻陷，新巴比倫帝國國王尼布甲尼撒二世下令夷平耶路撒冷城牆，搗毀耶和華聖殿，滅了猶太王國，包括國王、貴族、祭司和工匠在內的上萬名猶太人，都戴著手銬腳鐐，被掠往巴比倫，此即歷史上著名的「巴比倫之囚」。

↑ 被俘的猶太人，古代宗教版畫

新巴比倫帝國國王尼布甲尼撒二世攻入耶路撒冷，將猶太王國國王、貴族、祭司和工匠在內的上萬名猶太人，掠往巴比倫為奴。

031.所羅門的智慧

所羅門是古代以色列最偉大的國王，同時也是位傳奇人物。他的智慧，在世界各地的民間故事中廣為流傳。

耶和華的賜予

在現實生活中，每當我們稱讚某個人足智多謀的時候，往往喜歡用「所羅門的智慧」來形容他，那麼「所羅門的智慧」究竟是在講什麼呢？

所羅門是以色列——猶太王國的國王，是大衛王之子和繼承人。他的統治時期很長，約有三十年，在西元前十世紀中葉，《舊約》中載有其事蹟。所羅門的父親大衛王開創猶太王朝，並謀求建立一個從埃及邊界直至幼發拉底河的帝國。大衛王死後，所羅門和埃及、腓尼基人的城邦推羅締結友好條約，廣泛從事陸上和海上貿易活動。他曾經組織了一支商船隊，到紅海發展海外貿易，換回大量的黃金、檀香木、寶石、象牙，以及猿猴和孔雀之類的東西。

所羅門當政時期是以色列與猶太聯合王國的巔峰期，軍隊強大，商業繁榮，耶和華聖殿和華美的王宮相繼在耶路撒冷建成，因而被視爲古代以色列最偉大的國王。

所羅門還以智慧賢明著稱。他也是一位有名的詩人，寫過一千多首詩歌，相傳《聖經》中所收〈雅歌〉和〈箴言〉即爲其所作。

據說所羅門在剛即位的那天夜晚做了一個夢，夢中耶和華對他說：「所羅門，你現在當了國王，告訴我，你還渴望什麼東西？」所羅門巧妙地回答說：「我的上帝，成爲您的忠實僕人，我的年紀還非常幼小，尙不太明白如何治理國家，所以我懇切您能夠賜給我智慧，使我能夠準確地判斷是非曲直。」耶和華聽了所羅門的這些話，非常高興，於是賜給了他空前絕後的聰明和智慧，連所羅門沒有要求的福壽、榮華和富貴都一併賜予。從此，所羅門成爲了一個智者。

賢達的智慧

有一天，兩個女人來到所羅門面前告狀，其中一人說

↑ **所羅門的智慧，現代作品**

所羅門的斷嬰案，在世界各地的民間故事中廣為流傳。

道：「我與這個女人同住一室，房內沒有別人，我生了一個男孩。三天後，她也生了一個孩子。她在夜間睡覺時壓死了自己的孩子，於是趁我熟睡的時候調了包，將我的孩子換成了她死去的孩子。」另一個女人申辯說：「那個活著的孩子是我的，死掉的孩子才是妳的。」於是兩個女人吵吵嚷嚷、爭論不休，都想請所羅門秉公判斷。機智的所羅門佯裝著不耐煩地說：「別吵了，眞令人心煩。乾脆拿刀來，把這孩子劈成兩半，妳們一人分一半去吧！」

一個女人一聽所羅門的話，慌了神，傷心地把孩子推給對方說：「求您開恩，孩子給她吧，千萬別傷害孩子啊！」另一個女人卻惡狠狠地說：「這孩子如果不歸我，寧可劈了他。」所羅門便開口說道：「現在我清楚了，把這孩子交給這個說別傷害孩子的女人，那個說要劈的，肯定不是孩子的母親。」人們見到所羅門如此精明斷案，都認爲他的智慧是神賜予的。

智慧的所羅門，他的名聲傳遍了耶路撒冷地區，許多人都想和他對話，向他請教。阿拉伯半島的示巴女王就是其中的一位。

示巴女王十分仰慕所羅門的英勇和賢達，她決定前往拜訪。示巴女王率領了龐大的車隊，帶來阿拉伯半島的香料、寶石和黃金。所羅門熱情地在自己華麗的王宮接待了這位美麗的女王。示巴女王把積在心裡的所有疑難和困惑全部傾訴了出來，所羅門都一一回答得清楚明白。女王十分高興，她對所羅門說：「我在阿拉伯就聽見人們談論你的智慧賢達，剛開始並不相信，等我現在親自聆聽了您的教誨，才知道人們所告訴我的，還不及一半呢！」

示巴女王因此更加欽佩所羅門王，給了他許多黃金和珠寶。他們後來結合而生下的男孩，成爲衣索比亞的第一代皇帝。直到這個古國的末代君主海爾·塞拉西在位時，仍以自己是示巴女王和所羅門的嫡傳後代而自居。

↓ **所羅門王和示巴女王，油畫，1435年 Staatliche Museen作品**
在民間傳說中或文學作品裡，示巴女王極富神祕色彩，她有時是個美麗的女王，有時是個醜陋的女巫，甚至是一個惡魔或妖怪。

032.摩西十誡

一般而言，《摩西十誡》是一部莊嚴的法典。兩千年來，猶太人因它而團結，因它而屢仆屢起，因它而愈戰愈強。

摩西的誕生

在雅各成爲猶太人首領的時期，迦南發生大旱，長年不下雨，禾苗枯死，顆粒無收，成千上萬的人餓死。於是在雅各的率領下，猶太人遷居到了土肥水豐的埃及。聰明能幹的猶太人招致了埃及人的怨恨，大批猶太人淪爲奴隸，處境艱難。然而，奇怪的情況出現了，猶太人越受虐待，他們的人口反倒越發增加。這使埃及人更加害怕，他們便要猶太人作更多的苦工，以致猶太人在埃及生活得很痛苦。法老還不肯就此甘休，他頒下一個可怕的命令：凡猶太人生下來的男孩必須淹死。這樣做的目的，便是想滅絕猶太人。

↑摩西的誕生，油畫，查理斯作品，羅浮宮藏

摩西出生於一個猶太家庭，按照法規應當被扔到河裡淹死，他父母不忍心，就把他安置在一個竹筐裡，放入河中任其漂流，讓上帝決定他的命運。恰好法老的女兒在河邊沐浴時看見了竹筐，很喜歡這個可愛的小孩，就收養了他。

摩西在埃及王宮裡，一直受到良好的照育，但他無意中知道了自己的身世。一次，他看見埃及監工正抽打他的同胞，就上前阻止，打死了那個埃及人。事後，摩西怕身世暴露，招來殺身之禍，就逃了出來。後來，耶和華神啓示他，要他帶領猶太民族脫離埃及，回到故鄉迦南。這時已過了四十年，埃及更換了法老，沒有人認得出摩西就是四十年前那個英俊的異族少年。

摩西一次又一次地前去埃及王宮請求，甚至不惜使用魔法，卻每回都遭到法老的拒絕。摩西要求法老放猶太人去他們原先居住的沙漠曠野奉祀自己的神，但法老執意不放。耶和華就將災難降給埃及：青蛙成災、蝗災、乾旱、冰雹、沙暴不斷，最後還神諭所有埃及人的第一個男孩都難逃夭折厄運。這下法老害怕了，迫不得已地讓猶太人離開。

【人文歷史百科】

《摩西法典》

《摩西法典》的中心，可說在於十誡。十誡見於《出埃及記》第二十章第一至十七節。這幾節經文，半個世界的人幾乎都耳熟能詳。《摩西十誡》被稱為人類歷史上第二部成文法律，體現了平等的「人神契約」精神：誰要毀約，誰就會受到上帝的懲罰。同時，人們也有「神不佑我，我即棄之」的權利。

摩西受誡

猶太民族「因爲不屈服於奴役，所以他們選擇了流浪」，摩西帶領他的族人在西奈山下祈禱，請求耶和華爲他的族人指引一條道路。於是一隻看不見的手——上帝之手，在西奈山的峭壁上刻出十條戒律。

第一條：「我是耶和華——你的上帝，曾將你從埃及地爲奴之家領出來，除了我之外，你不可有別的神。」

第二條：「不可爲自己雕刻偶像，也不可做什麼形象彷彿上天、下地，和地底下、水中的百物。不可跪拜那些像，也不可侍奉它，因爲我耶和華，你的上帝是忌邪的上帝。恨我的，我必追討他的罪，自父及子，直到三、四代；愛我、守我戒命的，我必向他們發慈愛，直到千代。」

第三條：「不可妄稱耶和華，你上帝的名；因爲妄稱耶和華之名的，耶和華必不以他爲無罪。」

第四條：「當紀念安息日，守爲聖日。六日要勞碌做你的工，但第七日是向耶和華，你上帝當守的安息日。這一日你和你的兒女、僕婢、牲畜，及你城裡寄居的客旅，無論何工都不可做；因爲六日之內，耶和華造天、地、海和其中的萬物，第七日便安息，所以耶和華賜福與安息日，定爲聖日。」

第五條：「當孝敬父母，使你的日子在耶和華，你上帝所賜你的土地上得以長久。」

第六條：「不可殺人。」

第七條：「不可姦淫。」

第八條：「不可偷盜。」

第九條：「不可做假見證陷害人。」

第十條：「不可貪戀他人的房屋；也不可貪戀他人的妻子、僕婢、牛驢，以及他一切所有的。」

於是，摩西讓族人設立祭壇，宰殺羔羊，把羊血灑灑在族人身上，以示與耶和華立下誓約。以後猶太人不論時時刻刻，事事都必須嚴守「摩西十誡」，它成了猶太人最基本的行爲和宗教規範。從此，猶太教在西奈半島誕生了。

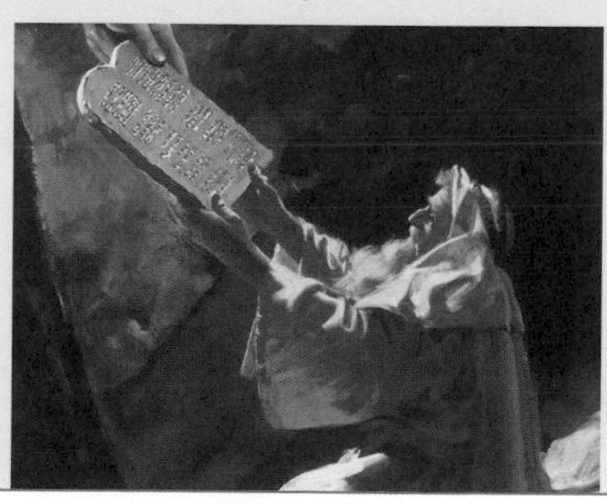

↑摩西受誡，油畫

033.聖地耶路撒冷

所羅門王最大的光榮，是他在耶路撒冷為耶和華建造了一座華麗的廟宇。所羅門王死後不久，王國一分為二，後來分別被亞述人和新巴比倫人征服。

繁華的近東名都

所羅門登基據說乃奉耶和華之命，自稱是神的寵兒，曾得到耶和華所賜予的智慧。所羅門聰明過人，爲一位英明之主，他確保內外和平，發展猶太工商業，使人民恪守法律秩序，留下了許多值得後人傳誦的事蹟與遺產。

耶路撒冷在所羅門的統治下，和平富足達到了極點。耶路撒冷原爲大衛王所建之都，此城本爲一小村，村中有一口井，村民環井而居，以其居高臨下之勢，改築爲城寨。不久又以其適當埃及與兩河平原交通樞紐，迅速發展成爲一個極盡繁華的近東商業都市。

於是所羅門決定爲耶和華興建一座華麗的聖殿，作爲朝拜祂的地方，這就是著名的耶路撒冷第一聖殿。多年流浪的猶太人，從前是沒有神廟的，他們敬拜耶和華，或在陋巷的聖所，或在山上的神龕。所羅門修神廟，對猶太人而言，可說是破天荒之舉。

↓繁華宏偉的耶路撒冷，古代插圖
所羅門為耶和華興建的第一聖殿，可稱為是世界上最偉大的建築。

關於聖殿的建築，所有猶太人皆有所捐獻。聖殿建築完成後，前來禮拜之猶太人無不驚爲奇蹟。對於沒有見過底比斯、巴比倫及尼尼微神廟的人來說，這的確是世界上最偉大的建築了。正殿之前的門廊，高約一百八十英尺，金碧輝煌，華麗無匹。如果記載可信，聖殿之樑、柱、門、窗、牆壁、燈檯，處處都是金的，另外還有一百個純金盒子。進入聖殿，四處珠光閃閃，最引人注目的，是約櫃上兩個由純金鑄成的天使。據記載，所羅門費了七年工夫修築這座聖殿，因修聖殿所動員的民伕，即達十五萬之眾。

繼聖殿之後，所羅門即開始建造他自己的宮殿。由於宮殿比聖殿規模更大，因此，工作時間也花得更久。據記載，所羅門修建宮殿整整費了十三年。所羅門宮殿，即世所豔稱之「黎巴嫩林宮」。歲月無情，今天到耶路撒冷的人，不但見不到一方巨石，就是宮址何在，也已無人可以指出確切地點。

耶路撒冷的衰亡

所羅門王死後，猶太國家逐漸盛極而衰，他的繼承者羅波安懶惰且無能，進一步加快了猶太國家的衰落。當時有十個部落拒絕承認羅波安，另外推舉了新國王，建立了以色列王國。原有的兩個部落仍效忠於他，成立了猶太王國，首都是耶路撒冷。

由於以色列沒有宗教中心，祭司們都到耶路撒冷的「猶太聖殿」獻祭，教民們也仍然到這裡朝聖，因爲唯一的聖物「約櫃」仍在這裡。

猶太國家一分爲二，削弱了各自的力量，而周圍的國家卻日漸強大了起來。新巴比倫國王尼布甲尼撒二世率大軍來征討，西元前586年，耶路撒冷城內因彈盡糧絕而淪陷。尼布甲尼撒二世進行了慘無人道的破壞，他下令搗毀聖殿，把全城夷爲平地。就這樣，猶太人的第一聖殿被毀滅了。不僅如此，他還將全城的人掠到巴比倫作奴隸，帶走無數金銀財寶，這就是歷史上著名的「巴比倫之囚」。

但是猶太人沒有在痛苦中沉淪，他們深信上帝不會拋棄他們，總有一天他們會返回故鄉。一位先知得了上帝的啓示，預言說：「波斯將使猶太人重獲自由，所向無敵的居魯士必會奪取巴比倫。」

果然，先知的預言實現了，波斯帝國在中亞大地上赫然崛起。當居魯士大帝以世界征服者的姿態進入巴比倫時，立即宣布：「猶太人完全自由了，你們回家吧！」他還命人打開巴比倫的金庫，將尼布甲尼撒二世從聖殿中搶來的金銀一律歸還給猶太人。但是，歷史並沒給這片土地帶來和平。數不盡的征戰每隔四、五百年，就改變一次這座城市的歸屬。新巴比倫國王攻陷過此城，之後，它又被波斯人、羅馬人、阿拉伯人等民族占領過。

此後，一些猶太人在原來猶太聖殿廢墟上用原來聖殿的石頭疊起一堵五十二公尺長、十九公尺高的大牆，稱爲「西牆」。猶太人認爲這是當年聖殿留下的唯一遺跡，因而成爲日後猶太教最神聖的祈禱之地。許多世紀以來，猶太教徒都到這裡來面壁祈禱，每當追憶歷史上聖殿被毀情景，便不禁嚎啕大哭一場，「哭牆」因此而得名。

↑ **被燒毀的猶太聖殿，古代插圖**
尼布甲尼撒二世攻陷耶路撒冷城後，放火燒毀了猶太人的第一聖殿。

034.金約櫃和所羅門珍寶

耶路撒冷遭劫毀後，無價之寶金「約櫃」和「所羅門珍寶」下落不明。
幾千年來，許多人都想找到它們，然而這一切都像謎一樣……

金約櫃的傳說

在猶太早期的記錄中，金約櫃用來盛裝上帝在西奈山賜給摩西的石碑。因此，石碑以及用來盛裝它們的櫃子就成了上帝與猶太人之間的見證。在《出埃及記》第二十五章裡，上帝對摩西說：「我會讓你知道我就在那裡，就在櫃蓋上兩個小天使之間與你講話，在見證之櫃的上面。」出於這個原因，金約櫃有時候被看作是上帝的踏腳凳。摩西得到聖諭和「西奈法典」後，就讓兩個能工巧匠用黃金特製了一個金櫃，這就是金約櫃。據傳，就是這個金約櫃率領猶太人進入迦南地區。後來櫃子被大衛王帶到了耶路撒冷，然後所羅門王將之安放在新修神殿的「至尊堂」中。除了猶太教的最高長老（即祭司長）有權每年一次進入聖堂探視聖物外，任何人不得進入聖堂。

所羅門寶藏

所羅門有許多黃金和寶石。這些黃金和寶石不知是他派人至阿拉伯開採的，還是阿拉伯示巴女王有求於他而餽送的。據記載：「某年之內，所羅門所收到的黃金，即達六百六十六塔倫（一塔倫相當於一五〇公斤）。」這批黃金雖不能與巴比倫、尼尼微及泰爾所有者相比，但就巴勒斯坦一地而言，所羅門之富也值得驕傲了。此外所羅門還派人四出採礦，從遠處買進奢侈品如象牙、猿猴、孔雀等，高價售出；他還向經過巴勒斯坦的商隊抽稅，命全國人繳人頭稅及田賦；他規定紗、馬及馬車，為政府專賣物品。因此有歷史學家比喻：所羅門聚積在耶路撒冷的銀子，簡直和街上的石頭一樣多。所羅門將他的金銀財寶都存放在聖殿裡，這就是歷代相傳的「所羅門寶藏」。

←摩西與西奈法典，古代插圖
上帝在西奈山賜給摩西刻有法典的石碑，摩西讓兩個能工巧匠用黃金特製了一個金櫃盛裝石碑。

衆說紛紜的歷史懸案

到了西元前590年，新巴比倫國王尼布甲尼撒二世第二次進兵猶太，耶路撒冷在受困三年以後，終於西元前586年被巴比倫軍隊攻占，王宮和聖殿盡遭燒毀；從此，無價之寶「耶和華約櫃」和「所羅門寶藏」下落不明。

幾千年來，許多人都想找到「約櫃」和「所羅門寶藏」，可謂眾說紛紜，千百年來它似乎也成了一門獨特的學問。但直到今天，仍無結果。

最早開始尋找金約櫃的，是猶太人的一位長老耶利來。耶利來在耶路撒冷淪陷時躲了起來，因此沒有讓巴比倫人抓走。當巴比倫人撤走之後，他來到聖殿的廢墟，想找到金約櫃，把它偷出耶路撒冷藏起來。耶利來在夷爲平地的聖殿廢墟裡，看見了著名的「亞伯拉罕巨石」。據說金約櫃當初就放在這塊巨石之上，但是金約櫃早已無影無蹤了。

許多人認爲，金約櫃是西元前586年在巴比倫人攻占和夷平耶路撒冷時被毀的。「所羅門寶藏」也被巴比倫軍隊洗劫一空。

有一種說法是，金約櫃註定要返回聖殿山，安放在一座新建神殿的至尊堂裡。新的神殿將在彌賽亞時期建成，並以此昭示天地。

阿拉伯編年史學家說，金約櫃被安全地移到了阿拉伯。但十字軍東征占領了耶路撒冷城之後，基督教聖殿騎士們到處尋找金約櫃，卻始終沒有發現櫃子的下落。

↑約亞暗道
傳說金約櫃和所羅門寶藏實際上藏在「約亞暗道」裡。「約亞暗道」相傳是大衛王在攻打耶路撒冷時，偶然發現的一條可從城外通到城裡的神祕通道。據說這條暗道後來又和所羅門聖殿連在一起。早在「巴比倫之囚」以前，猶太人就已經把金約櫃和所羅門寶藏藏到暗道裡去了。

還有一種說法，講的是金約櫃現在封存在梵蒂岡的地庫裡。

最近的一種理論則說：當羅馬人在西元70年將第二座神殿付之一炬時，人們通過暗道把金約櫃搶救了出來。地道大約三十公里長，一直通向東邊的庫姆蘭附近，現在金約櫃仍然埋在那裡。

有一種流傳甚久的傳說，那就是，金約櫃安放在神殿中之後，就被所羅門王與示巴王后所生的兒子竊走，帶回了衣索比亞。

直到今天，金約櫃和「所羅門寶藏」仍然是一個謎。

035.上帝創世的故事

創造天地、誘惑及洪水神話，係由美索不達米亞地區神話流傳演化而來。這些神話，其歷史之悠久，可以上溯至西元前三千年。

七天創造世界

←上帝造人，古代插圖
上帝在第六天，從地上抓起一把土，按照自己的樣子造了一個塑像，並給予它生命。

猶太人給予世界最大的影響，是他們編撰了《聖經》。這是一部奇書，不管你是不是教徒，凡是讀到它，乃至僅聽起人談到它，都會獲致一種難以磨滅的印象。

五千年前，西亞各族人民都流傳著世界用七天創造出來的故事，這裡要講的是猶太人的說法。他們含混不清地把陸地、海洋、樹木、花鳥，以及男男女女的人類都說成是由不同的神創造的。到了後來，猶太人成爲第一個相信上帝存在的民族。

在《舊約》中可以找到的創世故事，是在摩西死後一千年才寫出來的。那時猶太人已經接受了「一神」的觀念，認爲是絕對確鑿的事實。而對上帝存在的懷疑，則意味著流放或死刑。

在《舊約全書》中說到上帝是如何創造世界和人類的——

上帝第一天創造了光，以分晝夜。耶和華說：「要有『光』。」於是，黑暗中出現了黎明的第一道曙光。耶和華說：「這個，就叫做『晝』。」不久，光明消退，一切又都復歸黑暗。耶和華就說：「這個，就叫做『夜』。」然後他開始休息，就這樣結束了第一天。

上帝第二天創造了空氣，以分天地。耶和華說：「要有『天』。」在水面上延展天穹，好讓雲和風有個去處。

上帝第三天創造了陸地、海洋和各種植物。耶和華又說：「土地要肥沃，要有產種結籽的植物、開花結果的樹木。」於是大地綠草如茵，林木蔥鬱，沉浸在晨曦的輕撫之中。

上帝第四天創造了太陽、月亮和星星。耶和華說：「天上要繁星密布，好標識日月四季。」

上帝第五天創造了水陸各種動物。耶和華說：「水裡要遍生魚類，天上要飛滿鳥類。」

上帝第六天創造了男人、女人和各種農作物。耶和華從地裡抓起一把土，按照自己的樣子造了一個塑像，並給予它生命。祂把這生物叫做「人」，並把他置於一切創造物之首。

第七天，上帝累了，就休息一天，未再創造任何東西。

↓逐出伊甸園，古代插圖
亞當和夏娃由於偷吃禁果，被耶和華趕出了伊甸園。

→摩西畫像

亞當和夏娃

就在上帝創世後的第八天，「人」發現自己置身於新的王國，他的名字叫做「亞當」，居住在一個花朵環繞的花園裡，這個花園就是「伊甸園」。馴順的動物們和他戲耍，讓他忘掉孤獨。然而儘管如此，亞當並不快樂，因爲所有的動物都有同類爲伴，唯獨亞當形單影隻。於是耶和華就從亞當的身上取了一根肋骨，用它創造了「夏娃」。然後，亞當和夏娃就四處遊蕩，要把這個叫做「天堂」的家看個究竟。

最後他們走到一棵大樹跟前，在那裡耶和華對他們說：「聽著，因爲這很重要。這花園裡所有樹木的果實，你們都可以隨心所欲地吃，唯獨這棵樹；它可以分辨善惡，如果人吃了它的果子，就會知道自己的行爲是正是邪，這樣他的靈魂便再也不得安寧。所以，你們必須遠離這棵樹，否則就得接受可怕的後果。」亞當和夏娃聽了之後，保證會遵命行事。

不久亞當睡著了，而夏娃還醒著，她在園裡漫步。突然，草叢裡一陣沙沙輕響，夏娃一看，原來是一條很大的老毒蛇。在那個時候，動物說的語言人類也能聽懂，所以，大蛇可以毫不費力地與夏娃交談。狡猾的牠對夏娃說自己聽到了耶和華的話，如果她相信那些話就太蠢了。夏娃信以爲眞，於是當大蛇把那棵樹的果子遞給她時，她便吃了一些。等亞當醒來，她把剩下的果子也給他吃。

耶和華知道後十分生氣，馬上就把亞當和夏娃從天堂趕了出去。於是他們只好落到塵世上，想方設法生活下去。

↑亞當和夏娃，油畫，1628年魯本斯作品

該隱殺死亞伯

亞當和夏娃被逐出伊甸園後，沒過多久就生了兩個孩子。兩個都是男孩，大的叫該隱，小的叫亞伯。

他們在家裡幫著勞動。該隱在田裡種地，亞伯幫父親放羊。當然，他們也跟別的兄弟一樣，有時候會吵吵架。

一天，他們倆都向耶和華奉獻供品。亞伯殺了一頭羊，而該隱則只在拜神的粗石祭壇上放了一些穀物。孩子總是喜歡吹嘘自己的長處，而且往往容易相互嫉妒。

亞伯的祭壇上木柴燒得正烈，而該隱的燧石卻連火都點不著。耶和華垂青於誰，一目了然。該隱覺得亞伯在嘲笑他。亞伯否認，說自己不過在一旁站著看看而已。該隱叫亞伯走開，亞伯不肯。憑什麼要他走？於是該隱就打了亞伯。誰知道該隱出手太重，亞伯倒下就死了，該隱嚇得逃跑。

耶和華知道了這件事，祂在灌木叢裡找到了該隱，就問該隱他弟弟在哪裡，該隱卻態度傲慢地不肯回答。他怎麼知道？他又不是保姆，照管弟弟又不干他的事。難道不是這樣嗎？該隱撒這個謊對他一點好處也沒有，就像當年因爲亞當和夏娃違背祂的意志，而將他們逐出天堂一樣，耶和華現在又把該隱趕出了他的家門。後來，該隱雖然活得很長，卻再也沒見過父母的面。

至此，亞當和夏娃的幼子夭折，長子逃亡，生活景況自然變得很糟。他們後來又生了很多孩子，死的時候年紀已經很老，被數不盡的操勞和不幸折磨垮了。

↓**最初的家庭，古代插圖**
被逐出伊甸園的亞當和夏娃，生了兩個孩子，大的叫該隱，小的叫亞伯。

諾亞方舟

諾亞爲亞當的第九代後裔。隨著亞當、夏娃子孫的繁衍，人口增多，世人的罪惡也逐漸加重。上帝爲創造人類而後悔，決定用洪水滅絕世人。

由於諾亞始終堅持行義，上帝在洪水來臨前要諾亞造一艘方舟，攜妻子及萬物生靈各一對入舟避難。上帝對諾亞說：「人類的可憎我再清楚不過了，他們使這世界充滿了仇殺。我有意毀滅他們，也毀滅掉同他們一起的這個世界。

你要爲自己造一艘方舟，用絲柏木做船架，覆蓋上蘆葦，然後在裡外兩面塗上樹脂。我要喚洪水氾濫全世界，消滅天下所有活著的人，地上萬物也要消滅光。但我要與你立約。你到時就帶著你的妻兒與家人們一起進入方舟。你還要把各種飛禽、走獸和爬蟲，每樣兩隻，雌雄各一帶上，和你一道登舟，在船上餵養好。此外，還要帶上各種吃的東西，儲存在船上，作爲你們和動物的食糧。」諾亞遵照上帝的話，一一辦到了。

洪水氾濫了四十天，大水漲起來把方舟托起，高高地升離地面。落在地面的水量越來越多，淹沒了天下所有的高山。一切有氣息的生物，所有生活在陸地上的東西，全都沒有了。

四十天後，諾亞打開了他方舟上的天窗，放出一隻烏鴉去看看水退了沒有，但烏鴉飛來飛去，到地面上的水都快乾涸也沒回來。諾亞等了七天，再從舟上放出一隻鴿子去看看地上的水是否再退了些。但因爲地面全都汪洋一片，鴿子沒落腳的地方，就飛回諾亞的方舟。諾亞又等了七天，再次從舟上放出那鴿子。傍晚時分，鴿子回來了，嘴裡銜著一片剛啄下的橄欖葉。諾亞便知道地面上的水退得差不多了。

上帝對諾亞說：「你和你的妻子、兒子、兒媳們都從方舟上出來吧！把你帶上方舟去的各種地上生物、鳥獸爬蟲都放出來吧，讓牠們滋生繁衍，遍布全世界吧！」

此後，諾亞成爲人類的新始祖。

↓諾亞造方舟，油畫，1574年 Bassano作品
上帝在喚起大洪水之前，告誡諾亞為自己及家人造一艘方舟，載入世上各種生物。洪水退去之後，新的世界面貌就此展現。

036.印歐人

印歐語族是世界上分布區域最廣的語系，幾乎遍及整個歐洲、美洲、澳洲，還有亞洲和非洲的部分地區。

千頭萬緒的種族

→米坦尼人的雕塑
米坦尼王國是美索不達米亞西北部的強國，西元前1400年左右，米坦尼受到小亞細亞西臺王國的沉重打擊而積弱不振。在印歐人之間經常發生征服與被征服的戰爭。

近東是古代西亞種族最混亂的地區，如果凌空俯瞰，我們所見的彷彿是一片洶湧的人海。他們忽而集中，忽而分散。他們之間你壓我，我壓你；你咬我，我咬你；你吃我，我吃你。對這一種族細加分析，我們將可發現，其中有大集團，有小集團；大集團為數少，小集團為數多，因此大集團總是被小集團密密包圍。那些大集團，就是埃及、巴比倫、亞述及波斯幾個大帝國；那些小集團，就是辛梅里安人、西里西亞、卡帕杜奇亞、比希尼亞、密細亞、卡里亞、呂基亞、潘菲利亞、皮西迪亞、雅利安人、米坦尼人、阿莫里特人、迦南人等數以百計的小國家和小部落。

這些小國家、小部落在普通人看來，實在微不足道，但他們往往成為歷史的主角和世界的中心。自有歷史以來，這些游牧民族對於以農耕為主的帝國而言，一直是個很大的威脅。當河谷地帶的古老民族日漸變得衰朽而疲憊之際，一支精力煥發的新興民族出現在地平線時，便註定了前者覆滅的命運。我們稱這個新民族為「印歐民族」，因為它不僅征服了歐洲，還成為印度的統治者。

近東一帶的游牧民族隨著時代的演進，不少曾發展出國家型態。對於這些民族，重要的並不是他們的立國之舉，而是其人種的源流。以米坦尼人為例，我們對它所感興趣的，並不是由於它曾使古埃及感到困擾，而是由於它是歷史上首先露面的印歐族系。米坦尼人崇拜的神，有密特拉神、因陀羅等。這一族人在亞洲出現後，先活動於波斯，後活躍於印度。今天我們所稱的雅利安族，就是米坦尼人的後裔。

印歐人的征服

在最早出現的印歐人中，文化較高、勢力較大之一支，叫西臺。他們用武力征服了小亞細亞農耕土著，以統治階級自居。西元前1800年之際，西臺的勢力已伸展至底格里斯河及幼發拉底河上游一帶。這時，他們對原為埃及屬國的敘利亞已大有影響。西臺人非常不好對付，

←一個印歐人的雕像

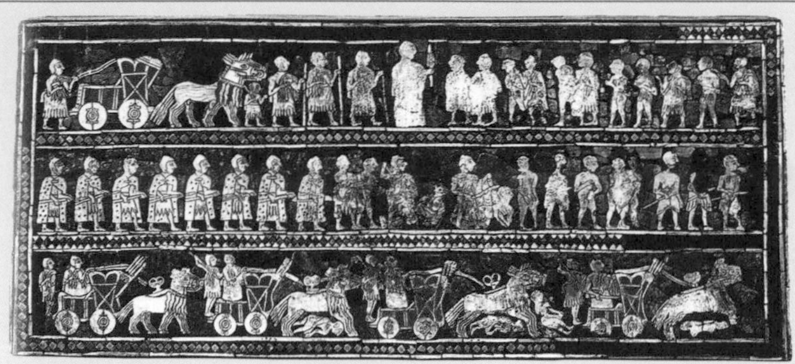

←反映近東印歐民族戰爭場景的古代壁畫

滅了米提王國，開始四處遠征；不久，他和他的子孫，成爲了整個西亞及埃及地區的統治者。

埃及法老拉美西斯二世爲了維持和平，不得不和西臺國王稱兄道弟。

和閃米特人一樣，印歐人屬於白種人，但他們說的是一種全然不同的語言。這種語言被視爲所有歐洲語言的共同起源。當我們最早聽說他們時，他們已經在裏海沿岸居住了好幾百年。但有一天，他們突然收拾好營帳，開始向北遷移，尋找新的家園。其中一些人進入了中亞的群山，在環繞伊朗高原的山峰間居住了多個世紀。其他人則朝著日落的方向前進，最後占據了整個歐洲平原。

許多雅利安人在他們的導師瑣羅亞斯德的帶領下，離開了山中的家園，沿著湍急的印度河而下，一直來到海邊。其他人則寧願留在西亞的群山中，在此建立了米提人和波斯人的半獨立社區。這兩個民族的名字都得自於古希臘的史書。在西元前十七世紀，米提人建立起自己的米提王國。當安申部落的首領居魯士成爲所有波斯部族的國王時，他消滅了米提王國，開始四處遠征；不久，他和他的子孫，成爲了整個西亞及埃及地區的統治者。

憑著蓬勃的精力，屬於印歐族系的這群波斯人繼續向西征戰，並連連獲勝。不久，他們便與數世紀前遷入歐洲並占據了希臘半島及愛琴海島嶼的另一個印歐部族發生了嚴重的衝突。這些衝突導致了希臘和波斯之間的三次著名戰役。波斯國王大流士和澤克西斯先後率兵入侵希臘半島北部，掠奪希臘人的領土，竭盡全力要在歐洲大陸上得到一處根據地。但他們最終還是失敗了，雅典海軍戰無不勝。這是亞洲與歐洲的首次交鋒，一方是古老的導師，一方是年輕氣盛的學生。

【人文歷史百科】

印歐語系

印歐語系是世界上分布區域最廣的語系，以某種印歐語言作為母語的人，加起來有十五億以上。十八世紀後期，英國學者提出這些語言有共同的來源。十九世紀初起，學者們開始稱之為「印歐語系」，因該語系分布於印度和歐洲兩大陸塊。德國學者曾依據分布地兩端的語言將其易名為印度—日耳曼語系。此外，還有少數學者稱之為雅（利安）——歐語系。

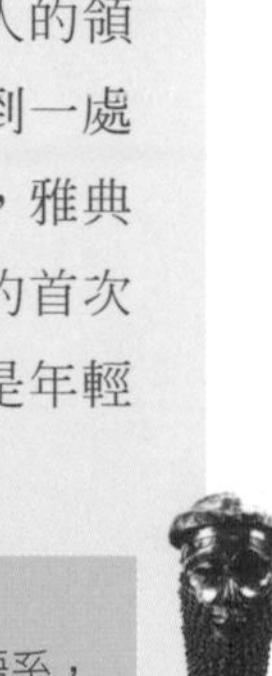

037.死人丘下的古城

一直以來，人們都認為古印度文明始於西元前一千年前後，直到哈拉帕城和摩亨佐．達羅城從沉睡中醒來，才證實了這個觀點是錯誤的。

被歲月掩埋的歷史

在奔湧不息的印度河右岸，荒蕪而淒涼的信德沙漠的邊緣，有一座不知建於何年何月的半圓形佛塔廢墟。誰能想到呢？在這狂風肆虐、沙塵漫天、被當地人稱爲「死人之丘」廢墟之下，竟酣睡著兩座古城。而這兩座古城的千年遺夢竟在1922年的某一天，被一個叫拉．巴涅爾吉的印度考古學家驚醒。

那天，拉．巴涅爾吉來到印度河下游一座名叫摩亨佐．達羅的土丘，他打算在古佛塔廢墟中「淘」到一些佛教遺物。然而，讓他始料未及的是，他這一「淘」，竟「淘」出了被歷史塵煙湮沒了數千年的摩亨佐．達羅古城遺址；而這遺址的面世，竟將早已被公認爲從西元前一千年的「後期吠陀時代」開始的古印度文明，一下子向前推進了一千三百年。

↑哈拉帕城遺址
西元前2500年印度河流域的城市在當時是獨特的，因為這些城市不是像養兔場那樣任意建造，而是按照一個中央計畫精心建成的。各城市全盛時期占地六至七平方英里。城市布局呈格子狀，寬闊的主要街道環繞長方形的大街區，各街區約長400碼、寬200碼，比今日城市一般的街區要大得多。

與此同時，另外一些考古學家沿著印度河溯流而上，在它的上游又發現了與摩亨佐．達羅城屬於同一時代的哈拉帕城遺址。這兩座城都是沿河興建的，相距不過六百多公里。隨後，又相繼發現許多城鎮和村落的遺址，而且不僅僅分布在印度河流域，如果按地域分布來看，它可比早期埃及和兩河流域的古文明遺址要大得許多。顯然，這是一個約存在於西元前2500年至西元前1750年、早已被人們徹底遺忘的文明時代。考古學界按遺址所屬地，將其稱爲「印度河文明」，並遵照首次發現遺址地點命名的習慣，又稱其爲「哈拉帕文化」。

【人文歷史百科】

哈拉帕文化

在1920年代以前，人們根本不知道歷史上曾經有過哈拉帕文化，那時的古代印度歷史是從《吠陀經》中記載的傳說開始的，最早可以上溯到約西元前十五世紀，即所謂雅利安民族入侵印度的時代。1922年考古學者在印度河流域的信德和旁遮普地區，發現了摩亨佐．達羅和哈拉帕兩處文化遺址，印度河流域的上古文明才為世人所知。從那以後，考古學者在印度河流域各地陸續發現了許多屬於同一文化系統的遺址，共有城市村落二百餘處，統稱為「哈拉帕文化」。

←摩亨佐・達羅的大浴池
這是在巴基斯坦信德省出土的摩亨佐・達羅城市遺跡中的大浴池。中央的浴池長11.7公尺，寬6.9公尺，深2.5公尺。它可能是當時舉行宗教儀式時，供信徒沐浴使用。

震驚世人的古城印象

隨著考古挖掘的深入，哈拉帕城和摩亨佐・達羅城向世人展示了它們數千年前的風采。這兩座古城相隔不遠，基本構造也大致相同，看上去似乎是兩個相對而峙的小國國都。

兩座古城都由衛城和下城兩部分組成。衛城的面積大體相近，但哈拉帕的衛城城高牆厚，從高大的穀倉、各種手工作坊和能容納幾百名奴隸的簡陋宿舍，我們可以看出它當年的繁華景象。而摩亨佐・達羅城的西部是建在磚砌高臺上的衛城，東部是居民住宅區和商業中心所在地。

衛城上建有防禦性塔樓。衛城中的建築物很多，中心是可以同時容納上百人沐浴的磚製浴池，還用瀝青做了防水層。不過，如果它真是用來洗澡的，上百人同時在此沐浴倒也壯觀。

浴池東北是一座十分雄偉的建築，有可能是統治者居住、辦公和集會的地方。浴池西面的穀倉是磚造建築物，帶有通風孔道。下城內阡陌縱橫交錯，街區眾多。臨街房屋的窗戶和門一律向內開，而臨街的牆壁全都是圓弧形，別有情趣。從下城的街區和建築物來看，當時顯然是個貧富懸殊的階級社會。因為有的街區建有高層豪宅，浴室和排水設備齊全；有的街區則全是簡陋低矮的茅舍土屋，街道內連下水管道都沒有，至於浴室那就更是非分之想了。如果炎炎夏日住在這裡，那肯定會感覺「如入鮑魚之肆」。

古印度歷史的發展階段	
公元前 4000年	從西北來的諸部落開始定居於印度河流域，建立農業村社
公元前 2500年	土著達羅毗荼人開創了印度河文明
公元前 2000年	印度──雅利安人入侵印度
公元前 1750年	印度河文明突然失落（原因不明）
公元前 1000年～前 500年	種姓制度和印度教確立

燦爛輝煌的古城文化

在西元前3000年到西元前1750年的青銅器時代，摩亨佐．達羅是一座世界名城。生活在城中的達羅毗茶人不僅創造了獨特的文字，還發明了精密度極高的度量衡，和其他各文明民族有著密切的貿易往來。同時，他們已經掌握了冶銅和熔鐵技術，及金、銀、鉛、錫等金屬加工技術。而且，他們的熱加工和冷加工技術水準很高，能用焊接法製造金屬器。

達羅毗茶人非常聰明，他們不僅會種大麥、小麥、豆類、芝麻、蔬菜，還會在水源好的地方種水稻。他們是世界上最早種植棉花的民族，並會用棉花紡線。當時的畜牧業也很興旺，達羅毗茶人不僅養牛、豬、狗、驢等家畜，家禽和魚也是他們餐桌上常見的食物。在上古社會能夠享受如此豐盛物品的民族，眞是太幸運了。

←印度原居民——達羅毗茶人雕像
達羅毗茶人非常聰明，他們是世界上最早種植棉花的民族，並會用棉花紡線。

此外，達羅毗茶人的手工業也發達得超乎我們的想像，他們製作的項鍊、戒指、手鐲、臂鐲、腳鐲、耳環等首飾異常精美，不僅有金銀製品，也有象牙和寶石首飾。在哈拉帕出產的玻璃串珠，要比埃及的玻璃製品還要早上兩百年。眞是令人匪夷所思！除了物質發達和重視精神享受外，或許也只能評價這個民族的生活的確是格外貴族化了。

至今未解的古城之謎

印度河流域的古城遺址，讓世人重新認識了古印度文明，但是這一燦爛輝煌的文明，爲什麼會寂然長眠在印度河流域的黃沙之下？誰是盛極一時的哈拉帕文化的眞正締造者？城裡的居民是什麼時候、又爲了什麼棄城而離去的呢？他們又去了哪裡呢？古城中的大浴池到底是用來洗澡、游泳，還是用來舉行某種宗教儀式？沉睡的古城一覺醒

→青銅製的舞女立像
這個青銅製的舞女立像發現於摩亨佐．達羅的住宅遺址中。它高十公分、寬五公分，是一裸體舞女形象，戴有項鍊和手鐲等裝飾品。它反映出雅利安人入侵之前達羅毗茶人的形象。

【人文歷史百科】

埃及太陽曆

古埃及人制定了世界上最早的太陽曆。在西元前四千年，埃及人就已經將一年定為三百六十五天，因為埃及人發現，每當天狼星在日出前出現時，尼羅河就開始氾濫，埃及人把這一天定為一年的第一天。他們按尼羅河水的漲落和莊稼生長的情況，將一年分為三個季節，即氾濫季節、播種季節和收穫季節。

↑摩亨佐．達羅考古遺址
位於巴基斯坦南部的信德省拉爾卡納縣，靠近印度河右岸。1980年，聯合國教科文組織將摩亨佐．達羅考古遺址劃為文化遺產，列入《世界遺產名錄》。

來，給我們一個驚喜外，也帶給了我們太多的疑問。

令人欣慰的是，古城像一位童心未泯的老人，還給了我們一些提示。遺址中出土的數千枚石、陶、象牙等製成的印章，不僅雕刻精美，更成爲那段古老文明爲世人留下來最珍貴的文獻資料。因爲，這些印章上雕刻著牛、魚和樹木等圖形文字，與古埃及的象形文字和蘇美人的楔形文字極爲相似。一位捷克斯洛伐克學者說，透過研究這些印章上的符號，已弄懂了一百二十五個字元的涵義，摩亨佐．達羅文字已由圖畫文字發展成爲表音文字。

然而，僅靠這些，我們還無法完全解釋古印度文明留給我們的諸多謎團。尤其是當考古學家們發現，在下城區的一個房間內雜陳著十三具人骨，其中一個人頭骨上有條長達十四．六公分的傷痕；另一個房間內也有一些骨骸，其中有五具還是兒童，這些問題就更蒙上了一層迷霧。是壞人打劫？是下層人起義？是外族入侵？還是地震或水災？面對這樣一個坐落在死人之丘上的古老文明，所有的專家學者提出了種種答案，又一一被推翻。眾說紛紜，莫衷一是。不管造成古印度文明消失的是天災還是人禍，似乎都只待讀懂印章上的文字，才有可能大白於天下了。

←哈拉帕城遺址出土的印章文字，約西元前2000年製作
在西元前2000年，印度古代文字出現，這些文字大多刻在石頭或陶土製成的印章上，稱為「印章文字」。印章多用皂石、黏土、象牙和銅等製成，大多雕有銘文和形象生動的浮雕。左圖是象形文字和少女，矩形的盒子裡有表示數字的二十四個點；右圖表現了兩頭好戰的公牛和一棵多刺的樹。

038.善惡報應的婆羅門教

婆羅門教奉《吠陀經》為最古老的經典，信奉多神，主張善惡有因果、人生有輪迴之說。但該教的階級制度使它走向了沒落之路。

雅利安人的征服

←跳舞的濕婆
印度教三大神之一，是毀滅之神，也擔當創造的職能，由吠陀時代的天神樓陀羅演變而成。在《梵書》、《奧義書》兩大史詩及往世書中都有他的神話。據說他有極大的降魔能力，額上的第三隻眼能噴發毀滅一切的神火，曾燒毀三座妖魔城市和引誘他的愛神，得「三魔城毀滅者」之稱。

遠古時期的印度流傳著這樣一個神話故事：宇宙混沌時期，無天無地，無日月星辰，也沒有生命。那時大地上只有無邊無際的水。大水不停地流動產生了熱量，形成一顆黃色的大蛋，從蛋中居然孵出了一位號稱梵天創造之神，梵天出世後把如同大蛋的混沌宇宙一分爲二，於是有了藍藍的天和黃色的地，接著梵天又創造了人類和眾神。

由於這個神話，創造天地萬物的「梵天」被婆羅門教和印度教奉爲始祖，又被後來的佛教奉爲護法神。這三種宗教都產生在古代印度，那麼婆羅門教是如何起源的呢？

大約是西元前十四世紀，達羅毗茶人創造的哈拉帕文化衰落之後，有一支自稱爲高貴人，也就是雅利安人的原始部族從西北方向來到印度半島。這些自命不凡的傢伙入侵印度後，稱當地土著人是「黑皮膚、扁平鼻子或沒有鼻子」的蠻人，並開始了瘋狂的殺戮。雅利安人靠野蠻的砍殺征服了具有高度文明的達羅毗茶人後，古印度倒退到由野蠻向文明過渡的時期。

這些雅利安人與其說征服，還不如說是移民較好。他們都具有強壯體格，又殘忍成性、好勇鬥狠，很快地就統治了印度北部。他們用弓箭作戰，戰士穿鎧甲、乘坐兵車，舞動戰斧，揮起長矛。他們要的是土地與草原來飼養牛羊，於是漸漸的沿印度河與恆河向東進發，直到全部的印度斯坦納入控制之下。

←摩亨佐．達羅古城遺址
印度河文明衰落的起因和詳情尚不清楚。最近有人提出，這一文明也許實際上是為泥漿所淹沒。按照這種說法，地下的火山活動使大量的泥漿、淤泥和沙子湧出地面，堵塞河道，形成一個很大的湖泊，把摩亨佐．達羅淹沒了。

→達羅毗荼人頭像

婆羅門教的興衰

←保護神毗濕奴

毗濕奴又名「黑天」，佛教稱為「遍入天」，他的坐騎為大鵬金翅鳥，妻子是吉祥天女，印度教徒有一派專門供奉他，全國有一千多座廟宇。此像高1.43公尺，雕刻簡練，連衣紋全都省略了，圓雕和高浮雕相結合，具有印度雕塑風格。

由於雅利安人對達羅毗荼人的武力征服和奴役，以及其內部發生的貧富分化，雅利安社會中逐漸形成了森嚴的階級制度。當時的統治者把所有臣民劃分成了四個階級，最尊貴者屬僧侶貴族，也就是「婆羅門」；其次是被稱爲羅惹尼亞的王族，即「刹帝利」；一般平民則被稱爲「吠舍」，他們的地位僅比奴隸高一些。這三個階級大都是雅利安人，而那些曾擁有這片土地的達羅毗荼人則開始了悲慘的命運，他們和一些失去土地的雅利安人一起被稱爲「首陀羅」，也就是地位低下的奴隸。

雅利安人爲了保持自己的特權地位，地位最高的婆羅門利用流傳在古印度河流域的梵天神創造萬物的神話，創制了一套宗教教義——婆羅門教，來解釋種姓階級關係。他們把創造之神梵天奉爲婆羅門教始祖，宣揚把人分爲四個階級完全是神的意志。婆羅門還專門制訂了各個階級的人必須遵循的行爲規範——「達磨」。只有安分守己、逆來順受的人，和不觸犯「達磨」律條的人，來世才能升爲較高階級，否則即降爲較低種姓。漸漸的，婆羅門教祭司們變成了享有特權的世襲階級，足以控制所有思想與變動，而掌握了印度人民心靈與精神上的生活。

雖然婆羅門煞費苦心地以種姓制度和「達磨」來鞏固自身統治地位，以婆羅門教的教義來麻痹下層社會的反抗意識。但這種不合理的制度和宗教很快就搖搖欲墜了。婆羅門教正式形成後，祭司們發現祭祀活動有利可圖，於是他們不斷把祭祀花樣翻新，透過祭祀神靈來牟取暴利。他們要求每個人都要不斷地獻祭，祭品數量之多，足以使一個刹帝利家道衰落，使吠舍傾家蕩產。因而，人們逐漸對婆羅門教的各種儀式和教義深惡痛絕。婆羅門教從此衰落下去，但並沒有徹底消亡。幾百年後，印度教就在它的基礎上發展起來。

←創造神梵天像

梵天佛教稱為「帝釋天」，他創造了世界萬物，他的座騎為孔雀，妻子是辯才天女。

【人文歷史百科】

《吠陀經》

《吠陀經》是婆羅門教的經典和聖書，「吠陀」是宗教知識的意思，是包括各種知識的宗教文獻。在流傳過程中，不斷有人對它進行解釋，於是形成了另外三部經典：主要講祭祀儀式的《梵書》；隱居者講道用的《森林書》；講宇宙和人生的奧祕和意義的《奧義書》。

039.印度的種姓制度

作為曾經創造燦爛古代文明的印度，幾千年來的社會發展偏於遲緩，這與它森嚴的種姓階級制度有著一定的關係。

種姓制度的產生

種姓制度是雅利安人侵入印度之後創立的。「種姓」這個詞，印度的梵文中叫「瓦爾那」，原來的意思僅爲顏色或品質。西元前二十世紀中葉，屬於印歐語系的許多部落，逐漸由中亞細亞進入印度河流域，征服了當地大半達羅毗茶人。入侵者是白種人，自稱「雅利安」，意爲高貴者。雅利安人認爲，只有他們才是品質高貴的種族，深色皮膚的達羅毗茶人和其他土著民族則是品質低賤的種族。在那個時候，種姓制度還只是用以劃分雅利安人和非雅利安人的工具。

←加德滿都皇宮前的印度教苦行僧
其實印度教的僧侶生活十分艱苦。他們有些不穿衣服，僅以一皮套遮住襠部，長髮常年不洗不剪，沒有固定住處，甚至有人為追求苦楚，有自殘、服毒，在身上塗抹骨灰……至於痛苦的程度能否相應地顯現為修行的成果，就不得而知了。

→四大種姓
婆羅門，主要是僧侶階級；剎帝利是國王和武士階級；吠舍是平民階級；首陀羅是僕役和奴隸階級。

但隨著工作和職業的分化發展，種姓的差別也在雅利安人中有所反映，於是便有了四個種姓的劃分。

最高的便是「婆羅門」，主要爲僧侶階級，大多從事文化、教育和祭祀活動；其次便是「剎帝利」，爲掌握軍政的國王和武士階級；第三是「吠舍」，爲平民，也就是商人、手工業者和農民；最下等的種姓是「首陀羅」，爲牧人、僕役和奴隸。

古代印度盛行婆羅門教。婆羅門教視天神梵天爲創造宇宙萬物的主宰。按照婆羅門教義的解釋，原始巨人普魯沙死後，天神梵天用他的嘴造出了婆羅門，用雙手製成了剎帝利，用雙腿製成了吠舍，用雙腳製成了首陀羅。首陀羅是不爲「宗教拯救的人」，既然連神都不去拯救的人，這樣的人還得了？於是，首陀羅就只能做「別人的奴僕」，專事那

【人文歷史百科】
《摩奴法典》
相傳摩奴是天神梵天之子，為了確定人間各種人在社會上的應有次序，確定婆羅門和其他種姓的義務，便制定了這部法典。《摩奴法典》是印度種姓制度的實施依據。今天，在印度仍然保留著種姓制度的殘跡，受壓迫剝削最深的賤民達幾千萬人。

些別人不願做、不屑做的最低賤之事。這叫服從梵天的旨意。

然而，令人吃驚的是，在四種種姓之外，還有比最低賤的首陀羅更不如的一群人，就是賤民階級。賤民在印度也叫「不可接觸者」。僅從這一稱呼，就可看出賤民地位之低微。

階級森嚴的種姓制度

種姓制度的森嚴階級之分是相當可怕的，世世代代、子子孫孫都不可改變。

在維護種姓制度的《摩奴法典》中有這樣的規定：低級種姓的人如果用身體的某一部分傷害了高級種姓的人，就必須將那一部分肢體斬斷；如果是首陀羅辱罵了婆羅門，就要用滾燙的油灌入他的口耳；而高級種姓的人如果殺死了一個首陀羅，僅用牲畜抵償，或者簡單地淨一次身就行了。此外，不同種姓的人不能待在同一個房間裡，不能同桌吃飯，不能同飲一口井裡的水；更遑論不同種姓的人通婚。

每個種姓都有自己的機構，處理有關種姓內部的事務，並監督本種姓的人嚴格遵守《摩奴法典》及傳統習慣。倘有觸犯者，輕則由婆羅門祭司給予處罰，重則被除出種姓之外，成爲賤民。賤民只能居住村外，不可與婆羅門接觸；走在路上，賤民要佩帶特殊的標記，口中要不斷發出特殊的聲音，或敲擊某種器物，以提醒高級種姓的人及時躲避。婆羅門如果接觸了賤民，則認爲是一件倒楣的事，回去之後要舉行淨身儀式。

每個種姓都有自己傳統的職業，這也是不能改變的，是世代相傳的。凡是與宗教有關的職業，都被認爲是神聖、高貴的，當然就只能由婆羅門來擔任。凡是人體排出的，都被視爲不潔，而與此有關的職業自然也是不乾淨的；諸如理髮、掃地、修鞋、洗衣服等這些低賤的工作，就只能由低賤種姓及賤民來做了。

↓**婆羅門種姓家族，攝於1918年**
種姓制度把印度教社會分成若干社會集團，集團之間有高低之分、貴賤之別，有的種姓之間彼此仇視，相互詆毀。直到今天，種姓制度對印度社會、經濟、政治、文化以及人民生活諸方面，仍然發揮著巨大的影響。

040.《吠陀經》

《吠陀經》是印度最古老的聖典，也是哲學宗教的起源。
吠陀是「知識」的意思，婆羅門教認為這是古聖人受神的啓示而寫出來的。

吠陀神話

←火神阿耆尼
地界諸神中以火神阿耆尼最受崇敬，《梨俱吠陀》中有關他的頌詩約二百餘首，數量僅次於因陀羅。

入侵者雅利安人在拉加地方發現了印度最原始的宗教，其圖騰膜拜的對象是附著在石頭裡的各種精靈，與棲息在樹上、河流裡、叢山中的動物，加上天上的眾星辰。由於一些精靈是善性，而一些精怪是惡性，因此在古印度，一個人必須要常常背誦咒語以求得子女、避免流產，或長生不老、驅避邪怪、安眠，甚至是消除敵害。在《阿闥婆吠陀》中就收有大量的咒語。

《吠陀經》中有大量用古梵文創作的頌神詩歌和宗教詩歌，在《吠陀經》的諸神裡，火神阿耆尼是最重要的——他神聖的火焰將犧牲者送到天堂，他的光亮騰躍天空，他是宇宙熾烈的生命與精神。受崇拜的諸神中還有太陽神蘇利耶和娑毗陀利、黎明神烏莎斯、暴風雨神樓陀羅、名譽之神密多羅、神權之神伐樓拿以，及造物之神因陀羅和他的助手毗濕奴等。

這些神靈都是具有人形，有動機，但大多是愚昧盲目的。有一位被善男信女包圍的神，竟爲了如何接見他們而一再考慮與沉思。「就這樣辦吧，啊！不，不是那樣；我要給他一頭牛——還是一匹馬呢？」有一些神是在吠陀時期的後期才有的，衍生出了崇高的倫理意義。神權之神伐樓拿以一開始就圍繞著天堂，他的呼吸就是暴風，他的衣裳就是天空，他逐漸被信徒們奉爲在《吠陀經》裡極具倫理與理想的神靈。只要從他的巨眼環顧世界，太陽就會懲凶獎善；凡向他訴願的人們，總能得到他的寬恕。

詩歌集《梨俱吠陀》

吠陀頌詩的第一部本集是《梨俱吠陀》，供大祭司在祭禮上選用。《梨俱吠陀》是《吠陀經》的組成部分之一，產生於西元前1200年至前900年，是世界上最古老的詩歌集之一。雅利安人征服印度河流域的土著人後，這個自命不凡的民族想讓後人記住自己的偉大功績，就把入侵前後在部族中世代流傳的神話傳說、自然頌詩、歷史典故、民歌民謠等，彙集成了一部內容繁雜的詩集，命名爲《梨俱吠陀》。它有讚歌一〇二八

↑裸體男女雕像

印度卡朱拉霍石窟群是聯合國世界文化遺產之一，栩栩如生的裸體男女雕像，可能會讓人覺得古代印度是個性觀念開放的社會。印度史詩《羅摩衍那》記載，印度教大神濕婆與妻子烏瑪交合時，一次就達百年之久，中間從不間斷，精液噴灑成恆河，孕育了印度文明。

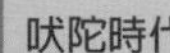

【人文歷史百科】

吠陀時代

指印度建立《吠陀經》聖典的時代，分為前後二期。前期是西元前1500年雅利安人進入印度，征服塌鼻、黑色膚種的原住民，在旁遮普過著以畜牧為主、農業為副的生活。他們將大自然予以神格化，崇拜多神，並以火、讚歌、食物祭供。後期是西元前1000年，部分雅利安人進入恆河流域，不久在該地建立農耕社會；鐵的使用逐漸普及，水稻栽培也漸普遍。

頌，分爲十篇，其早期部分既沒有種姓區別，也不輕視體力勞動，渴望增加糧食和物質財富倒是詩中常常出現的主題。《梨俱吠陀》中有一首讚歌，驚奇著白色的牛奶竟來自紅色的乳牛；另外有一首感嘆爲什麼太陽一下山後，竟沒有掉落在地上；又有一首問道，許多的河流流入海洋，爲什麼永不會填滿呢？還有一首輓歌悼念一個陣亡的夥伴：

我從死者手中取下了揮動的彎弓，
藉它帶給我們統治權與光榮。

你我天人遠隔，充滿了英雄事蹟，將摧毀來自所有敵人的襲害。

進入大地的內部，投入母親懷抱，她是多麼的深遠，極度的豐實；

寬宏仁愛的物主，求你永保如羊毛般柔美的青春，永遠不輟。

呵！大地，盡情開放吧！不要讓重壓加諸我身，助我、扶我輕易行進；

有如慈母懷抱中藏護的孩子，安全無虞，呵！大地！

作爲文學作品，《梨俱吠陀》中的詩具有十五種格律，以每節詩中的音數整齊的句作單位，可見當時文學創作的發展已達到相當高的水準。《梨俱吠陀》出現的時間，比中國古代的《詩經》略早一些，比希臘的荷馬史詩要早好幾百年，是世界上最古老的詩歌集之一。

→風暴之神樓陀羅

樓陀羅是最古老的印度教神之一，早在《梨俱吠陀》中就已出現，但地位較低。他四肢強壯，膚色黃褐，頭盤髮辮，面目凶殘。其梵字有「狂吼」之意，為可怕的風暴之神。他性格暴烈，常以雷鳴閃電使人恐懼。由於主殺，他又被認為是時間和死亡之神。

041.佛陀的誕生

聖嬰誕生的時候，四大天王曾經守護在他的附近，空中到處都飛翔著歡唱的神鳥，全世界所有汙穢的河水都澄清透明了……

神聖的迦毗羅城

那還是在大約兩千五百年前的時候，春天來到了天竺北部一個叫迦毗羅的小城，這兒變得花團錦簇，生機勃勃。這樣美妙的春光，在世界上也是絕無僅有的。坐落在喜馬拉雅山腳下的迦毗羅城，是迦毗羅衛國的首府。在這個莊嚴神聖的地方，佛陀誕生並非偶然。覆蓋著皚皚白雪的喜馬拉雅山峰，連綿起伏，直刺蒼穹，它使人們神隨意往，跟著它不斷地上升、上升，直到你的心融化到梵天。

據說，那絕頂上就是諸神居住的地方。萬神之主因陀羅從那裡趕著他的雲朵在仙氣中放牧，那雲朵隨著太陽的光芒、月亮的銀輝和繁星織就的錦繡而變幻著它們的形狀，色彩是那樣的絢爛迷人。風神婆瑜站在那令人望而生畏的山巔，或帶著雷鳴電閃呼嘯，或奏出細細動人的樂曲。太陽神蘇利耶，催趕著他那金色的戰馬，離開低低的地平線直奔頂峰，然後又轉向西方，湮沒在靜謐的崇山峻嶺。月亮旃陀羅從巍峨的山脈之端徐徐升起，又悄悄地奔向深藍色的夜空，消失在那神祕的王國之中。

←淨飯王和摩耶王后，印度浮雕

→象背上的萬神之主因陀羅，古代印度浮雕

這個小小的城市籠罩在天國的氣氛中。天竺天堂的大門就在離它不遠處，四大天王就是這座城市的監護者，因而城市中充滿了和平景象。

釋迦部落居住的迦毗羅城和它的周圍，是偉大的拘薩羅王國的一部。拘薩羅王國的疆域遼闊，在迦毗羅以南一百英里處，巨大的貝拿勒斯城是王國的聖城之一。王國的首都薩婆底城，隱伏於尼泊爾雲海翻騰的群山中。它的東南方是摩揭陀王國。只有偉大的神祇們才知道統治天竺的王杖將降臨在這些王國中的哪一個。

和平恬靜的迦毗羅城，人們叫它「紅土城」，居住在這裡的釋迦部落是強大、高尚、尊貴的民族——雅利安人。就是他們穿過山口進入印度，打敗了這裡深膚色的本地人。皮膚白皙的尊貴民族進駐到這裡，把這塊土地變成自己的家園，同時帶來了他們所信奉的天神和地神。

淨飯王與摩耶的夢

這個快樂的迦毗羅衛國的領袖首圖馱那，或稱「淨飯王」（意思是純淨的稻米），不僅和他的先輩們一樣，有多得四處淌溢的稻米，同時他的心也純潔得像顆有生命的珍珠。首圖馱那娶了兩個妻子，年齡較大那位叫摩耶，是他最寵愛的；年齡小的一個叫波波提。摩耶尚無子嗣，波波提只生了女兒，所以首圖馱那還沒有兒子來繼承他的王位，這件事使他萬分憂慮。他擔心死後無人來祭奠自己和偉大先祖們的靈魂。

有一天淨飯王和妻子坐在盧醯膩河邊的樂苑裡，淨飯王撫摸著摩耶的頭，細聲細語地開口了：「我的王后，妳夢想著什麼？」摩耶回答說：「我夢想著生兒育女。我已知道了世間許多美好的事情，但其中最重要的是，我的主人如果沒有一個兒子偎在他的懷裡，那麼他的心是不會平靜的。」

這個夜晚，摩耶偎在丈夫身邊進入了夢境。這是個清晰又莊嚴、恐怖又美妙的夢。她驀地睜開雙眼，睡意消失了。她推醒丈夫，語調平穩地叫道：「親愛的，醒一醒！我做了一個夢。夢中，護世四天王把我從床上攜起，帶著我飛向巍峨的群山。在那裡有許多像閃爍群星一樣的天神圍繞著我，將我放在山中一個晶瑩碧透的湖中洗澡，爲我洗去了身上所有人世間的汙穢。我看到一隻高傲的銀白色大象在樹下踱步。您知道，這是皇權的象徵。大象用長鼻點了一下我的右身之後，就像雲朵一樣融化了，牠的蒸氣進入我的腹中。黑暗中我看到了一道耀眼的光亮。」

淨飯王大吃一驚，結結巴巴地說：「妳喚起我時，那些天神的樂曲還在我的耳邊縈迴。他們的聲音悅耳和諧，勝過世界上百鳥啼鳴的宛轉，也勝過技藝高超的樂師們撥動的琴弦。他們說：『當花星閃耀在東方的時候，孩子就會誕生。』這時妳一碰到我，我立刻就醒了。」

他倆睡意全消，再無更多的話要說。在這喜悅中，

【人文歷史百科】

佛教

廣義的佛教，就是指經由釋迦牟尼佛創立的宗教，包括其經典、教義、習慣及教團的組織等等。

佛教所謂的佛、法、僧三寶，佛指釋迦牟尼佛，是佛教的教主；法指佛所教導的教義，即佛法；僧即是信奉佛教的比丘、比丘尼。三寶俱全，才構成完整的佛教。

←**夢象受孕，印度繪畫**

摩耶夫人一日在沉睡中，夢見一頭白象騰空而來，從右肋進入自己身體，她頓時覺得身體快樂如服甘露，反視自身如日月光照。醒來後她就告訴淨飯王夢中之事。

他們緊緊地摟在一起，快樂而又驚奇，激動得不住地顫抖。

圓夢者的預言

迦毗羅城的圓夢者聽了淨飯王和王后的這個故事，都認為這是大吉大利。於是他們被召到莊嚴以坐、王后摩耶陪伴在側的淨飯王面前，講出了如下的預見：「偉大而威嚴的統治者啊，一個至高無上的人將出世。願淨飯王的靈魂喜悅，願王后的心情快樂。驕傲吧！因為不久後誕生在這個房間裡男孩的王國，將是整個寰宇，及其之上所有的一切。」

淨飯王高興地喊道：「他將征服世界！他的象隊將如雷鳴一樣滾動，拘薩羅將歸於他統治，摩揭陀將屈膝在他的腳下，世界上所有的財寶和榮譽將永遠永遠屬於征服者所統領之眾！」摩耶說道：「永遠永遠嗎？人終究是要一死的。」

圓夢者們跪在那裡，身前放著帶有圖繪和圈點符號的占卜符，他們疑慮未解地說道：「殿下，我們還有一件奇事要稟告您。孩子面前將有兩條道路，我們不知道他最終會選擇哪一條。當他長大成人，有了自己的悟性後，如果他遇到病人、老叟、死者和聖僧，那麼他將擁有一個偉大遼闊的神國，但並非整個世界；如果他遇不到這些，那麼他就將成為世界之王，財寶無數，榮耀無涯，權力無邊。至於他會遇到這兩種情況的哪一種，將取決於他父親的選擇。到此我們已經把夢解完了。」

↓淨飯王和圓夢者們，古代印度浮雕

「好呵！這個夢解得不錯！我絕不能讓我的兒子遇到頭一種情況。讓虔誠者去關心那些敬神之事吧！我的兒子將永在迦毗羅統治下去！」淨飯王大喊道。

圓夢者們收起他們的卜卦圖表，帶著惶惑的心情向淨飯王鞠了一躬便行離去。他們也認為國王的兒子應該手拉韁繩，威風凜凜；如果他讓兒子成為樹林中隱居的苦行僧，頭髮蓬亂，雙手如爪，那麼百姓們還有什麼必要去祝福淨飯王的勝利呢？

↑悉達多降生人間

他們說：「我們都贊成他的選擇，這才是堂堂的男子漢。」於是，全城都沉浸在歡樂之中。

聖嬰出世

時光一天天流逝，有一天，淨飯王首圖馱那驅馬走進亭中，用他那洪亮的聲音問道：「怎麼樣了？我的妻子！時光在流逝，春天又要來臨了，我們的兒子將要出世。我叫農民們製作了一個小小的紅杉木犁，等孩子一學會說話走路，我就讓他像大人那樣去耕地！」

摩耶笑著回答說：「親愛的主人，您說得對。他將犁開自己的溝壟，播下自己的種子，他的大地將是五穀豐登，再好不過了。」

又有一天，淨飯王手持一把寶劍，走來說道：「這把劍是我命令城中的金匠和技工鍛造的。我的兒子將用它砍掉山羊的頭以行祭祀，然後就如因陀羅神在絕頂上放出的雷電那樣，用它去消滅敵人。」

摩耶回答說：「對啊，親愛的，他會像狂風席捲秕糠般地消滅仇敵。我現在一切都好得不能再好了！」

一天，摩耶依照自己民族的習俗去見丈夫。她問道：「親愛的主人，我族的習慣是要在娘家的屋中生育子女。您能否允許我前往父母家裡去完成這一吉事呢？回來時，我就把孩子帶給您。」

淨飯王懷著眞摯的感情，把她摟在懷裡囑咐一番，接著按照婆羅門的禮節，口誦經文，祈求神靈保佑她和即將出世的兒子，然後才送他們上路。

摩耶坐在轎子裡，一路上只想早一點回到娘家。隊伍走過藍毗尼園，這裡長滿了大樹，鮮花遍開。摩耶命令轎子停下來，以便到太陽曬得暖洋洋的草地上走一走，到清涼的湖邊去凝神佇立一會兒。他們在一棵巨大的樹下踱步，長長的綠袍拂掠著草地和散發著幽香的雪白花瓣。突然，一陣痙攣的顫抖傳遍了摩耶的全身，她頓時意識到在她的體內孕育了驚世生命。摩耶明白她的產期來到了，她未感到人類生育時所特有的那種疼痛，兒子就出生了。

據說在那個時候，四大天王守護在嬰兒身邊，空中到處飛翔著歡唱的神鳥，全世界所有汙穢的河水都澄清透明了，而且同時分娩嬰兒的母親們也沒有以往的疼痛。

←七步蓮花
佛經上說，王子剛生下來就能說話，無人扶持即能行走。他身上發出光明，目光注視四方，舉足行了七步，每步地上都出現一朵蓮花，一時間，香風四散，花雨繽紛，仙樂合奏，諸天神人齊聲讚頌。

042.王子的愛情

只有一個辦法，世間之人都認為，唯有婦人的美貌最能誘人忘記一切。在女人的胸膛上，神祇也會被忘卻，智慧變成虛榮。

苦行僧的喜悅

見到兒子順利出生，淨飯王高興極了，世界上再沒有像他這麼幸運的了。在一陣陣鼓樂聲中，嬰兒被帶回了宮殿，街道兩旁的男女生眾你推我擠，爭先恐後地想看他一眼。這孩子與眾不同，他既不睡覺，也不啼哭，而是睜著眼睛四下張望，好似在他那藍藍的雙眸之後深藏著兩顆智慧的寶石。像他的民族——高貴的雅利安人一樣，他的皮膚閃耀著金色的光澤，這也說明他是名門望族之後裔。據說，隱藏在他身上寶貴的百合香氣，和那些誰也無法察覺的在他上方拂掠的閃亮神靈們的衣服，把空氣都振動了。

一名睿智的苦行僧來到了歡樂的宮殿。他是喜瑪瓦特神山之巔的居士，又是一名爲全民崇敬的奇蹟告知者。他想晉見淨飯王，向他表示敬意，淨飯王答應了。

淨飯王領著苦行僧來到嬰兒熟睡的地方。他撩開被子，好讓老人看到這可愛的小兒子。老人一見孩子身上珍貴的痕跡，知道是佛陀的標記。老人的學識已達到了出神入化的境地，他辨認著孩子身上的這些胎記。眼見如此奇妙的胎記，老人熱淚滾滾而下，一顆心又驚又喜地悸動著，簡直不敢相信自己的眼睛。淨飯王看到老人流淚，一陣恐懼，跪倒在苦行僧的腳下，大聲說道：「我的貴客，您爲什麼痛心？爲什麼流淚？難道孩子的厄運來臨了嗎？」

苦行僧趕緊回答說：「我的國王，不要害怕。一切徵兆都好，而且事情會比這些徵兆更好。我是爲著自己而哭。這個孩子將統治全世界，但我上了年紀，不會看到那一天了。他所言之法將像河水那樣深、那樣滿、那樣寬。他的修行將像湖水那樣平靜，他的智慧將像當頂的太陽那樣光亮，大地將爲他歡呼，他

←阿私陀為王子占相，印度繪畫
同一題材的印度繪畫是比較寫實主義的，阿私陀身穿虎皮，雙手合十，在悉達多的奪目光輝中淚流滿面。由成名的智者朝拜未來將成為教主的「聖嬰」，是很多宗教都出現過的主題；基督教中耶穌誕生時，也有來自民間的三博士前來朝拜，這是原始氏族社會生命崇拜的傳統。

將統治世界，他一定會統治世界，他的王土光芒萬丈！」

說完，苦行僧就像得到了神諭一樣神祕地離去了，他給宮中留下的禮物是一片歡樂。

【人文歷史百科】

佛陀

佛陀（Buddha），簡稱「佛」，又稱休屠、浮圖、沒馱等，其義為覺悟者，是對徹底覺悟佛教真理者的尊稱。

←**姨母撫育，印度繪畫**

釋迦牟尼誕生才七天，母親摩耶王后就因病去世，由摩耶王后之妹波波提撫育。她視王子如己出，十分鍾愛。

智慧超人的少年

王子出生後，摩耶處在極度的喜悅之中，但她身體虛弱，就像一朵被重露覆蓋的百合花。人們把她抬到鑲金的牙床上。王后摩耶對波波提說：「妹妹，我將在第七天死去。我再也不能影隨丈夫、領護孩子的腳步，我已經成仙，即將展翅高飛。」

早晨大家醒來，但是摩耶沒有。她的妹妹波波提王后看到孩子漂亮的眼睛似純金一樣動人，立刻對他生出了一股母愛。她把孩子貼在自己胸口上，從此成了孩子的媽媽。孩子取名叫「悉達多」，意思是達到目的者。

爲了孩子的健康成長，淨飯王時常雙手合十，設壇行祭。這種舉動是由於這樣一個孩子誕生的結果，就像荷花和金香木噴放出馥郁的芬芳；就像月亮從她那神祕的宮中灑下銀光。從這個未來的佛陀身上，也會向人間散發出純淨和高尚。

當孩子應受教誨的日子來到，淨飯王心裡琢磨著應由誰來教他。他考慮再三，最後決定召來睿智聖明的毗奢密多羅來擔此重任。毗奢密多羅問了悉達多幾個問題後，便發現這個孩子無所不曉。

據說孩子生下就精通所有的書卷，熟諳口頭傳誦的每一件故事和道理，連行星的數目，以及它們是三角還是四棱等形狀都知道。先生沒有可教的東西，孩子已經全清楚了。因此毗奢密多羅一邊聆聽著孩子的言語，一邊顫抖著。最後，當他發現這孩子的言談涉及到深不可知的奧祕事物時，他屈尊地跪倒在孩子面前，然後懷著驚奇不已的心情離去了。

這種現象令淨飯王在驕傲和喜悅的同時，也感到一股恐懼。他天天看著孩子在他面前玩耍。孩子長得俊秀無比，對父親和養母更是彬彬有禮。淨飯王也從孩子注視他的那雙半透明的眼睛裡，看到一個迄今他所不曾參與的世界。這種陌生遙遠的感覺，像一把利劍直刺他的心坎。光陰似箭，孩子長成了英俊的青年。

尊貴的釣餌

一天，淨飯王召請了一位年逾花甲、睿智而通曉神諭的大臣到宮裡，問道：「城中和郊區的一切都好嗎？」大臣行禮後回答說：「我的王，自從您那吉祥的兒子出世以來，哪還有什麼不好的事？」

←比賽弓法，印度繪畫
淨飯王決定為王子舉行一次招親大集會，讓未來的新郎與競爭者比賽弓法、劍術和騎技。

淨飯王嘆了一口氣，似乎心都要傷透了，說道：「的確如此，有誰能比我更高興呢？但是事情並不理想，我現在非常焦慮。」

淨飯王繼續說：「我的兒子不同於其他的王公子弟。那些人自由自在，熱中於運動、打仗和女人。我的兒子恰恰相反，當我看到他在月桂樹下因冥思而失神的眼光時，就想起了先知阿私陀講過的話：『登上智慧之船，他將拯救世界。』如果這作爲一個君王的智慧而賜予他的臣民的話，我將一如既往地加以歡迎。但是如果它將是流浪者們和森林中的隱士們傳播的冷酷又智慧的話，那麼我堅決不答應，因爲登上那隻船就等於喪失權力。」

蒼老的大臣面帶愁容地答道：「偉大的國王，有誰能改變天意呢？我常常這樣想，倘若這位尊貴的悉達多是一個菩薩，命中註定要來世成佛，我們這樣的人怎麼能阻止這種偉大而震懾人心的天意呢？」

淨飯王顫抖著答道：「你恰恰道出了我心中的恐懼。請你想個辦法，轉移孩子的注意力，爲他輸入人間最美好的意願。這樣，在他胸中的那些冷酷幻想就會像晨露般，在陽光下消匿無蹤。」

大臣感慨地微笑著說：「只有一個辦法，世間之人都認爲，唯有婦人的美貌最能誘人忘記一切。在女人的胸膛上，神祇也會被忘卻，智慧變成虛榮。」

淨飯王插話說：「這在別人是眞理，可在我兒子身上行不通。他也曾見過絕代佳人，但卻從沒瞧過第二眼。」

大臣說：「尊貴者必以尊貴的釣餌誘之。我知道偉大的善覺王有一個女兒，長得像黎明女神一樣年輕漂亮，她的手指如玫瑰般可愛，她的身心如水晶般健康。她的芳名叫耶輸陀羅。」

淨飯王高興地說：「快召她父親進宮，我要隆重地接待他。還要舉行一次大集會，照我族選妻的習俗，讓未來的新郎與競爭者比賽弓法、劍術和騎技。」

悉達多成婚

時光飛逝，不覺到了大集會的日期。比賽開始了，悉達多向釋迦的王公貴族們挑戰，較量騎射和鬥劍。耶輸陀羅則被告知不能選膽小鬼爲夫。

參加比武的王公貴族們身穿黃金、寶石鑲嵌的鎧甲，腰插猶如雨中霹靂般閃亮的寶劍，騎著戰馬來到比武場。悉達多身騎白色座騎，耶輸陀羅透過花轎窗簾的縫隙，小心翼翼地向外窺視著，當她的目光一接觸到這位釋迦王子時，她的心立即離開胸膛飛向他。悉達多平靜地騎在馬上，顯得是那麼年輕清秀，彷彿純金鑄造的塑像。他的眼睛像他的同胞們一樣湛藍晶瑩，他的兩頰和雙唇像是高超雕刻師的傑作，他的頭像春風中昂首的公鹿般昂然挺著，他的體形宛如梵王手中拉滿的一觸即發的強弓。

這次比武之後有許多不同的傳聞，有人說悉達多的箭桿插上了神祇們賜予他的雙翼；有人說他的劍法之絕，是前無古人、後無來者的絕世之舉；還有人說馬匹上騎的一定是風神婆瑜。悉達多在各場比賽奪魁之後，人們向他湧去，叫嚷著、歡笑著、慟哭著。悉達多倚著寶劍，輕喘著氣站在那裡休息。他第一次微笑了，那樣子看上去眞是一個光彩奪目的青年騎士。

淨飯王不敢正視兒子，恐怕將自己的驕傲和歡喜明顯地流露出來，他只是說：「兒子，你做得非常出色。」接著，他轉過頭去說道：「把新娘帶來。」

耶輸陀羅站在人們面前，身著流水般的緊身銀裝，像綢子一樣柔軟、星星般的閃光。她那長至腳踝的雲髮掛滿了寶石，連同她前額上裝飾的那顆巨大明珠一同散發著奇光異彩。但誰也不敢正視她那動人的容貌，因爲她的面龐就像芬芳的花朵吸引蜜蜂那樣，擄獲住人們的目光。她手裡拿著「定情花環」，一步一步向悉達多走來。這時，悉達多孤寂的心靈第一次感到被另一顆心所牽引。耶輸陀羅把花環套在了他的脖子上，王子的手和她的手一經接觸，往日積壓在心上的陰霾頓時消散了。二人都沉浸在新佳偶定情的喜悅之中。

→悉達多和妻子耶輸陀羅，印度繪畫
銀裝的新娘和她金色的情人，猶如太陽神蘇利耶歡樂地運行在軌道上時那樣放射著光芒。

043.冥思的苦惱

我不是可以讓塵世鎖住心靈的人，我要得到自己的權力，雖然我並不知道權力是什麼，終有一天我會從塵世醒來的……

富貴的誘惑

日子一天天過去了，淨飯王爲了穩住悉達多的心，打算找來許多新鮮的美女，讓這一朵朵人世間的玫瑰織成一個花環，用她們的香氣和愛情使這個青年人沉醉。

淨飯王下令爲悉達多建造一座冬宮，當喜馬拉雅山谷的積雪閃著瑩潔的光芒，當那裡的河水結凍不流的時候，讓王子享有安樂的環境。再給他建造一座春宮，宮中要有亭閣，飛簷小巧玲瓏，就像舞女飛旋時向外張開的裙裾那樣起伏。還要爲他建一座夏宮，成爲他打盹休息的好地方；宮殿要陰暗、涼爽，有長長的柱廊，造得連一絲微風也會引起轟轟共鳴。

一天，淨飯王將耶輪陀羅叫到身旁問道：「尊貴的女兒，妳和吾子悉達多結婚已經半年了，妳感覺都好嗎？」

耶輪陀羅俯身觸摸著他的雙腳，回答說：「至高無上的父親，一切都好。與我的丈夫朝夕相處是無比的快活，我從來都不知道世界上會有這樣的歡樂。但是……」

說到這裡，她的話像盤旋的鳥兒停在她那甜蜜的嘴唇上。她沉思著，彎彎的細眉緊蹙在一起。淨飯王把手從她頭上抽回，探身觀察著她的眼睛。

「女兒，妳爲何事疑愁著？說給我聽吧！」

「他愛我，但並不是只愛我。我不知道他愛著什麼東西，他的神思總像鴿子離巢那樣飛去。」

淨飯王說：「對呀！太對了！這到底是怎麼一回事？我也有這樣的感覺。正如妳方才所言那樣，我一提起財富、權力、榮耀，他的靈魂就離體而去。」

耶輪陀羅又說道：「我最尊敬的父親，我還有一絲希望——您說我們的孩子能不能將他的神思拉回來呢？」

她的話音剛落，淨飯王立刻抓住了她的雙手，帶著勝利的喜悅凝視著她的眼睛，說道：「女兒，這

←富貴的誘惑
淨飯王為了喚回悉達多的心不再終日冥思，欲找來許多美女，用她們的香氣和愛情使年輕王子沉醉，讓人世間的誘惑事物轉移悉達多的注意力。

就是希望！妳的話像沙漠杯水那樣清心，妳從我對兒子的感情中可以看出，當妳我都無能爲力的時候，孩子的小手會把他拉住的。」

←燕爾新婚，泰國繪畫
關於耶輸陀羅的傳說很多，主要是關於她的美貌。泰國繪畫中有太多的共通性：美女、佛陀和普通人，三者形象的差異都不大，這不是為了體現美人的個性，而是為了體現佛教的思想，即《金剛經》所謂的「無衆生相」。在佛陀看來，人與動植物、石頭花草都是平等的，更何況男女美醜。

悉達多的煩悶

悉達多靜靜地坐在綠蔭掩映的亭子裡，他的雙目凝視著永恆的山巒，平靜的眉宇間沒有一絲歡樂或苦惱。深思中的王子彷彿被一道高牆隔絕了色彩斑斕的外界。耶輸陀羅的到來，他毫無所覺，他既沒看見，也沒聽到。

一陣痛楚襲上耶輸陀羅的胸口，她哭泣著，一頭栽進悉達多的懷裡。悉達多長嘆一口氣，從冥想中醒來，低頭看著她，微笑著說：「怎麼啦？我的妻子。妳的眼淚流得像河水一樣，難道又有什麼無上歡樂的事惹得妳哭？妳爲什麼這般高興？」

她抽噎著，把她白皙的臉龐埋在他的兩膝之中，兩手癡情地緊緊抱住他的雙腿，不可名狀的字句脫口而出：「這不是什麼歡樂，而是痛苦。」

他平靜地問道：「我的荷花，什麼是痛苦？」

他有生以來從未聽到過和看到過痛苦是什麼，所以對她的話全然陌生。她的臉色像死人一樣慘白，雙唇上的紅潤已經褪去。悉達多露出驚詫的神情，因爲他從來只在歡樂中度過，怎會知道去憐憫他人呢？於是他困惑不解地問道：「我的玫瑰，我的喜悅，這個新鮮東西是什麼？妳要告訴我，讓我也高興高興。」

這一席話使她感到一陣恐懼。他竟不知痛苦是什麼？這樣看來她不但要承擔自己的痛苦，還要承擔關於人世間悲傷的祕密。對凡人來說，否認痛苦與悲傷，想把它們拒於門外，那是不可思議的事情。

她的希望破滅了，跪在悉達多的身旁說：「我尊貴的主人，吸引您的是生命，還是死亡？」

「我不知道。什麼是死亡？像現在這樣的生活是無邊無際的煩悶，我眞不明白別人都是怎樣熬過來的。生活中沒有變化，毫無起伏。太陽每天東起西落，給予我們的，總像是鴿子咕咕啼叫那樣單調的愛情及和平，這使我對生活失去了希望。一個人什麼都有了，還有哪些可求的呢？」

悉達多又進入冷冰冰的冥思苦索中，耶輸陀羅被他全然拋在腦後。

044.初識苦難

男人和女人都用手捂住臉，好似一群弔唁者，哭聲慟天。他們似乎從王子極為恐怖的神情中，察覺到自己恐怖的末日已經到來。

王子出城

一天，淨飯王看見悉達多正和他最親密真摯的表弟阿難陀，一起在河邊的草坪上拉弓射箭。提婆達多和另一個釋迦部落的王公站在一旁觀看。青年人在一起呵呵地笑著、叫著，他們的聲音清晰地從遠處傳到這裡。

淨飯王在驕傲中，決意使兒子更自由、更安全。他在城中又建了一個最美的花園，以供悉達多在厭煩盧醯膩河畔的花園後，好到這裡來開心。

有一天，悉達多捎給父親一封信，說：「偉大的父親，如果我的花園已經建成，請允許我和表兄弟阿難陀、提婆達多及釋迦的其他貴族們一起騎馬去遊樂一番。」回信是：「明天。」

與此同時，淨飯王的命令已在迦毗羅城的每個角落傳開：「明天，我兒子的戰車將穿過街道駛向覺苑。大家注意，不許任何老人在城裡露面，因爲我兒子的眼睛是不應該看到老、病、死的，這是統管他的神祇們之旨意，只有健康、愉快、漂亮的人才可以在路上歡迎他。違令者處死。」

歡樂的人們擠滿了街道，他們穿著最好的衣服，帶著萬壽菊花和小巧的玫瑰花蕾紮成的花環，並在上面噴灑了花露以加添其襲人的香氣。到處是歡樂，連山裡吹來的陣陣微風，也顯得那麼溫和舒適。

花園的大門前，停放著王子的鑲金象牙戰車，掛在其上燙著金花的彩綢在風中微微抖動。四匹白色的高頭大馬，佩帶著光彩奪目的鞍轡，更是威風凜凜。戰車旁，站著出身高貴而心地善良的青年馭手闡鐸迦。

馬匹輕輕地踏著步，戰車穿過城中的街道。受歡樂驅使的人們，猶如過路微風拂動著的爛漫花朵，不斷地向悉達多發出敬畏的讚嘆聲。

王子看到眾人無比喜悅，感到十分欣慰。他想：「這就是我歡樂的人民，爲他們做好事將是我永生的幸福。神祇們一定知道這些高貴的人們組成了多麼美好的世界。而我那些討厭的夢幻，使我對這種幸福世界和我的人民所享受的無比歡樂，竟一無所知。」

←王子的戰車，印度浮雕
悉達多的鑲金象牙戰車，掛在其上燙著金花的彩綢在風中微微抖動。

老叟攔路

←出遊感苦，印度繪畫
青年時期的悉達多王子，性喜清靜。他對於宮廷中的聲色喧囂生活，甚感厭煩，常思出門遊賞大自然景物。一日，他乘坐七寶輪車，從東門出遊，看見一老人，佝僂曲背，手扶竹杖，舉步艱難，有如蟻行。悉達多王子頓時有感於人生老苦，心生憂鬱。

【人文歷史百科】
舍城
古印度佛教勝地，釋迦牟尼傳教中心之一。它是古印度摩揭陀國都城，在今印度比喻爾邦底賴雅附近，有新舊城之分。

悉達多向人們招手致意，並不斷掉轉身來向所有人微笑。就在他撒出最後一把鮮花時，命中註定的時刻從天而降了——在他戰車正前方的道路上，突然出現了一個老態龍鍾、步履艱難的人，擋住了他的去路。按理說，淨飯王下令後是不可能發生這種事情的，但這個老人並非凡人，當時迦毗羅城裡根本無人看見他，看得到的只有兩個人——王子和他的戰車馭手闡鐸迦。

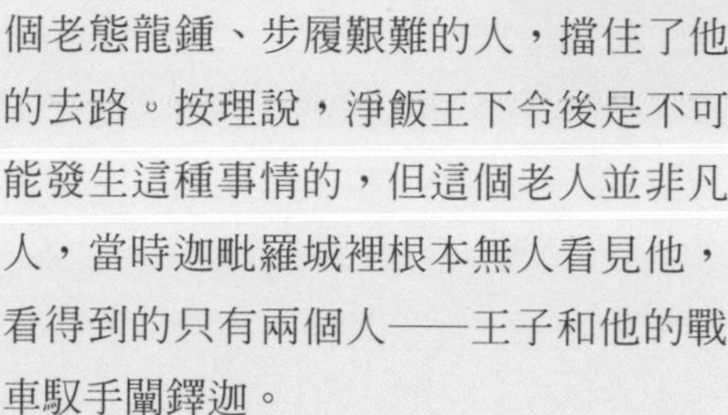

老人骷髏般的禿頂上立著幾綹散亂的白髮，就像樹樁上長出的苔蘚。他拄著一根木棍，每邁出一步都顯得異常吃力、虛弱和笨拙。他那皮包骨的下頜低垂著，露出光禿的牙床。他的眼睛裡布滿了血絲，眼角在化膿，沒有一根睫毛，只有不斷湧出的膿水。他吃力而又痛苦地喘息著，神情極爲恐怖。當他踉踉蹌蹌地穿過撒滿鮮花的道路時，像一灘爛泥般的跪倒在地，蜷縮著的身子緊緊地偎在戰車旁，嘴裡還嘟嘟囔囔地說著誰也聽不懂的話語，腦袋像風吹樹葉一樣搖擺不定。

王子又大叫道：「這是什麼？什麼？」

闡鐸迦驚恐地回答道：「王子，這是一個老叟，這是老……」

王子戰慄地問道：「這個不幸的人是生來如此，還是受到了天國的審判？」

闡鐸迦捂住臉答道：「王子，他既非生來如此，也不是受到了神祇們的懲戒。這是人人共有的命運，每個在大地上出生的人都逃脫不開。這個氣息奄奄的可憐蟲，曾經是他母親懷中的嬰兒；然後是歡蹦亂跳、無憂無慮，對世界充滿著好奇心的少年；後來，他終於被衰老捉住，摧殘蹂躪，從此只能在痛苦艱辛中度日，他既爲男人迴避，也被女人們遠遠地拋開。」

王子聽後非常吃驚，但仍然不相信地問道：「我偉大的父親也會遇到這一天嗎？」

突然，王子大叫：「戰車掉頭，我要回去！我還有什麼取樂的心思！把花環都扯掉！我已經看到我曾經看到過的景象了！」

悉達多絕望地自言自語道：「可怕的騙局，人在母體的疼痛中誕生後，就處在這種騙局裡，經過悲傷、疾病、衰老，直到死亡……」

謊言和憤怒

悉達多回到花園，一個隨從把所發生的一切告訴了耶輸陀羅，她捎信告訴淨飯王所面臨的危機，然後到畫齋中去找王子。悉達多正獨自一人坐在屋裡。周圍的牆上嵌滿動人的圖畫，上面畫的是歡樂、勝利與愛情之神，她們手挽著手，在花叢中舞動著四肢，沉浸在一派明媚的春光之中。過了好久，他開口了：「原來這就是那個祕密。妳早就知道，可是偏偏不告訴我。」

「妳費盡心計往我的腦子裡填進這些騙人的東西。」他說著，抬起手臂指著牆上的圖畫，「妳隱瞞著，不告訴我，它們就是包藏著恐怖的假面具！」耶輸陀羅啞口無言，低身將頭埋在手中。

「而我這可憐的人，最無知的人，竟然因爲兒子的即將到來而歡欣，不知兒子一落地就會套上這不幸的枷鎖，不可避免地要蒙受恥辱，以至滅亡。而這個命運又無挽救的餘地，原來神祇們給我們安排的是無止境的苦難、無門的牢獄，只讓我們可怕地活下去，身心衰老，遭他人恥笑。難道人們就不能結束這黑暗的世界！如果我早知道有這一天的話，我絕不要孩子，以免他也被套上這樣的鎖鍊。這個我並不怪罪妳，妳只不過是個女人，但我的父親……」

【人文歷史百科】佛教的道德規範

佛教是一種道德的、實踐的宗教，學佛的人，必須實踐佛陀所指示的五戒、十善、六度、四攝等的道德行為，來培養與充實內心的德性，以莊嚴人生。

驚恐中的淨飯王要求美女們把花園宮裡的歡樂加倍。他花了一大筆錢從外國買下了一個美麗的女奴。她的頭髮像黎明一樣閃耀著金輝，藍寶石一樣的眼睛猶如喜馬拉雅山巔明亮的冰凌，她的皮膚如象牙一樣白、鮮花一樣嫩。她精通風流韻事，淫技高超。

耶輸陀羅又派人送信給淨飯王：「我的主人，您的兒子對這美妙陌生的女奴連看也不看一眼，別人就更不用說了。我懇求您給予他自由，因爲他被關在這美麗的花園中，只有冥思苦索。不知道他心裡在想什麼，這讓我非常擔憂。」

↑女色的誘惑

淨飯王花了一大筆錢從外國買來美麗的女奴，女奴身上散發著動人的風采。

→金剛總持半鎏金像

靈魂的痛苦

淨飯王不得已只好讓兒子再次出城。就在王子的車隊來到上次遇到老叟的地方，神祇又掩飾了眞貌，以一個奄奄一息、無可救藥的病人形象出現了。他的身體浮腫，形狀可怕，深陷的兩腮泛著高燒時才有的紅暈。在他臨近死亡的眼睛裡，飽含了極度的恐懼和痛苦。他幾乎拖不動自己的身體，呻吟著、哭叫著乞求憐憫，他熱淚如泉，不斷地滴落在滾燙的兩頰上。看到他，悉達多勒住韁繩叫道：「這個可怕的東西是什麼？」

馭手闡鐸迦覺得一陣恐懼湧進了他的五臟六腑。但是他感到有一股力量迫使他說出實話。於是答道：「王子，這是一個病人，身心受著折磨，他很快就會死亡。」

「這也是人人共有的命運嗎？」

「王子，誰也休想逃脫。」

當悉達多想要探個究竟，再次來到人群熙攘的街道時，神祇這次爲他準備了一個更可怕的場面。忽然，前面來了一隊送殯的隊伍，四個人抬著一副棺木，上面停著一具僵硬冰冷的屍體，下巴難看地歪在一邊，呆滯的雙眼直直地對著太陽。四周放著枯萎的花朵，送殯的人捶胸頓足，放聲痛哭，長長悲切的嚎啕聲劃破長空。

悉達多想閉上眼躲開這令人髮指的景象，但已來不及了。他兩手緊緊地抓在一起，問道：「這是什麼？」闡鐸迦不敢抬頭看王子的眼睛，要說的話已經湧上嘴邊，他不得不低聲答道：「那是死人，他身上的一切已被摧毀，生命已到盡頭，思想和智力已經消散。身軀也已枯萎，他像一根朽木躺在那裡，與他的親人永別了。他們慟哭著抬他去火葬，將他的肉體化作塵埃，因爲他的親人也不願再見到他，他的樣子已到了可憎的地步。這就是死亡。」

悉達多搓著雙手自言自語道：「這也是人人共有的命運嗎？」

闡鐸迦捂著臉，答道：「是的，王子。人有開始生命的一天，也有終結它的一天，如此而已。死亡在任何時候都會向我們襲來，並把我們送到黑暗之中去。」

悉達多一下癱在戰車裡，他的靈魂和軀體像在進行一場搏鬥。

←遭遇死者，印度浮雕

一隊送殯的隊伍，四個人抬著一副棺木，上面停著一具僵硬冰冷的屍體，死者的悲慘模樣和送葬隊伍的哀戚舉動，震撼了悉達多的心靈。

046.尋求孤寂

王子淡然地對美女們說：「可憐的人啊，一點兒不知道衰老、末日即將到來，美貌不過是轉瞬即逝的東西，妳們的喉頭上懸著快刀利劍。」

小王子的誕生

由於淨飯王的嚴令，馭手闡鐸迦不敢把車趕回，便長驅直至覺苑。悉達多蒙著臉，蜷縮在金絲綢帳裡，一點也不知道，也不介意他來到了什麼地方。

突然間，戰車四周蹦蹦跳跳地跑來一群動人的少女，她們如同神祇們在天國中養植的鮮花一樣美麗，身上掛著一串串的珍珠和各式各樣的寶石。這是淨飯王派來專門爲王子取樂的。

最迷人的還是美女們的酥胸，那柔和的曲線展現出萬般柔情，有的白淨淨地裸露在外，有的則用一層輕薄如水的透明絹紗遮掩著，一種無可言喻的魅力，令人心蕩神搖，猶如飢餓者面前的佳餚。

悉達多不覺不理，他的眉宇低垂，朝向生命與死亡。他盤腿坐在樹下，兩手擱在膝蓋上，一動不動地想著：「無價值的馴服，矛盾的內心，這就是生活？難道就沒有更好一點的形式嗎？我爲什麼穿著珠光寶氣的衣服？爲什麼我的父親那麼大方、慈善？爲什麼我的妻子是世上最美麗可愛的女人？爲什麼我就應該比窮人多了那麼多『占有』？爲什麼一些人惡、一些人善，難道生來如此？殘忍的神祇們呵！你們在遙遠的居處只知沉迷在歡悅中，卻不顧我們的痛苦，你把好東西撒到惡人那裡，把壞東西撒到好人那裡，你們自己也許就是被嘲弄的對象。」

所有這些悲切傷感的暗淡念頭，以及類似的想法就像一場風暴，衝擊著悉達多心裡那個已經支離破碎了的世界。

一個頭裹紗巾、像沐浴在月光中幽靈般的女人，從門裡忽然衝出來叫道：「幸福的王子，最幸福的王子，神祇們保佑著這座歡樂的宮殿、保佑著你，因爲公主已爲您生下了第一個兒子！」

聽到這個消息，悉達多渾身一陣怪異的顫抖，一時間，他用手捂住臉說道：「一個覆障，我的身上落下了一道新的覆障！好吧，就叫他羅羅覆障（羅喉羅）。」

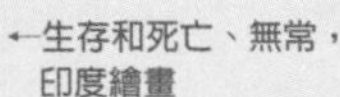

←生存和死亡、無常，印度繪畫
人類都受到肉體的局限，從塵土中來，經誕生、成長、旺盛、衰老，死亡後再回到塵土中去。一次又一次地重複這個過程，中間沒有一秒鐘是停止的，所以叫「無常」。肉體都如此，何況身外之物。

【人文歷史百科】

覆障

佛家認為：一切煩惱，都由情見。情為我愛，見為我執，情見堅固，則成覆障。覆障有五種——愛障、見障、煩惱障、惡行障、無明障。

第一束覺悟之光

耶輸陀羅生下兒子以後，欣喜至極，彷彿生死在她的眼裡也不過就像緩緩流逝的河水，已經算不得什麼了。她一天比一天更美麗，懷裡的嬰兒就像偎在彎月那圓弧中的一顆閃亮之星。悉達多看到這些，只好把他的悲傷深深地隱藏起來。

一天，悉達多給淨飯王捎去了一封信：「偉大的父親，既然現在我已經知道了所有的祕密，那麼還有什麼必要再阻止我自由地去觀察一切呢？而且，我已經有了兒子，出去看看，瞭解一下我和兒子將要統治的臣民，肯定是件好事的。」淨飯王欣然同意了他的請求。

一天，在外遊歷的悉達多察覺到有個身著黃色粗布長袍的人朝他走來，這人手裡拿著一個碗，他從來也沒看到過這樣奇怪的陌生人，他彬彬有禮地向來者問好，心裡卻納悶：「此人是誰呢？他的表情平靜愉快，眼睛表明他是個靈魂已得到安息的人。他的身上沒有一絲跡象證明他是五欲之徒，看上去生活樸素、心滿意足。雖然他腳踏著大地，但似乎是飄在空中。」

陌生人走過來，嚴肅地向王子施了個禮，然後說：「偉大的主人，我是一個托缽僧。我看到了老、病、死的勝利進軍，看到了所有的一切都只能暫存，任何地方也找不到永恆。於是我離開了束縛我的家庭，去尋找值得信賴的幸福——永不衰老、永不腐爛的幸福。這種幸福對朋友和敵人機會均等，對富有者和貧困者也機會均等，這是唯一能使我滿意的幸福。」

悉達多聽到和自己想法如此接近的話，急切地問：「聖賢，您到哪裡去尋找它呢？」

「偉大的王子，我在孤獨中、在密林深處的寂靜中尋找它，這樣才不至於被外界侵擾。因為在靜中存在著覺悟。我托著這個大缽，樂善好施的人們會放進一些飯菜，這就是我向世界所要求的一切。恕我加緊趕路，因為我的路是在那面的群山密林之中，那裡有真光和快樂在等待著我。」

托缽僧上路了，從此以後再無人看到他。據說，這個苦行者乃是神祇之化身，他就是那個把老、病、死三苦傳給王子的神。

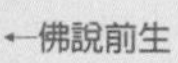

←**佛說前生**

佛陀向弟子們述說自己的前生：一日，他途經郊外，見農夫犁田，便下車試之，隨即看見了這樣一件事——耕地之時，地中的許多蟲蟻被驅出；一隻蛤蟆趁機飽餐蟲蟻；爾後一條蛇又吞食了蛤蟆；接著一隻大鵰飛來，啄食了那條蛇。

047.超脫俗世

悉達多出家後，公主那長至腳踝的雲髮就像面紗一樣散落下來。從此她過上了苦行僧的生活，僅僅是為了她的兒子才活下去。

告別妻兒

←夜別妻兒，印度繪畫
悉達多王子請求父親允許出家修行，淨飯王不許。他又向父親請還應四願：一不老，二不病，三不死，四不別。說若能滿四願，便不出家。淨飯王一聽，知其意仍要出家，重增憂戚。一日半夜，月色明朗。悉達多悄悄起身，凝望著熟睡的妻兒，默默地向他們告別。

在一個恐怖奇妙的夜裡，不知什麼東西在黑暗中喧動，直到彼此之間發生了爭戰。這不是君王之間的吞併，也不是奪取王位的廝殺，而是一場非世俗的奇特搏鬥。一方是食欲和情欲的隊伍，另一方是般若和無色界的大軍。

悉達多的臉轉向東方的地平線，周圍是一片寂靜，連大氣都停止了運動，好像宇宙也在屏息等待著他做出抉擇。他孤寂地佇立在黑夜中，合上雙手，向他以前所有的覺悟者致敬，讚頌他們開創了通往永恆之世的道路，並把自己的意願與他們的意願合爲一體。就在他合手禱告時，看見了代表自己命運的星宿明亮地高掛空中，他立刻意識到行動的時刻來臨了。

他轉身走下屋頂，一種離別的痛苦感情驅使著他想再看一看孩子和妻子，因爲他們已在他心中深深地扎下了根。但他怕會動搖自己行動的決心，所以先來到馭手闡鐸迦睡覺的門道。闡鐸迦一見王子就縱身跳起，一副精神抖擻、忠誠可靠的樣子。

悉達多說道：「忠實的闡鐸迦，今晚，我已得到上天的賜福。把我那高貴的白馬拉出去，我在這裡的生活已經結束，該離開了。」

接著，悉達多走進大理石寢宮。耶輸陀羅正躺在金色的床上，沉浸在甜蜜的夢中。她緊緊地摟著孩子，全然不知痛苦的到來。悉達多以爲自己帶進來的冷風一定會將她驚醒，不料她仍然微笑著安睡在夢中。夜空裡的清風透過窗櫺吹來，與屋中懸掛的花環所發出的香氣混合，一起向他襲來。他意識到：這就是家，是自己的家，而且只能看這最後一次了。淒涼的感覺令他禁不住兩次伸出手去，想把那天眞可愛的孩子抱在懷裡，但又兩次都縮了回來，因爲他唯恐驚動耶輸陀羅這最後的一個美夢。

悉達多走過去撫摸著白馬那結實的脖子，說道：「無畏的勇士，現在拿出力量來走向更嚴峻的征途。今夜我們要到遙遠的地方：永生之河。我到那裡去尋求解脫，不僅是爲人類，也是爲你們，爲一切生命。現在我們起程吧！」

棄世出家

悉達多翻身上馬，像在夢幻中一樣走出城門。他騎在馬上猶如站在雲蒸霞蔚的太陽宮殿上，閃閃發光，胯下的戰馬就像輕輕浮動的白雲，悄無聲響，唯恐驚動熟睡的人們。

據說，當時有四位神明暗中陪著他們，用手托住了鏗然作響的馬蹄。另一些神明則施展法術使看門人入睡後，把沉重的大門無聲無息地慢慢打開來。

悉達多走出城門，緊催幾步戰馬，然後勒住韁繩，回首望著城郭說：「我的神聖使命是戰勝老、病、死。不達目的，我絕不回來！」

當東方冉冉升起的太陽爲大地披上一層金輝之時，他們已經來到了大森林的邊緣：那些披剃出家的苦行者的駐地。

悉達多對闡鐸迦說：「我最忠實的勇士，你已跟隨我很久了，我對你一直充滿了感激之情。你陪我到這裡來是會招致危險的，騎著我的馬回宮去吧！」

悉達多從頭飾上取下那顆最名貴的寶石，囑咐道：「把這個也拿去，交給我的父親，要

←削髮更衣，印度繪畫
悉達多王子拔金刀，手自削髮，且發誓言：「我今剃除鬚髮，願與一切衆生斷除煩惱習障。」這時來了一個獵人，王子以身上的華麗服飾相換，完全成了僧人形象。

恭恭敬敬地擺在他的面前。這是我的心。告訴他，我已開始了苦行僧的生活。但願他能夠忘掉我，重新高興起來。」

就在悉達多轉身欲走的時候，白馬好似聽懂了他的話，彎下頭去舔著他的腳，大大的眼睛裡流露出悲痛的神色。悉達多疼愛地撫摸著牠的頭，以示告別。接著，他抽出鑲著寶石的佩劍，流星閃電般地割去了自己那裝飾著珠寶、挽成髻狀的長髮。正在這時，路邊走來一個手持弓箭、身穿粗布衣服的獵人。

悉達多喚他過來，說：「朋友，咱們換換衣服好嗎？」那人應允了，脫下自己的衣服，遞給王子。據說，這個獵人也是一位神明的化身，他藉此機會把獲得覺悟的祕訣傳給王子之後，便拿著王子的衣服默默地上路了。

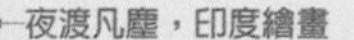

←夜渡凡塵，印度繪畫
王子跨上白馬，取道北門逾牆而出，闡鐸迦緊隨其後。佛經上說，馬初舉步，大地震動，四大天王捧承馬足，梵天帝釋執幡引路。王子出城之際，發下誓願：「我若不了生死，終不還宮；我若不成佛道，終不還見父王；我若不盡恩愛之情，終不還見姨母妻兒。」

悉達多換了服裝，慢慢轉過身，緩緩地向森林走去。他用手撥開繁茂的枝葉，頓時消失在密林之中。闡鐸迦孤伶伶地站在那裡，哭喊著，把手伸向毫無知覺的藍天，靈魂中充滿了恐懼和悲痛。過了好久一會兒，他才拉著白馬，踉踉蹌蹌地往回走去。

←面壁靜心，印度繪畫
釋迦牟尼出家後，曾多方尋訪明師，以求大道。釋迦牟尼獨處一山洞之中，盤膝趺坐，面壁靜心，以求覺悟。春去秋來，終無所得。他明白了這不可能得到啓迪，於是改變主意，決定去體驗禁欲苦行，以求解脫。

拜師修行

悉達多在密林深處邁著鎮靜而堅定的步履。一路上，驚恐的野鹿聞聲而逃，鳥兒叫著從樹梢飛起。他一邊走、一邊採摘山葡萄和野果充飢。王子疲憊地穿過樹林，向著被巨樹環繞的山洞攀援。最後，他來到一個藤蔓垂懸、開滿鮮花的洞口。洞前有一個身穿紅樹皮衣服，名叫阿利耶的僧人，擺出驅邪除惡的蓮花姿端坐在那裡。王子見他這種冥想的樣子，便心懷敬意地在他周圍繞了三圈，隨後自己也安靜坐下，等候愉快時刻的到來。

時間慢慢過去，那個苦行僧一動不動，只見他的影子隨著西去的太陽不斷地變換著位置。過了好久好久，苦行僧的注意力終於回到俗世，他用一雙虛幻的、毫無興趣的眼睛打量著悉達多。當他見到悉達多恭恭敬敬地坐在那裡，於是就問起了來意。悉達多如實做了回答，並懇求苦行僧的指教。

苦行僧阿利耶沉思片刻之後，便向王子講起了如何學習《吠陀經》和《奧義書》這兩部古老而神聖的經文。從此，王子就在他的指引下，和那些男女聖賢們一起苦讀，專心致志地追求升天之道。

一天，王子雙手合十，恭敬地請求道：「我只是剛剛出家，偉大的法師，我還不知道出家生活的戒律，請您指教。」

這時一個血統高貴的婆羅門便爲悉達多講述各個法師的戒規，說明生活在這裡的人有的只靠純淨的水維生，有的是吃樹木的根葉和嫩枝，有的以野果、鮮花充飢，有的則像野鹿一樣專吃各種各樣的雜草，即使托缽化緣，也是將大部分施捨他人，自己只留一點點碎屑。

阿利耶還講起一些以折磨自身軀體來止住欲念的苦行者生活。據稱，他們當中的許多人發明了各種殘酷的苦行術

【人文歷史百科】

舍衛城

古印度佛教勝地，傳為釋迦牟尼長年居留說法處。亦譯室羅伐、羅伐悉底；意譯為聞者、聞物、豐德、好道等。為古印度拘薩羅國都城，在今印度北方邦北部，拉普底河南岸。

來摧殘肉體，以達到清心寡欲的境界。這樣在生命結束的時候，才能換來升天的幸福，才能在那裡嘗到天國的平靜和樂趣。他說：「極樂就是如此得到的。它雖然無法用語言表達，但卻是心靈的佳餚。」

割斷塵念

淨飯王知道王子出家的消息後，猶如一頭野象橫衝直撞。當貴族、大臣們圍攏到他的身邊小心翼翼地勸說時，他暴跳如雷地吼叫著：「我曾經有一個兒子，現在沒有了！這個王國，包括這個空蕩蕩響著回音的宮殿，對我來說還有什麼價值？」

王宮的僧侶和那位睿智的老臣用盡心機，仍不能平息國王的憤怒和痛苦。最後他們心生一計，準備去尋找這位流浪者，強迫或說服他再回到宮裡來。於是僧侶和大臣照著闡鐸迦指點的方向奔去。當他們來到王舍城的山林時，便對那些神情嚴肅的出家人和山洞裡居住的苦行僧們說：「我們來到這裡請求你們的幫助。我們君王的權力猶如大梵天一樣偉大，我們是他的使臣。他的兒子生得就像洞察心靈的神祇，但是卻背棄了君王的旨意，跑到這裡過著孤寂的生活。乞求你們指點該到哪裡去找他？」

苦行僧們回答說：「我們見過他的美貌和尊貴，他已到婆羅門阿利耶的山洞去尋求大悟了。」僧侶和大臣聞言，也沒來得及道謝就又匆匆趕路了。

一路上的寂靜和從那聖人的居處升起的冥思苦索精神，使他們油然而生一種敬畏感。不一會兒，他們看見一個年輕的苦行僧坐在樹下，那青年聽到他們的腳步聲後，主動起身行禮，正是他們要找的王子。

他倆恭順地向王子行禮，以十分真摯的情感詢問王子出走的理由，並講述了他放棄職守為其心愛的人造成遠甚死亡的憂愁。

當他們說完了這一席話，王子抬起頭來回答說：「說得不錯。但是我已經走上了一條不能歸返的路。因為我所謀求的並非個人的解脫，而是為了全體生靈。即使日月背棄蒼天而墜落，山脈上下而顛倒，我也絕不動搖。」

說畢，他站起身來。兩位使臣也跟著站起來，溫柔地說：「我的王子，沒有什麼好說的了，我們不會再來打擾您。我們回去見到國王，將把您這不可更改的決心如實轉達。」

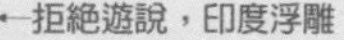

←拒絕遊說，印度浮雕

對於淨飯王使者的遊說，悉達多表示：即使日月背棄蒼天墜落，山脈上下顛倒，我也絕不動搖。

048.悟道成佛

悉達多悟到的玄機，崇高而神聖，這對於凡人來說是無法領會的，它就像寓言中所包含的哲理那樣，深奧而難以表述。

苦行失敗

時間一年一年地過去，未來的佛陀悉達多在尋覓著光明，卻一無所獲。他在阿利耶這裡耐心地學習了很長時間，對其思想體系已達爐火純青的境地，以至於追隨阿利耶的苦行僧們都要求悉達多作他們的法師。但是悉達多不答應，因為在阿利耶的教義裡他看不到結論，看不到解脫，他認為有升天的欲念，就不能說完全消滅了欲念，世人還會被捲入那殘滅自己的生死轉輪之中。

於是，悉達多放棄了阿利耶的教義，悶悶不快地去找法師陀伽。陀伽是一個睿智孤寂的苦行僧。悉達多耐心地跟他學法，抱著一線希望——也許會在這裡看到曙光。

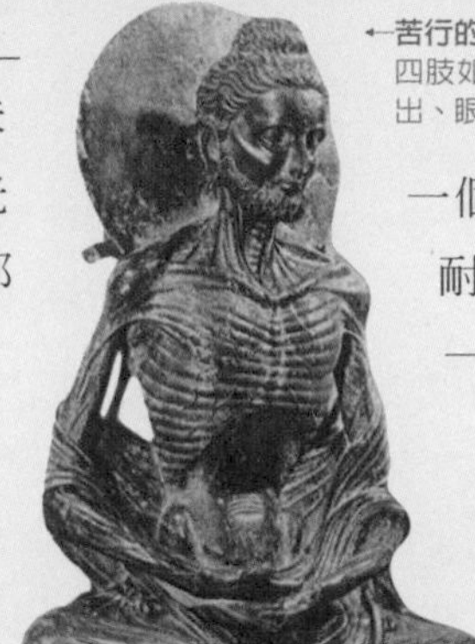

←苦行的悉達多
四肢如乾枯的蘆葦、臀部像駱駝的蹄子、胸骨參差突出、眼窩深深地凹陷，是釋迦牟尼獨修苦行的寫照。

他又精通了陀伽的體系，並且提出了許多既無法解釋，也無法解決的難題，難住了法師。經過長期耐心的冥想，他終於悟出了一個結論——任何人類的子孫都不可能解答這個問題。因為這個謎對他們來說實在是高不可及，他們的翅膀在這碧藍可怖的高空中只能撲騰，卻無力升起。只有自己的思想才可能升到這樣的高度，而現在他卻還不夠。「我得獨身去苦行林，在那裡，我要進

【人文歷史百科】

菩提伽耶

古印度佛教遺址，傳為釋迦牟尼得道成佛處，又稱菩提道場、佛陀伽耶。在今印度比哈爾邦邦伽耶城南約十公里處。

←六年苦行，印度繪畫
釋迦牟尼獨修苦行轉眼已六年之久，他由最初每日一麻一麥，漸漸至七日食一麻一麥，以至於不飲不食。終於，他身體變得極度消瘦，有若枯木，手摩胸腹，能觸背脊。

行一種殘酷得超過我在這裡所見的任何一種苦行術。」

他終於來到苦行林，悉達多在這茂密的樹林採取了極殘酷的修行方法，林中的其他人都驚羨著他採取的這種嚴格方式。後來悉達多曾對弟子們描繪這如此可怕的苦行，說：「記得我那時每天只吃一個山楂，或是一粒米。我的軀體變得特別瘦弱，四肢如乾枯的蘆葦，臀部像駱駝的蹄子，脊椎像一綹頭髮，胸骨參差突出，就像屋頂露出的房椽。眼窩深深地凹陷，眼珠幾乎消失了，就像放入溪水中的一片鏡子，小得難以辨認。我的頭就像灼日炙烤下枯萎變空的葫蘆一樣乾巴。用手觸腹，會碰到後脊，用手觸脊會碰到肚子。然而儘管這麼苛刻的苦行，我還是沒能發現那種超人的明覺。」

悉達多花了六年時光，結果發現自己追求的乃是一個捕捉不到的幻影。於是他決定不再回苦行林，那裡對他來說已失去意義。

大澈大悟

悉達多在菩提樹下整整坐了七天七夜，冥思苦索著世界的現實眞相。他沉浸在愛海中，進入了涅槃圓寂之境。日夜在他的身邊變換，而他絲毫不覺，他心想：「我在這裡休息，已達到了那恨生的願望，我經過許許多多的周折，實現了這一目標。現在我已經滅掉了假我，枷鎖已經打斷，這不僅僅是爲我自己。」

←大悟成佛，印度繪畫
釋迦牟尼在菩提樹下趺坐四十八天，已是十二月初七。這天晚上，天朗氣清，惠風和暢。他默坐金剛座上，示現種種禪定境界，遍觀十方無量世界和過去世、現在世、未來世一切事情，洞見三界因果。十二月八日凌晨，明星出現天上，他豁然大悟，得無上大道，成為圓滿正等正覺的佛陀。

他知道阻礙涅槃的就是那個假我，他是夢幻的夢幻者，又是欲念、虛騙的創造者。現在，他身上這種假我已經消失，只剩下眞我——即與神祕、高尚融成一體的佛陀。

接著，悉達多的視線穿過不可見的隱物，看到世界上所有的生靈，並對於他們所處的黑暗和苦難境遇深感同情，他的心像潮水一樣洶湧澎湃。他在考慮著如何去解救他們的苦難：「我是不是也該教一教他們？可是怎麼教呢？眞諦

是言語所表達不出來的，誰又能理解呢？」他說道：「他們怎麼能相信世界是另一個樣子，那海、天、山會是和他們所認爲的大相逕庭呢？」

這時，一個神祇的聲音回答了這個問題：「讓你慈善的心去憐憫那些最無知、辛苦掙扎在虛幻中，追求那無可得知目標的芸芸眾生吧！」

這一神旨在他體內生根開花——同時那馥郁而沁人心脾的聖餐杯花一片怒放，開遍了三界，開遍了天國。第七天的黎明就這樣燦爛地到來了。天是一個嶄新的天，地是一個全新的地，到處是一片光豔景象。

在他的心中也有著光芒，一片雪亮的光芒，現在「道」不僅僅向他敞開，他還看見一級級的臺階展現在那裡，人們可以一步一步地登高而達到修行的目的。在那過程中，身體從低下的開端向高尚的目標接近，體內的眞我也隨之發展。每一臺階都是由死去的假我構成，人們也正是沿此盤旋而上。

→釋迦牟尼佛，全鎏金像，高30.5公分

此件全鎏金七寶銅佛像，製作工藝精緻，使用特殊仿古全鎏金處理，由名師手工製作，佛像臉部神韻極致莊嚴，身體衣服部分雕花非常均勻精緻，雕工細膩，華麗鮮明。

呵，寂靜，這是一種難以解釋的心境，不與他人雜處，而是孤寂地一人，多麼可敬！多麼難得！人們可以由此眞心實意、腳踏實地、一步一步地追求高尚的理想。它既爲聖人和貴人服務，又爲低下者效勞。最後，不是露珠消失到大海，而是大海被吸入露珠和寂靜之中。

悉達多心裡想：我將宣布到達彼岸的「道」。他沐浴在陽光與寂靜之中，一動也不動。

初次說法

佛陀坐在菩提樹下，這時，兩個趕路的商人經過這裡，他們的內心忽然響起了這樣的聲音：「在這個蔓延數哩的林中住著一位仙人，一個睿智的苦行僧，他值得大家給予無上尊敬；應該到那裡去，爲他禮祀。」

於是，兩人愉快地來到佛陀端坐的樹下，懷著敬重的心情把飯放到他的缽裡，這飯食

←釋迦牟尼和他的五個隨從侍奉者，印度浮雕

→釋迦牟尼佛仿古銅像

是一種簡陋而純淨的禮品。佛陀吃飯的時候，他倆在一旁尊敬地保持著沉默。當佛陀吃完飯在小溪中洗淨他的手和碗後，兩人鞠躬致意說道：「我們到這裡來，是要求佛陀和佛法的保佑。願如來從今天接受我們作您的弟子，一直到死。」於是，他們被佛陀收作居士，成爲第一批接受佛法的信徒。這兩人的名字是提謂、波利。

←**初次說法，印度繪畫**
這是釋迦牟尼初次說法，畫面背景中的鹿群，顯示出是在鹿野苑。五個伺候過他的隱修者正受佛陀點化，阿若喬陳如等人從此放棄了自己原來的觀點，信仰佛法。佛陀頭上的光輪照亮了樹林，滿地的花瓣透露出正法的芳香。當時佛陀正好三十歲。

悉達多站起身來，躊躇了一陣，接著又坐下來冥想，因爲他還不敢肯定由他向世界宣布這一偉大的佛法是否明智，是否可能。

剎那間，神諭照亮了佛陀的心，他看到一位神祇站在他的面前，合起雙手對他說：「願佛陀傳講佛法！總有一些不爲世俗之塵所迷惑的人，他們會聽到、看到佛法的。佛陀站在山巔，可以觀望所有的人。開始吧，請打開永恆的大門，實現您的願望。」

佛陀聽到這個聲音，立刻以他大澈大悟後的目光掃視世界。於是他看到：在一枝枝象牙般的白色蓮稈上，一些花朵開在水下，另一些則貼在平靜的水面漂浮著，還有一些高高地挺著它們的腰身，將風姿倒映在一泓池水中。從此他悟出人類也是如此，一些人純潔，另一些汙穢；一些人高尚，另一些卑鄙；一些人聰穎睿智，另一些則遲鈍愚昧，但所有這些人都需要領取他應得的一部分慧光。這時，佛陀對著剛才那神祇的聲音回答說：「造物主，我是擔心白費力氣，所以還沒有開口。」

神祇已經覺察出將要發生的事情，於是說道：「好了，佛陀將要傳授佛法了。」

【人文歷史百科】

鹿野苑

古印度佛教遺址。傳為釋迦牟尼在菩提伽耶得道成佛後第一次講法（初轉法輪）處，又名仙人論處、仙人住處、仙人墮處、仙人鹿園等。在今印度北方邦貝拿勒斯西北約七公里處。

049.普渡衆生

沒有任何僧侶、神祇可以解救人類。惡事是自己所做，恥辱和痛苦也都要自己承受。唯有靠自己的意志和努力，才能悟道。

佛教學說

←雙林滅度
釋迦牟尼八十歲時，一日到了拘屍那伽城外娑羅雙樹林間，這地方四面各有兩株娑羅樹，佛陀命阿難在雙林中設蓆鋪床，然後頭面北，右肋著蓆，疊足安臥，中夜之時，他對弟子說完最後的遺教，便默然無聲，安詳圓寂。

在菩提樹下開悟後，悉達多爲實現自己拯救眾生的宏願，打算下山傳道。在路上，他遇到一個婆羅門僧侶。婆羅門僧侶問：「你的面容如此的祥和，是不是悟到了你所追求的終極？」悉達多微笑著點頭說：「無。」婆羅門僧侶連忙施禮。兩人交談了一會兒，婆羅門僧侶感嘆地說：「你是釋迦牟尼啊！」

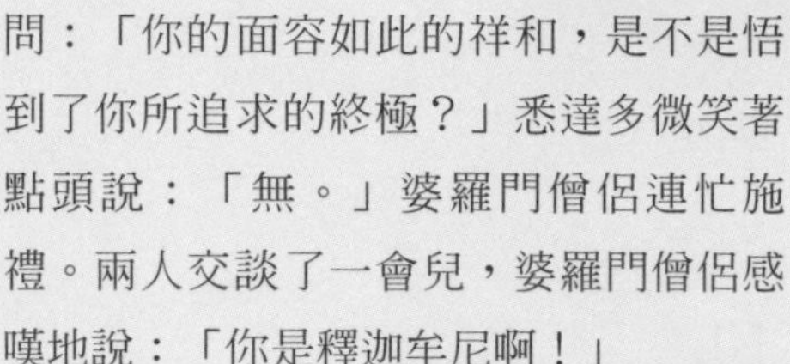

釋迦牟尼到底在菩提樹下悟出了什麼道理呢？原來是釋迦對生死延續產生了怪誕幻想，他對自己說，生育是一切邪惡的來源，無止境的生育，將使人間的憂傷永無寧日。如能停止生育……爲什麼生育不能停止呢？因爲因果報應必須要在轉世之後，將前世所行的善惡一一清償完。如果一個人能生活得十全十美、毫無惡行，對所有的一切都忍耐、和氣，對生存與死亡無心無牽，便可不必轉世再生，邪惡對他來說，根本就不存在了。人所以受苦，就因爲他不能滿足內心的欲望。爲了不被欲望煩擾，就必須成爲它的主人，必須不斷減少欲望，直到無望而知足。誰達到了無欲的境界，就可死後獲得重生；他的靈魂會在「涅槃」（即不生不滅的境界）中獲得永恆的超脫。這位先知者在他瞭解了人類痛苦的根源後，來到聖城貝拿勒斯的鹿園裡，將涅槃傳授給人們。

←羅喉羅「小沙彌」，印度繪畫
一個潔淨的童僧跪在佛陀面前，這是釋迦牟尼的兒子羅喉羅，他追隨父親做了小沙彌，後來也修成羅漢。他寂靜純潔的面龐是父親的遺傳。釋迦牟尼不但度化了所有的親屬，包括他的妻子，還答應了當時皇宮中五百位宮娥出家的要求，於是從此有了比丘尼。

佛祖涅槃

西元前483年2月15日，八十歲的釋迦牟尼講經布道後，到附近一條河裡洗了個澡，然後在繩床上側身而臥。他把弟子們叫到面前，給他們最後的遺言：「啊！眾徒們，我告訴你們，順服於死亡就是眾生，當爲眞實而奮鬥！」然後就歸於涅槃了。據傳當時晴空萬里卻霹靂大作，附近地區還發生了地震。

←佛陀收徒，印度繪畫
釋迦牟尼一直在印度北部、中部恆河流域一帶傳教，廣收弟子，建立僧團，奠定了原始佛教的教義。釋迦牟尼弟子甚多，相傳有五百人，其中著名者有十人，即摩訶迦葉、舍利弗、目犍連、須菩提等十大弟子。

釋迦牟尼的遺體焚化後，骨灰中出現許多五光十色的顆粒，佛教徒稱之爲「舍利」。爲了感念他對世人的救度，這些舍利分別被一些國家供奉在用金、銀、瑪瑙、珍珠等七種寶物裝飾的高塔中。據說中國北京西山靈光寺的「佛牙塔」，就是因珍藏著釋迦牟尼的一顆牙齒而得名。

佛教的弘揚

由於佛祖當時傳法主要是口傳心授，強誦熟記。所以佛祖涅槃後，爲了保證佛理不會以訛傳訛，以摩訶迦葉爲首的五百名弟子在王舍城外的七葉窟集會，將佛祖一生所說的言教整理成書。在眾位弟子的努力下，印度半島上越來越多的人信仰佛教，尤其古印度孔雀王朝的阿育王皈依佛教後，使佛教得到了空前的發展；很快地由印度向周邊地區傳播，逐步影響到今天的南亞、中亞地區。西元一世紀時，佛教傳播到中國，在唐、宋間大放異彩。天臺宗、禪宗、唯識宗、淨土宗、密宗等八個大乘佛教宗派互相輝映，使釋迦牟尼開創的佛教在中國發揚光大。

雖然佛教在印度本土早已失傳，但在泰國、緬甸以及中國的西藏等地，直到今天還有著巨大的影響力。在世界歷史中，它與政治相結合，誕生了許多佛教國家，大大推動了世界文明之間的交流。如今，佛教已發展成爲一門世界性宗教，今日世界至少有兩億多人信奉著釋迦牟尼佛所創立的佛教。

↓佛光普照，印度繪畫
釋迦牟尼靜坐菩提樹下得大覺悟後，創立了佛教，度人不計其數，總計其一生，說法四十餘年、談經三百餘回，功德無量。

050.盛極一時的孔雀帝國

阿育王不是印度的君士坦丁，他使佛教成為國教，卻沒有迫害其他教派。相反的，他對婆羅門教和耆那教也同樣予以慷慨的捐助。

孔雀帝國的由來

大約在西元前六世紀時，古代印度進入了列國時代。當時，印度有十六個國家，主要有摩揭陀、迦尼、拘薩羅、跋祇等。它們各據一方，彼此爭戰不休。地處恆河中游的摩揭陀國由於生產發達，經濟實力較為雄厚，在爭霸戰中日益強大起來，先後消滅許多國家，大致統一了恆河流域。

就在勢力強大的摩揭陀正積蓄力量，準備向印度河流域推進時，強大的馬其頓帝國軍隊在亞歷山大的帶領下東侵印度，打斷了摩揭陀的擴張計畫。

摩揭陀王國有個名叫旃陀羅笈多的貴族子弟，這個孔雀宗族的王子糾集了一支好戰的蠻族組成軍隊，自立為中印度北部的主人。消息傳到了敘利亞，亞歷山大的部將之一，即征服者塞流卡斯憤怒地率軍迅速東行，來撲滅這個暴發者，但是這個狂妄的印度人竟把塞流卡斯打敗了。因此，他不但贏得了印度河和該河西岸山嶽地帶之主的地位，而且還得到了一個白皮膚的妻子——塞流卡斯的女兒。

旃陀羅笈多以侵略戰爭征服了恆河流域的大部分，自立為統治幾乎全北印度的皇帝，他的帝國是印度歷史上第一個大帝國。它是一個專制君主統治的帝國，依靠一支由步兵、騎兵、戰車和訓練過的馴象所組成的龐大軍隊來維持。一首古

【人文歷史百科】

古都華氏城

華氏城是孔雀帝國的首都，也是當時工商業最發達的城市。據記載，這座城的城牆上有五百七十個塔樓和六十四個大門。全國各地有馳道通達華氏城，城裡分布有不少巧奪天工的建築物。

六百多年以後，中國高僧法顯到華氏城憑弔孔雀王朝的遺跡，看到那些遺留下來已經殘破的建築物，仍然驚嘆不已，彷彿不是人間所能擁有的。

←**護法神阿育王**

阿育王是印度孔雀王朝的第三代君主，也是印度歷史上一位偉大的君王。據說，阿育王由於在征服羯陵伽國時親眼目睹了大量屠殺的場面，深感悔悟，於是停止武力擴張，採用佛法征服，並將佛教定為國教，後來他還成為了佛教的護法神。

詩記載說，這些訓練過的戰象共有九千頭之多。

因爲旃陀羅笈多出身於孔雀宗族，所以他建立的王朝被稱爲「孔雀王朝」，所開創的帝國則稱爲「孔雀帝國」。

篤信佛教的阿育王

旃陀羅笈多到了晚年，耽迷於耆那教，後來絕食而死。阿育王的父親是帝國的第二代國王賓頭沙羅。阿育王只是賓頭沙羅王眾多王子中的一個。西元前273年，賓頭沙羅王病逝。不久，爲了奪取王位，王子和公主們進行了殘酷的內鬥，其中最爲激烈的是阿育王和長兄之間的戰爭。在這場王位爭奪戰中，阿育王謀殺了兄弟姐妹九十九人，最後奪取了王位。

即位後不久，阿育王便開始向外擴張；其中最大規模的一次，要屬對南印度強國羯陵伽的遠征。據史料記載，在其當政第八年（約西元前261年），羯陵伽國被征服；有十五萬人被俘，十萬人被殺，死傷數十萬。

征服羯陵伽的戰爭，對阿育王本人及其內外政策都產生了深遠的影響，此後阿育王篤信佛教，並大力宣揚佛法。在即位第十七年的時候，他在華氏城舉行第三次佛教集會，國內信教者日眾。他還向周鄰諸國派出許多傳教團，推廣佛教成爲世界性的宗教。

這時，印度半島除最南端一部分外，幾乎全歸阿育王統治，孔雀帝國成爲一個幅員遼闊的大帝國。在帝國內部，國王開始被神化，成爲神的寵愛者。

孔雀王朝靠著從全國各地搜括來的財富，過起了極其奢侈的生活。據記載，國王們出去打獵時，有全副武裝的女獵手陪伴。她們有的駕馭戰車、有的騎馬、有的乘象，就像出征打仗一樣，場面極其宏大。在舉行某種宗教大典時，宮廷的遊行隊伍更是穿金戴銀，極盡奢華，就連大象也被裝飾得像個貴婦。

像歷史上許多靠武力征服建立起來的帝國一樣，孔雀帝國沒能維持多久。阿育王死後不久，帝國就分裂了。約西元前187年，孔雀帝國最後一個國王遭手下所弒，帝國宣告完結。

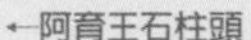

←阿育王石柱頭
阿育王為了推廣佛教，並要求人們遵守理法，在國內建立了許多石柱，刻上敕令和教諭，稱為「法敕」。法敕多為一些道德方面的律令，例如孝敬父母、為人誠實等，他自己也身體力行。

051.摩訶婆羅多和羅摩衍那

有人說，一個外國人可以遊遍印度各地，但如果他不瞭解《摩訶婆羅多》和《羅摩衍那》這兩部史詩，那就不能算了解印度。

般度與俱盧之爭

《摩訶婆羅多》是印度兩大敘事詩之一。其內容以俱盧和般度兩大親緣家族爭雄爲中心，衍生出許多傳說和寓意故事。

很久以前，古代印度的國王福身王娶了一位女神作王后，女神王后先後生下七位王子，都被她送入了恆河。當第八個王子出生後，福身王及時阻止王后的舉動，保住了小王子天約的性命。天約深得福身王的寵愛，還被封爲太子。可是懂事的天約，卻將王位讓給了同父異母的弟弟奇武。奇武有三個兒子，分別叫持國、般度和維杜羅。持國天生就是個瞎子，維杜羅是宮女生的，都不能當國王，於是王位便由般度繼承。只是後來般度棄位出家隱修，又將王位讓給了持國。

持國雖然眼瞎，但他有以難敵爲首的一百個兒子，般度也有以堅戰爲首的五個兒子，而且個個武藝超群。持國百子和般度五子從小就有矛盾情結和競爭心態，長大後又開始爭奪王位。難敵爲了獨占江山，經常想謀害堅戰兄弟。一次，他建造了一個塗滿樹膠的房子，讓堅戰五兄弟去住，當他們一住進去的時候，又派人去放火，樹膠房子遇火就著，一下子燒得精光。幸好有人報信，堅戰兄弟才從事先挖好的地道逃走了。

然而兄弟五人卻因禍得福，共同娶了鄰國美麗的黑公主爲妻。後來，他們倚仗黑公主國家的勢力，回國要回了原本屬於自己的一半國土，但難敵又想出壞點子，使般度五子掉入賭博的圈套，退隱十三年。十三年後，誓約期滿的般度五子回國索要屬於他們的一半國土。但持國百子寸土不讓。於是，一場大戰在般度族與俱盧族之間爆發了。當時，印度半島上的國家幾乎都捲入了這場大戰的漩渦。

【人文歷史百科】

史詩《摩訶婆羅多》和《羅摩衍那》

二者並稱為印度兩大史詩，在古代印度以口頭吟誦的方式創作流傳。兩大史詩不但對印度社會思想產生深刻影響，也可說是亞洲文化的遠古源頭之一。由於兩部史詩的故事情節生動曲折，幾千年來一直深受印度人民的喜愛。

←般度與俱盧間的戰爭

般度族在自己國土上建都天帝城，政績顯赫。難敵心生妒忌，設計擲骰子賭博的騙局，讓堅戰賭輸而交出國土，五兄弟流亡森林十二年，並在第十三年隱姓埋名，充當僕役。十三年期滿後，五兄弟要求歸還被占國土，難敵拒不答應。於是雙方在俱盧之野開戰，連續打了十八天，結果難敵全軍覆沒，堅戰繼承王位。

這場大戰一共進行了十八天。俱盧族全軍覆沒，難敵百子全部戰死，般度族也僅剩下七人，值得慶幸的是般度五子逃過了這一劫。後來，堅戰回國當了國王，但想到兄弟家族間的殘殺爲人民帶來了那麼嚴重的災難，他心懷愧疚，沒多久就把王位傳給孫子，帶著妻子黑公主到喜馬拉雅山修道去了。最後他們都升入天堂。

英雄羅摩與神猴哈奴曼

《羅摩衍那》是印度的另一大敘事詩，它是一個神話故事，講述英雄羅摩一生的傳奇經歷。

羅摩是古代印度阿逾陀城十車王的長子，他憑藉高強的武藝，娶了別國美貌無雙的悉多公主爲妻。日漸老邁的十車王本想將王位傳給羅摩，但因羅摩後母在旁讒言，十車王只得將羅摩流放外地十四年，改立羅摩之弟婆羅多爲太子。羅摩難違父命，心甘情願地帶著妻子悉多去了大森林。羅摩的另一個兄弟羅什曼那因難捨兄弟之情，也跟著羅摩而去。十車王死後，婆羅多拒絕繼承王位，率領軍隊追到大森林，懇請羅摩歸國即位。羅摩執意不肯回宮，只交給婆羅多一雙鞋。婆羅多回國後，把羅摩的這雙鞋供上寶座，作爲羅摩的象徵，自己做了攝政王。

←《羅摩衍那》插圖
楞伽島十首魔王羅婆那劫走悉多，羅摩與猴國結盟，在神猴哈奴曼及猴群相助下，終於戰勝魔王，救回悉多。

羅摩一行在森林中終日與鳥獸爲伍，日子過得艱苦卻很快樂，只是要經常和惡魔作戰。一次，羅摩因拒絕了魔王羅婆那之妹的求婚而惹怒了魔王，致使妻子悉多被魔王擄走。從此，兄弟二人展開了尋找悉多的漫漫征途。

後來，羅摩兄弟在神猴哈奴曼的幫助下，率領猴子軍渡海尋找悉多。大海寬闊無邊，神猴哈奴曼神通廣大，他搖身一變，成了一隻巨猴，縱身一躍，就過了波濤洶湧的大海。眨眼間，他又變成了一隻貓，鑽進魔王的宮中，後來在魔王王宮花園裡發現了被囚禁的悉多。他本打算背悉多過海，但悉多拒絕了。

哈奴曼只好又回到岸邊，與羅摩一起造橋渡海。羅摩和猴軍來到島上，與魔王大戰。經過反復較量，仍未能分出勝負，而羅摩兄弟二人和許多猴兵猴將都受了重傷，性命攸關。哈奴曼靈機一動，將長有仙草的整座神山托到軍前，救活了羅摩兄弟和傷亡的猴軍；最後終於殺死了魔王，救出了悉多。這時，羅摩的流放期限已滿，三人乘魔王丟下的飛車回到了阿逾陀。婆羅多愉快地讓位，羅摩即位爲王。

052.邁諾安文明

米諾斯迷宮的發現，把希臘文明向前推移了近千年，當四大文明古國在東方出現的時候，西方也產生了它自己的文明，那就是愛琴海文明。

愛琴海的傳說

古老的希臘有許多美麗的神話，其中有一個關於愛琴海的動人故事：

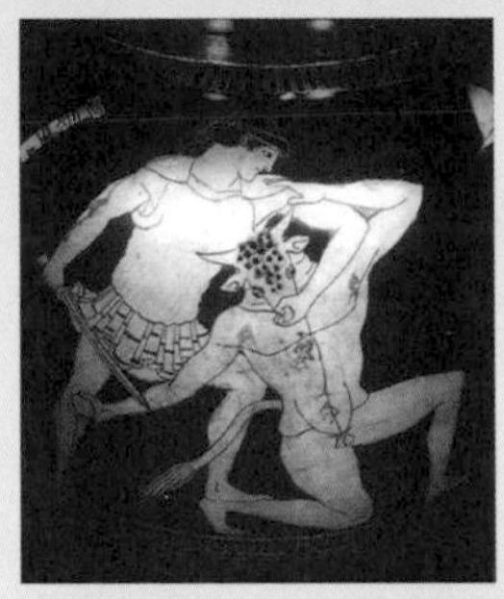

↑鐵修斯殺死米諾牛，希臘瓶畫

在很早的時候，有個叫米諾斯的國王統治著克里特島。野心勃勃的他興建了一支強大的海軍，控制著附近海域。那一年，他的兒子被雅典人殺害了，兩國因此失和。米諾斯勒令雅典每九年向他進貢七對童男童女，以贖清罪過。米諾斯在克里特建造了一座有無數宮殿的迷宮，誰進去了就別想出來。迷宮的深處飼養著一隻人身牛頭的怪物，叫米諾牛。雅典進貢來的童男童女，就是專門用來餵養牠的。

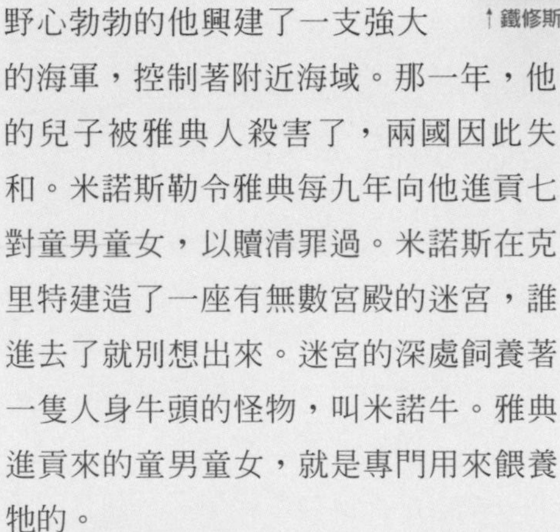

雅典老國王埃勾斯（Aegeus）在和米諾斯的交戰中屢戰屢敗，只好乖乖每隔九年就向米諾斯進貢一次童男童女。這一年，年輕的雅典王子鐵修斯決定爲民除害，他隨著眾人前往克里特。臨行前，老國王一再叮囑兒子：如果大功告成，返航時就在船上掛白帆，否則就揚著黑帆回來。

英武剛毅的鐵修斯帶著童男童女剛踏上克里特島，就贏得了國王之女亞麗雅德妮公主的芳心。亞麗雅德妮偷偷送給心上人一柄利劍和一捲線球，聰明的鐵修斯哪能不心領神會！當鐵修斯被送進迷宮時，那隻怪牛正在閉目養神，牠本打算先像貓捉老鼠一樣將這些到嘴的「食物」戲弄一番，然後再享用他們。誰知還沒來得及睜開眼睛，鐵修斯就揮劍讓牠一命嗚呼了。

殺死米諾牛後，鐵修斯順著線球長線的指引，走出了迷宮。由於神告訴鐵修斯，公主命中註定是酒神戴奧尼索斯的妻子，因此他不得不留下公主，自己返回雅典。與愛人分別的悲傷使鐵修斯忘了與父親的約定。

←**釣魚的男孩，古邁諾安壁畫**
在愛琴海南部聖托里尼的古提拉島上所發現。邁諾安文明區美麗的壁畫，人物鳥獸刻畫生動，色彩豔麗明快，在古代壁畫中屬上乘之作。

埃勾斯正在海岸上翹首眺望，他突然看到遠方駛來一條船，船上掛著黑帆，以爲兒子已經死了。他頓時絕望，便縱身跳入大海，溺水而死。後來，爲了紀念他，這片海就叫做「愛琴海」（Aegean Sea）。

【人文歷史百科】

邁諾安文明

愛琴海文明重要的組成部分，因其國王在希臘神話中被稱為米諾斯而得名。以精美的王宮建築、壁畫及陶器、工藝品等著稱於世。邁諾安文明萌芽於西元前2300年，到西元前1900年左右，克里特島上建立起奴隸制國家，邁諾安文明遂告形成。至西元前1450年，希臘本土的邁錫尼人統治克里特島，邁諾安遂為邁錫尼文明取代。

走出神話的歷史

當海因里希·謝爾曼還是個小孩子的時候，他父親告訴他關於特洛伊的故事。這些故事讓他深深著迷，從此立下志願，一旦自己長大能夠離家遠行的時候，將前往希臘去「尋找特洛伊」。儘管謝爾曼的父親只是梅克倫堡村裡一個貧寒的鄉村牧師，但這並未使他放棄理想。他知道尋找特洛伊花費不菲，所以決定先掙一筆錢，然後再進行考古挖掘。事實上，他在很短時間內便積攢了一大筆財富，足以裝備一支探險隊。於是，他啓程前往自己認爲可信的特洛伊城舊址——小亞細亞的西北海岸。

在小亞細亞的那塊角落裡，坐落著一座長滿穀物的高丘。據當地的傳說，普里阿摩斯王的特洛伊城便埋在下面。此時，謝爾曼高漲的情緒超越了他的考古知識，他馬上著手挖掘。其熱情之高、挖掘速度之快，使他與自己夢寐以求的城市特洛伊失之交臂。他的壕溝直直地穿越了特洛伊城的中心，將他帶到深埋地下另一座更爲神祕的城市廢墟。這座城市比荷馬描寫的特洛伊城，至少要古老一千年。如果謝爾曼只找到幾把打磨過的石錘或者幾個粗陶罐，沒人會爲此吃驚。人們通常會將這些器物，與早在希臘人之前就定居此地的史前人類聯想在一起。然而事實上，謝爾曼在廢墟裡發現了作工精美的小雕像、貴重的珠寶和飾有非希臘圖案的花瓶。

根據這些發現，謝爾曼大膽提出，在距特洛伊戰爭的一千年以前，愛琴海沿岸就居住著一個神祕的種族。他們的文化在許多方面都比入侵他們

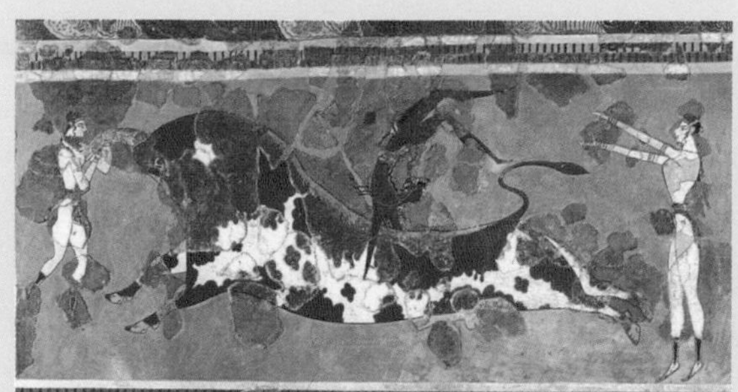

←戲牛圖，古代克里特壁畫
克諾索斯宮中有很多關於牛的題材，最有名的是壁畫「戲牛圖」。畫面表現的是三個緊張而又沉著的人物和一頭奮蹄擺尾、狂奔不止的公牛。公牛前後似乎為兩個身材修長的少女，她們的手腕和臂膀上戴有環狀飾物；牛背上倒立著一個深棕色的人，長髮飄逸，動作嫻熟。這幅壁畫的確切涵義，目前尚無從考證，似乎是表現某種宗教活動的場面。

國土、摧毀或吸收他們文明的希臘野蠻部落要優越得多。謝爾曼的推測最後被證實，米諾斯迷宮的發現，把希臘文明向前推移了近千年。也就是說，當埃及、巴比倫、印度和中國四大文明古國在東方出現之時，歐洲（西方）也產生了它自己的古代文明，即希臘文明的先聲——愛琴海文明。而以米諾斯王宮爲代表的克里特島邁諾安文明，則是愛琴海文明的第一站。

↑拳擊的孩子，聖托里尼島壁畫

克諾索斯宮殿

邁諾安文明經考古發掘，而爲世人所知。古希臘神話中雖有米諾斯王的傳說，但史學界一直認爲是無稽之談。海因里希・謝爾曼的發現，使更多人對希臘早期歷史產生濃厚興趣。1893年，英國考古學家伊凡斯博士，在雅典買到了一些小石塊，這是被希臘婦女戴在身上當護身符用的。他對於石塊上面刻的象形文字甚感好奇，這些象形文字在當時沒有一位學者懂得。爲追溯這些石塊的來源，他來到克里特島。1900年，他在愛琴海南部克里特島發現了傳說中的米諾斯迷宮，即克諾索斯王宮遺址，揭開了歐洲文明溯源上新的一頁。

↑春天，聖托里尼島壁畫

克諾索斯王宮依山而建，面積約一萬六千平方公尺，擁有大小房間一千七百多間。入口在西南邊，進門後是寬闊的石板通道，通道的盡頭是一個面積達一千四百平方公尺的中心庭院。庭院的東部穿過一個大階梯，就是米諾斯王室成員的居住地。整個建築像一座小型的城鎮，有街道，有糧倉和貨倉，有藝術家的工作室，有住房、禮儀廳和商店等，所有這些，全都從中心庭院向四周呈放射狀分布。這些數以千計的房屋，彼此以長廊、門廳、通道、階梯相連，千門百廊、曲巷暗堂，撲朔迷離，猶如沒有出路的大陷阱，稍不留神就會迷路。看來「迷宮」之說不無道理。

伊凡斯博士對挖掘出的宮殿、繪畫、雕像、圖記、花瓶、金屬器、泥板、浮雕等文物進行研究歸類，將克里特島的後新石器時代文化和史前文化分成三個時代——即邁諾安文明早期、中期及晚期。各相當於埃及的古王國、中王國和新王國時期。後來又有學者按克諾索斯和其他王宮的興建情況，把該文明分爲舊王宮、新王宮兩個時期，以西

→克里特高腳玻璃杯

元前1700年為界。舊王宮時期邁諾安文明的特點已經形成，但舊王宮遭毀後重建的新王宮更加豪華富麗，邁諾安文明此時進入全盛。

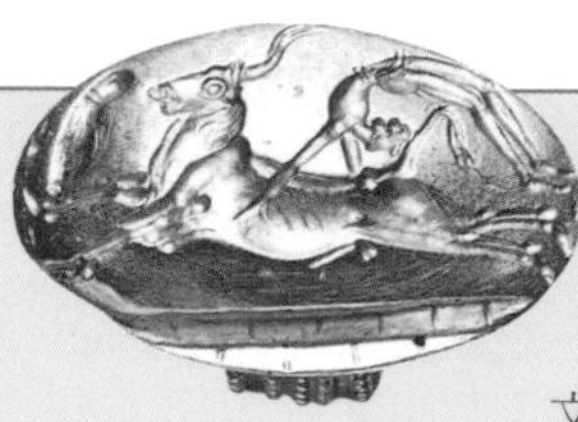

↑公牛與跳躍者，克諾索斯宮出土的圖章戒指

海上霸國的消失

邁諾安文明的經濟以農業為主，工商業和海上貿易發達，與埃及、小亞細亞、敘利亞有頻繁聯繫。米諾斯王朝除了統治克里特島外，還控制愛琴海地區，以海軍掌握海上霸權，海中許多島嶼和希臘南部沿岸（包括邁錫尼）均歸入其勢力範圍。在克里特島上，費斯托斯、馬利亞等地也有類似的王宮建築，只是規模較小。愛琴海中的錫拉島一度是重要商港，它被火山毀滅後，遺址中保存了較多文物，特別是壁畫。

這個繁榮的海島帝國維持了一千多年，發展出高超的工藝。其中最重要的城市克諾索斯，位於克里特島北部海岸。它在衛生條件和舒適程度方面，達到了相當現代化的水準。宮殿的排水設施精良，住宅配有取暖的火爐。另外，克諾索斯人還是歷史上第一個把浴缸引入日常生活的民族。

大約西元前1470年，正當邁諾安國勢如日中天之際，克里特島上的城市幾乎同時遭到了毀滅性的打擊。不久，這個稱雄一時的海上霸國便被海濤和風聲淹沒，只留下一些悠遠神祕的傳奇故事。是誰毀滅了邁諾安文明？古希臘歷史學家希羅多德認為，邁諾安霸國的毀滅與米諾斯遠征有關。傳說米諾斯王出兵西西里，被年輕美麗的西西里公主燙死在浴缸中，邁諾安霸國群龍無首，從此湮滅無聞。

←克諾索斯廢墟
1900年，伊凡斯和他的考古隊在愛琴海南部克里特島的克諾索斯廢墟。

克里特人精通書寫術，但是迄今為止，還沒人能破解他們留下的碑文。因此，我們無法熟悉其歷史，只能從愛琴海存留的遺跡中，推測他們英雄偉績的點點滴滴。那些廢墟告訴世人，愛琴海的世界是一夜之間，被來自歐洲北部平原的野蠻民族攻陷的。如果猜得沒錯，這個摧毀克里特人和愛琴海文明的野蠻種族，就是剛占領亞得里亞海與愛琴海之間那個岩石半島的游牧部族，也就是我們所稱的古希臘人。

←克里特陶器
克里特島的陶器外形獨特、沒有上釉，素胚上以深紅褐陶土粗描圖紋，多數以海洋或自然界所見生物為主題。寫實拙樸的風格中透露出幽默感，是古希臘陶器的始祖，也是國寶級的創作。陶器上畫野獸或人像則是受埃及的影響，因為當時海運行商很發達，與一海之隔的埃及時有來往。

053.邁錫尼文明

埋沒已久的邁錫尼文明在一代又一代考古學家的努力下，展現了輝煌燦爛的面目，「多金的」邁錫尼成了考古史上又一個傳奇。

來自北方的移民

邁錫尼其實是希臘半島上的城邦名稱，其文明大約誕生於西元前2000年。邁錫尼人和克里特人所屬種族不同，他們才是希臘人的始祖。受到邁諾安文明的影響，他們很早就進入了青銅時代，並開始使用線性文字，但直到西元前1600年左右才立國。

邁錫尼文明的繁榮時期約在西元前1600年到前1200年左右。其種族主要是北方移來的亞該亞人（或譯阿卡亞人）、愛奧尼亞人、多利亞人、伊奧尼亞人，後來統稱為邁錫尼人，主要分布在南部希臘及愛琴海區域。克里特島上的米諾斯等王國當時已創造了高度文明，邁錫尼人相對落後一些。就在米諾斯國勢蒸蒸日上之際，原本生活在希臘半島南部的邁錫尼人突然越海來到克里特島，占據了米諾斯王宮。過了半個世紀，克里特島附近發生了一次罕見的火山爆發，很多人猜測就是這次火山噴發引起的強烈地震和海嘯，突然毀滅了米諾斯王宮，許多線形文字的泥板文書，被燒成像石頭一樣的硬片。克里特島上的其他城邦都沒能從這場劫難中逃脫，就這麼盡數毀滅了。此後，邁諾安文明迅速衰落下去。

由於受邁諾安高度文明的影響，邁錫尼人很快由野蠻過渡到文明，建立了奴隸制王國。邁錫尼文明包括了許多部落據點，相當於以後的城邦，著名的除了邁錫尼以外，還有亞哥利斯、科林斯、雅典、斯巴達、伊塔卡、帕羅斯等等，邁錫尼是其中勢力較大的部落，且成

↓克里特── 邁錫尼文明分布地圖

爲希臘半島的盟主。各城邦由貴族、平民和奴隸組成，這些貴族和國王中的傑出人物在希臘神話中被尊爲英雄。數百年後，這些城邦的兩派盟主，就是著名的雅典和斯巴達。

阿伽門農家族

我們把目光轉向邁錫尼文明最繁榮的時期，約西元前1300年左右，邁錫尼是埋藏著黃金的富裕城堡，希臘半島城邦林立，最強大的邁錫尼王就是阿伽門農。

邁錫尼文明的發現要歸功於一個德國人，他是十九世紀的海因里希·謝爾曼。他以希臘神話傳說爲線索，找到了邁錫尼文明的遺址（獅子門、阿伽門農黃金面具），還有特洛伊古城遺址，使神話一下子在我們眼前化爲眞實，鮮活了起來。

歷史上的阿伽門農已經無從考證，只能從神話中大概瞭解一些。

阿伽門農的家族生來就充滿罪惡，他的曾祖坦塔羅斯是宙斯的兒子，出身高貴卻很殘暴。他邀請神赴宴，竟殺死自己的兒子珀羅普斯，將他烹煮後端上餐桌來戲耍神，但神奇蹟般地救活了珀羅普斯。由於對神的不敬，坦塔羅斯被打入地獄，他的後代家族則被施上了可怕的災難和自相殘殺的魔咒。

珀羅普斯有兩個兒子，阿特柔斯和堤厄斯特斯。兩人互相爭鬥，犯下了更深的罪孽。阿特柔斯是邁錫尼的國王，堤厄斯特斯則統治亞哥利斯的南部地區。弟弟引誘了阿特柔斯的妻子，阿特柔斯殺死了弟弟堤厄斯特斯的兩個兒子；堤厄斯特斯和幼子埃癸斯托斯後來復仇，殺死了阿特柔斯。阿特柔斯的兒子阿伽門農和墨涅拉俄斯逃亡斯巴達，投奔國王廷達瑞俄斯。國王的妻子是麗達，即海倫的母親。阿伽門農在那裡娶克呂泰涅斯特拉爲妻，墨涅拉俄斯娶海倫爲妻。廷達瑞俄斯臨終前立墨涅拉俄斯爲繼承人。阿伽門農後來回到邁錫尼，殺死堤厄斯特斯，登上邁錫尼王位。

關於麗達，有個令人迷眩的傳說：

天神宙斯好色，處處留情，他看見斯巴達王妃麗達，動了凡心，就變成一

↑阿伽門農之死，希臘繪畫

↑阿伽門農返回邁錫尼，希臘繪畫

←麗達和天鵝，古希臘雕塑

隻碩大無比的天鵝去勾引麗達，與之交歡。後來麗達生了一個蛋，蛋中的孩子就是海倫，是個傾國傾城的美女，十年的特洛伊戰爭便是爲她而戰。

獅子門

邁錫尼古城遺址西北角的「獅子門」，爲古城據險禦敵之要衝。該門由獨石建成門柱，上覆以巨石門楣，門楣之上又有一整塊巨石並鐫刻兩頭雌獅的浮雕，「獅子門」因此得名。雌獅子是邁錫尼宗教地母神的象徵。莊嚴的浮雕形象帶給古城入口一種威武肅穆、堅不可摧的氛圍。進入城門，可看到城堡內的建築以當年邁錫尼國王的皇宮爲主體，並設有聖火祭壇、國王的珍寶室、多座豎坑式墓穴和蜂窩式墓葬群。在荷馬史詩中，它是一座「黃金遍地」、「建築巍峨」、「通衢縱橫」的名城。

邁錫尼城堡的圍牆用巨石環山而建，厚度達五公尺，高八公尺。城堡的兩扇獅子門上刻有石獅浮雕，重達一百多噸，它的雄姿至今仍受世人景仰。邁錫尼的巨石城堡，自古以來就十分引人注

←線形文字泥板

邁錫尼人用線形文字記錄自己的語言而產生線形文字 B。邁錫尼人屬印歐語族，線形文字B今日已釋讀成功。

目，人們甚至把它視爲是鬼斧神工之作。在好多人的心目中，只有像傳說中的獨眼巨人，才能創造出那樣的奇蹟。

獨眼巨人是希臘神話傳說中一個體魄偉岸的怪人。英雄奧德修斯在特洛伊戰爭獲勝回國途中，曾經誤入巨人的石洞，後來他用燃燒著的木樁刺瞎了巨人的獨眼，攀附在羊肚子下面才逃出石洞。巨人可以隨意拿起大石封住洞門，這巨石即使用二十二輛四輪車拉，也紋絲不動。西元前二世紀，一位希臘作家在瞻仰了邁錫尼城堡的建築後，頗受震撼，於是便稱其爲「獨眼巨人的疊石」。

邁錫尼的圓頂墓也是相當宏偉的石造建築，最大的圓頂墓稱爲「阿特柔斯王（阿伽門農之父）的寶庫」，高十三·二公尺，用巨石堆疊砌成，墓門的一塊楣石竟重達一百二十噸。邁錫尼的陶器和工藝品也有自己的風格，除吸收邁諾安文明的元素外，還具有強勁粗放的特色。墓中的隨葬品，如金質面具、角杯、指環、金銀鑲嵌的刀劍等，都是古代工藝的傑作。

←金質面具

在「獅子門」城堡內一豎井狀墓穴中，發現了這具被稱作「阿伽門農面具」的金製死者面具，它提示人們這可能是一個國王的陵墓。

→古希臘陶盤

邁錫尼的線形文字B釋讀成功後，發現泥板中記載了希臘神話中常見的天神如宙斯、希拉、雅典娜、阿波羅的名字，表明邁錫尼文明與其後的希臘文明存在一定的承繼關係。

【人文歷史百科】

〈致海倫〉——愛倫·坡

海倫，我視妳的美貌
如昔日尼西的小船
於芬芳的海上輕輕飄泛
疲乏勞累的遊子
轉舵駛向故鄉的岸
久經海上風浪、慣於浪跡天涯
海倫，妳的豔麗面容
妳那紫藍的秀髮
妳那仙女般的風采令我深信
光榮屬於希臘
偉大屬於羅馬

文明的終結

邁錫尼文明持續發展和繁榮了兩百五十年左右就開始衰敗，王朝頻繁更替，戰亂相繼發生。一直保持高質量的陶器製作也開始走下坡。西元前十二世紀，邁錫尼王國出面組織希臘聯軍，發動了那場著名的特洛伊戰爭。最後，希臘聯軍雖然獲得了勝利，但實際上是兩敗俱傷，尤其是邁錫尼在遠征中受到極大損失，元氣大傷，落得個「螳螂捕蟬，黃雀在後」的下場。

希臘半島終於又恢復了平靜，但特洛伊戰爭使邁錫尼諸國元氣大傷，邁錫尼文明走到了尾聲。西元前1200年左右，北方強悍的多利亞人南下，征服了邁錫尼，把邁錫尼文明摧毀殆盡，希臘倒退到沒有文字記載的落後時期。邁錫尼文明也逐漸被人們淡忘，唯有留存下來的遺墟孤獨地立於夕陽餘暉下，默憶著那曾經有過的輝煌。而眾神的傳說和英雄時代也在這巨大的摧毀力量面前漸漸消失，留給我們的是往事如墨的青銅回憶。到今天還在講述著特洛伊戰爭的故事，是因爲它給後人留下了太多瑰麗的詩章和傳說。

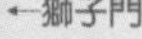
←獅子門
邁錫尼的衛城建於群山環繞的高崗上，現在只留下衛城的主要入口——獅子門。建於西元前1350至前1300年。門寬3.5公尺，可供騎兵和戰車通過，門上過樑是塊巨石，重達二十噸，中間比兩頭厚，在巨石的門楣上有一個三角形的疊澀券，用以減少門楣的承重力，中間鑲著一塊三角形的石板，上面刻著一對雄獅護柱的浮雕。

多利亞人天生是戰士，幾百年後波希戰爭中的斯巴達人就是凶悍的多利亞人。從西元前1100年到前800年之間的三、四百年，愛琴海文明消失了，希臘各地又退回原始社會，在歷史上被稱爲「黑暗時代」。但這個時代卻誕生了歷史巨獻《荷馬史詩》，因而又稱爲「荷馬時代」。到了西元前八世紀，希臘地區進入鐵器時代，出現了許多新國家，它們都以城市或市鎮爲中心，稱爲「城邦」。從此希臘又進入了另一個嶄新的黃金時代。

054.最初的希臘人

赫愣人是希臘人的祖先，絕頂聰明，他們從邁錫尼、巴比倫和底比斯買回了奇特的鐵製武器，也弄懂了航海的奧祕。

赫愣人

在歷史上的某一天，當一支印歐民族的小游牧部落離開多瑙河畔的家園，向南找尋新鮮牧場時，金字塔已經屹立一千年了，正開始顯出衰敗的徵兆，而巴比倫的睿智帝王漢摩拉比，此時也已長眠於地下數個世紀。這支游牧部落自稱爲赫愣人，即希臘人的祖先。根據古老的神話，很久以前，這個世界的人類曾一度變得異常邪惡，居住在奧林帕斯山的眾神之王宙斯對此大發雷霆，以洪水沖毀了整個塵世，除去所有人類。皮拉是厄庇墨透斯和潘朵拉的女兒，丟卡利翁的妻子，是唯一躲過宙斯洪水的兩個人。赫愣則是皮卡和丟卡利翁的兒子。

↑亞該亞武士，現代繪畫作品

【人文歷史百科】

希臘城邦

為了戰爭的需要，希臘各農村公社在一些有利地方建起了防衛城牆，即所謂的城邦（城市國家之意）。大約西元前800年，希臘城邦逐漸發展起來，成為最大的政治單位，包括大陸上的雅典、底比斯、麥加拉，伯羅奔尼撒的斯巴達、科林斯，小亞細亞的米利都，愛琴海島嶼的薩摩斯等等。

我們對這些早期赫愣人瞭解不多。記述雅典衰落的歷史學家修昔底德，曾以鄙夷的口氣談起自己的先祖，說他們「不值一提」。他說的多半是實話，這些赫愣人粗野無禮，過著牲畜一般的生活。他們對待敵人異常殘忍，常常將對方屍首扔給凶猛的牧羊犬分食。他們毫不尊重其他民族，大肆殘殺希臘半島的土著皮拉斯基人，掠奪其農莊和牲畜，並將對方的妻女賣爲奴隸。亞該亞人曾充當赫愣人的前鋒，引導他們進入賽薩利和伯羅奔尼撒的山區，於是赫愣人寫了許多頌歌來讚美亞該亞人的勇氣。

亞該亞人是最早侵入希臘的印歐民族，他們在西元前2000年不時地侵入希臘。這些手執青銅武器的戰車兵，向來被認爲是由多瑙河平原向南侵入希臘地區的，不過最近有證據顯示，他們也許是由小亞細亞西北部橫渡愛琴海侵入的。他們大體發展水準遠遠落後於邁諾安文明的克里特人，但到西元前1600年，這些新來的人已吸收大量傳入的邁諾安文化，從賽薩利到伯羅奔尼撒半島南端建立了許多小王國。

希臘文明的開端

落後的赫愣人常常在各處的高山頂上，羨慕地觀察，也看見了邁錫尼人的

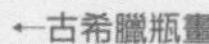

→早期的希臘水壺

←古希臘瓶畫
黑土料大面積上色再將描繪物刮出，露出紅色底土的線條及塊面，人物是勾勒出來的，衣折表現流暢，構圖有變化，不再只是正側面、正面造型，而有了斜側面的角度。

城堡，但他們沒敢下手。邁錫尼士兵使用金屬刀劍與長矛，赫愣人知道，憑自己手裡的粗陋石斧，絕對是毫無勝算的。

在許多世紀裡，他們就這樣四處遊蕩，往來於一個又一個的山谷與山腰。後來他們占領了大量土著人的土地後，便定居下來成了農民。

這也許就是希臘文明的起點。這些變成了希臘農民的赫愣人，住在看得見邁錫尼人殖民地的地方，終於忍不住好奇心，去拜訪了他們的高傲鄰居。他們發現，原來自己可以從這些居住在邁錫尼高大石牆後面的人們那裡，學到許多有用的東西。

赫愣人是絕頂聰明的學生，不消多久便學會了如何使用邁錫尼人從巴比倫和底比斯買回的那些奇特的鐵製武器，也弄懂了航海的奧祕。於是，他們開始自己建造小船，出海航行。

當他們學會了邁錫尼人的所有技藝，便掉轉矛頭，把對方趕回了愛琴海島嶼。不久，他們冒險渡海，征服了愛琴海上的所有城市。最後，在西元前十五世紀，他們洗劫了克諾索斯，將其夷爲平地。就這樣，赫愣人初次登上歷史舞臺。千年後，他們成爲了整個希臘、愛琴海和小亞細亞沿岸地區的主人。西元前十一世紀，古老文明的最後一個偉大貿易中心——特洛伊，被希臘人摧毀。歐洲歷史，從此便眞正開始了。

←特洛伊城遺址
位於今土耳其西北的希沙立克，處於聯結歐亞的樞紐地帶，又稱作伊利奧斯、伊利昂。荷馬史詩中有關於希臘人與特洛伊人戰爭的故事，就發生在這裡。西元前十一世紀，特洛伊被希臘人摧毀。

055.希臘神話

希臘神話是希臘民族將世界理想化、社會詩歌化、人生藝術化的表現，奠定了日後希臘文明和西方文學藝術作品的基礎……

希臘藝術的源頭

希臘神話是世界文化遺產中璀璨的瑰寶，是歷史上人類童年時代的產物，作爲「永不復返的階段」，它對希臘和歐洲文化有很深的影響。數千年來，這塊肥沃的世界文化園地，成爲詩歌、戲劇、繪畫和雕塑取之不竭的豐沛泉源。

偉大的著作《荷馬史詩》在流傳的過程中，正是加進了諸多神話傳說，內容才變得更加豐富多彩。智勇雙全的英雄在戰場上叱吒風雲、英勇殺敵時，常常得到各路神仙的幫助，有時諸神之間也是紛爭不斷。諸神們的形象和性格猶如凡人，有喜怒哀樂和七情六欲。這一切都令古希臘神話絢麗多彩。

古希臘神話並非只存在於典籍篇章中，而是自然鮮活地綻放在希臘這塊土地上。它的產生和形成也有一個歷史演變的過程，在豐富多彩的希臘神話中，積累著歐洲文化諸多的符號祕語，並以典故和成語的方式流傳著。如果不瞭解希臘神話，我們便難以從本源上理解「潘朵拉的盒子」、「普羅米修斯之火」以及「風神的皮囊」等典故的意義。那麼，希臘神話到底是什麼模樣呢？

【人文歷史百科】

西方古典文化

西方古典文化，主要是指古希臘、古羅馬文化。古希臘神話和傳說創作於原始社會時期；而古羅馬神話源於古希臘，只是將古希臘神話人物的名字改成羅馬自己的版本。古希臘、古羅馬文化既是西方文化的搖籃，又是西方古典文化的高峰，其影響是非常深遠的。

神話與神譜

古希臘人信奉多神教，按希臘神話，最初宇宙是混沌的，後來混沌中誕生了大地母神蓋婭（Gaea），蓋婭生出天神烏剌諾斯（Uranus）。烏剌諾斯和蓋婭結合，生下了十二個泰坦巨神，其中，普羅米修斯是創造人類的大神。後來，泰坦族的統治被他們的後代宙斯推翻，

←海克力斯與薩提洛斯

荷馬時期的雕刻主要是供祭祀和隨葬用的赤陶和青銅小雕像。作品取材於希臘神話：海克力斯是希臘神話中最負盛名的英雄和大力士；薩提洛斯是神話中最低級的林神，專司豐收，在神話中把他描寫成懶惰、淫蕩的半人半獸怪物。

宙斯成爲宇宙的主宰，他建立了以他爲首的奧林帕斯山諸神的統治。

奧林帕斯山有十二位主神：宙斯（Zeus）是眾神之父，他性格隨和，喜歡安靜，不過眞要發起脾氣來，也夠那些神們受的了。他手持兩把大斧掌管雷電，管理著神族成員。在神族中，最難管的要算是他的妻子天后希拉了。

希拉（Hera）掌管天空，她的脾氣不好，嫉妒心極強，說話尖酸刻薄。有人說，善妒是女人的天性，正符合這位天后的形象。

迪密特（Demeter）是非常受人類尊敬的農神，負責莊稼的耕耘和收穫。有一年，宙斯自作主張將她的女兒嫁給了地府之王黑地斯（Hades）。這可把迪密特氣壞了：「自己女兒的歸屬竟由別人作主，哪還把我這個當母親的放在眼裡！」迪密特發起脾氣來也是挺嚇人的，她讓大地荒蕪，莊稼顆粒無收，人們餓得奄奄一息。這可不得了，宙斯馬上派神使赫耳墨斯從中調解，讓迪密特的女兒又回到人間。但由於她吃了地府裡的東西，往後只能住在地下。爲了讓迪密特安心，宙斯允許她們母女一年有三分之二的時間住在一起。這一來，迪密特又讓植物發芽了，於是人間又開始春種秋收。可是每當女兒回地府的時候，她便無心工作，這時大地就是嚴寒的冬天，到處一片蕭條景象。

另外，海神波塞頓（Poseidon）、智慧與力量之神雅典娜（Athena）、太陽神阿波羅（Apollo）、月神阿提密斯（Artemis）、愛與美之神阿芙羅黛蒂（Aphrodite）、戰神阿瑞斯（Ares）、火神赫斐斯特（Hephaestus）、商旅神赫耳墨斯（Hermes）、爐灶女神赫斯提亞（Hestia）也是奧林帕斯山眾神大家族的重要成員，他們都有自己的神通和獨特的故事。這些神與神話便成爲希臘文藝作品取之不盡的題材，並對歐洲的文學藝術產生了深遠的影響。

←阿波羅像
希臘早期雕像有模仿埃及雕刻造型的痕跡，古風時期尚殘存，但雕刻家已開始不滿足於模仿，力求用自己的眼光探索人體結構和人體比例，創作出寫實、自然、富有生氣的藝術形象來。古風時期的男子雕像大多是墓前雕刻品，有的是死者本人，有的為死者而立，一般稱之為阿波羅像，這是因為古希臘神人同形同性所致。

←好色之徒
希臘神話半人半獸的森林之神是好色之徒，性慾極強的男人。

056.荷馬史詩

希臘歷史在經歷了愛琴海文明後，進入了一段黑暗時代，希臘倒退到沒有文字記載的史前時期。這段時期，希臘歷史上出現了一部絕唱，即由盲詩人荷馬口頭創作的《荷馬史詩》。

希臘的黑暗時代

特洛伊戰爭結束後不久，居於歐洲內陸的多利亞人南下，來到希臘半島的中南部。當地居民害怕多利亞人的燒殺搶掠，紛紛背井離鄉，遷往他處尋找安身立命的地方。從此愛琴海文明在歷史上消失了，在希臘各地定居的居民又回到了原始社會的生活。

對於這時的希臘人來說，輝煌的愛琴海文明已經成爲過去，而幾十年前發生的特洛伊戰爭彷彿就在昨日。那傳奇式的情節和英勇壯烈的戰鬥場面，時常激盪著希臘人的心靈。他們把特洛伊戰爭中的一些故事編成民歌，在各地廣泛傳誦。一些民間藝人經常在國王宮殿或群眾集會上，手彈弦樂，口吟歌詞，聲情並茂地講述希臘人在那次戰鬥中英勇殺敵的動人事蹟。在世代傳誦的過程中，各地的歌手不斷地加進一些神話和傳說元素，以及反映當時社會狀況，使故事更加曲折動人。大約到西元前八世紀時，出現了一位偉大的詩人荷馬，他將一些短篇圍繞一個中心結合起來，加工提煉，使它具有了更高的藝術價值和特色，成爲一部光耀歷史的史詩巨集。這就是著名的《荷馬史詩》。

【人文歷史百科】

荷馬

古希臘人，約生活在西元前九至前八世紀，是一個雙目失明、到處行吟的歌者。說明白些，他有點像賣唱的老人，飄遊四方，把自己的詩朗誦給大家聽，以換取食宿。據說「荷馬史詩」是荷馬根據別的行吟詩人口頭吟唱的相關歷史事蹟、神話和傳說，自個兒編輯而成的。人們非常喜歡聽他的吟唱，記住了那些錦繡般的詩句。荷馬死後，這些偉大詩篇一代一代流傳下來。《荷馬史詩》不但是古希臘一部偉大的文學作品，同時也是很有價值的歷史文獻。

《荷馬史詩》分爲兩部分：《伊利亞德》和《奧德賽》。《伊利亞德》成詩的時間早一些，《奧德賽》則是荷馬晚年的作品。

《荷馬史詩》最初形成時還只是口耳相傳，它最初用文字記錄下來是在西元前六世紀中葉，到西元前二、三世紀間經亞歷山卓城的學者校訂，史詩最後才定本。

《荷馬史詩》記載的是歷史和神話傳說的結合。兩千多年來，西方人一直把《荷馬史詩》奉爲古典藝

←古希臘荷馬雕像，大英博物館藏

→ 古希臘人形花瓶

術的瑰寶。歷史上也把西元前十一世紀到前九世紀這幾百年，稱為希臘歷史上的「荷馬時代」。

←特洛伊戰爭，古希臘瓶畫
特洛伊戰爭規模空前，交戰雙方均投入大量兵力。荷馬在其史詩中，對驚心動魄的戰爭場面做了極精采的描述。

英雄史詩

荷馬史詩用神話方式表現了特定的社會歷史。《伊利亞德》寫的是希臘人圍攻特洛伊城的故事，它以特洛伊戰爭結束前五十日的戰事為描寫的重點，以阿基里斯的憤怒為主線，描寫了希臘聯軍與特洛伊人及其盟軍在城牆下、海灘邊的喋血苦戰。

為了平息阿波羅的憤怒，聯軍統帥阿伽門農交出了自己的「床伴」(阿波羅祭司的女兒)，卻橫蠻地帶走了主將阿基里斯的戰禮「美貌的布里賽伊絲」。阿基里斯怒不可遏，決定罷兵不戰，因而導致了亞該亞人（即希臘人）在戰場上的節節失利。特洛伊人兵抵聯軍的海船和營棚，主帥赫克托兵刃阿基里斯的好友派特羅克洛斯。阿基里斯悲憤異常，重返戰場殺死了赫克托，最後遵照神意，將赫克托的屍體交還給他的父親，也就是年邁的普里阿摩斯。

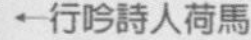

←行吟詩人荷馬
勒盧瓦爾在這幅畫中，表現行吟詩人荷馬正在愛奧尼亞一條大路旁，一邊演奏齊特拉琴，一邊吟唱特洛伊英雄的史詩。

《奧德賽》寫的是希臘英雄奧德修斯在特洛伊戰爭結束後還鄉的故事。希臘人用奧德修斯的木馬屠城計攻下了特洛伊城後，帶著掠得的奴隸和財寶返回故鄉，而伊塔卡國王奧德修斯卻在歸國途中遇上海難。在經歷了千辛萬苦之後，他終於返回故鄉。在奧德修斯出外征戰的許多年中，他的妻子一直在家鄉等待著他。島上的許多青年貴族覬覦他的財產，住在他家中，向他妻子求婚，盡情揮霍他家財產。奧德修斯假扮成乞丐回到家裡，試探自己的妻子，並和兒子一起殺死了求婚者，又殘暴地殺死了不忠的奴隸，重新做了伊達卡的國王。

兩大史詩規模宏偉，內容豐富，情節曲折動人。《荷馬史詩》對古希臘人來說，具有百科全書的性質，他們從中汲取知識，接受教育。在整個古典時期，史詩成了希臘教育和文化的基礎。柏拉圖在《理想國》裡曾提到，荷馬教育了希臘人。由於兩部史詩中塑造了眾多的英雄形象，並透過這些形象表現出那個「英雄時代」的英雄主義理想，因此，《荷馬史詩》又被稱為「英雄史詩」。

057.普羅米修斯

普羅米修斯看到人類生活的困苦，遂幫助人類偷取了火種。宙斯得知後憤怒不已，將他鎖在高加索山的懸崖上，普羅米修斯因此成為了「偉大殉難者」的同義詞。

創造人類

天地剛被創造出來的時候，大地上雖然有著各種成群的動物，但是還沒有一個有靈魂、能夠主宰這個世界的高等生物。這時，普羅米修斯降生了。他是被宙斯放逐的神祇後裔，是大地母神蓋婭與烏拉諾斯所生之伊阿佩托斯的兒子。

他機敏、智慧而有遠見，知道天神的種子蘊藏在泥土中，於是他捧起一把泥土，用河水把它沾濕後調和起來，按照世界的主宰——天神的模樣，精巧地捏成人形。爲了賦予這泥人生命，他從動物的靈魂中攝取了善與惡兩種性格，將它們封進泥人的胸膛裡。在眾天神中，他有一位女友，即智慧女神雅典娜。雅典娜十分驚奇這泰坦神之子的創造物，便朝具有一半靈魂的泥人吹了口氣，泥人便擁有了靈魂和神聖的呼吸。

【人文歷史百科】

宙斯

宙斯是克洛諾斯之子、萬神之王，主管天空，希臘神話中的至高神，掌握雷電，所以又被稱為雷神。在母親蕾亞的支持下，殺了父親克洛諾斯，成為第三代衆神之王。他性格極為好色，常背著妻子希拉與其他女神和凡人私通，私生子無數。

人類就這樣出現在這個世界上，他們繁衍生息，不久便形成了一大群，遍布各處。然而有很長的一段時間，他們不知道應該怎樣運用他們的四肢，也不知道應該怎樣使用神賜予的靈魂。他們視而不見，聽而不聞，如同夢遊中的人一樣，漫無目的四處走來走去，不知道自己從哪裡來，要到哪裡去，不知道怎樣利用這天地間的萬物。他們不知道採石燒磚、砍伐林木建造成房屋；他們像螞蟻一樣整天忙碌，群居在沒有陽光的土洞裡，覺察不了冬去春來、寒來暑往的氣候變化。

普羅米修斯還發明了船和帆，讓人類能在海上航行。當時，人類不知道用藥物來治病，

←幫助人類的普羅米修斯，油畫，1515年皮埃洛·迪·科西莫作品

普羅米修斯教會人類觀察日月星辰的升起和降落；他教會人類用數字計算和用文字來交換思想；他還教會人類駕馭牲口，分擔人類的勞動；教人類用馬拉車。

→古希臘高腳碗

→普羅米修斯盜火給人類

很多人悲慘地死去，普羅米修斯便教會他們調製藥劑來防治各種疾病。另外，他還教會他們占卜、圓夢、解釋鳥的飛翔和祭祀顯示的各種徵兆。他引導他們探勘地下的礦產，識別各種礦石，開採鐵、銀和金子。

盜取天火

人類出現後，萬神之父宙斯及眾神祇要求人類敬重他們，並以此作爲保護人類的條件。一天，神祇們集會商議，確定人類的權利和義務。普羅米修斯作爲人類的維護者，出席了會議。在集會上，他設法使諸神莫因答應保護人類而提出苛刻的獻祭條件。這位泰坦神之子決定用他的智慧來矇騙諸神。他代表自己創造的人類宰了一頭大公牛，請諸神們選擇他們喜歡的那部分。他把獻祭的公牛切成碎塊，分爲兩堆。一堆放上肉、內臟和脂肪，用牛皮把它們遮蓋起來，然後在上面放著牛肚子；另一堆放的全是牛骨頭，十分巧妙地用牛的板油包裹起來。這一堆比那一堆大一些。全知全能的神祇之父宙斯看穿了他要弄的伎倆，便說：「伊阿佩托斯的兒子，尊貴的王，我的好朋友，你把祭品分得多麼不公平啊！」此時，普羅米修斯越發相信自己已騙過了宙斯，心裡暗笑著說：「尊貴的宙斯，永恆的眾神之父，你就按自己的心願挑選一堆吧！」宙斯心裡非常氣惱，卻故意伸出雙手去拿那雪白的板油。當他剝掉板油，看清這裡面全是剔光了肉的骨頭時，裝作直到現在才發覺上當似的，非常氣憤地說：「我看到了，伊阿佩托斯的兒子，你還沒有改掉你那些欺騙的伎倆！」

被欺騙的宙斯決定要報復普羅米修斯。他拒絕向人類提供生活所必需的最後一樣東西——火。

然而普羅米修斯非常聰明，馬上想出了一個極爲巧妙的辦法。他拿來一根又粗又長的茴香稈，扛著它走近馳來的太陽車前，將茴香稈伸到火焰裡

←普羅米修斯大理石像，高115公分，1737年尼古拉斯作品，羅浮宮藏

點燃，然後帶著閃爍的火種回到了地上。很快地，第一堆木柴燃燒了起來，火越燒越旺，烈焰沖天。

潘朵拉

宙斯發現人間升起了火焰，大發雷霆，他知道已經無法把火從人類那裡奪回去了，於是便很快想出了新的災難來懲罰人類，以抵銷火帶給人類的利益。他命令手藝精巧的火神赫淮斯托斯造了一尊美麗少女形象。雅典娜由於妒忌普羅米修斯，也對他漸漸失去了情意，她親自爲這位少女披上雪白的長袍，蒙上面紗，在她頭上戴上美麗的花環，並束上金髮帶。眾神的使者赫耳墨斯給這位少女傳授語言的技能；愛神阿芙羅黛蒂賦予她一切可能的媚態。於是宙斯爲這位最令人迷戀的美麗少女注入了一種迷惑人心智的禍水。他爲她取名爲潘朵拉，意思是「具有著一切天賦的女人」，因爲眾神都給了她一些危害人類的禮物。

宙斯把潘朵拉送到了人間，正在地上遊蕩著尋歡取樂的神祇們見了這位少女，都爲這眾神的創造物——潘朵拉的美豔絕倫驚詫不已。人們更是看呆了，因爲人類從沒見過像她這樣美豔的女人。她來到普羅米修斯的弟弟埃庇米修斯面前，請他收下宙斯給的贈禮。

普羅米修斯警告他的弟弟，切勿接受宙斯的任何贈禮，可是，埃庇米修斯沒有聽從這個忠告，十分歡喜地接納了這個年輕美貌的女人。在此之前，人類遵照普羅米修斯的警告，因此無災無禍，沒有過分艱辛的勞動，也沒有折磨人的大疾病。

而現在，這個姑娘雙手捧上了禮物—— 一只緊閉的大盒子。她剛走到埃庇米修斯的面前，就突然打開了盒蓋，於是裡面的災害像股黑煙似地飛了出來，迅速擴散到地上。盒子底上還深藏著唯一美好的東西：希望！但潘朵拉依照萬神之父宙斯的告誡，趁它還未飛出時，趕緊關上了蓋子，因此「希望」便永遠被關在盒內了。從此，各種各樣的災難充斥了大地、天空和海洋。疾病日日夜夜在人類中蔓延肆虐，而又悄無聲息，因爲宙斯不讓它們發出聲響。各種熱病在大地上猖獗，原先

←潘朵拉的誘惑，古希臘瓶畫
美豔的潘朵拉引誘了普羅米修斯的弟弟埃庇米修斯。

在人間腳步遲緩的死神，如今卻步履如飛。

宙斯的報復

↑被縛的普羅米修斯，古斯塔夫．莫羅作品

宙斯決定向普羅米修斯進行報復，他叫赫淮斯托斯把普羅米修斯拖到斯庫提亞的荒山野嶺。在那裡，普羅米修斯被牢固的鐵鏈鎖在高加索山的懸岩上，下臨可怕的深淵；被直挺挺地吊著，無法入睡，無法彎曲一下疲憊的雙膝。「不管你發出多少控訴和悲嘆，都是無濟於事的。」赫淮斯托斯對他說：「因爲宙斯的意志是不可動搖的。」普羅米修斯被判受折磨是永久的，至少也得三萬年。儘管他大聲悲鳴，並且呼喚風兒、河川、大海和萬物之母大地，以及注視萬物的太陽，來爲他的苦痛作證，但他的精神卻仍是極其堅強。宙斯每天派一隻惡鷹去啄食被縛的普羅米修斯的肝臟，肝臟被啄食後很快又長成原狀。這種痛苦的折磨他不得不忍受下去，直到將來有人自願爲他獻身爲止。

爲不幸的普羅米修斯解除苦難的一天終於到來了。當他被吊在懸岩上，過著漫長的悲慘歲月時，有一天，海克力斯爲尋找赫斯珀里得斯的金蘋果來到這裡。他看到惡鷹正在啄食可憐的普羅米修斯的肝臟，便取出弓箭，把那隻殘忍的惡鷹從這位苦難者的肝臟旁一箭射落。然後他鬆開鏈鎖，解放了普羅米修斯，帶他離開山崖。

爲了滿足宙斯規定的條件，海克力斯把半人半馬的肯陶洛斯族的喀戎，作爲替身留在了懸崖上。喀戎雖然可以要求永生，但是爲了解救普羅米修斯，他甘願獻出自己的生命。爲了徹底執行宙斯的判決，在懸崖上長期受苦的普羅米修斯離開那裡後，必須永遠戴著一只鐵環，環上鑲著一塊高加索山上的石子。這樣一來，宙斯便可自豪地宣稱，敢反對他的人，將永遠被鎖在高加索山的懸崖上。

←解救普羅米修斯
海克力斯用箭射落了惡鷹，而半人半馬的肯陶洛斯族的喀戎為了解救普羅米修斯，作為替身留在了懸崖上。

058.人類的時代

正直、善良和公正的人被踐踏，胡作非為者備受光榮；善良和文雅不再受到敬重，惡人可以侮辱善人，這就是人類如此不幸的原因。

黃金時代

神祇創造的第一代人類是黃金的一代，那時候統治天國的神祇是克洛諾斯。這代人們生活得如同神祇一樣，他們整天無憂無慮，既沒有繁重的勞動，也沒有苦惱和貧困。大地給他們提供了各種各樣的果實，豐茂的草地上牛羊成群，他們平和地從事勞動。他們也不會衰老，手腳一直保持著青年人的力量，並且不生疾病，一生享受盛大的宴會與快樂。當他們感到死期來臨時，便沉入安詳的長眠之中。當命運之神判定黃金的一代人從地上消失時，他們便都成爲仁慈的保護神，在雲霧中來來去去，他們是一切善舉的施主，他們主持公正和道義，懲罰一切罪惡。

白銀時代

黃金時代的人類消失後，神祇又用白銀創造了第二代人類。他們在外貌和精神上都與第一代人類不同。孩子生活在家中，受到母親的溺愛和照料。他們活了一百年身體卻仍然像童年一樣，精神上也總是不成熟。等到孩子步入壯年時，他們一生的時間只剩寥寥幾年了。放縱的行爲使這代人陷入苦難的深淵，因爲他們無法節制自己的激烈情感。他們爾虞我詐、肆無忌憚地違法亂紀，不再獻祭神祇。宙斯十分惱怒，要將這個種族從地上消滅掉，因爲他不願意看到有人褻瀆神祇。當然，這個種族也非一無是處，所以他們榮幸地獲得恩准，在生命終止之後，仍可作爲魔鬼在地上漫遊。

青銅時代

屢次失敗的天父宙斯，又別出心裁地創造了第三代人類，即青銅的人類。這代人們跟白銀時代的人又完全不同。他們殘忍而粗暴，

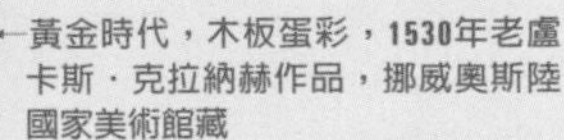

←黃金時代，木板蛋彩，1530年老盧卡斯·克拉納赫作品，挪威奧斯陸國家美術館藏

→雅典娜的出生，古希臘陶罐頂部

←人類的美好時代，油畫，古斯塔夫．莫羅作品

只知爭戰，總是不停地互相廝殺。每個人都千方百計地侮辱別人。他們專吃動物的肉，不願食用田野上的各種果實。他們頑固的意志如同金剛石一樣堅硬，人也長得異常高大魁梧。他們使用的是青銅武器，住的是青銅房屋，用青銅農具耕種田地。他們不斷發動戰爭，可是，雖然他們長得高大魁梧，卻無法抗拒死亡。他們離開溫暖而光明的大地之後，便降入陰森恐怖的冥府之中。

英雄時代

頑童似的宙斯把青銅時代的人類打入地府後，又創造了第四代人。這代人們依靠大地上的產物來生活，他們比以前的人類更高尚、更公正。他們是神祇英雄的一代人，即古代所稱的半神英雄們。可是最後他們也陷入戰爭和仇殺之中，有的為了奪取伊底帕斯國王的土地，倒在底比斯的七道城門前；有的為了美麗的海倫跨上遠征的戰船，倒在了特洛伊的田野上。當他們在戰爭和災難中結束了生命後，宙斯把他們送往極樂島，並讓他們在那裡居住生活。極樂島在天邊的大海裡，風光秀麗、景色宜人。他們過著寧靜而幸福的生活，富饒的土地每年三次為他們提供甜蜜的果實。

古代詩人希西阿說到人類世紀的傳說時，曾慨嘆地總結說：「唉，如果我不是生在現今人類的第五代的話，那麼讓我早一點去世或遲一些出生吧！因為這代人是黑鐵製成的！他們徹底墮落和敗壞，一生充滿著痛苦和罪孽；他們日日夜夜地憂慮和苦惱，不得安寧。神祇留給人類的只有絕望和痛苦，沒有任何希望。」

←**青銅時代，羅丹早年作品**
一個青年的裸像，他的右手緊緊抓著頭髮，左手握緊拳頭，頭部向著遠方和高處，眼睛尚未睜開，右腳的步伐在舉與未舉之間。年輕的軀體及全身的肌肉還在沉睡與清醒之間。

【人文歷史百科】

天后希拉

希拉是克洛諾斯之女，宙斯的姐妹和妻子；她主管婚姻和生育，是婦女的保護神；希拉氣質高雅，容顏美麗，且對伴侶忠貞不渝，無愧於天后的地位，但她的善妒也是出了名的。希拉和宙斯經常發生激烈爭吵，通常宙斯的花言巧語又總能讓他們和好如初。

059.大洪水

宙斯決定根除人類。他想用閃電來懲罰整個大地，但又擔心殃及天國，決定向大地降下暴雨，用洪水滅絕這一代人類。

呂卡翁的惡行

萬神之父宙斯不斷聽到青銅時代人類所做的各種壞事，於是決定扮作凡人，降臨人間查看。一天深夜，他走進阿耳卡狄亞國王呂卡翁的大廳裡，呂卡翁不僅待客冷淡，而且是以粗野著名的人。宙斯以神奇的先兆表明自己是神，人們都跪下來向他頂禮膜拜，但是呂卡翁卻不以爲然，並嘲笑這些人們虔誠的祈禱。他悄悄地殺了一名人質，讓人剁下他的四肢，然後扔進滾開的水裡煮，其餘部分放在火上烤，以此作爲晚餐獻給陌生的客人。宙斯已把這一切都看在眼裡，他被激怒了，從餐桌上跳起來，將一團復仇的火焰投放在這個不仁不義的國王的宮殿裡。國王驚恐萬分，想逃到宮外去。可是，他發出的第一聲呼喊變成了一種淒厲的嚎叫，他身上的皮膚變成粗糙多毛的獸皮；雙臂撐到地上，變成了兩條前腿。從此呂卡翁變成了一隻嗜血成性的惡狼。

↑大洪水，油畫，約翰．海因里希．舍恩菲爾德作品
畫面表現了人們面對滔滔洪水，絕望地尋找救命的辦法。

宙斯回到奧林帕斯聖山，他與諸神商量，決定根除這代可恥的人類。他想用閃電來懲罰整個大地，但是又擔心殃及天國，宇宙之軸會被燒毀。於是，他放棄了這種粗暴的報復念頭，放下獨眼神爲他煉鑄的雷電錘，決定向大地降下暴雨，用洪水滅絕這一代人類。頓時，雷聲隆隆，大雨如注，暴風雨摧殘了地裡的莊稼。農民豐收的希望破滅了，整整一年的辛苦勞動都白費了。水勢不斷上漲，不久便淹沒了宮殿，連神廟塔尖也捲入湍急的漩渦中。頃刻間，水陸難辨，整個大地變作一片無邊無際的汪洋。

人們面對滔滔的洪水，絕望地尋找救命的辦法。有的爬上山頂，有的駕起木船，航行在淹沒的房頂上。大水一直漫過了葡萄園，船底掃過了葡萄架。魚兒在枝蔓間掙扎，滿山遍野逃遁的野豬遭波濤吞沒、淹死。一群群的人被洪水沖走，倖免於難的人們後來也餓死在光禿禿的山頂上。

【人文歷史百科】

海神波塞頓

海洋的主人，宙斯的二哥，他手持巨大三叉戟，統領海中所有生物。有時被描繪為半人半魚的模樣，能呼風喚雨，性格凶暴殘忍。

丟卡利翁和皮拉的故事

普羅米修斯的兒子丟卡利翁事先得到父親的警告，及早地造了一艘大船。當洪水到來時，他和妻子皮拉駕船駛往帕耳那索斯。宙斯看到千千萬萬的人中只剩下這對可憐的夫婦漂在水面上，宙斯知道這對夫婦善良且信仰神祇，於是平息了怒火。他喚來北風，北風驅散了團團烏雲和濃濃的霧靄，讓天空重現光明。掌管海洋的波塞頓見狀也放下三叉戟，令滾滾的海浪退去，海水馴服地退到高高的堤岸之下，河水也回到了河床。樹梢從深水中露了出來，樹葉上沾滿了汙泥。群山重現，平原擴展，大地漸漸乾燥，恢復了原貌。

丟卡利翁着着周圍，大地荒蕪，一片泥濘，如同墓地一樣沉寂。看著這一切，他禁不住淌下了淚水，對妻子皮拉說：「親愛的，我朝遠處眺望，看不到一個活人。我們兩個人是大地上僅存的人類，其他人都被洪水吞沒了，如今，

↑向正義女神禱求的丟卡利翁和皮拉

我們也很難生存下去。」他們沒有主意，只好來到荒廢的聖壇前跪下，向正義女神特米斯懇求說：「女神啊，請告訴我們，該如何創造已經滅亡了的人類種族。」

「離開我的聖壇，」女神的聲音回答說：「戴上面紗，解開腰帶，然後把你們母親的骨骸扔到你們的身後去！」

丟卡利翁初始不解，後來他的妻子明白了神諭中眞正的意思，便告訴丟卡利翁，女神所指的是大地母神。於是夫妻倆撿起了地上的石塊，用泥土包裹著，往後一丟，初始還沒有完全成形，好像藝術家剛用大理石雕鑿出來的粗略輪廓。後來，石頭上濕潤的泥土變成一塊塊肌肉，結實堅硬的石頭變成骨頭，石塊間的紋路變成人的脈絡，最後終於變成了有血有肉的人。更奇怪的是，丟卡利翁往後扔的石塊都變成了男人，而妻子皮拉扔的石頭全變成了女人。直到今天，人類並不否認他們的起源。這是堅強、刻苦、勤勞的一代，人們永遠不會忘記造成他們的物質。

←創造生命，油畫，喬凡尼・本內德托・卡斯蒂格利昂作品
丟卡利翁和皮拉按照女神的話，把石塊朝身後扔去。就這樣，奇蹟真的出現了，石頭漸漸變成了人的模樣。

060.歐羅芭

歐羅芭，把妳帶到這裡的公牛就是宙斯。妳現在已成了地上的女神，妳的名字將與世長存，從此這塊大陸就按妳的名字稱作歐羅芭！

腓尼基公主的奇夢

腓尼基王國的首府泰樂和西頓是塊富饒的土地。國王阿革諾耳有一個女兒叫歐羅芭，她居住在父親美麗的宮殿裡。

一天半夜，她做了一個奇怪的夢，夢見世界的兩大部分——亞細亞和對面的大陸，變成了兩個女人；她們在激烈地爭鬥著，想要占有她。其中一位婦女很陌生，而另一位就是「亞細亞」，長得完全跟當地人一樣。亞細亞十分激動，溫柔而又熱情地要求得到她，說自己是把歐羅芭從小哺育大的母親；而陌生的女人卻強行抓住歐羅芭的手臂，要將她拉走。「跟我走吧，親愛的，」陌生女人對她說：「我帶妳去見宙斯！因為命運女神指定妳作他的情人。」

歐羅芭被驚醒，心慌得跳個不停。她從床上坐起來，剛才的夢境依然清晰地浮現眼前，就像白天發生的事一樣。她呆呆地坐了很久，一動也不動。「天上哪一位神，」她想著，「給我這樣一個夢呢？夢中那位陌生的女人是誰？我是多麼渴望能夠見到她啊！她待我那麼慈愛，她一邊動手搶奪我，還一邊溫柔地向我微笑呢！眞希望神祇能讓我再回到夢中！」

天亮了，陽光抹去了姑娘夜間的夢境。一會兒，與她年紀相仿的一群姑娘朝她聚攏過來，和她一起遊戲玩耍。她們都是貴族家的

↑牛背上的歐羅芭，插圖，西蒙作品

【人文歷史百科】

冥王黑帝斯

宙斯、波塞頓、得墨特爾的兄長，主管冥界，力量很強，但性格平和。除了搶奪豐收女神得墨特爾之女，即春之女神玻爾塞富涅為妻外，無其他惡行。

女兒，她們陪她散步，來到了海邊的草地上，這是姑娘們最鍾愛聚會的地方。

宙斯的誘惑

海邊鮮花遍地，美不勝收。姑娘們穿著鮮豔的衣服，上面繡著美麗的花卉。歐羅芭公主穿了一件長襟裙衣，光彩照人。

宙斯被年輕的歐羅芭的美貌深深打動了。可是，他又害怕妒嫉成性的妻子希拉發怒，同時又怕以自己眞實的形象難以誘惑這位純潔的姑娘，於是他便想出了一個詭計，變成一頭公牛。神祇化身的大公牛來到山坡的草地上，歐羅芭公主和一群姑娘正坐在這裡嬉戲。公牛驕傲地穿過草地，牠並不咄咄逼人，也不叫人感到可怕，顯得極爲溫順可愛。歐羅芭興致勃勃地走近公牛，欣賞牠，還伸出手撫摸牠油光閃閃的背部。

歐羅芭呼喚著她的女伴們：「妳們快過來，我們可以坐在這美麗的公牛背上。牛背上坐得下四個人哪！這頭公牛又溫順又友好，一點也不像別的公牛。我想牠是有靈性的，和人一樣，只不過牠不會說話！」她一邊說，一邊從女伴們的手上接過花環，掛在牛角上，然後壯著膽子騎上了牛背，她的女伴們仍然猶豫著不敢騎上去。

公牛達到了目的，便從地上躍起，輕鬆緩慢地向前走著，但卻不讓歐羅芭的女伴們趕上。歐羅芭還沒來得及弄清這是怎麼一回事，公牛已經縱身跳進大海，興沖沖地背著他的獵物游走了。公主右手緊緊地握著牛角，左手抱著牛背，海風吹動歐羅芭的衣服，柔軟的衣服隨風飄舞如帆。她感到有些害怕，回頭張望遠方的故鄉，大聲呼喚女伴們，可是海風又把她的聲音送了回來。海水在公牛身旁緩緩流動，公主生怕弄濕了衣衫，竭力向上提起雙腳。公牛馱著她

↑宙斯的誘惑，1727年尼古拉斯作品，費城博物館藏

一直向前，在海中迎來黎明，又在水中游了整整一天。周圍只有無邊無際的海水，公牛十分靈巧地分開波浪，竟沒有一點水珠濺落在他那可愛的姑娘身上。傍晚時分，他們終於到了遠方的海岸，公牛爬上陸地，來到一棵大樹下，讓公主從背上輕輕滑下，自己卻突然間消失了。

歐羅芭大陸的誕生

一輪紅日從東方升起，歐羅芭從昏迷中漸漸甦醒。她驚慌失措地望著四周，呼喊著父親的名字。這時候，她想起了先前發生的事情，於是十分哀傷地訴說道：「我這個卑劣的女兒，怎麼可以呼喊父親的名字呢？我不慎失身，必須忘掉這一切！」她仔細審視四周，心裡反復自問：「我是從哪兒來的，該往哪兒去呢？難道我真的清醒著，這件醜事難道真是事實嗎？不，我肯定是無辜的，這也許只是一場夢幻在困擾著我。」

→宙斯塑像
眾神之王的宙斯，在希臘神話中塑造出一派風流的形象。

姑娘一邊說著，一邊用手揉了揉雙眼，好像要驅除醜惡的夢魘似的。可是那些陌生的景物就在眼前，不知名的山巒和樹林正包圍著她，大海的波濤洶湧而澎湃，沖擊著懸崖峭壁，發出驚天動地的轟隆聲。絕望之中，姑娘後悔萬分、羞憤不已，她大聲呼喊起來：「天哪，現在要是該死的公牛出現在我面前，我一定折斷牠的牛角，可是這也不過是願望罷了！家鄉遠在天邊，我除了尋死還有什麼出路？天上的神祇啊，把我送給一頭雄獅或猛虎吧！」

↑阿芙羅黛蒂與小天使，古希臘瓶畫

慘遭命運遺棄的歐羅芭此時痛苦萬分，她想到了死，可是又拿不出尋死的勇氣。突然，她聽到背後傳來一陣低微嘲笑聲。公主驚訝地回過頭，她看到站在面前的是女神阿芙羅黛蒂，渾身閃耀著天神的光輝。女神旁邊是她的小兒子愛情天使，他彎弓搭箭，一副躍躍欲試的樣子。

←古代希臘神祇雕塑
阿芙羅黛蒂與半人半羊的山林和畜牧之神潘的遊戲。潘是赫耳墨斯之子，是個出色的作曲家和笛子演奏家。他是快樂和頑皮的神，經常和山林的女仙們跳舞。然而由於他醜陋的外表，因此總是找不到伴侶。

女神微笑著說：「美麗的姑娘，快息怒吧！妳所詛咒的公牛馬上就過來，牠會把牛角送到妳手上讓妳折斷的。我就是給妳托夢的那女子。歐羅芭，妳可以聊以自慰了吧！把妳帶到這裡的公牛就是宙斯。妳現在已經成了地上的女神，妳的名字將與世長存，從此，這塊大陸就按妳的名字稱作歐羅芭！」

歐羅芭恍然大悟，於是她默認了自己的命運，跟宙斯生了三個強健而聰明的兒子，他們是彌諾斯、拉達曼提斯和薩耳珀冬。彌諾斯和拉達曼提斯後來成為冥界判官。薩耳珀冬是一位大英雄，後來成為小亞細亞呂喀亞王國的國王。

061.底比斯國王的故事

當酒神帶著信徒來到故鄉，準備對底比斯的國王闡述神道時，國王彭透斯卻極其頑固，沒有聽占卜者提瑞西阿斯的警告和勸誡。

侮慢神祇的彭透斯

戴奧尼索斯是宙斯和塞墨勒的兒子，他被封爲「果實之神」，因爲他是最早種植葡萄的神，人們也稱他爲酒神巴克科斯。

戴奧尼索斯小時候生活在印度，長大後離開印度去各地旅行，向世上的人們傳授種植葡萄的技術，並要求人們建立神廟來供奉他。他對待朋友慷慨大方，但是對不承認他是神祇的人，卻經常施以殘酷的懲罰。沒多久，戴奧尼索斯的名聲便傳遍了希臘，並且傳到了他的故鄉底比斯。

當時，卡德摩斯已把王國傳位給了彭透斯。彭透斯是泥土所生的厄喀翁與阿高厄之子。阿高厄是酒神的母親哈墨尼亞的妹妹。彭透斯經常侮慢神祇，尤其憎恨酒神戴奧尼索斯。所以，當酒神帶著一群狂熱的信徒來到故鄉，並準備對底比斯的國王闡述神道時，國王彭透斯卻極其頑固，並且不聽年老的盲人占卜者提瑞西阿斯的警告和勸誡。

當有人告訴他，說底比斯城內的很多男人、婦女和女孩都追隨並讚美新來的神祇時，彭透斯憤怒極了。

「是什麼使你們發了瘋，竟成群結隊地追隨他？你們這些懦弱的傻瓜和瘋癲的女人，你們難道忘記你們英勇的祖先了嗎？你們難道甘願讓一個嬌生慣養的男孩征服底比斯？他不過是個只圖虛榮的懦夫，頭戴葡萄藤花環，身上穿的不是鎧甲，而是紫色的長袍。他不會騎馬，他是個逃避戰鬥的懦夫！你們一旦清醒過來，就會看到，他實際上不過是個凡人。我是他的堂兄弟，宙斯並不是他的父親。他顯赫的儀態全是虛假的！」

他喋喋不休地罵完，便轉過臉，命令僕人們把這個新教的教主抓起來，並套上手銬、腳鐐。

彭透斯的親戚和朋友們聽了他傲慢的語言和命令後大吃一驚，心中十分害怕。他的外祖父卡德摩斯也搖著白髮蒼蒼的頭，表示反對，可是這些勸說卻更加激怒了彭透斯。

↑古希臘瓶畫
酒神戴奧尼索斯，是最早種植葡萄的神。

酒神戴奧尼索斯

這時，派去執行任務的僕人們頭破血流地逃了回來。「你們在什麼地方遇到了巴克科斯？」彭透斯憤怒地大聲問道。

「我們根本沒有看到巴克科斯。我們抓到了他的一個隨從，此人跟隨他的時間並不長。」一個僕人說。

彭透斯仇恨地怒視著抓來的人，大聲問道：「該死的東西，你叫什麼名字？父母親是誰，家住何方？爲什麼信奉騙人的新教？」

被抓來的人鎮定從容地回答說：我叫阿克特斯，家住梅俄尼恩。我的父親和母親都是普通人，既沒有牲口也沒有土地。父親從小便教我用釣竿釣魚，因爲這些本領就是他的全部財富。後來我學會開船，熟悉天象，觀察風向，並且知道哪裡是最好的港口，於是成了一名航海者。一次，船開往愛琴海提洛斯島，途中到了一處不知名的沙灘。我從船上跳下來，一個人在岸邊過夜。第二天，我爬上一座山地，試試風力和風向。這時我發現船上的夥伴們也紛紛上了岸。我在回船的途中遇見他們，見他們還領著一個男孩，他們是在無人的荒灘上發現這個男孩的。男孩長得像女孩般漂亮，當時他好像喝醉了酒，走起路來踉踉蹌蹌，像睡著了似的，很難跟上大家的步伐。

男孩就是酒神巴克科斯，他神采奕奕地站在那裡，前額束著葡萄葉做成的髮帶，手中緊握纏著葡萄藤的神杖，在他的周圍伏著猛虎、山貓和山豹。他對我說：「不要害怕，請把我送到那克索斯。」於是我便揚帆把他送到了那裡。上了岸，他把我拉到一座祭壇旁，將我封爲伺候神祇的僕人。

【人文歷史百科】

冥府

人們死後，由引導之神赫耳墨斯將他們接到冥界。在這裡，洶湧奔流著一條黑色的大河，阿克戎河——即痛苦之河。大河阻擋前進的道路，只有一位滿面鬍鬚的船夫卡隆可以將亡靈們擺渡到對岸。但是，亡靈必須繳納一定的過河費方可上船，否則將在痛苦之河的沿岸流浪，找不到歸宿。

↑ 酒神戴奧尼索斯和他的追隨者，古希臘瓶畫

↑巴特農神廟前的酒神戴奧尼索斯

「我們早已不耐煩聽你這些廢話了，」國王彭透斯叫道：「來人啊，把他抓起來，我要叫他受盡苦刑，先把他押在地牢裡！」奴僕們遵命把他捆綁著押進地牢，可是一隻看不見的手卻把他放了。

國王之死

國王憤怒極了，於是他開始大規模地迫害酒神的信徒。彭透斯的生母阿高厄和幾位姐妹都參加了酒神熱烈的禮拜活動。國王派人四處捕捉她們，準備將巴克科斯的信徒全部關進大牢裡。可是，這些被抓的人們沒有任何人幫助，給他們戴的手銬、腳鐐便會自動脫落，監獄的門自動打開。從監獄出來的人們懷著對巴克科斯的敬仰，重新回到了樹林裡。

國王聽後，命令全副武裝的步兵和騎兵去驅散那些大批的信徒。不料此時，酒神巴克科斯卻親自來到了國王面前。他把國王帶到一座幽深的山谷裡，周圍長滿了松樹。酒神讓國王坐在上面，又讓松樹慢慢回到了先前的位置。奇怪的是，國王彭透斯卻沒有掉下來，他穩穩地坐在高聳入雲的樹冠上。山谷裡許多巴克科斯的女信徒都看到了國王，可是國王卻看不見她們。這時，酒神戴奧尼索斯對著山谷大聲喊道：「婦女們，他就是嘲笑我們神聖教儀的人，懲罰他吧！」

酒神在彭透斯的母親阿高厄雙眼上

畫了符，所以她沒有認出眼前的兒子。現在她首當其衝，做了一個懲罰的手勢。此時國王大驚失色，突然恢復了知覺，他一邊朝母親的懷裡撲去，一邊高聲喊道：「母親！妳不認識妳兒子了嗎？我是彭透斯，是妳在厄喀翁家裡生的兒子啊！可憐我吧，千萬別懲罰妳的孩子！」但是這位巴克科斯狂熱的女信徒，卻口中吐著白沫，斜著眼睛看著他，沒有認出自己的親生兒子，她所看見的只是一頭凶猛的野獅。她一把抓住兒子的肩膀，用力拉斷了他的右臂。她的姐妹們也蜂擁而上，拉下了國王的左臂。婦女們瘋狂地跑過來，七手八腳，每人從他身上撕下了一塊皮肉。阿高厄又伸出血淋淋的雙手，擰下兒子的腦袋，然後將它穿在她的神杖上，以為那是一頭巨大的獅子頭，帶著它興奮地穿過基太隆的樹林。

這便是酒神戴奧尼索斯對侮蔑他的人的報復。

←酒神巴克科斯，希臘繪畫

酒神前額束著葡萄葉做成的髮帶，手中緊握著葡萄藤杖，猛虎、山貓和山豹伏在他的周圍。

062.鐵修斯的故事

鐵修斯當上了國王。事實證明他不僅是位戰鬥英雄，在治理國家方面也是天才，他讓人民安居樂業，得到了幸福。

尋訪父親

←鐵修斯旅途除惡，古希臘瓶畫

雅典國王埃勾斯沒有兒子，他想瞞著妻子悄悄再娶一個妻子，生個兒子以慰晚年，並繼承他的王位。他把自己的心思吐露給朋友比透斯，比透斯正好得到一則神諭，說他的女兒不會有公開的婚姻，卻會生下一個極有名望的兒子。於是比透斯決定把女兒艾特拉悄悄地嫁給埃勾斯，儘管埃勾斯已經有了妻室。埃勾斯與艾特拉結了婚，在特洛曾待了幾天後該回到雅典去了。他在海邊跟新婚的妻子告別，告別時把一柄寶劍和一雙絆鞋放在海邊的一塊巨石下說：「如果神祇保佑我們，並賜給妳一個兒子，那就請妳悄悄把他扶養長大，不要讓任何人知道孩子的父親是誰。等到孩子長大成人，身強力壯，能夠搬動這塊岩石的時候，妳就將他帶到這裡來。讓他取出寶劍和絆鞋，再叫他前往雅典城來找我！」

艾特拉後來果然生了一個兒子，取名鐵修斯。鐵修斯在外公比透斯的扶養下長大成人。母親從未說過孩子的親生父親是誰。比透斯對外面說，他是海神波塞頓的兒子。特洛曾人把波塞頓視爲城市的保護神，因此全城的人都認爲這是一件很光榮的事。

孩子漸漸長大了，他不僅健壯英俊，而且沉著機智，勇氣過人。一天，母親艾特拉把兒子帶到海邊的岩石旁，將他的眞實身世告訴他，並要他取出可向父親埃勾斯證明自己身分的寶劍和絆鞋，然後讓他帶上它們到雅典城去找他的父親。

鐵修斯抱住巨石，毫不費力地把它搬到一旁。他佩上寶劍，又把鞋子穿在腳上。儘管母親和外祖父一再要求他走海路，他卻不願意乘船去。

「人們把我當作海神的兒子，如果我從海上安全渡過去，而我的信物鞋子上沒有沾上征戰的灰塵，寶劍上也沒留下血跡，我眞正的父親又會怎麼說呢？」鐵修斯的這些話講得慷慨激昂，母親聽了兒子的話，連忙爲兒子祝福。於是鐵修斯整理了行裝，勇敢地踏上了征途。

艱難的旅途

鐵修斯在尋訪父親的路上最先遇到的人，是大盜佩里弗特斯，他舞著一根

【人文歷史百科】

戰神阿瑞斯

戰神，是凶殘狡詐、非理性的，為戰爭而戰爭的神。曾與工匠之神的妻子、愛與美之神阿芙羅黛蒂私通，被裝進一張工匠之神特製的大網中而無法脫身。

棒，常常把路人打成肉餅，所以外號叫「棒子手」。

當鐵修斯來到埃比道羅斯地帶時，這個窮凶極惡的強盜猛地從密林裡竄出來，擋住了他的去路。鐵修斯面無懼色，對他大喝一聲：「你來得正好！」說著便向強盜撲過去。兩人纏鬥了幾個回合，「棒子手」被打死了。鐵修斯拾起死者的鐵棍，帶在身邊，作爲一種勝利紀念品兼武器。

到了科任托斯，他又遇到了另一個惡徒，即扳樹賊辛尼斯，因爲他力大無窮，雙手能同時把兩棵松樹扳下來。他把捕捉到的過往行人綁在扳彎的兩樹樹梢上，然後讓樹梢猛地向上彈去，將人的肢體撕爲兩半。鐵修斯憤怒地揮舞著鐵棍，一下子就打死了這個惡棍。辛尼斯有一個漂亮而溫柔的女兒珀里吉納，她看到父親被殺，便驚恐地逃走了。鐵修斯追上去到處尋找。情急之中，姑娘躲在灌木叢裡，祈求樹叢救她一命。她發誓，如果樹叢願意救她、掩護她，那麼今後絕不損傷或焚燒樹林。鐵修斯喊她出來並保證不傷害她，這時她才走了出來。從此以後她就在鐵修斯的保護下生活。後來鐵修斯把珀里吉納嫁給了俄卡利亞的國王歐律托斯之子達埃阿納宇斯爲妻。她的子孫們都遵循她的諾言，從來不焚燒樹林。

鐵修斯不僅消滅了沿途的強盜，還像海克力斯一樣，無所畏懼地征服了凶猛的野獸。

他在克羅米翁戰勝了一頭凶猛的野

↓**鐵修斯和他的母親，油畫，勞倫特・德・拉伊爾作品，布達佩斯博物館藏**

鐵修斯將巨石搬到一旁，取出當年父親埃勾斯留下的信物：寶劍和絆鞋。

豬費亞。到達墨伽瑞斯邊界時，他又遇到無惡不作的大盜斯喀戎。這強盜經常出沒於墨伽瑞斯和阿提卡的山林地區，住在高大的岩洞中，他有一個惡習，即是抓住了外鄉人就命令他們爲他洗腳；趁洗腳的時候，他就飛起一腳，把他們踢進大海裡淹死。鐵修斯這次也如法炮製，把他一腳踢進大海裡淹死了。

父子相認

鐵修斯來到了雅典，並沒有得到他所期望的平靜和快樂。市民互不信任，城市一片混亂，他父親埃勾斯的王宮也籠罩在魔影裡。自從美狄亞離開了科任托斯，與絕望的伊阿宋分手後，也來到了雅典，騙取了國王埃勾斯的寵愛。美狄亞答應用魔藥讓國王恢復青春，所以兩人同居度日。美狄亞精通魔法，知道鐵修斯到了雅典。她怕被鐵修斯趕出王宮，便勸說埃勾斯，把進宮的那位外鄉人在進餐時用毒藥毒死，她進讒說他是個危險的奸細。埃勾斯根本不認識自己的兒子，他看到城市市民相互爭鬥，以爲眞是外鄉人在搗鬼，因此猜疑所有新來的外鄉人。

鐵修斯進宮來用早餐，他非常高興能讓父親辨認一下面前的人到底是誰。裝有毒藥的酒杯已經端到面前了，美狄亞焦急地等待著年輕人飲酒。但鐵修斯卻把酒杯推到了一旁，他渴望在父親面前呈現一下當年的信物。他裝作要切肉，抽出從前父親壓在岩石下的寶劍，想引起父親的注意。果然埃勾斯一看到這熟悉的寶劍，立刻撥掉了鐵修斯面前的酒杯。他對鐵修斯詢問了幾句，確信面前的青年就是他從命運女神那裡祈求得來的兒子。他張開雙臂擁抱兒子，並將他向周圍的人做了介紹。鐵修斯也把旅途上一連串的遇險故事說給他們聽。雅典人熱烈地歡迎這位年輕的英雄，詭計多端的美狄亞被國王驅逐出境，她逃到故鄉科爾喀斯。那時候她父親埃厄特斯的王位已被弟弟篡奪，美狄亞用魔法幫助父親重新登上了王位。

↓美狄亞和她的戰車，古希臘瓶畫

↑鐵修斯制服馬拉松野牛，古希臘瓶畫

繼承王位

鐵修斯成了王子，並成為王位的合法繼承人。他叔父帕拉斯的五十個兒子早就覬覦王位，現在對這個突然到來的外鄉人十分惱恨。他們拿起武器，設下埋伏，準備襲擊鐵修斯。然而他們的傳令兵也是一個外鄉人，他把這項陰謀告知了鐵修斯。

鐵修斯立即衝到他們埋伏的地點，把五十個人全部殺死。為了不使這場自衛誅殺引起人民的反感，鐵修斯立即外出，做了一件有利於雅典人民的冒險事蹟：制伏了馬拉松野牛。這頭野牛原是海克力斯從克里特捉來，後來又奉歐律斯透斯之命放掉的，牠在阿提卡橫行無忌，危害人民。鐵修斯把野牛捉住，帶回雅典，供人觀看，後來又將牠宰殺，獻祭給太陽神阿波羅。

後來鐵修斯當上了國王。事實證明他不僅在戰鬥中是位英雄，在治理國家方面也是天才。鐵修斯把整個阿提卡地區的居民全部集中在城裡，將零星的村莊組織起來，建立成一個統一的國家。他並未動武完成這一偉大事業，而是周遊各方，親赴各個村鎮，找各方人士商談，徵得他們的同意。為了說服富人和有權勢的人，鐵修斯宣布限制國王的權力，並答應制訂一部保障其自由的憲法。「至於我本人，」他說，「我只願在戰爭時當你們的首領。平時當一名保護憲法的人。」

從此，雅典才發展成為一個真正的城市，被越來越多的人接受和傳頌。從前它只是一座國王的城堡，建造的人把它稱作開克廣帕斯堡，周圍只有幾間居民的住房。為了更加擴大這一城市，鐵修斯保證所有居民享有同等權利，以此吸引新的移民，他希望雅典成為一個多民族聚居的中心。為了避免大量的人湧進造成混亂，他在新城內把居民分為貴族、農民和手工業者三大階級，並為各階級規定了獨自的權利和義務。作為國王，他也限制自己的權力。正如他親口答應的那樣，他讓國王的權力受到貴族議會和人民會議的制約。

063.伊底帕斯的故事

伊底帕斯神話最著名的解釋來自佛洛伊德，根據這個解釋，伊底帕斯神話表現的是人類天生的弒父娶母之欲望。

神祇的詛咒

底比斯國王拉布達科斯是卡德摩斯的後裔。他的兒子拉伊俄斯後來繼承了王位，娶了底比斯人墨諾扣斯的女兒伊俄卡斯特為妻。拉伊俄斯和伊俄卡斯特結婚以後，一直未生育。他渴求能有子嗣，於是來到特爾斐的阿波羅神廟，求得了一則神諭：「拉伊俄斯，拉布達科斯的兒子！你會得到一個兒子。可是你要知道，依命運之神所定，你將死在兒子的手裡。這是克洛諾斯之子宙斯的意願，他聽信了珀羅普斯的詛咒，說你曾奪去他的兒子。」

孩子出世的時候，國王夫妻又想起了神諭。為了阻止預言的實現，他們在孩子生下三天以後，就派人用釘子將嬰兒雙腳刺穿，然後用繩子捆起來，放在喀泰戎的荒山下。但執行這一殘酷命令的牧人憐憫起這個無辜的嬰兒，把他交給另一個在同一山坡上為科任托斯國王波呂玻斯牧羊的牧人。執行命令的牧人回去後，向國王和他的妻子伊俄卡斯特謊稱已經執行了命令。夫婦倆相信孩子已死去，或給野獸吃掉了，因而認為神諭不會實現了。

國王波呂玻斯的牧人解開孩子身上的繩索，因為不知道他的來歷，因此給孩子起名為伊底帕斯，意為腫疼的腳。他把孩子帶到科任托斯，交給了國王波呂玻斯。國王可憐這個棄嬰，就把孩子交給妻子墨洛柏照顧。墨洛柏待他如親生兒子一般。伊底帕斯漸漸長大了，他相信自己是波呂玻斯的兒子和繼承人，而國王除了他以外也沒有別的孩子。

然而後來在一次宴會上，有個科任托斯人因喝醉了酒，大聲叫著伊底帕斯的名字，說他不是國王的親生子。伊底帕斯深感驚惑，遂來到父母面前，向他們詢問這件事。波呂玻斯和他的妻子設法解除兒子的疑慮，但懷疑咬噬著伊底帕斯的心，他悄悄地來到特爾斐神廟，祈求神諭，希望太陽神證明他所聽到的話純屬子虛烏有。但太陽神給了他一個更為可怕不幸的新預言：

你將會殺害你的父親，娶你的生母為妻，並生下可憎的子孫。

←波呂玻斯牧羊人收養伊底帕斯，古希臘瓶畫

←伊底帕斯弒父，古希臘浮雕

【人文歷史百科】太陽神阿波羅

太陽神，宙斯和勒托之子，月神和狩獵女神阿提密斯的兄長，希臘十二大神之一。他主掌光明、醫藥、文學、詩歌、音樂等。他每天駕天馬拉乘的黃金車，巡遊天上一周。

弒父娶母

伊底帕斯聽了神祇的預言後無比驚恐，因爲他始終認爲慈祥的波呂玻斯和墨洛柏正是自己的生身父母。他再也不敢回家去了，害怕命運之神會指使他殺害父親波呂玻斯。另外，他擔心神祇一旦讓他喪失理智，他就會被邪惡所噬，娶母親墨洛柏爲妻。這是多麼可怕啊！他決定到俾俄喜阿去。當他走到特爾斐和道里阿城之間的叉路口時，看到一輛馬車朝他駛過來，車上坐著一位陌生老人、一名使者、一個車夫和兩個僕人。

車夫看到對面的伊底帕斯，粗暴地叫他讓路。伊底帕斯生性急躁，揮手朝無禮的車夫打了一拳。車上的老人見他如此蠻橫，便舉起鞭子狠狠抽在他的頭上。伊底帕斯怒不可遏，他用力揮起身邊的行杖，朝老人打了過去，把老人打得翻下了馬車。隨後而來的是一場格鬥，伊底帕斯不得不以一擋三，但他畢竟年輕力盛，把那夥人全部打倒以後，便獨自一人走了。

他以爲自個兒只是出於自衛，才報復了那幾個卑鄙的俾俄喜阿人，因爲對方仗著人多勢眾想傷害他。何況他遇到的那個老人身上，並無任何足以顯示其身分的表徵。但實際上，被伊底帕斯打死的老人正是底比斯國王拉伊俄斯，即他的生父。當時國王正想到皮提亞神廟去。

就這樣，儘管這對父子都小心迴避著神諭，但它終究還是悲慘地應驗了。

伊底帕斯殺父後不久，底比斯城外出現了一個帶翼的怪物司芬克斯。牠有美女的頭，獅子的身子。司芬克斯盤坐在一塊巨石上面，對底比斯的居民提出各種謎語，猜不中謎語的人就被牠撕碎後吃掉。這怪物正好出現在全城都在哀悼國王被不知姓名的路人殺害的時候。現在執政的是王后伊俄卡斯特的兄弟克瑞翁。司芬克斯的危害非常嚴重，連國王克瑞翁的兒子也給吞掉了，因爲

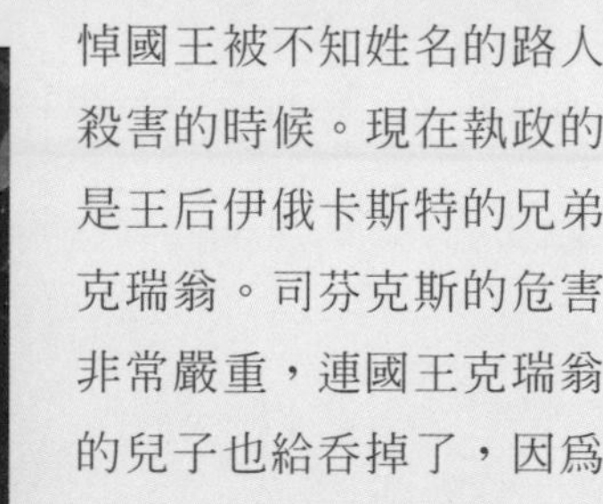
←伊底帕斯的母親伊俄卡斯特，古希臘瓶畫

他經過時沒有猜中謎底。克瑞翁迫於無奈，只好公開張貼一張告示，宣布誰能除掉城外的怪物，就可得到王位，並娶他的姐姐伊俄卡斯特爲妻。

這時，正好伊底帕斯帶著行杖來到底比斯。危險和獎勵在向他挑戰，另外也由於他承受著不祥神諭的壓力，所以就更加不看重自己的生命。他爬上山岩，見到司芬克斯，自願解答謎語。狡猾的司芬克斯，決定給他出一個十分難猜的謎語。牠說：「早晨四條腿走路，中午兩條腿走路，晚上三條腿走路。在一切生物中，這是唯一用不同數目的腿走路的生物。用腿最多的時候，正是力量和速度最小的時候。」

伊底帕斯聽到這個謎語後回答說：「人在幼年，即生命的早晨，是個軟弱無力的孩子，用雙手雙腿在地上爬；到了壯年，正是生命的中午，當然只用兩條腿走路；但是到了老年，已是生命的遲暮，只好拄著拐杖，好像三條腿走路。」

↑伊底帕斯娶母，古希臘壺瓶畫

他猜中了，羞愧難當的司芬克斯絕望地從山岩上跳下，摔死了。克瑞翁兌現他的諾言，把王位讓給了伊底帕斯，並把伊俄卡斯特——前任國王的遺孀，許配給他爲妻。伊底帕斯當然不知道她就是自己的親生母親。

婚後，伊俄卡斯特爲伊底帕斯生下四個兒女，起先是雙生子，厄特俄克勒斯和波呂尼科斯；後來是兩個女兒，大的叫安提戈涅，小的叫伊斯墨涅。這四個既是伊底帕斯的子女，也是他的弟妹。

眞相大白

伊底帕斯弒父娶母，這一可怕的祕密過了多年後仍未被揭開。他雖然有罪過，但卻是個善良而正直的國王。在伊俄卡斯特的輔佐下，他治理底比斯，深得民眾的愛戴和尊敬。

←伊底帕斯與司芬克斯，古希臘瓶畫

過了一段時間，神祇給這個地區降下了瘟疫，任何藥物都罔效。底比斯人認爲，這場可怕的災難是神祇對他們的懲罰。

伊底帕斯派克瑞翁到特爾斐去求取阿波羅的神諭，詢問怎樣做才能解救這座城市。克瑞翁回來向國王報告神諭的內容：「神祇吩咐，把藏在國內的一個罪孽之徒驅逐出去。否則，你們永遠擺脫不了災難的懲罰，因爲殺害國王拉伊俄斯的血債將使整個城市陷於毀滅。」伊底帕斯根本沒想到是自己殺害了拉伊俄斯，他又派使者去邀請盲人預言家提瑞西阿斯。

←伊底帕斯和司芬克斯，1864年古斯塔夫．莫羅作品，紐約大都市博物館藏

預言家不得不說出事情的眞相。他說：「伊底帕斯，正是你自己的罪惡使整個城市遭殃！你就是殺害拉伊俄斯的凶手，你跟自己的母親一起生活在罪惡的婚姻中。」

面對這個可怕的事實，伊底帕斯狂叫一聲，衝出了人群。他在宮中狂奔，要尋找一把寶劍除掉那個既是他母親，又是他妻子的妖怪。

大家見到他都遠遠地避開，最後他來到自己的寢宮，踢開鎖著的房門，衝了進去。他看到一副悲慘的景象：伊俄卡斯特吊死在床頭上方，頭髮零亂地披散著。伊底帕斯痛苦地盯著她，然後哭喊著走上前去，解開繩索，把屍體放在地上。他從她的衣服上摘下金胸針，用右手緊緊抓住，高高地舉起，詛咒自己的眼睛竟然不識親身父母，然後用胸針刺穿雙眼。他走到市民面前承認自己是弑父娶母的凶手，是神祇詛咒的惡徒，是大地的妖孽。心靈破碎的伊底帕斯把王位交給了克瑞翁，讓他代替自己兩位年幼的兒子執掌王權。此外他又請求爲他不幸的母親建造一座墳墓，他還把無人照應的女兒交託給新國王。

↓底比斯出現瘟疫，油畫

064.特洛伊的故事

特洛伊城位於今土耳其安那托利亞高原西部，是歷史上著名的特洛伊戰爭發生地。謝爾曼當年發現特洛伊城遺址之事，轟動了全世界。

特洛伊城

在古老時代，伊阿西翁和達耳達諾斯統治愛琴海的撒摩特剌島，他們是宙斯與海洋女神普勒阿得斯所生的兒子。伊阿西翁看上了奧林帕斯聖山上的農業女神迪密特，想娶她爲妻。爲了懲罰他的膽大妄爲，宙斯用雷電把他劈死了。

達耳達諾斯因兄弟的死去甚爲悲傷，他離開了自己的家鄉，前往亞細亞大陸，在這裡，高峻的愛達山脈變得越來越小，一直消失在大平原上。這裡的國王是透克洛斯，土生土長的克里特人，所以這個地區的牧民也被稱爲透克里亞人。

國王透克洛斯熱情地接待了他，不但賜予他一塊土地，並且還把女兒許配給他。達耳達諾斯死後，他的兒子厄里克托尼俄斯繼承了王位，後來特洛斯又繼承厄里克托尼俄斯的王位。從此以後，特洛斯統治的地區則稱爲特羅阿斯，其都城則稱爲「特洛伊」。現在透克里亞人和達耳達尼亞人自然都稱爲特洛伊人，或稱爲特洛埃人。

←迪密特，古希臘雕塑
迪密特是克洛諾斯和瑞亞之女，宙斯的姐姐，農業女神。

特洛斯死後，長子伊羅斯繼承了王位。有一次他訪問鄰國夫利基阿，國王邀請他參加角力競賽。伊羅斯取得了勝利，得到了五十名童男、五十名童女，以及一頭花斑母牛的獎賞。國王還告訴他一則神諭：在母牛躺下休息的地方，他將建立一座城堡。伊羅斯趕著母牛往回走，母牛躺下休息的地方正是自特洛斯以來被作爲國都的地方，即特洛伊。於是，他就在那裡的山上建立了一座非常堅固的城堡，稱爲伊利阿姆，又稱伊利阿斯或柏加馬斯。

國王伊羅斯的兒子拉俄墨冬是個專橫武斷、凶惡殘暴的人，他不僅欺騙國人，也欺騙神祇。因爲修建特洛伊城牢固的設防，他欺騙了阿波羅和波塞頓，

←特洛伊城遺址
今天的特洛伊城遺址只剩下一片斷石殘垣，特洛伊過去的輝煌都消失在歲月中了。

→希臘陶瓦公牛小雕像

←普里阿摩斯與赫卡柏，古希臘瓶畫

兩位神祇發誓要與國王勢不兩立，從此他們成了特洛伊人的冤家。雅典娜也不再保護這座城市了，後來希拉也反對這座城市。在宙斯的默許和支持下，這座城市將聽憑諸神們毀滅它，國王和人民也要跟著遭殃。

帕里斯的身世

國王拉俄墨冬的王位由兒子普里阿摩斯繼承，他的第二任妻子是夫利基阿國王迪馬斯的女兒赫卡柏，生下了長子赫克托。她生第二個孩子時，做了一個奇異的怪夢。她夢見自己生下了一支火炬，火炬點燃了特洛伊城，把它燒成了灰燼。

赫卡柏深感恐懼，便把夢境告訴了丈夫。普里阿摩斯頓生疑慮，即刻召來前妻之子埃薩庫斯。他是個預言家，從外祖父邁羅波斯那裡學到了精湛的解夢知識。他仔細聽完了父親的敘述後，便跟國王解釋說，他的繼母赫卡柏將生下一個兒子，這兒子未來會毀滅特洛伊城。因此，他勸父親拋棄這個新生兒。

後來王后赫卡柏果然生下了一個兒子。但是她對國家的愛勝過了母子之愛，因此，她勸丈夫把嬰兒交給僕人扔到愛達山上。這個僕人名叫阿革拉俄斯，他奉命把孩子遺棄在山上。但是一隻母熊哺乳了這個幼兒。過了五天以後，阿革拉俄斯來看這孩子，卻見他安好地躺在森林裡，肚子吃得飽飽的，便決定把嬰孩帶回家去，當作自己的兒子一樣來撫養，並爲他取名帕里斯。

帕里斯漸漸長大成人，他不但健壯有力，而且容貌出眾。

一天，帕里斯在幽深的狹谷裡放牧，這裡樹木高大繁茂。他靠在一棵大樹上抱著雙臂，眺望特洛伊的宮殿和遠處的大海。忽然，他聽到震動大地的神祇的腳步聲，掉頭一看，看見神祇的使者赫耳墨斯來到了他的身旁。其實他只是個先行者，身後還跟著奧林帕斯聖山上的三位女神，她們輕盈地穿過柔軟的草地，款款走來，帕里斯心中頓時感到一陣驚悸。

赫耳墨斯對帕里斯說：「你別害怕，三位女神來找你，是因爲她們要選擇你當她們的裁判，要你評一評她們之中，誰長得最漂亮。宙斯吩咐你接受這個使命，以後他會給你保護和幫助的。」

←帕里斯劫走海倫，現代雕塑

三位女神與金蘋果

赫耳墨斯說完話就鼓起雙翼，飛出狹窄的山谷，遁入天空。帕里斯聽了他的話，鼓起勇氣大膽地抬起了頭，用目光端詳面前的女神們，一時間分不出高低。最後，他覺得那位最年輕、優雅的女神比其他兩位更動人。

這時，三位女神中最驕傲，同時也是身材最高大的一位對他說：「我是希拉，宙斯的姐妹和妻子。你把這個金蘋果拿去。這是不和女神厄里斯在珀琉斯與海洋女神特提絲的婚禮上擲給賓客的禮物，上面寫著：『送給最美的人』。如果你把它判給我，那麼你就可以統治地上最富有的國家，即使你過去是個被人從王宮裡遺棄的人，而現在也不過是個牧人。」

↑ **帕里斯的裁判，1531年盧卡斯作品**
赫耳墨斯希望帕里斯裁判三位女神誰長得最漂亮。

「我是雅典娜，智慧女神。」第二位女神說，她的前額寬闊，美麗而嫵媚的臉上有雙蔚藍色的眼睛。「假如你判定我最美麗，那麼，你將成爲人類中最富有智慧的人。」

第三位女神，她一直以最美麗的眼睛在說話，這時才甜甜地微笑著開了口：「你千萬不要受甜言蜜語的誘惑，那些許諾是靠不住的。我願意送給你一件禮物，它會帶給你快樂，讓你享受最幸福的愛情。我願把世界上最美麗的女子送給你做妻子。我是阿芙羅黛蒂，專司愛情的女神！」

當阿芙羅黛蒂站在他面前說這番話時，她正束著那條可以使人意亂神迷的腰帶，這使得她更具魅力、更光彩照人，其他兩位女神頓時黯然失色。於是，帕里斯把那個從希拉手裡得到的金蘋果，遞給了阿芙羅黛蒂。這時，希拉和雅典娜惱怒地轉過身去，發誓不忘今天的恥辱，一定要向他、他的父親和所有的特洛伊人報復，並且讓他們毀滅。尤其是希拉，從此以後成了特洛伊人的仇敵。

阿芙羅黛蒂又莊嚴地重申了她許下的諾言，並深深地向他祝福，然後飄然離去。

父子團聚

從此以後，帕里斯，一個住在愛達山上不起眼的牧人，希望女神給他許下的諾言有一天能夠實現。在他的心願未能滿足時，他娶了一個漂亮的姑娘俄諾涅爲妻，她是河神與一個仙女所生的女兒。婚後，帕里斯與妻子廝守在一起，生活得很幸福。

←雅典娜神像

雅典娜為雅典城的守護神，代表智慧的女神。原作為巴特農神廟大殿的主像，全身高達1.3公尺，用銀白色大理石雕成，局部鑲嵌著象牙與黃金，可惜已在拜占庭帝國時代遭毀。此為大理石小型摹製品。

有一天，帕里斯聽說國王普里阿摩斯爲一位死去的親戚舉辦殯儀賽會，他便興致勃勃地趕到了城裡。在這之前，他還從來沒有進過城呢！普里阿摩斯爲這場比賽設立的獎品，是一頭從愛達山牧群裡牽來的公牛。這頭公牛正好是帕里斯最喜愛的，可是他卻無法阻止主人和國王把牠牽走。因此，他決定要在比賽中贏得這頭公牛。

在比賽中，帕里斯機敏靈活，英勇善鬥，贏了所有的對手，甚至戰勝了高大強壯的赫克托。赫克托是普里阿摩斯和赫卡柏的兒子，在幾個兄弟中，他最勇猛有力。國王普里阿摩斯的另一個兒子得伊福玻斯因失敗而惱羞成怒，揮舞長矛衝向這個牧人，想把他刺死。帕里斯驚慌地逃到宙斯的神壇邊，遇到普里阿摩斯的女兒卡珊德拉。得到神祇傳授、有預言本領的她，一眼看出面前的牧人，正是從前被遺棄的哥哥。國王夫婦高興地擁抱失散多年的兒子，欣喜之中，他們忘記了他出生時神諭的警告，把他收留在身邊。

帕里斯享受到王子的待遇，得到一幢華麗的住房，住房就在愛達山上。他高高興興地回到妻子和牧群那裡。

不久，國王委託他去完成一件事，他便踏上了旅途。沒想到這一去，竟會得到愛情女神許給他的禮物！

→**阿芙羅黛蒂的誘惑，油畫，1782年尼古拉斯作品**

阿芙羅黛蒂束著一條可使人意亂神迷的腰帶，增添魅力和光彩，帕里斯便將金蘋果給了她。

065.海倫的故事

荷馬史詩中著名的特洛伊戰爭，就是因為帕里斯誘拐世界最美麗的女人海倫，導致了希臘和特洛伊曠日持久的戰爭，最後特洛伊被木馬屠城計給毀滅了。

帕里斯的野心

當特洛伊國王普里阿摩斯還是孩子的時候，海克力斯攻占了特洛伊城，殺死拉俄墨冬，搶走赫西俄涅，把她送給了朋友忒拉蒙爲妻。雖然赫西俄涅成了統治薩拉米斯的王后，可是普里阿摩斯及其家人仍然對這場搶劫耿耿於懷，有受辱之感。有一天，宮裡在議論這件事時，國王普里阿摩斯十分懷念他在遠方的姐姐。這時他的兒子帕里斯站起來說，如果讓他率領一支艦隊前進希臘，那麼在神祇們的幫助下，他一定能用武力從敵人手中奪回父親的姐姐。

普里阿摩斯的另一個兒子赫勒諾斯精通占卜，他起身預言說：他的兄弟帕里斯如果從希臘帶回一名女子，那麼希臘人就會追到特洛伊，踏平這座城市，殺死國王和他所有的兒子。

這則預言引起了大家的議論。小兒子特洛伊羅斯是個血氣方剛的青年，他毫無顧忌地表示不相信這類預言，甚至嘲笑哥哥的膽怯，勸大家別被預言嚇得失去了主張。其他人還在沉思權衡利弊時，普里阿摩斯大膽地支持了兒子帕里斯的建議。

國王召集市民說，過去他曾派使節在安特納沃斯帶領下前往希臘，要求希臘人對劫走赫西俄涅的行爲賠罪，並讓她回國探親。當時安特納沃斯在希臘受盡屈辱，被趕了回來。現在，他想讓兒子帕里斯率領一支強大的軍隊，用武力達成目的。安特納沃斯非常支持這個建議，他站起來講述了當時在希臘遭受的種種侮辱，指責希臘人的種種不是。他的話激起了特洛伊人對希臘人的憤怒，眾人一致要求向希臘宣戰。不久，特洛伊便組成了一支強大的軍隊。國王任命帕里斯爲軍隊的統帥，並指派他的兄弟得伊福玻斯、潘托斯的兒子波呂達瑪斯以及埃涅阿斯爲參將。

←普里阿摩斯，西元前340年，古希臘繪畫

國王普里阿摩斯十分懷念他在遠方的姐姐，決定讓兒子帕里斯率領一支艦隊前進希臘，用武力從敵人手中奪回其姐。

【人文歷史百科】

愛之神阿芙羅黛蒂

愛情女神，宙斯與迪俄涅的女兒，她的甜言蜜語能騙倒所有神祇和凡人。她很愛笑，魅力無邊，就連智者也會亂了分寸。

出征希臘

強大的戰船出發了，朝著希臘的錫西拉島航行，帕里斯想先在那裡登陸。半路上，他們遇到了斯巴達國王墨涅拉俄斯的船隊。他正要到波洛斯訪問賢明的國王涅斯托耳。他看到迎面駛來的浩蕩戰船，讚賞不已。而特洛伊人看到他裝飾豪華的大船也非常驚奇，他們知道這一定是希臘顯赫王侯乘坐的船隻。可是雙方互不相識，因此兩支船隊在海面上擦肩而過。特洛伊的戰船平安地到達錫西拉島，帕里斯想從這裡登陸到斯巴達去，準備與宙斯的雙生兒子卡斯托耳和波呂丟刻斯進行交涉，要求歸還他的姑母赫西俄涅。如果希臘人拒絕交出赫西俄涅，那麼帕里斯準備一直航行到薩拉米斯灣，用武力奪回自己的姑母。

帕里斯在到達斯巴達之前希望在愛神阿芙羅黛蒂、狩獵女神阿耳特彌斯的神廟裡獻祭。這時島上的居民也把陌生船隊前來的消息傳報給斯巴達。因爲墨涅拉俄斯正外出訪問，政事暫時由王后海倫主持。

海倫是宙斯和勒達的女兒，卡斯托耳和波呂丟刻斯的妹妹，她是當時世界上最美麗的女人。她還是個小姑娘的時候，曾被鐵修斯搶走，由兩位哥哥救了回來，後來在繼父斯巴達國王廷達瑞俄斯的宮中長大。海倫的美貌吸引了一大批求婚的人，國王擔心如果自己如果選擇其中一個爲女婿，便會得罪其他眾多的求婚者。於是聰明的伊塔卡國王奧德修斯建議他讓所有的求婚者都發誓，跟將來有幸選中的女婿建立同盟，共同反對因未選中而懷恨在心並企圖危害國王的人。廷達瑞俄斯接受了他的建議，讓所有的求婚者當眾發誓。後來，他選中了希臘國王墨涅拉俄斯作女婿，並讓他繼承了自己的王位。海倫爲墨涅拉俄斯生了一個女兒赫耳彌俄涅。當帕里斯來到希臘時，赫耳彌俄涅還只是個躺在搖籃裡的嬰兒。

↓海倫王后，油畫，1863年羅塞蒂作品
海倫是宙斯之女，當時世界上最美麗的女人。

寂寞的王后

美麗的王后海倫在丈夫外出期間孤零零地住在宮殿裡，日子過得十分單調、乏味，她感到非常寂寞。這時她聽說一位外國王子即將率領強大的戰船來到錫西拉島，便懷著好奇心，想看看這位王子。於是，她動身前往錫西拉島，準備在阿耳特彌斯神廟裡隆重獻祭。當她走進神廟時，帕里斯正好獻祭完畢。他看到端莊美麗的海倫王后走進來，立刻被她絕世的美豔吸引住，他那雙高高舉起、正在向天祈禱的手不禁垂落下來。他幾乎不能控制自己，彷彿又見到了以前曾目睹過的愛神阿芙羅黛蒂。他早就聽說海倫美豔動人，但他原以爲愛情女神爲他送來的女子，肯定要比傳說中的海倫還要美麗。現在，海倫就站在他面前，她的美貌能與愛神媲美，這時他頓時明白，她便是愛情女神贈與他的「世上最美的女人」。他一心想得到她，父親的委託、遠征的計畫頃刻間全都煙消雲散。他不禁覺得帶領著成千上萬的士兵遠征的目的，就是爲了得到海倫。

正當帕里斯默默沉思時，海倫也在打量著這位從亞細亞來的俊美王子。他一頭長髮披肩，穿著東方閃亮的金絲長袍，身材魁梧，英俊瀟灑。頓時，她丈夫的形象從意識中淡去，取而代之的是這位年輕且英氣勃勃的外鄉人，他深深地烙在了她的心上。

獻祭完畢，海倫回到斯巴達王宮中，她竭力想從心中抹去那位異國王子的身影。然而不久，帕里斯就帶著幾個隨從來到了斯巴達王宮。

隆重的婚禮

王后海倫按照禮儀，熱情地接待了前來造訪的王子。帕里斯王子談吐溫文爾雅，言詞動聽，眼睛裡燃燒著愛情的火焰，而且還彈得一手好琴，讓海倫迷醉而不能自拔。帕里斯見到海倫心神搖盪，便

←帕里斯與海倫，油畫，1788年大衛作品
帕里斯看到端莊美麗的海倫王后，立刻被她的絕世美貌震懾住。

忘記了父親的委託與重任，心中只銘記著愛神那迷人的許諾。他率領著全副武裝的士兵，答應滿足他們的任何條件，領軍衝進斯巴達王宮，將國王的財富擄掠一空，並劫走了美麗的海倫。海倫表面上雖反抗著，可是心裡卻是願意跟他走。

↑帕里斯和海倫，古希臘瓶畫
帕里斯和海倫依靠帶來的財寶，在島上過著豪華而奢侈的生活，多年後才回到特洛伊。

帕里斯帶著戰利品駛過愛琴海時，海面上突然風平浪靜。在載著帕里斯和海倫的船隻前面，波浪自動分開，年老的海神涅柔斯從水中伸出戴著蘆花花冠的頭，鬍鬚和頭髮上黏著水滴。船隻像被釘子釘在水面上一樣不能前進。涅柔斯大聲向他們宣布了一個可怕的預言：「不祥的鳥飛翔在你們的船前！希臘人將帶著軍隊追來，他們將拆散你倆罪惡的結合，摧毀普里阿摩斯的古老帝國！唉，達耳達尼亞人要因為你倆付出多少生命！雅典娜已經戴上戰盔、執著盾牌了！這一場血戰要經歷多年，只有一位英雄的憤怒，才能阻擋你們城市的毀滅！一旦等到指定的時日到來，特洛伊人的家宅將被希臘人燒成灰燼！」

年老的海神說完預言又潛入海裡。帕里斯聽到這預言，心裡非常恐懼。一會兒，海面上又吹起了歡快的順風。海倫躺在他的懷裡，他馬上把這可怕的預言忘得一乾二淨。後來戰船來到了克拉納島，他們在島前下錨登陸。此時海倫自願跟帕里斯結為連理。他們舉行了隆重的婚禮，完全沉浸在新婚的快樂之中，將兩人的家庭和祖國拋在腦後。他們依靠帶來的財寶，在島上過著豪華而奢侈的生活。等到好幾年過去了，他們才航行回到特洛伊。

↓斯巴達王頭像

066.希臘人的報復

墨涅拉俄斯聽到妻子被劫走的消息後，把事情告訴了哥哥阿伽門農，兄弟倆走遍希臘各地，要求所有的王子都參加討伐特洛伊的戰爭。

動員盟友

帕里斯作爲一名使者前往斯巴達，他的行爲卻嚴重地違背了道義，立刻產生了可怕的惡果。

斯巴達國王墨涅拉俄斯和其兄邁錫尼國王阿伽門農，是希臘英雄中最強大的王族。兩人都是宙斯之子坦塔羅斯的後裔，他們是珀羅普斯的孫子、阿特柔斯的兒子。這是一個高貴的家族，除了統治希臘、斯巴達外，他們還主宰著伯羅奔尼撒的其他王國。希臘半島的許多君王都是他們的盟友。

墨涅拉俄斯聽到妻子被劫走的消息後，怒不可遏。他即刻趕到邁錫尼，把事情告訴阿伽門農和海倫的異父姐妹克呂泰涅斯特拉，他們都爲這件事感到屈辱和憤怒。阿伽門農安慰他，並答應敦促從前曾向海倫求過婚的王子們履行他們的誓言。兄弟倆走遍希臘各地，要求所有王子參加討伐特洛伊的戰爭。首先答應這個要求的特勒泊勒摩斯，是羅德島上有名的國王，海克力斯的兒子，他願意裝備九十隻戰船出征。其次是希臘國王、神祇堤丟斯的兒子狄俄墨得斯，答應率八十條海船參戰。

現在，幾乎全希臘都在響應阿特柔斯之子的號召。只有兩位國王仍在猶豫不決，一位是狡黠的奧德修斯，另一位是阿基里斯。經過曲折的說服，他們也欣然參戰。

奧里斯是俾俄喜阿國的一座港口城市，位於攸俾阿海灣，那裡是阿伽門農爲所有的希臘王子和戰船選定的集合地點。阿伽門農被推選爲聯軍統帥。

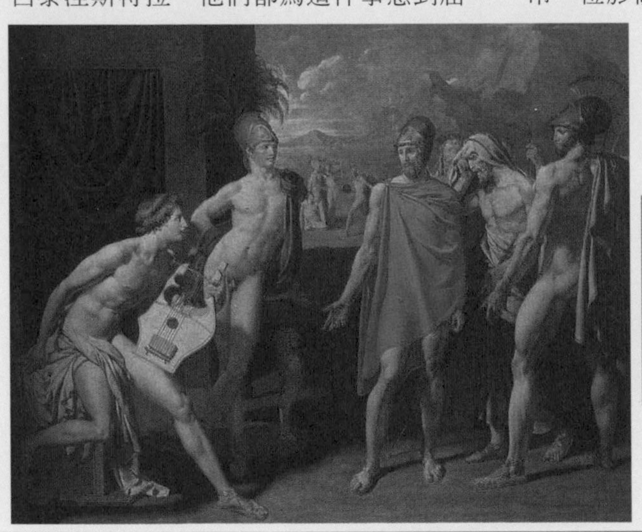

【人文歷史百科】火神赫淮斯托斯

宙斯和希拉之子。長得奇醜，跛足，是美麗神界的一大敗筆！但火神人雖長得醜，卻很溫柔，熱愛和平，在天庭人間都很受歡迎。

←阿基里斯接待阿伽門農的使者，安格爾作品
《伊利亞德》中的一幕：希臘統帥阿伽門農向英雄阿基里斯道歉，送上美女財禮請他參戰。

和平使節

希臘人在緊張備戰的同時，又在阿伽門農主持的會議上決定，先派出和平使節前往特洛伊，要求歸還墨涅拉俄斯國王的妻子海倫以及被掠奪的所有財物。會議推選帕拉墨得斯、奧德修斯和墨涅拉俄斯為使節。

當特洛伊人和他們的國王看到這些使節從華麗的戰船上走下來時，都感到驚慌失措，他們不知道究竟發生了什麼事。因為帕里斯和他搶來的妻子此刻還住在克拉納島，特洛伊人不知道他的消息，以為帕里斯率領的軍隊在希臘遭到頑強的抵抗，已經全軍覆沒了。希臘人全副武裝地開拔而來，讓全宮殿中的人感到緊張，但他們依然打開城門迎接使節。三位王子被引進宮殿，謁見普里阿摩斯國王，並且陳述了希臘的要求。

國王於是召集他的兒子和城裡的重要人物共商大計。帕拉墨得斯在發言中，以全體希臘人的名義譴責普里阿摩斯的兒子帕里斯劫走王后海倫，是一樁違犯賓主禮節的行為。接著，他又指出這種行為將會導致戰爭，並給普里阿摩斯的王國造成巨大的災難。他列舉希臘所有強國王子之名，說他們將率領一千多艘戰船遠征特洛伊。他要求在這種形勢下和平解決，希望讓被搶走的王后海倫歸返。「啊，國王，」他說：「希臘人寧願戰死，也不願忍受外鄉人的侮辱和欺凌。他們怒不可遏，決心洗雪所遭到的恥辱。因此，我們的最高統帥，全希臘最有名的王子，強大的希臘國王阿伽門農，以及所有的希臘英雄和王子都讓我們轉告你：把你們劫走的王后還給我們，否則我們將使你們徹底毀滅！」

普里阿摩斯和特洛伊人被帕拉墨得斯充滿挑釁的話給激怒了，但他們仍然保持著對使節應有的禮貌。會議結束後，特洛伊城的一位長者，即賢明的安特諾爾保護使者離開會場，以免他們遭到憤怒民眾的攻擊。他把使者帶到家裡，按照客人的禮遇款待他們。第二天早晨，他送他們到海岸，看他們登上華麗的戰船，然後揚帆而去。

↓**阿基里斯畫像，1775年約翰．海因里希．蒂施拜恩作品**
阿基里斯是特洛伊戰爭中的希臘大英雄，珀琉斯和海中女神特提絲之子，渾身刀槍不入，唯一的弱點是腳跟。

帕里斯的歸來

←海倫雕塑，1838年
約翰．吉普森作品

此時，特洛伊人雖然還不知道龐大的希臘戰船已經逼近了他們的國土，但是自從希臘使節離開以後，全國人心慌慌，擔心著戰爭的來臨。就在這時，帕里斯率領船隊，載著被他劫持的王后海倫和眾多的戰利品回來了。

普里阿摩斯國王看到這不祥的兒媳走進宮中，心情極爲不悅，他立即召集眾王子們和貴族舉行緊急會議。王子們對父親的反對卻不以爲然，因爲帕里斯已經分給了他們大量的財寶，還把海倫帶來的幾名漂亮侍女送給他們成婚。他們受到財寶和美女的誘惑，加上一股年輕好戰的心性，因而商量的結果是要保護這位外鄉來的女人，將她留在王宮裡，絕不送還給希臘人。

但是城裡的居民卻十分害怕希臘人來犯。他們對王子和他搶來的新娘極端不滿，只是出於對年邁國王的敬畏，才未堅決地反對宮中新來的這個女人。

普里阿摩斯見會議上眾人決定收留海倫，不將她驅逐出境，便派王后到她那裡，瞭解她是否眞是自願跟隨帕里斯到特洛伊來的。

海倫對王后說，她的身世既是特洛伊人，也是希臘人，因爲希臘斯和阿革諾爾既是特洛伊王室的祖先，也是她的祖先。她說她被搶走雖非自願，但現在她已衷心地愛上了帕里斯，願意永遠作他的妻子；況且在發生這件事後，她已經不可能得到前夫和希臘人的原諒了。如果她眞的被驅逐出去，交給希臘人的話，那麼恥辱與死亡將是她唯一的命運，她現在沒有其他的路可選擇了。

她噙著眼淚，跪在王后赫卡柏的面前請求她的幫助。赫卡柏同情地把她扶起，告訴她，國王和所有王子們都決定保護她。

海倫在特洛伊平安地住了下來，後來和帕里斯移住到他們自己的宮殿裡。人民對海倫的態度，也由當初的唾罵變成了讚美，人人都喜歡海倫的美麗和可愛。

←帕里斯雕塑，1807年安東尼奧．卡諾瓦作品

戰爭開始

當希臘戰船出現在特洛伊的海岸時，城裡的居民不像從前那樣恐懼了。將領們調查了市民和同盟軍的力量後，覺得有把握對付希臘人。他們知道，神祇中除了阿芙羅黛蒂以外，還有戰神阿瑞斯、太陽神阿波羅和萬神之父宙斯站在他們這一邊。他們希望借助神祇的保護守住這座城市，擊退圍城的敵軍。

國王普里阿摩斯雖已年邁，不能參與作戰，但他有五十個兒子，其中十九個兒子是赫卡柏所生。這些兒子都年輕有為，最出色的是赫克托，其次是得伊福玻斯。此外還有預言家赫勒諾斯、帕蒙、波呂特斯、安提福斯、希波諾斯和俊美的特洛伊羅斯。部隊早已做好了一級戰鬥準備，赫克托擔任最高統帥。

希臘人在西革翁和律特翁半島間的海岸登陸，紮下一座座連綿的營房，遠遠看去像一座城池。他們把戰船拉上岸來，整齊地排列成行，船下用石塊墊著，免得船底受潮腐爛。

特洛伊城的幾座城門突然打開，全副武裝的特洛伊士兵在赫克托的率領下，如潮水似地衝殺過來。那些駐紮在最前面的希臘士兵急忙拿起武器抵抗湧來的敵人，但是寡不敵眾，退了下來。駐紮在營帳裡其餘的希臘人急忙集合起來，擺開陣勢朝敵人進攻。

戰爭開始了，赫克托所到的地方，特洛伊人就占優勢，在離他很遠的地方，特洛伊人則被希臘人擊潰。

在希臘人中，首先死在特洛伊英雄埃涅阿斯手下的，是伊菲克洛斯之子帕洛特西拉俄斯，他在希臘剛訂完婚就遠征特洛伊。在登陸時他是第一個跳上岸的希臘人，如今他最先陣亡了。但阿基里斯的攻擊像旋風一樣迅猛，連赫克托也抵擋不住。和他並肩作戰的還有特拉蒙的兒子大埃阿斯，他身材高大，超過所有希臘人。在兩位英雄猛烈的攻擊下，特洛伊人如同鹿群遇到了凶猛的獵犬，紛紛逃竄。他們退回到城裡，閉門不出。希臘人從容地回到船邊，繼續擴建他們的營地據點。帕洛特西拉俄斯被隆重安葬，但葬禮還沒有結束，特洛伊人突然發起了第二波攻擊，他們又緊張地投入新戰鬥。

↓阿基里斯與赫克托的搏鬥，油畫，十七世紀魯賓斯作品

067.阿基里斯的故事

在史詩《伊利亞德》中，著重描寫了一位英勇善戰、重義疏財的英雄人物——他就是希臘聯軍的主將阿基里斯。

殺死赫克托

←特洛伊國王的請求，古希臘瓶畫
特洛伊王子赫克托死後，老國王普里阿摩斯來到阿基里斯的營帳，乞求帶回愛子的屍體。

當希臘聯軍攻打特洛伊的戰爭進入第九個年頭時，特洛伊城仍沒能攻下，希臘聯軍自己反倒折損了不少兵將。偏偏這個時候，聯軍統帥阿伽門農又不肯交出太陽神祭司的女兒，太陽神哪肯善罷甘休，這下連累了希臘聯軍都受到報復。爲了平息太陽神的憤怒，阿伽門農不得不將祭司的女兒遣返，但卻要阿基里斯的女奴作爲補償。阿基里斯爲了顧全大局，把心愛的女奴讓給阿伽門農。他自己也在一氣之下，帶領隊伍離開了陣地。

阿基里斯英勇善戰，特洛伊人十分害怕，每次見到他的隊伍就如驚弓之鳥般四處奔逃。現在阿基里斯離開了，特洛伊人哪能放過這個機會，他們馬上衝出城把希臘人趕到了海邊。危難之時，阿伽門農派人向阿基里斯道歉，並以金銀財寶和城池相誘，但卻被阿基里斯給拒絕了。就在希臘聯軍危在旦夕之際，阿基里斯的好朋友派特洛克勒斯哭著來求阿基里斯出戰。阿基里斯仍堅持不肯，只願意把自己的盔甲送給好友穿上，並讓派特洛克勒斯駕著自己的戰車，率領自己的士兵應戰。但他叮囑好友不可與赫克托對陣。特洛伊人一見到希臘軍與那副盔甲，以爲是阿基里斯來了，個個聞風喪膽，四處逃命。

赫克托是特洛伊的王子，也是一位智勇雙全的將領。陣地上突如其來的變化，他看得一清二楚。他發現那個穿著阿基里斯盔甲的將領並非阿基里斯本人。於是，他出其不意地奔襲過來，一刀把派特洛克勒斯砍倒在地，搶走了其身上的盔甲和盾牌。特洛伊軍隊在他的率領下，大舉向希臘軍隊衝來，連派特洛克勒斯的屍體也不准運回軍營。

在這千鈞一髮之際，阿基里斯再也不能袖手旁觀了。他發誓要爲好友報仇，殺死赫克托。

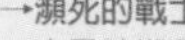

→瀕死的戰士
古風時期最珍貴的建築裝飾雕刻，是埃癸那島上阿淮亞神廟的山牆雕刻。畫面描寫著希臘神話中特洛伊戰爭的故事，人物的動作真實地表現了臨戰姿態，自然生動，人體的解剖關係也很正確。在西山牆的群雕中，僅有的古風式微笑尚殘留在人物的面部，顯現出與戰爭氣氛的不協調感。

【人文歷史百科】
智慧女神雅典娜
智慧女神和正義戰爭女神，是宙斯與女泰坦美狄斯的女兒，她勇敢而又仁慈，不過有時略有些小心眼，不願別人比她強。

只見他義無反顧地衝出營房，振臂一呼，率領浩蕩人馬奔向特洛伊。赫克托眼見阿基里斯來勢凶猛，緊急下令撤回城裡；但還沒來得及進城，就被阿基里斯擋了回來。最後，阿基里斯刺死了赫克托，並把赫克托的屍體拖回營地，然後又拖著它繞好友的屍床轉了三圈，算是爲朋友報了一箭之仇。

阿基里斯的腳跟

就在特洛伊王子赫克托死後不久，特洛伊國王來到了阿基里斯的營帳，跪在阿基里斯的面前，吻著那沾滿他兒子血跡的雙手，老淚縱橫，乞求贖回他兒子的屍體。阿基里斯聽著老國王的訴說，同情之心油然而生。他答應了國王的請求，命令士兵把赫克托的屍體洗淨蓋好，讓國王帶回。爲了讓特洛伊安葬王子，希臘軍隊在接下來的十二天裡未向特洛伊城發動進攻。

十二天以後，雙方重新開戰。特洛伊王國的另一個王子帕里斯借助太陽神阿波羅的力量，用銀箭向阿基里斯全身唯一一處可以致命的地方——腳跟射去。原來，阿基里斯出生後，他的女神母親希望兒子成爲不朽的神人，每天瞞著丈夫，把兒子倒提著放在火上燒烤，企圖燒掉他父親遺傳給他的凡人成分。烤完後，再用一種神奇的膏油把他的肌膚治癒。後來丈夫發現了，便將兒子奪回。這樣，阿基里斯的身上留下了最後一處未烤到的地方，那就是倒提時被母親雙手握住的腳跟。那飛來的銀箭，不偏不倚正好射在阿基里斯的腳跟上，阿基里斯像一座高大的石塔一樣倒下，一代英雄阿基里斯就此殞落！從此，西方人便把致命傷叫做「阿基里斯的腳跟」。

→阿基里斯與彭特西勒亞的格鬥，古希臘壺瓶畫

←垂死的阿基里斯，大理石雕塑，1683年作品，倫敦維多利亞和亞伯特博物館藏
畫面中的小天使指著阿基里斯的腳跟，暗示了英雄的致命弱點。

068.木馬屠城計

全世界都流傳著著名的特洛伊故事，在曠日持久的戰爭中，希臘人眼看強攻無法取得勝利，就上演了一齣木馬屠城計，愚昧的特洛伊人以為戰爭結束了……

奧德修斯的智慧

特洛伊城面向平原，背靠峻嶺，易守難攻。阿伽門農的軍隊雖包圍了特洛伊城，卻始終無法破城而入。這場仗打得異常艱苦，一直持續了九年都未分出勝負。

↑木馬攻城，浮雕
「智多星」奧德修斯一招木馬攻城的錦囊妙計，讓特洛伊的滅亡成為不朽傳說。

英雄們絞盡腦汁，卻想不出半個辦法來，最後，還是奧德修斯獻出妙計。「朋友們，你們知道怎麼辦嗎？」說著，他禁不住提高了聲音說：「我們造一個巨大的木馬，讓馬腹裡盡可能多藏些我們的勇士。其餘的人則乘船離開特洛伊海岸，退到特涅多斯島。在出發前把軍營徹底燒毀，讓特洛伊人在城牆上看見煙火，以爲我們全撤走了。同時我們讓一個特洛伊人不認識的士兵，冒充逃難的人混進城裡去，告訴他們說，希臘人爲了安全撤退，準備把他殺死獻祭神祇，但他設法逃脫了。並說，希臘人造了一個巨大的木馬，要獻給雅典娜，他自己就是躲在馬腹下面，等到部隊撤退後才偷偷爬出來的。這位士兵必須能對特洛伊人複述這個故事，並要說得對方毫不懷疑。特洛伊人一定會同情這個可憐的外鄉人，將他帶進城去。在那裡，他設法讓特洛伊人把木馬拖進城裡。當敵人熟睡時，他便給我們發出暗號。這時，躲在木馬裡的人們趕快爬出來，點燃火把召喚隱蔽在特涅多斯島附近的戰士們衝過來。如此，我們就能用劍與火一舉摧毀特洛伊城。」

在雅典娜的幫助下，他用三天的時間便完成了木馬的建造。大家都驚嘆這件藝術傑作。他們甚至相信這匹馬隨時都會嘶鳴，起步奔跑。厄珀俄斯朝天空舉起雙手，在全軍士兵的面前祈禱：

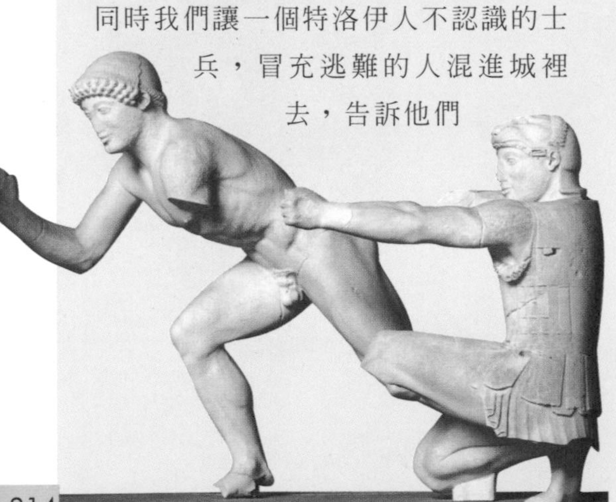

←弓箭手
這是阿淮亞神廟東面山牆群雕中一件引弓射箭的戰士跪射姿勢，又名海克力斯。這件雕像和前面奔跑的戰士雕像，姿勢十分生動，表現了臨戰時的真實反應動作。人物的面部表情與緊張的戰鬥神經相應，原有的「古風式微笑」消失了，這種變化顯示出希臘雕刻藝術突破了以往的理想形式，更接近生活真實。這是一件接近圓雕的高浮雕作品。

「偉大的女神雅典娜！請聽我的禱告，請保佑我和妳的木馬吧！」所有的希臘人也和他一起祈禱著。此時，特洛伊人仍然緊閉城門，躲在城裡。

←木馬中的英雄
英雄們默默地鑽進木馬馬腹，這番木馬攻城妙計能否成功，端視命運擺弄。

木馬中的英雄們

涅俄普托勒摩斯全副武裝，第一個跳進寬敞而又漆黑的馬腹，包括奧德修斯在內的其他希臘英雄們陸續進入，緊密地擠在馬腹裡。最後進來的是木馬的製造者厄珀俄斯，他進了馬腹後，便把梯子拉進馬腹，然後關上木門，從裡面拴上。英雄們默默地擠坐在馬腹裡，不知道等待他們的將是什麼樣的命運。

其餘的希臘人按照阿伽門農和涅斯托耳的吩咐，放火燒毀了帳棚和營具，然後登船啓航，朝特涅多斯島駛去。到達特涅多斯島時，他們拋錨上岸，急切地等待著遠方傳來的火光信號。

特洛伊人發現海岸上煙霧彌漫，於是他們在城頭細細觀望，發現希臘的戰船已經走了。特洛伊人喜出望外，成群結隊地來到海邊觀看。當然，他們仍存有戒心，沒有脫去身上的鎧甲。他們在敵人紮營的地方發現了那具巨大的木馬。他們圍著它，驚奇地打量著，因爲它實在是一件叫人讚嘆的藝術傑作。士兵們爭論起來，有的主張把它搬進城去，放在城堡上，作爲勝利的紀念品。有的人主張將它推入大海，或者用火燒掉。藏在馬腹裡的希臘英雄們聽了，都嚇得不寒而慄。

這時，阿波羅的特洛伊祭司拉奧孔從人叢中走出來，勸阻大家說：「不幸的人啊，什麼魔鬼迷住了你們的心竅，使你們眞的以爲希臘人走了？你們以爲希臘人的禮品裡頭不會包藏著詭計嗎？你們難道不知道奧德修斯是什麼樣的人嗎？馬腹裡一定隱藏著危險！否則，它就是一種作戰武器，埋伏在我們附近的敵人會用它來攻擊我們。總之，不管它是什麼，我們絕不能相信希臘人！」說完，他用一根長矛刺入馬腹。長矛扎在馬腹上抖動著，裡面傳出一陣空蕩蕩的回聲，像從

↓阿基里斯與阿札克斯戰後休息，西元前530年陶瓶畫
此畫描繪了兩位英雄在圍攻特洛伊城的苦戰中，利用片刻休息時間玩骰子的遊戲場面。阿基里斯全副武裝，阿札克斯卻把頭盔和盾牌取下放在身邊。畫家以線造型，曲線優美，裝飾與器形相應，構圖呈三角形，人物對稱而有變化，體現了理想與寫實主義的巧妙結合。

空穴裡傳出的聲音一樣。然而此時特洛伊人的心麻木了，他們的雙耳已經聽而不聞。

西農的謊言

突然，有幾個牧人發現了藏在馬腹下面的西農。大家把他拖出來，當作戰俘，要押他去見國王普里阿摩斯。正在看木馬的特洛伊戰士們立刻聚攏過來。西農惟妙惟肖地扮演著奧德修斯委託給他的角色。他可憐地站在那裡，朝天空伸出雙臂，哭泣著哀求道：「天哪，我該到什麼地方去，到哪裡乘船回到故鄉呢？希臘人將我趕出來，而特洛伊人也一定會殺死我的！」接著他告訴特洛伊人，自己是如何成為祭品，又如何在最後時刻逃出來的。「我已經無法回到我的故鄉了。」

他這套謊話編得非常巧妙，在場的特洛伊人聽了都深受感動，連普里阿摩斯國王也相信了，還對他說了一些安慰的話，並允許他在城裡安身，只是他必須說出這具木馬是怎麼回事。

他交代說：「木馬是希臘人獻給雅典娜女神的禮物。他們之所以把木馬造得這般高大，是為了不讓特洛伊人把木馬拉進城內，得到雅典娜的護佑。他們希望特洛伊人把木馬毀掉，並因此受到雅典娜女神的懲罰。」

西農的這番話讓特洛伊國王打消了疑心，他命人把木馬拉進城去獻給雅典娜女神。於是人們急忙回到城裡，把城門拆成一個大洞，準備將巨大的木馬拉進城裡。有些人為木馬腳下裝上了輪軸，並搓了幾根粗大的繩索，套在木馬上的脖子上。於是，他們一起用力，歡欣鼓舞地將木馬拖進了城裡。

在拖木馬的過程中，一群男孩和女孩們興高采烈地跟在後面，唱著節日的讚美詩；當木馬通過城門的高門檻時，有四次受阻，但在特洛伊人頑強的努力下，終於滾過去了。每次震動時，馬腹中都傳出金屬撞擊的聲音。可是特洛伊人仍然沒有聽見，他們歡呼著把這具巨大的木馬直拖到了衛城上。

↓木馬屠城計，油畫，喬凡尼．多美尼克．提埃波羅作品

特洛伊國王命人把木馬拉進城去獻給雅典娜女神。人們把城門拆成一個大洞，將巨大的木馬當作戰利品，高高興興地合力拉進城裡。

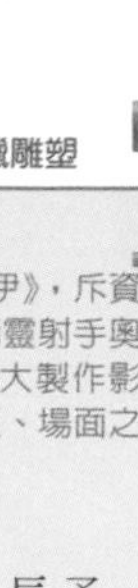

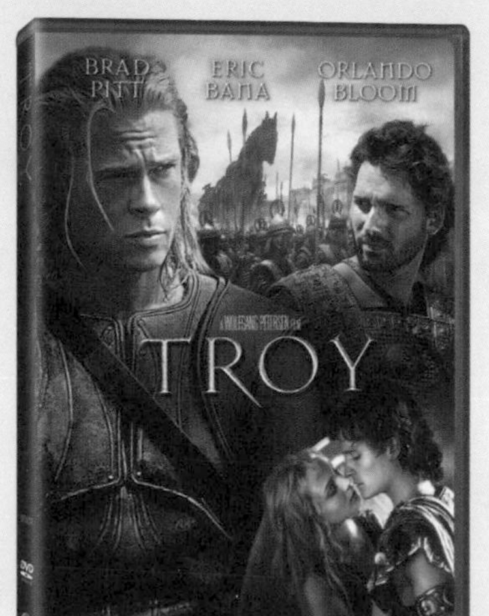

←《特洛伊》電影／華納家庭娛樂提供
根據歐洲歷史上最偉大的文學作品《荷馬史詩》改編的影片《特洛伊》，斥資一億九千美元，由好萊塢一線小生布萊德・彼特和《魔戒》中的精靈射手奧蘭多・布魯擔綱，導演沃夫岡・彼得森非常擅長拍攝場面恢宏的大製作影片。《特洛伊》從開拍之日起就受到全球矚目，單是影片投入之鉅、場面之宏偉、卡司之強、製作之精良，都足以吊起每一位觀衆的胃口。

特洛伊城的毀滅

這天夜裡，特洛伊人舉行了隆重的飲宴和慶祝。他們吹奏笛子，彈起豎琴，唱著歡樂的讚歌。大家一次又一次地斟滿美酒，不停地傾飲。最後，城裡所有人們都醉意朦朧地睡去，和特洛伊人一起飲宴的西農也假裝不勝酒力睡著了。到了深夜，他起身偷偷地摸出城門，燃起了火把，並高舉著不斷晃動，向遠方的希臘英雄們發出信號。然後，他熄滅了火把，來到木馬旁，輕輕地敲了敲馬腹。英雄們聽到了聲音，奧德修斯提醒大家別急躁，盡量悄無聲息地出去。他輕輕拉開了門栓，探出腦袋，朝周圍窺視，發現特洛伊人都在沉睡中。於是，他悄悄放下了厄珀俄斯預先安置好的木梯，走了下來。其他的英雄也跟在後頭，一個個地走出，緊張得心臟怦怦直跳。他們到了外面便揮舞著長矛，拔出寶劍，分散到城裡的每條街道上，對酒醉和昏睡的特洛伊人大肆屠殺起來。他們將火把扔進特洛伊人的住房裡，不一會，屋頂便著了火，火勢蔓延，全城化爲一片火海。

隱蔽在特涅多斯島的希臘人看到西農發出火把信號，立即拔錨起航，乘著順風飛快地駛到了赫勒斯滂，上了岸。全體戰士很快從特洛伊人拆毀的城門處，衝進城裡。被占領的特洛伊城立刻變成了戰火下的廢墟，到處是哭喊和慘叫聲，到處是屍體。殘廢和受傷的人在死屍上爬行著，逃跑的人從背後被長矛紛紛刺死。受驚嚇的犬吠聲、垂死者的呻吟聲、婦女兒童的啼哭聲交織在一起，既淒慘又恐怖。

不久希臘人圍攻普里阿摩斯的城堡，許多全副武裝的特洛伊人如潮水般衝出來，開始了殊死而又絕望的拚殺。戰鬥雖然進行在深夜，但是房屋燃燒的火焰和希臘人手持的火把，把全城照耀得如同白晝一般。整座城市嚴如戰場，戰鬥越來越激烈，越來越殘酷。大火、屠殺持續了很長時間。熊熊的火焰直沖雲霄，彷彿在向周圍的鄰國宣告著：

偉大堅固的美麗特洛伊城毀滅了！

069.奧德修斯的故事

特洛伊城毀滅後，奧德修斯率領他的將士準備渡過愛琴海，回家與親人團聚，然而這條回鄉路讓他走了十年的時間。

智鬥獨眼巨人

↑奧德修斯，古希臘浮雕

或許是十年的戰爭讓他們殺戮之罪太重了，因而這些歸心似箭的倖存者並未得到天神的垂青。在返航途中，奧德修斯率領的希臘船隊遭受了許多莫名其妙的災難。

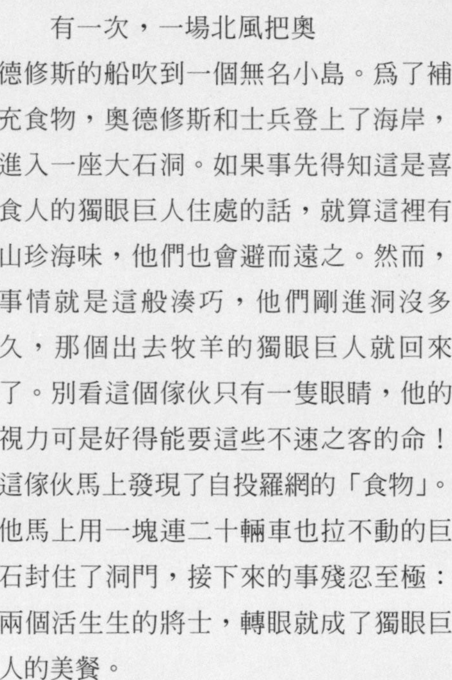

有一次，一場北風把奧德修斯的船吹到一個無名小島。爲了補充食物，奧德修斯和士兵登上了海岸，進入一座大石洞。如果事先得知這是喜食人的獨眼巨人住處的話，就算這裡有山珍海味，他們也會避而遠之。然而，事情就是這般湊巧，他們剛進洞沒多久，那個出去牧羊的獨眼巨人就回來了。別看這個傢伙只有一隻眼睛，他的視力可是好得能要這些不速之客的命！這傢伙馬上發現了自投羅網的「食物」。他馬上用一塊連二十輛車也拉不動的巨石封住了洞門，接下來的事殘忍至極：兩個活生生的將士，轉眼就成了獨眼巨人的美餐。

巨人吃飽後便睡著了，但奧德修斯和夥伴們哪裡睡得著呢？他們本想用劍殺死巨人，可是轉念一想，巨人一死，就沒人能搬動那塊巨石，他們恐怕只能在洞裡給巨人陪葬了。忽然，奧德修斯想起身上還帶著濃濃的蜜酒。奧德修斯把酒拿到巨人面前時，那巨人看來天生是個貪杯之徒，他迷迷糊糊聞到酒香，不由分說抓過來一飲而盡，不一會就醉成了一灘泥。奧德修斯等人見時機成熟，合力把一根燃燒的木樁刺進巨人的獨眼裡，奮力旋轉。這一刺，疼得巨人尖聲怪叫：「無人刺我！」這叫聲驚動了他的鄰居。鄰居都很奇怪，既然沒有人刺殺你，你怪叫什麼？於是鄰居們都回去了。奧德修斯等人卻在暗笑，他取笑巨人說，「原來我們叫無人！」

巨人的眼睛瞎了，他忍著痛坐在洞口，一雙大手摸來摸去，想抓住這些可

↓奧德修斯與獨眼巨人，希臘插圖

→阿芙羅黛蒂，古希臘雕塑

惡的「無人」。眞是天無絕人之路，就在奧德修斯等人焦急不堪的時候，剛好天亮，洞內的羊群看到了陽光，就像往常般開始往外走。巨人牧養的羊身軀同樣不小，奧德修斯靈機一動，把身體緊貼在羊肚下面，混出了山洞，獲得一條生路。

夫妻團聚

逃出巨人島後，奧德修斯乘船繼續在海上漂泊，戰勝了無數艱難險阻，直到第十年才回到故鄉。但他沒能立即見到自己的妻子璐西卡，而是從牧豬人口中得知，自二十年前他帶領軍隊離家之後，就有二十多個貴族子弟爲了獲得王位，天天來糾纏他的妻子。忠貞的王后想盡方法拒絕他們的求婚，拖延時間，與他們巧妙周旋。這些貴族子弟把王宮裡鬧得烏煙瘴氣。

【人文歷史百科】

《奧德賽》

《奧德賽》意指奧德修斯之歌，共二十四卷、一二一一〇行。敘述希臘英雄、伊塔卡島之王奧德修斯在特洛伊戰爭後，在海上漂流十年，經歷種種艱險，最後回到家鄉與家人團聚的故事。它與《伊利亞德》，組成了傳頌後世的「荷馬史詩」。

得知這一切後，機智的奧德修斯先找機會在神的幫助下見到了兒子，然後在王子的幫助下，裝扮成一名老乞丐混進了王宮。那一天正好是個節日，聰明的王后對所有求婚者說，我的奧德修斯或許眞的去了神的世界。那麼，你們之中誰能把奧德修斯的大弓拉開，再射箭穿過十二把鐵斧的環，我就嫁給他。這些紈褲子弟平日只知花天酒地，根本手無縛雞之力，怎麼可能拉開奧德修斯的大弓呢？只有裝扮成老乞丐的奧德修斯，不費吹灰之力就把弓拉滿，並把箭搭在弓背上，一下子射穿了十二把斧頭上的環。

奧德修斯勝利了，他憑著自己的機智和神勇殺死了那些求婚者，與忠貞的妻子團圓，還重新贏得了王位！

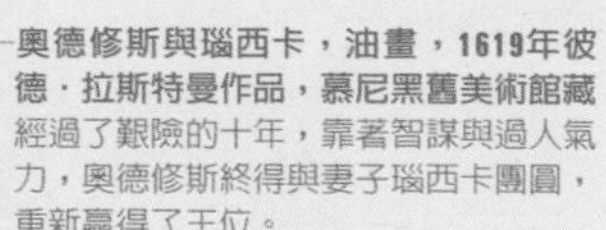

←奧德修斯與璐西卡，油畫，1619年彼德．拉斯特曼作品，慕尼黑舊美術館藏
經過了艱險的十年，靠著智謀與過人氣力，奧德修斯終得與妻子璐西卡團圓，重新贏得了王位。

070.奧林匹克賽會

奧林匹克運動會無比神聖，競賽期間，全希臘實行「神聖休戰」，無論雙方打得多麼慘烈，到了運動會的日子就自然會放下武器。

神聖的競技

波斯王大流士一世去世後，他的兒子薛西斯繼承了王位。薛西斯爲完成父親的遺願，發誓要征服希臘，將雅典夷爲平地。

西元前480年，已精心準備了四年之久的薛西斯，動用波斯帝國的全部兵力，率領來自臣服於波斯王腳下的四十六個國家、一百多個民族的遠征軍，風捲殘雲般地橫掃了希臘北部。當他們來到南下入侵的唯一通道——德摩比勒隘口前，準備和預想中把守在這裡的重兵做殊死戰鬥時，發現了一件怪事：隘口前居然只有數千名希臘士兵把守！難道希臘人對來勢洶洶的波斯軍，如此不當一回事？還是他們另有埋伏？

謎底很快就揭曉了，原來希臘正在舉行奧林匹克運動會。在希臘人心中，奧林匹克運動會無比神聖，競賽期間，全希臘實行「神聖休戰」，無論交戰雙方打得多麼慘烈，只要到了召開運動會的日子，就自然放下武器；等到運動會結束後，在同一個競技場上爭高低的選手才又在戰場拚個你死我活。凡違背「神聖休戰」原則的城邦和個人，都要受到懲罰。在西元前420年的「神聖休戰」期間，擅自調動軍隊的斯巴達人不僅被罰款，還被剝奪了參加競技會的權力，令他們後悔莫及。

波斯王薛西斯帶兵入侵的時候，正好遇上了希臘的「神聖休戰」，才見到了僅有幾千人把守重要隘口，對付敵人舉國之兵的戲劇性一幕。那麼，這場在希臘人心中占有無可替代地位、即使外敵入侵都難以匹敵的運動會，究竟是怎麼一回事呢？

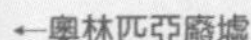

奧林匹亞廢墟
希臘古代宗教聖地，奧林匹克運動會發源地。位於伯羅奔尼撒半島西北部，阿爾菲奧斯河北岸，克拉迪烏斯河以東。西元前776年，結合宙斯祭祀，在此舉行首次奧林匹克競技會，以後每四年舉行一次，限希臘男性公民參加。對優勝者獎以橄欖花環。這一傳統一直持續至四世紀末，此後奧林匹克運動長期湮沒無聞。

【人文歷史百科】

奧林匹亞

奧林匹亞位於伯羅奔尼撒半島西部的奧林匹亞村，離雅典三百七十公里，是世界奧林匹克運動的發源地。古代時期是宗教祭祀和體育競技中心之一。現存有古代的體育場，宙斯神廟、希拉神廟等遺跡。

奧林匹克運動會的由來

話說古希臘是個信仰多神的民族，在古希臘神話傳說中，奧林帕斯山上居住著天神宙斯，他是天地萬物的主宰。爲了表達對宙斯的崇敬，希臘人在伯羅奔尼撒半島西部的奧林匹亞舉行盛大的祭祀。他們獻上整頭的牛羊，不僅舉行盛大的歌舞宴會，還要進行體育競賽和文藝表演，好讓祭典更加熱鬧喜慶。

相傳希臘英雄阿基里斯被特洛伊人射死之後，他的母親懷著悲痛爲兒子舉行葬禮競技。她把阿基里斯的遺物當作獎賞，給那些在比賽中贏得勝利的英雄，好讓勝利者和她一樣懷念愛子。

到西元前766年時，希臘規定每隔四年在奧林匹亞舉行一次競技大會，這就是最初的奧林匹克運動會。最早的競賽項目只是兩百碼（約一八二公尺）短跑，後來逐漸增加摔跤、擲鐵餅、投標槍、賽馬和賽車等。人們爲競賽優勝者戴上用月桂編成的王冠，把他們當作神一樣來崇拜。別小看那頂普通的桂冠，希臘青年可是把它看得比黃金和珍寶還要貴重。最著名的詩人向他們奉獻讚美詩，第一流的藝術家爲他們在奧林匹亞建造紀念雕像。他們的名字在希臘地區人盡皆知，被當作出征凱旋的英雄，受到家鄉人的歡迎。有的城市還故意把城牆打開一個缺口，讓他們以征服者之姿進城。而那些在運動會上使用不正當手段獲得勝果的人，必被立即趕出競技場，遭受大家的恥笑。

此外在古希臘，還有一個有趣的規定：參賽男子必須赤身競技，所有的女人都不許靠近賽場，否則就是對神的不敬。曾有個出身競技世家的希臘婦女叫

↓奧林帕斯山上居住著諸神，1806年尼古拉斯．安德列．蒙西奧作品

為了表達對萬神之王宙斯的崇敬之意，希臘人定期在奧林匹亞地區舉行盛大的祭祀和體育競賽。

希臘文明

費列尼卡，有一次，她的兒子參加角力決賽，她非常想親眼看到兒子的勝利，就偷偷女扮男裝來到賽場。當她的兒子終於擊敗對手獲得優勝時，她情不自禁地衝入競技場擁抱兒子；不料，卻引來了殺身大禍。幸虧念及這位角力選手一家世代對競技會的貢獻，她才免於一死。

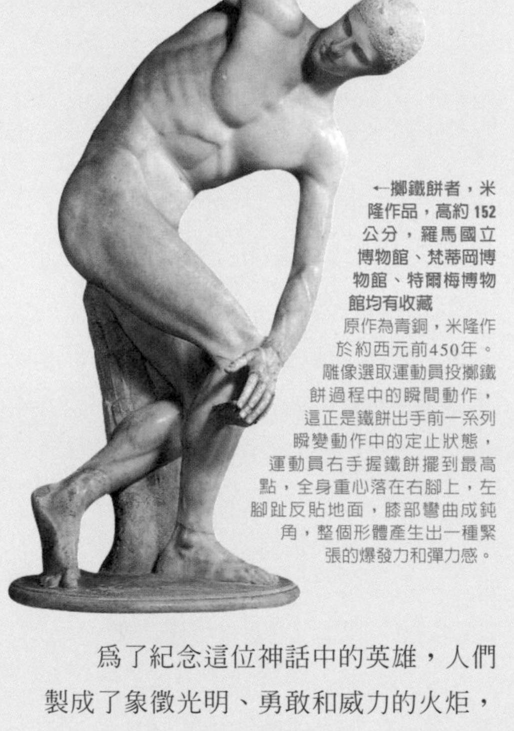

←擲鐵餅者，米隆作品，高約152公分，羅馬國立博物館、梵蒂岡博物館、特爾梅博物館均有收藏

原作為青銅，米隆作於約西元前450年。雕像選取運動員投擲鐵餅過程中的瞬間動作，這正是鐵餅出手前一系列瞬變動作中的定止狀態，運動員右手握鐵餅擺到最高點，全身重心落在右腳上，左腳趾反貼地面，膝部彎曲成鈍角，整個形體產生出一種緊張的爆發力和彈力感。

聖火傳說

四年一度的奧林匹克運動會，無論在哪個國家舉行，火炬傳遞、點火儀式都是保留項目。到運動會開幕時，還要用從希臘奧林匹亞取得的「聖火」，點燃運動場上的主火炬，直到運動會閉幕。這是爲什麼呢？

其實，點燃聖火的習俗與古希臘的一個神話有關。古希臘神話中有位勇敢的神，叫普羅米修斯，有一次他惹怒了宙斯，宙斯拒絕給予人類火種。普羅米修斯爲了解救飢寒交迫的人類，不顧自身安危，用茴香樹枝從太陽的火焰裡引來了火種。

爲了紀念這位神話中的英雄，人們製成了象徵光明、勇敢和威力的火炬，古代奧運會在開幕前必須舉行隆重的點火儀式。由祭司從聖壇上燃起奧林匹克賽會之火，所有運動員一齊向火炬奔跑，最先到達的三名運動員會獲得高舉火炬的榮幸。他們跑遍希臘，傳諭所有人放下武器，停止一切戰爭，開始四年一度的奧運會。聖火從奧運會開始時點燃，直至閉幕式才熄滅。

奧運聖火誕生之初就標誌著純潔、理性、和平，直到今天，那象徵友誼、進步、和平的熊熊火炬，依然在奧林匹克運動會上熊熊燃燒。

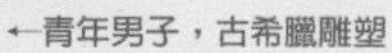

←青年男子，古希臘雕塑

←奧林匹克雕塑群
奧林匹克博物館收藏的古代雕塑作品，栩栩如生地表現了古代奧林匹克運動的輝煌歷史。

世界的奧林匹克運動

古代的奧林匹克運動會一共舉行了兩百九十三次。到西元394年，入侵希臘的羅馬皇帝狄奧多西宣布基督教為國教，而奧林匹克競技會與祭祀宙斯有關，被看作是異教徒活動，下令禁止舉行比賽，從此，延續了一千一百七十年的奧林匹克運動會中斷了。直到一千五百多年後，十九世紀後期，奧林匹克競技場的遺址和文物重見天日，對古老競技會的懷念和興趣，促使人們希望能恢復這項國際性體育活動，以促進各國體育事業的發展，以及各國人民之間的友好往來。這段時間裡，獨立後的希臘先後舉行了四次只有本國運動員參加的競技會。

1894年，在法國教育家顧拜旦的不斷努力和倡議下，國際體育會議決定恢復奧林匹克競技會。兩年後，在希臘的雅典舉行了第一屆奧林匹克運動會。此後，便每四年一屆輪流在各成員國舉行，而且參加者也不再限定為希臘人。如今，奧運會已發展為全球矚目的體育盛會。每隔四年，來自世界各國的運動員們聚集在田徑場上，向著「更高、更快、更強」的目標競爭、自我挑戰，傳遞著人類家族的和平與友誼。

↓格鬥的男子，古希臘雕塑

071.雅典人的生活

雅典人能專心治理政務、探索真理、作曲、雕刻、繪畫、寫作、教書或祀神，是因為另有人在辛勤地務農，擔負著織布、造屋、開礦……等繁瑣工作。

農人

支持整個雅典社會的是辛勤的農人，他們也是社會中最貧困且不可缺少的分子。農人在雅典有公民權，公民即可獲允擁有土地，幾乎所有農人都是其耕地的主人。從事工商業者被雅典公民看作是卑微下賤的一群，而從事農業者爲國家經濟及軍事武力之基礎，受到尊敬，因此鄉村的自由人把城市居民視作軟弱的寄生蟲。

雅典土地貧瘠，高達三分之一的比例不宜種植。雅典農村爲補償糧食的短缺，大量種植橄欖與葡萄。坡地墾爲梯田後灑水，放驢入葡萄園讓牠們咬掉嫩枝，以使其多結葡萄。希臘在伯里克利時代，許多地方都廣種橄欖樹，橄欖樹需經十六年的生長才開始結果實，四十年到達盛產期。橄欖對於希臘人用途甚廣，包括食用、塗抹、照明及燃料。橄欖成爲雅典最貴重的作物，因其價值高，以致政府採取專賣輸出，以橄欖抵償貨款，交換必須進口的穀物。

穀類、橄欖油、無花果、葡萄及酒，是雅典的本土農產。農人養馬僅是爲了服務戰爭或飼養賽馬之用。養綿羊取其毛，養山羊擠其奶，驢、騾、公牛、母牛等皆用於運輸，唯有豬作爲主食。肉類是種奢侈品，窮人家僅能在節日中吃到肉。魚則是日常食品，窮人買魚加鹽醃後曬乾。

←古希臘女性的服飾

穀物做的食品有粥、薄麵包或糕餅，時常摻些蜂蜜。麵包和餅很少在家裡烤製，大多是由婦女小販挑來賣，或到市場小攤去買，裡面加入雞蛋及蔬菜，尤其是蠶豆、豌豆、白菜、扁豆、萵苣、蔥與大蒜。雅典產的水果很少，堅果非常普遍，盛產辛辣料等調味品。幾乎任何食物裡面都有放橄欖油，它同時也是極佳的石油代用品，可用於照明。因爲葡萄生產和釀酒業的發達，在雅典幾乎人人都喝酒，對於文明人而言，沒有麻醉或刺激物的日子是無法忍受的。

←馱小牛者像
西元前六世紀的作品，一位體格壯健的牧人，肩馱一隻可愛的小牛犢，大概是奉獻給神靈的，也許是逗著玩的。這是人們在現實生活中常能見到的題材。人物髮式還保有一點裝飾性，眼睛是凹陷的洞，在光影下顯得大而黑，富有神韻。小牛繞著青年的頸項，親密地伏於肩上，他用雙手緊握小牛的前後兩條腿，小牛像孩子一般聽話溫順。人物全裸，露出強健的肌肉，大理石打磨出光滑而富有肌肉的彈性感。

作坊

↑手工作坊的匠人，古希臘瓶畫

雅典城內有各種大大小小的手工作坊，製作盔甲、盾牌、刀矛箭矢的作坊生意特別好，並集中在一個街區上。製造家具用品的作坊也很繁榮，一個作坊就是一個店面，通常有一位主人和兩、三個奴隸匠工在店裡邊做工邊賣產品。其他行業如建築業、航海業等，也很發達。雅典的手工作坊規模雖小，但非常專精。在建築這一行裡面，就分爲木工、製模匠、石匠、金屬匠、油漆匠、裝飾匠。工藝是父子相傳或收徒相授。雅典法律規定，父母若未授藝予子，父母年老時，兒子可以不負贍養的責任。手工作坊的工作時間雖長，但卻非常閒適，師父與徒弟從天亮工作到黃昏，夏天有午睡。沒有休假日，但每年約有六十天不做工的宗教節日。

希臘人開採礦，爲的是礦物而非燃料。雅典的地質富大理石、鐵、鋅、銀及鉛等礦藏。礦場是政府的主要財源，政府保留所有地下權，將礦場租給私人開採，只有公民才准租用礦場，奴隸則被役使做掘礦的工作。他們的工作每十小時換一次班，夜以繼日，從不間斷。奴工累了停下休息，就會吃工頭的鞭子；如想逃跑，則會被鐵鐐拴住勞動；逃掉而被捉回者，其前額用熱烙鐵烙印。坑道僅三英尺高、二英尺寬，奴工用鋤、鑿子及鐵錘，或跪、或俯臥、或仰躺著工作。礦砂用籃子或袋子，一個人接一個人地往外傳遞，因爲坑道太窄小，容不得兩個人方便交會。冶金術隨著礦業進步而發展，雅典銀幣的純度高達98%。由於利潤頗爲可觀，所以雅典國庫完全依賴礦業，至西元前四世紀，礦脈的耗竭加上其他種種因素，促成了雅典的式微，因爲雅典的泥土中再沒有別的貴重金屬。

【人文歷史百科】

雅典人的公民權

只在少數時候（通常是發生戰爭，需要徵召兵員時），希臘人才願意給予他們所謂的「野蠻人」即外國人以公民權。但這種情形純屬例外。公民資格是個出身問題。你是個雅典人，乃因你的父親和祖父在你之前就是雅典人。除此而外，無論你是個多麼出色的士兵或商人，只要你的父母不是雅典人，你終其一生都只能是住在雅典的「外國人」。

商業

雅典經濟的靈魂是貿易，而非工業或金融。許多生產者直接銷售貨物給消

↑生產者，古代希臘浮雕

費者，在此種方式下，興起了一種零售商，他們沿街叫賣或供應軍隊，或在節日慶典的市集，或在人民大會會場的商店、攤販，以及城鎮的其他場所推銷貨物。自由人、僑民或奴隸，到商店與生意人討價還價，爲家裡置辦採購。雅典「自由」婦女的權力受到最嚴重損害之一，是不准她們上街購買東西的風俗。

雅典的國際商業之發展，甚至比國內貿易更快，外國水果對於雅典人和本國的水果一樣常享受得到。商人從比里亞斯港運出的有酒、油、毛、礦物、大理石、陶器、武器、奢侈品、書，以及由雅典各作坊製成的藝術品；他們帶回比里亞斯港的，包括來自拜占庭、敘利亞、埃及、義大利及西西里島的穀物，來自西西里島與腓尼基的水果和乳酪，腓尼基和義大利的肉類，黑海的魚，小亞細亞北部的堅果；賽普勒斯的銅，英格蘭的錫，黑海岸的鐵，愛琴海北部退索斯與色雷斯島的黃金，埃及的玻璃，色雷斯與賽普勒斯的木材；近東的刺繡，腓尼基的毛織品、亞麻、染料，塞利尼的香料，義大利的皮靴和青銅，衣索匹亞的象牙，阿拉伯的香水和油膏；還有呂底亞、敘利亞及西徐亞的奴隸。

↓雅典商人的貨物

↑雅典繁榮的自由市場

雅典因商業而致富，商人將他們的貨物帶到地中海的每一個角落，帶回來新的觀念與方法，打破了陳舊落伍的風俗習慣。東方和西方的文化就在雅典匯合，互相激盪。古老的神話失去了它對人們心靈的控制力，人們有較多的閒暇，問題從探究中獲得證實，科學和哲學不斷在成長，雅典成爲當代最蓬勃而富朝氣的城邦。

奴隸

由於發了戰爭財，雅典公民普遍提高了生活水準，年收入在兩百斗（古希臘幣）以上的中等家境的公民都多少蓄養一些奴隸，少則一、兩個，多則幾十個，奴隸成了房子、土地之外最時髦的「消費品」，甚至窮得叮噹響的人有時也有個奴隸伺候，因爲呼婢喚奴是體面的標誌。

雅典的奴隸大部分是自波希戰爭以來透過各種渠道輸入的，戰俘是主要

【人文歷史百科】

奴隸公務員

雅典除了公民、僑民及自由人這三個階級之外，還有十幾萬名奴隸。他們是未被贖回的戰俘，被掠奴隊擄掠來的蠻民、被遺棄而救回來的嬰兒、不務正業的無賴漢及罪犯。雅典政府雇用奴隸充任文書、雜役、小公務員或衛士，他們中間有不少人可領到發給的衣服與每天半個銀幣的「津貼」，並獲允隨自己的意思居住。

←紫水晶寶石黃金釘，古希臘時期製品
雅典因商業而致富，商人將他們的貨物帶到地中海的每一個角落。

來源。在大多數希臘人眼裡，奴隸制是天經地義的事情，因爲人的能力有別，一些人就是爲另一部分人過好日子而生的。具有公民身分的人要想過舒適的生活，就必須有這些天生的奴隸來伺候。雖然希臘思想家中也有極少數者反對奴隸制，但他們聲音過於微弱，不足以動搖這種觀念。

奴隸買賣一般都在市場上進行，奴隸私有制發達的城邦，像雅典的廣場兼市場上就經常設有專賣奴隸的攤位。出售的奴隸多裸身赤體，便於顧客察看商品質量好壞。按規定，賣主有責任向買主介紹所售奴隸的脾性、身體的好壞、技能的高低。男奴價錢便宜些，約等於一個人大半年的飯錢。女奴價錢貴些，因爲女奴可生兒育女，帶來更多的收益。有些具有特殊技能的奴隸，像家庭教師、樂師、歌舞家等，則價格昂貴。

由於奴隸是會說話的工具，所以希臘人通常不把他們當常人看待，對不聽話的奴隸，主人可用戴鐐銬、拷打、扭關節、灌醋、火燒、烙印，甚至殺死的方法進行懲罰。但切不可誤解所有城邦的奴隸處境都如此悲慘。奴隸畢竟是主人的財產，是他們花錢買來爲了賺錢或服務的。古希臘人對奴隸的定義是：「一種最好的財產，是一切工具中最完善者」。雅典因爲實行一種開明的公民民主制，所以對奴隸的態度也就在各邦中相對最爲寬鬆。雅典奴隸沒有特殊的服裝，在街上不必讓路給公民，法律禁止主人殺死奴隸，如果主人虐待奴隸，奴隸可手持橄欖枝到神廟中求得保護，要求賣身給其他主人。

←買賣奴隸的市場
在雅典有十幾萬名奴隸，他們是未被贖回的戰俘、被掠奴隊擄來的蠻族、被遺棄的嬰兒以及罪犯。

072.雅典人的教育

年輕時予以嚴厲的督導，成熟時賦予充分的自由。這種教育制度和訓練方式，曾造就了歷史上最優秀的雅典青年。

初級教育

雅典的教育制度和斯巴達風格迥異，孩子六歲進小學，由國家監督管理，但沒有強制義務教育。雅典無公設學校，教育由職業教師自己設館教學，初級教育一般到十六歲爲止。公眾輿論和雅典的民主生活迫使家家戶戶送孩子讀書。富家子弟上學有奴隸書僮，替小主人拿學習用品，如塗蠟的書寫板，用鐵或骨頭、象牙筆劃寫。墨水和紙筆只有在孩子長大並有成熟的書法後才能使用。

←角力學校的雅典男孩
在雅典凡是不會摔跤、拳擊、游泳、射箭及「投石」的男孩，即被認為是未受過教育的人。

課程分三類：寫作、音樂及體育。到了亞里斯多德時代，又增加繪畫與繪圖。寫作包括閱讀與算術，以字母作爲單位。每一個人須學會彈奏七弦琴，大部分教材寫成詩及音樂的形式，重視希臘文的正確用法。體育主要在體育館與角力學校教授，凡是不會摔跤、游泳、射箭及「投石」的人，即不被認爲受過教育。學校裡面沒有桌子，僅有凳子，學生讀書寫字時，將書或材料放在膝蓋上。雅典女孩的教育係在家中進行，由母親或保姆教導讀寫、算數、紡紗、織布、刺繡、跳舞、唱歌及演奏樂器。有少數希臘婦女受過良好教育，但是她們之中多數屬妓妾；在希臘，良家婦女不再受中等教育。

青年人的訓練

雅典的男孩年滿十六歲時，必須特別注重體格鍛鍊，俾能勝任某種程度的作戰任務。即使運動，也是給予他們間接的軍訓活動：跑、跳、角力、狩獵、駕車、擲標槍。到了十八歲，他們必須接受爲期兩年的公民與作戰訓練；吃住在一起，穿著神氣的制服，日夜受到品德考察。他們以雅典城爲指標，將自己組織成民主政治團體，召開大會，表決議案及制訂自治法律；他們也有執政官、司令官與法官。第一年，他們嚴格地操練，上文學、音樂、幾何學及修辭

↑傳授學生七弦琴，古希臘瓶畫

→梭倫頭像

↑手拿荊條的教師，古希臘瓶畫

【人文歷史百科】

私塾體罰

雅典的私塾學館十分盛行體罰教育，對於頑劣和不勤奮的男孩，教師們常常脫下自己的皮製涼鞋作為戒尺，用這種十分有韌性的皮革鞋底擊打學生屁股，叫他們疼痛難挨，還有使其蒙羞的效果。對於有偷竊行為的學生，處罰就更加嚴厲了，一般是在戶外大理石臺階上進行鞭笞，還得裸體示衆。因為在雅典人看來，偷盜是品德敗壞的象徵。

學課。第二年，派赴邊區擔任衛戍，並被賦予今後兩年內保護雅典城，抵抗外來侵略及維持內部治安的責任。在「五百人會議」面前，他們莊嚴地宣讀雅典青年的誓言：

我絕不玷辱這神聖的武器，也不遺棄我的夥伴，不論他是誰。我決心保持國家傳統，完成神聖義務，不論是以個人力量或眾人同心協力。我傳遞時，祖國要比我接受時更強大美好，絕不使其稍有遜色。我遵守國家既有法律，及任何人民制訂的規章。假如有人企圖毀敗法律，我絕不允許。我決心崇敬祖先的信仰。

雅典青年在定期舉行的公開競賽，特別是在自比雷埃夫斯港至雅典之間的火炬接力賽中，展露他們的身手。爲了觀賞這一精采節目，雅典城萬人空巷，四英里半長的道路邊排滿了人牆。比賽在夜間舉行，道路沒有照明，所能看到的是運動員向前奔跑傳遞時，跳躍的火炬光。到達二十一歲，青年的訓練全部結束，脫離父母的管教，正式獲得雅典充分的公民資格。

雅典的這種教育，是非常卓越的體魄與智力及道德與美學的綜合訓練：年輕時予以嚴厲的督導，成熟時賦予充分的自由。這種訓練方式曾造就了歷史上最優秀的雅典青年。當希臘哲學家亞里斯提卜被人問及，受過教育的人比未受教育者究竟高明在哪裡時，他回答說：「如同訓練過的馬與未經訓練的馬相比」；亞里斯多德對於這個相同問題的答覆是：「猶如一死一活。」亞里斯提卜更爲幽默地補充說：「受過教育的人，即使他學不到有用的東西，當他在看戲時，至少不會像一塊石頭。」

←練習拳擊的青年，古希臘瓶畫
他們身後的教師，一個手拿荊條，一個手拿鞭子，充分表現雅典體罰教育的普遍。

073.全民皆兵的斯巴達

古希臘有兩個最強大的城邦，一個是雅典，另一個就是斯巴達。
斯巴達以其訓練有素的軍隊稱雄於古希臘，文化上的成就卻是微乎其微。

斯巴達的社會構成

斯巴達位於希臘半島南部的拉哥尼亞平原，這裡土質肥沃，農業較發達。「斯巴達」意即可耕種的平原。人們對斯巴達早期的歷史還不十分清楚。據說，它是多利安人侵入拉哥尼亞平原，把土著居民變爲奴隸以後建立起來的。全斯巴達約有二十五、六萬人，大致可以分成三部分：

第一部分是斯巴達人，雖然這部分人還不到三萬，但他們都是不勞而獲的奴隸之主，是國家的統治階級，過著集團性的軍事生活。

第二部分是庇里阿西人，大約也有三萬人。他們是有人身自由、但無公民權的半自由民，大部分住在城市周圍，從事手工業和商業。他們不能參加政治活動，且須納稅、服役。

第三部分是希洛人。這些可憐的人就是被征服後變成奴隸的土著居民，最初有二十萬人。後來，斯巴達人把其他被征服部落的人變爲奴隸，希洛人的人數就大大增加了。希洛人只能從事艱苦的農業勞動，卻要將一半以上的收穫繳給他們的主人，自己過著半飢半飽、牛馬不如的生活。

被剝奪了人身自由的人

身爲奴隸的希洛人完全被剝奪了人身自由，他們除了要服繁重的勞役外，每當發生戰事時還得服兵役，而且往往被當作砲灰去打頭陣。

哪裡有壓迫，哪裡就有反抗。希洛人忍受不了斯巴達人的殘酷剝削和野蠻暴行，經常爆發武裝起義。因爲希洛人在數量上比斯巴達人占優勢，斯巴達人就由青年組織成機動隊伍，身藏短劍，白天埋伏在希洛人村莊附近，夜裡突襲那些體魄強健、富有反抗精神的希洛人，將他們祕密處死。

↑斯巴達人的戰爭
斯巴達的一切制度和生活，都帶有獨特而濃厚的軍事色彩。這不能不說是他們與美塞尼亞人進行戰爭的結果。征服了拉哥尼亞平原之後，斯巴達人在西元前八世紀征服了麥西尼亞，奪得了和拉哥尼亞平原一樣富饒的麥西尼亞平原。

有些希洛人希望透過戰功贖身，就拚死替斯巴達人作戰。在斯巴達和雅典的一次戰爭中，曾有兩千希洛人立下了大功。斯巴達主人假惺惺地爲他們戴上花冠，答應給他們自由，然後送他們到一座大神廟中去向神謝恩。這些天眞的希洛人哪裡知道，斯巴達主人早已設下了埋伏。等他們從廟中出來時，迎接他們的不是自由，而是一場殘酷的大屠殺。兩千名手無寸鐵的希洛人，就這樣全部慘死了。

↑斯巴達奴隸，古希臘瓶畫

對於斯巴達人來說，希洛人是公共財產。即使個別斯巴達人無權買賣希洛人，卻可以任意傷害希洛人。在一些節日裡，斯巴達人常用劣酒灌醉希洛人，然後把他們拖到公共場所肆意侮辱。可憐的希洛人即使沒有過錯，每年也要被鞭笞一次，目的是讓他們記住自己的奴隸身分。

西元前464年，斯巴達境內的希洛人發動了一次大規模起義，直逼斯巴達城下，這場戰鬥整整持續了十年。斯巴達人在無可奈何的情況下，還給起義軍自由。斯巴達的統治也因此受到沉重的打擊，於西元前四世紀中葉以後，漸漸走向衰亡。

【人文歷史百科】

斯巴達

斯巴達位於伯羅奔尼撒半島的南端。遠古時代，它僅為邁錫尼的一個城邦。斯巴達城邦形成於西元前七世紀至前六世紀間。斯巴達有著一支古希臘最勇猛頑強的軍隊。今日的斯巴達城，是希臘人於1834年在原有的廢墟上重建的。

斯巴達教育

斯巴達實行全民皆兵制，斯巴達人不從事任何生產活動，全力以赴地投入軍事訓練以備戰爭。雖然他們也教兒童閱讀和書寫，但卻認爲只要能讀能寫就足夠了。因而他們的教育宗旨就是鍛鍊強壯的體魄、堅韌的毅力和頑強的精神，培養合格的軍人。圍繞這一宗旨，他們實行嚴酷的人種淘汰：斯巴達的男孩在嬰兒時要由「烈酒驗洗」，不夠強壯的就被抛下山崖。

男孩七歲後即進入國家組織的少年團，接受嚴格艱苦的訓練。爲了培養其吃苦精神，訓練中讓他們光頭、赤腳、單衣、洗冷水澡、睡粗葦蓆；爲訓練其敏捷與機智，竟然鼓勵他們去行竊，如果行竊時沒有被抓住，還會受到讚揚和獎勵呢！據說有個男孩偷了一隻狐狸，爲了不讓人發現他將狐狸藏在胸前。狐

↓被奴役的希洛人

狸在衣服裡面又啃又咬，他也不動聲色，最後竟被狐狸咬死了。

斯巴達男子在十八至二十歲時接受正規的武裝軍事訓練，參加實戰演習。二十歲時成爲正式軍人，一直服役到六十歲。斯巴達的婦女送他們的兒子去打仗時，從未有嘮嘮叨叨的祝福話，取而代之的是把盾牌交給他們，直截了當地說：「要麼拿著，要麼躺在上面。」

尙武的斯巴達人認爲，只有剛強的母親才能生出剛強的戰士，因此未婚女子要接受男子般的教育，接受賽跑、格鬥、投鐵餅、擲標槍的訓練。

斯巴達人的鞭打制度在歷史上十分著名。斯巴達男孩是伴隨著鞭打成長的，因爲斯巴達人認爲體膚的疼痛是意志訓練所必需的一環。鞭打並非單純的體罰，而是一門教育功課。斯巴達男孩定期集體接受鞭撻，就像雅典男孩定期舉行體育競技一樣重要。鞭打也非常儀式化，男孩們裸體跪在神殿前，任憑火辣辣的皮鞭如雨點般地落在屁股上，直到皮開肉綻，不許求饒，不許喊叫，能夠承受數量最多的男孩爲優勝者。斯巴達教育在後世，也成爲了一種具代表性的教育模式。

↓斯巴達男孩的訓練，油畫，1860年愛德格作品

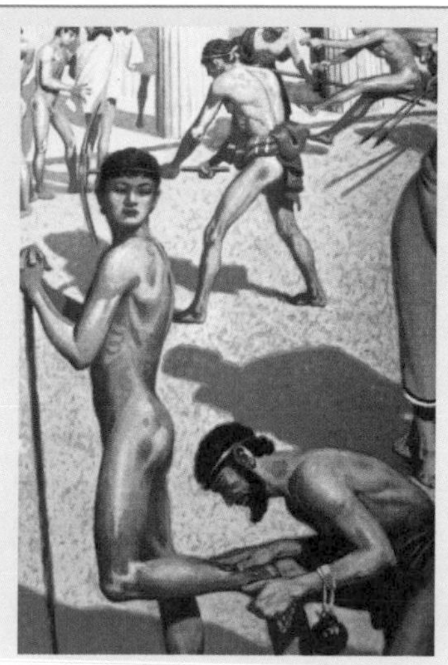

↑斯巴達人的角力學校
在斯巴達，每位青年都有一個年長的同性情人，藉此獲得更多的教育，這種模式成為古代同性戀的濫觴。

斯巴達人的戀愛與婚姻

在斯巴達，每位青年都可盡情戀愛而不必考慮性別。幾乎每個男童都有一個年長的同性情人，從這個情人那裡他可以獲得更多的教育；爲報答這種教育，他必須熱情地服從。據說這種「交換」往往發展爲一種熱切的友誼，能促使雙方勇敢作戰。實際上這就是古代同性戀的濫觴。

在斯巴達，國家指定的最佳婚姻年齡爲男人三十歲、女人二十歲。在那裡，獨身是一種罪行；單身漢是沒有任何優待的，而且還不得參觀青年男女裸體跳舞和遊行。如果結了婚卻沒能生育子女，也被視爲一種恥辱；據說，不能做父親的人，是無法享受斯巴達青年對於年長者所表現的宗教式尊敬的。斯巴達人還有一種與眾不同的習慣，那就是丈夫們樂意將妻子借給那些「超人」，並希望藉以誕生更加優秀的孩子；如果丈夫因爲年齡或疾病失去了性機能，則必須邀請年輕力壯的人代他生育更活潑強健的下一代。

斯巴達人的婚姻大都聽從父母之命，經雙方同意後，一般情形下要強行搶親，而新娘也會奮力抵抗。平時，新娘與其父母居住，新郎仍居住於營房內，僅在夜晚與妻子幽會；有時直到孩子呱呱墜地，他們都沒有機會在白天見上一面。如果在父母之命下仍有一些成年人沒能結婚時，就會有人安排將數目相同的男女推進一暗室，使他們在黑暗中聽天由命地選擇自己的終身伴侶。有時，丈夫還會同意與他人或是自己的兄弟共妻。

↓角力學校的鞭打制度

074.偉大的改革家梭倫

梭倫是古希臘著名的政治改革家和詩人。他出身於沒落貴族家庭，年輕時一面經商，一面在各地旅行，被譽為「古希臘七賢」之一。

雅典中央廣場的瘋子

西元前五世紀，雅典與鄰邦麥加拉為爭奪薩拉米斯島而打起仗來。薩拉米斯島在雅典的西海岸，可以說是雅典的大門。無論翻閱文獻，還是遵照歷史傳統和風俗習慣，它都應歸屬於雅典，但多年以來，它一直都被麥加拉城邦緊緊地掌握著。雅典一次次派兵攻打，卻都屢戰屢敗。一次次受挫讓雅典人失去了再戰的勇氣，當局竟然下令再不允許任何人提起奪回薩拉米斯島的事，即使是口頭提起也要處死。眼看美麗富饒的薩拉米斯島再也不會回到雅典的懷抱了！怎樣才能既不觸犯這條偏激的法令，又能重新燃起雅典人奪回薩拉米斯島的愛國熱情呢？

↑梭倫浮雕像

↓梭倫——雅典的英明立法者

有一天，在雅典中央廣場出現了一個「瘋子」。他一會兒號啕大哭，一會兒仰天大笑，一會兒又捶胸頓足，沒多久，「瘋子」身邊就聚集了很多人。這時，那「瘋子」煞有介事地吟起詩來：「啊！我們的薩拉米斯，你是如此美麗！起來吧！每一個雅典人，到薩拉米斯去，奪取那屬於我們的島嶼，將奇恥大辱雪洗！」這詩句是多麼的鼓舞人心啊！圍觀者心中那麻木的愛國激情被「瘋子」煽動起來，他們紛紛發出奪回薩拉米斯島的呼聲。民心所向，統治者不僅宣布取消那令人恥笑的禁令，且任命那個「瘋子」為指揮官，統率部隊，一舉奪回了薩拉米斯島。

這個才華橫溢又機智勇敢的「瘋子」是誰呢？他就是號稱「希臘七賢」之一的梭倫。顯赫的軍功使他聲望大增，一躍成為雅典最負盛名和影響力的人物。

雅典第一詩人

梭倫生於雅典一個沒落貴族家庭，他長大後做過生意，曾到希臘各地和小亞細亞的許多地方旅行，廣泛考察了各地的風土民情和社會制度。在遊歷過程中，他常常以詩言志。其中有一首詩這樣說道：「作惡者每每致富，而良善的人往往受窮。但是，我們不願以我們的道德與他們的財富交換，因爲道德永存，而財富卻每天都在易主。」

從這些詩中，我們可以看出一位正直的詩人那高尚的品格，他雖然靠經商維生，卻篤信道德勝於財富。他還在詩中譴責、抨擊貴族的貪婪自私、專橫殘暴。這些詩篇爲他贏得了「雅典第一詩人」的美譽。

年輕的梭倫在自己的遊歷經商生涯中，累積了豐富的知識和經驗，並深刻瞭解下層平民的疾苦，此時的他已將貴族的驕矜棄之腦後，而改革的思想深植在他的心中。

【人文歷史百科】

古希臘七賢

乃是古代希臘七位著名人物的統稱，現代人瞭解較多的只有立法者梭倫和哲學家泰利斯兩人，剩餘五人為奇倫、畢阿斯、庇塔庫斯、佩里安德、克萊俄布盧。

民主先鋒

西元前594年的一個清晨，不計其數的農民、手工業者和新興的工商業主聚集在雅典中心廣場，翹首等待著首席執政官宣布一項重要法律。

不一會兒，新上任的首席執政官在千萬道熾烈目光的注視下闊步登上講壇，他就是梭倫。他直接走到一個大木框前，輕輕將框中的木板翻轉過來，高聲宣讀起刻在木板上的新法條《解負

↓雅典第一詩人梭倫畫像，古代插圖

令》：「因欠債而賣身爲奴的公民一律釋放；所有債契全部廢除，被抵押的土地歸還原主，因欠債而被賣到外邦爲奴的公民，由城邦撥款贖回。」然後，他聲音宏亮地宣布：「此法有效期爲一百年。」他的話音剛落，廣場上掌聲四起，農奴的歡呼聲響徹了整個雅典城。

梭倫頒布的《解負令》爲什麼會如此受擁護呢？原來，雅典一直沿襲的是《德拉古法》，它以嚴酷聞名於世。普魯塔克在《希臘羅馬名人傳》中說：「德拉古的法律不是用墨水寫成的，而是用血寫成的。」根據這個法律，即使是偷一顆水果或是懶惰等微罪，都要被判處死刑。如此矯枉過正，自然會怨聲載道了。

梭倫擔任首席執政官後，立即著手實施一系列改革。他修改了憲法，鼓勵手工業和商業的發展。同時，他按財產的多寡將全體公民劃分爲四個等級，誰的財產多，誰的等級就高，他所享有政治權利也高。第一、二等公民可擔任包括執政官在內的最高官職，第三等只能擔任低級官職，第四等級不能擔任任何官職。雖然這一制度並未實現公民之間的眞正平等，但它意味著新興的工商業

↓梭倫與雅典貴族，1674年油畫

主可憑藉自己的私有財產，躋身城邦政權，打破了貴族世襲壟斷官職的局面，爲雅典政治制度的民主化開闢了道路。

最幸福的人

梭倫就像一個「仲裁者」一樣，「手持大盾，掩護著爭鬥中的雙方，力求使每一方公正地取得優勢」。但是，這種中庸路線卻是雙方不討好。貴族們因爲他剝奪了他們太多的權力而對他恨之入骨；平民更責怪他不能滿足他們的要求。在這種形勢下，梭倫的首席執政官任滿後，便毅然離開了雅典。

此後的十多年，梭倫一直在埃及、賽普勒斯、小亞細亞等地旅行，一路上留下不少佳話和美談。當梭倫來到小亞細亞的呂底亞王國時，西亞最大的富豪克洛索斯國王曾帶領他參觀自己的宮殿，得意洋洋地炫耀著自身財富，沒想到梭倫的反應十分冷淡。於是國王問梭倫：「這世界上難道還有人比我更幸福的人嗎？」梭倫微微一笑，回答說：「有，雅典的特洛斯爲祖國獻身戰場，贏得全國人的愛戴，他是最幸福的人。」國王聽了一愣，然後問：「那……還有誰呢？」他滿以爲這回該是自己了，沒想到梭倫的回答令他失望極了。

梭倫說：「還有阿爾哥斯的克列奧比斯和比頓兄弟，他們在競技場上頑強拚搏，贏得的不僅是獎牌，還有驕傲。」接下來，梭倫對國王說：「唯有把幸福保持到最後的人，才是眞正幸福的人。」虛榮心未得滿足的克洛索斯國王簡直快氣瘋了，但他強忍著沒有發作。這位自以爲是的國王直到成爲波斯國王居魯士的俘虜，被判處火刑時，才想起梭倫的話，於是大叫了三聲「梭倫」以表達他的懊悔。

晚年後，梭倫退隱在家，專事研究和著述。西元前559年，八十歲的梭倫在雅典去世。他的骨灰被撒在他曾英勇戰鬥過的薩拉米斯島。這位出色的政治家、優秀的詩人，遵循理性過了一生，眞可謂是最幸福的人。

→梭倫頭像，古希臘雕塑

梭倫是個智者，他認為：「唯有把幸福保持到最後的人，才是真正幸福的人。」

075.馬拉松戰役

在古希臘的土地上，各種各樣的紛爭從未曾停止過。當斯巴達和雅典仍在為誰是老大而爭戰不休時，希臘這塊肥肉早已被東方強大的波斯帝國覬覦很久了。

波希戰爭的開始

號稱「宇宙四方之王」的波斯帝國開國君主——居魯士 ，從西元前553年開始，只用了三年就摧毀了小亞細亞強國米提，滅了兩河流域的新巴比倫王國。到第三代國王大流士時，波斯帝國已經成爲世界歷史上第一個橫跨亞、歐、非三洲的龐大帝國。唯一一個未被征服的目標，就是隔海相望的希臘半島了。

波斯帝國對被征服國家的奴役，使得這些國家的人們不斷起來反抗。西元前500年，希臘人建在小亞細亞西南靠近愛琴海邊的米利都城邦，率先發起了擺脫波斯人統治的抗爭。當時的雅典應米利都的請求，與另一城邦愛勒特里亞一起派出二十五艘戰船前往援助。希臘人很快攻陷了波斯在小亞細亞的總督府薩狄斯，並一把火燒毀了它。但米利都的反抗最後還是被波斯鎮壓了下去。

←大流士一世和他的侍從，古希臘瓶畫

當初，雅典派戰船支援米利都的消息傳到波斯時，大流士一世十分震驚。爲解心頭之恨，他發誓要進攻雅典。西元前492年，波斯海陸大軍在大流士一世女婿的率領下，第一次進攻希臘本土，掀起了歷史上著名的波希戰爭之序幕。然而天有不測風雲，波斯艦隊在阿陀斯海角遭遇大風暴，三百艘戰船沉沒海底，兩萬多名士兵葬身魚腹。陸軍在色雷斯受到當地人民的頑強抵抗，損失慘重，被迫折回。波斯軍這次進攻不戰而潰，沒有踏入希臘本土。

←波斯士兵，彩色釉畫像

發現於國王大流士一世在首都蘇薩的宮中。

大流士一世暴跳如雷。第二年，他幻想不戰而降服希臘。爲此，他派出使者到希臘各城邦要「水和土」，意思是讓他們臣服歸順波斯。希臘中部和北部的小城邦因懼怕波斯帝國的武力，都屈膝投降了。但希臘最大的兩個

↑希臘重裝備步兵與波斯步兵的格鬥，古希臘瓶畫

城邦——雅典和斯巴達豈能低下他們高傲的頭？雅典人把波斯使者從懸崖拋入大海，斯巴達人把使者丟進井裡，讓他們自己去取「水和土」。

大流士一生從未受到過這般羞辱，他惱羞成怒，立即決定派軍第二次出征希臘。

決戰馬拉松

西元前490年，波斯軍橫渡愛琴海，在雅典東北六十公里的馬拉松平原登陸，妄圖一舉消滅雅典，進而鯨吞整個希臘。馬拉松平原是雅典的門戶，具有十分重要的戰略地位。一旦馬拉松淪陷，整個雅典也就離死亡不遠了。情急之下，雅典人派出有名的長跑能手——斐里庇第斯，到斯巴達請求援兵。但斯巴達卻以前人規定，不逢月圓不能出兵爲由拒絕出兵。

坐等援軍，唯有死路一條。雅典人只得依靠自己的力量，保衛自己的國家。他們動員了所有公民，徵集到一萬名重裝備士兵；此外，還得到普拉提亞派來的一千名援軍。雅典士兵辭別父老親朋，毅然奔向戰場。

當時波斯軍有十萬人，雅典的兵力不過波斯的十分之一，力量對比十分懸殊。在這種不利的形勢下，雅典軍統帥米太亞得決定不與波斯人硬拚，而是把戰線稍稍拉長，把精銳兵力部署在兩側，正面戰線上的兵力相對薄弱。兩軍接觸後，波斯軍又施用中間突破的老辦法，迫使雅典方陣裡的中路軍向後退卻。待氣勢洶洶的波斯軍隊追趕雅典中路軍時，雅典方陣兩側的精銳兵力以迅雷不及掩耳之勢，殺向已拉得老長的波

↓雅典人的三層槳座戰船

【人文歷史百科】

馬拉松長跑距離

在1896年的第一屆奧運會上，舉行了從馬拉松跑到雅典的比賽（當時的路程約40.2公里），希臘選手路易士以兩小時五十八分五十秒的時間跑完了全程。馬拉松的賽程距離起初各不相同，直到1908年倫敦舉辦第四屆奧運會時，為了方便英國皇族觀看馬拉松比賽，主辦者把起點設在溫莎宮廣場，終點設在倫敦白城運動場的皇家看臺前，經測量得距離為42.195公里。此後國際奧會為了標準距離不斷爭吵，直到1920年國際田徑聯合會正式規定，將馬拉松跑的距離確定為42.195公里。

斯軍隊。毫無準備的波斯軍隊猝不及防，立即亂了陣容，紛紛逃向海上的戰船。希臘軍隊尾隨至海邊，和波斯軍展開奪取軍艦的戰鬥。當時，有一位叫基納爾的希臘戰士，爲了抓住戰船被敵人殘忍地砍掉了一隻手，但他卻強忍巨痛，改用另一隻手抓住戰船，終於和戰友們一起奪取了一艘戰船。最後，波斯人丟下六千四百具屍體和七條戰船逃回了亞洲，而雅典僅損失了一百九十二名士兵。

馬拉松戰役是一場以少勝多、以弱勝強的反擊戰，它以雅典的勝利告終。這場戰役不僅鼓舞了全希臘的人，對以後各個戰役也留下重要的象徵意義。

馬拉松長跑

爲了把勝利的喜訊儘快傳到雅典城裡，米太亞得再次派長跑能手斐里庇第斯完成這一任務。斐里庇第斯帶著創傷和打仗的疲勞，立即往回飛跑。他以驚人的毅力，一口氣跑了四十多公里。當他抵達雅典城中央廣場時，已上氣不接下氣，他激動地喊道：「歡……樂吧，雅典人，我們……勝利啦！」喊聲剛落，他便一頭栽倒在場，再也沒有醒來。

↑斐里庇第斯
為了把勝利的喜訊盡快地傳到雅典城裡，長跑能手斐里庇第斯帶著創傷和打仗的疲勞，以驚人的毅力一口氣跑了四十多公里，抵達雅典城中央廣場。

爲了紀念這場戰役的勝利和表彰盡職盡力的英雄斐里庇第斯的功績，1896年，雅典人在首屆現代奧林匹克運動會上，規定了一個新的競賽項目——馬拉松賽跑。距離以當年斐里庇第斯跑過的路程爲準。在此之後的幾屆奧運會，馬拉松賽跑的距離一直沒有統一。1920年，第七屆奧運會前夕，人們重新測量了從馬拉松到雅典中央廣場的距離，才正式定爲42.195公里。這就是馬拉松賽跑的來歷。斐里庇第斯的名字和馬拉松戰役，將隨著奧林匹克運動會的聖火，一代又一代地留存在人間。

←運動員，希臘奧林匹克博物館收藏的古代雕塑作品

076.溫泉關戰役

由大流士一世率領的波斯軍隊在馬拉松戰役受挫後，倉皇地逃回了亞洲。九年後，波斯軍捲土重來，拉開了第二次波希戰爭的帷幕。

狂妄的薛西斯

波斯軍隊在馬拉松被雅典軍隊打敗之後，惱羞成怒的大流士一世更加積極地籌劃新一波大規模的遠征，頗有些不亡希臘誓不甘休的味道。就在遠征準備剛剛就緒之際，他突然得了一場暴病，帶著夢斷希臘的遺恨死去。波斯軍隊征服希臘的軍事行動也因此擱置。

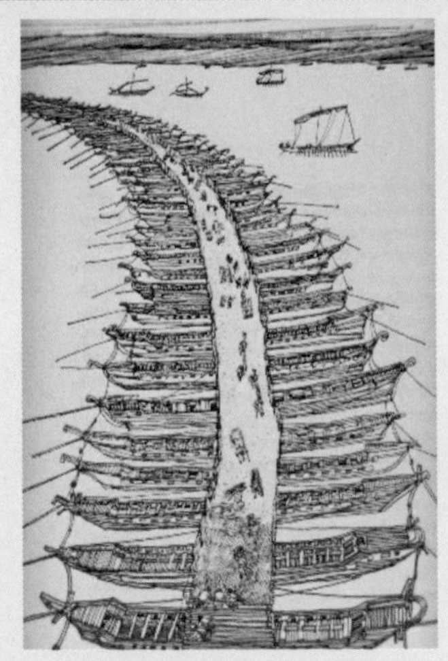

↑波斯工匠架設的浮橋

大流士一世死後，他的七個兒子爲爭奪王位展開了角逐。結果，他的第四個兒子薛西斯占了上風，取得了王位。薛西斯一上臺，便迫不及待地想爲父親報仇，以實現父親吞滅希臘的夢想。經過數年的精心準備，薛西斯傾波斯帝國境內的全部武力。參加遠征的士兵來自臣服波斯的四十六個國家，一百多個民族。由於人員的龐雜和武器裝備的五花八門，使這支軍隊猶如一次各族軍隊和軍備的大展覽。

西元前480年春，波斯全軍齊集小亞細亞的薩狄斯，號稱五百萬，實則三十至五十萬人左右，分海、陸兩路，向希臘進發。波斯大軍走到赫勒斯滂（今達達尼爾）海峽，薛西斯下令架橋。兩座索橋很快架設起來，埃及人和腓尼基人各造一座。橋剛修好，忽然狂風大作，把橋吹斷了。薛西斯大爲惱怒，不但賜死造橋的工匠，還命令把鐵索扔進海裡，說是要把大海鎖住。爲了解恨，他還命人用鞭子痛擊海水三百下，以懲戒大海阻止他前進的罪過。他的自命不凡和目空一切，由此可見一斑。

最後，工匠們把三百六十艘戰船整齊排列，用粗大的繩索相連，架起了一座浮橋。整整七天七夜後，這支波斯大軍才全部渡過海峽。

↓行軍中的波斯軍隊

西元前480年，波斯王薛西斯率軍分海、陸兩路，向希臘進發。波斯大軍走到赫勒斯滂海峽邊，薛西斯下令架橋。

一場壯懷激烈的血戰

馬拉松戰役之後，一向喜歡內鬥的希臘各城邦空前團結。爲了應付波斯的再次入侵，三十多個城邦組成了反波斯同盟，並推舉斯巴達擔任同盟軍統帥。

波斯大軍渡過赫勒斯滂海峽後，迅速席捲了北希臘，七、八月間來到了依山傍海的溫泉關。溫泉關口極爲狹窄，僅能通過一輛戰車，是從希臘北部南下的唯一通道。只要有一支小部隊守衛，就能抵擋強敵的進攻。

當時有四千名希臘士兵把守溫泉關，其中戰鬥力最強的是斯巴達國王列奧尼達統率的三百名斯巴達勇士。狂妄的薛西斯滿以爲希臘士兵見到人數眾多、來勢凶猛的波斯軍隊，就會害怕退卻，望風而逃。但結果卻恰恰相反，希臘守軍個個鎮定自若，毫無怯戰的跡象。當薛西斯命令手下步兵輪番衝擊關口時，換來的只是波斯人一批批地倒下，就連他的王牌軍「不死隊」，也無法突破這道關口。這可把薛西斯氣瘋了。

就在這時，一個希臘叛徒主動要求帶領波斯軍抄小路直撲溫泉關南口，準備前後夾擊希臘守軍。列奧尼達得到消息後，深知腹背受敵，戰則必敗。爲保存實力，他把失去鬥志的其他城邦軍隊調到後方去，僅留下自己帶來的三百名士兵迎戰。按照斯巴達傳統，士兵永遠不能放棄自己的陣地。

波斯人如潮水般前後夾攻關口，腹背受敵的斯巴達人奮勇迎戰。長矛斷了用劍砍，劍折了就衝上去肉搏。英勇的斯巴達國王列奧尼達戰得遍體鱗傷，血跡浸透了鎧甲，仍拚命廝殺，直到戰死。爲了奪回列奧尼達的屍體，斯巴達士兵奮不顧身，連續幾次打退了敵人的進攻。面對幾百倍於己的敵人，勇敢的斯巴達士兵沒有一個人逃跑或投降。最後，全部壯烈犧牲。

付出兩萬波斯士兵生命的溫泉關血戰，對於薛西斯來說無疑是場噩夢。

↑ 波斯軍隊
波斯大軍進攻希臘東部塞莫皮萊時的情景。

【人文歷史百科】

溫泉關

即希臘德摩比勒隘口，雄踞於希臘北部帖薩利亞通往希臘中部的必經之道上，西面是險峻陡峭、無路可攀的高山，東面是一片直通海岸的沼澤地，只在中間有一條可容單輛戰車過往的通道。住在希臘中部的佛基斯人為了防止住在希臘北部的帖薩利亞人的入侵，在路上修了一堵牆，只允許行人從牆上開的門洞出入。由於有溫泉從牆邊流過，故名溫泉關。

077.薩拉米斯海戰

溫泉關失守後，波斯軍隊長驅直入，雅典岌岌可危。狂妄的薛西斯打算把那裡的希臘人斬盡殺絕，把雅典城燒成廢墟。於是，一場扭轉時局的決定性戰役開始了。

提米斯托克利的計謀

當波斯軍隊攻下溫泉關，殺氣騰騰地趕到雅典城，準備一雪馬拉松戰役之恥時，卻發現雅典已成了一座空城，於是薛西斯一怒之下，把這座當時最富庶的大城一把火燒了。原來，雅典城內的居民都被安全地遷走了，想出這個空城計的人就是雅典的海軍統帥提米斯托克利。撤出雅典後，他便率領雅典海軍，來到了阿提卡半島西南的薩拉米斯海灣。不久，其他城邦的海軍也轉移到這裡來了。

提米斯托克利想到強敵壓境，希臘人團結對敵是最重要的。於是，他便在軍事會議上說出了自己的想法，希望大家能夠一致對敵。然而各城邦的艦隊都對強大的波斯海軍心生畏懼，都想趕回去守衛自己的城邦。眼看戰機就要失去，提米斯托克利焦急萬分。突然，他腦際靈光一閃，想出一條妙計：爲什麼不請波斯人來幫一下忙呢？於是，他叫來自己的一個貼身衛士，交給他一封密函，讓他去向波斯王告密，說希臘海軍人心浮動，不敢交戰，都想逃出海灣。薛西斯見到密函，十分高興，立即下令嚴密封鎖海灣，不准放過一條船。

←海戰前的包圍

在阿提卡半島西南的薩拉米斯海灣，薛西斯下令嚴密封鎖海灣，波斯艦隊完成了對希臘艦隊的包圍。

西元480年9月23日凌晨，波斯艦隊完成了對希臘艦隊的包圍。海灣西口，兩百艘埃及戰艦按時到達指定位置，堵住了希臘艦隊的退路；海灣東口，八百多艘波斯戰艦排成三列，將海面封鎖得十分嚴密。

就在希臘人還在爲是戰是逃的問題而爭論不休的時候，一位反對過提米斯托克利的將領突然從門外闖進來大叫：「停止辯論，準備戰鬥吧！波斯人已經完全把我們包圍了。」眾人見無路可退，唯有一戰到底才有生存的希望，於是決定聽從提米斯托克利的命令，在薩拉米斯海灣和波斯海軍決戰。

機動靈活的大海戰

被逼到絕境的希臘聯合艦隊，在提米斯托克利的指揮下

←被擊潰的波斯艦隊
希臘的新式戰艦船身小且行動靈活，波斯老式掛帆戰船卻體積笨重。在雅典戰船不斷地進擊的情況下，波斯戰艦只有一艘接一艘被撞沉的命運。

迅速展開了陣形。也許老天爺也有意幫希臘人。本來希臘海軍只有戰船三百五十八艘，而波斯龐大的海軍擁有一二〇七艘戰船。但在戰役開始前，由於不熟悉天氣、行船狀況，波斯海軍在進行包圍行動時，先後兩次遇到颶風，有六百艘戰艦隨風飄碎，戰鬥喪失殆半。

戰鬥開始後，雙方戰艦在性能上的優劣也馬上顯現出來。希臘的新式戰艦船身小，行動方便靈活；而波斯老式掛帆戰船卻體積笨重，行動遲緩。提米斯托克利充分發揮己方海軍的優勢，機智地指揮雅典戰船不斷向波斯戰船作斜線衝擊，利用船頭一根長約五公尺的包銅橫桿，先將敵人的長槳劃斷，然後掉轉船頭，用鑲有銅套的艦首狠狠衝撞波斯戰艦的腹部。

敵艦就這樣一艘一艘地被撞沉。一番激戰後，波斯前鋒艦隊抵擋不住，被迫往後方撤退。而正從後面增援的波斯戰艦並不知道戰況，它們笛鼓齊鳴，猛往前衝。由於正值順風，鼓成滿帆的後援戰艦衝入海灣，正好和後撤的前鋒艦隻迎頭相撞，亂成一團。提米斯托克利見此情景，乘機指揮全軍四面出擊。波斯艦隊進退兩難，被衝撞得七零八落，毫無招架之力。海軍統帥阿拉米西亞見敗局已定，只得狼狽撤退。

在山上觀戰的薛西斯看到此情景，不禁失聲痛哭，幾次從黃金寶座上跳起來，撕破了王袍，爲了不致全軍覆沒，他慌忙下令退兵，逃回亞洲大陸。

薩拉米斯海戰是波希戰爭中，繼馬拉松戰役、溫泉關戰役之後具有決定性的一戰。此後，希臘開始由防守轉爲進攻，終於把波斯軍隊趕出了希臘本土。

↑薩拉米斯海戰圖
三層槳座戰艦上，雅典士兵與波斯大軍的戰鬥。

078.伯羅奔尼撒戰爭

波斯人終於被趕出了希臘，但希臘人民並未能迎來和平的曙光。
為爭奪霸權，雅典和斯巴達同室操戈，開始了長達二十七年的內戰，這就是「伯羅奔尼撒戰爭」。

戰爭起因

凡事總得有個起因，戰爭亦不例外。古希臘劇作家阿里斯多芬在喜劇《阿卡那人》中寫道：

「因爲一些年輕人喝醉了酒，搶了麥加拉人西買塔的妓女，麥加拉人反過來搶劫了阿斯帕西亞的兩個妓女。爲了三個娼婦，伯羅奔尼撒戰火在全希臘燒了起來。」

難道眞是這樣嗎？當然不是，這僅僅是劇作家戲說罷了。其實，雅典和斯巴達都企圖稱霸全希臘，兩者之間存在著不可調和的矛盾。早在西元前六世紀後期，斯巴達就利用武力控制了希臘南部伯羅奔尼撒半島上的大多數城邦，組成了「伯羅奔尼撒同盟」。而雅典人也不甘示弱，在抵抗波斯侵略的戰鬥中，雅典是馬拉松戰役和薩拉米斯海戰中取勝的主要力量，被譽爲「希臘的救星」。這樣一來，自詡爲救世主的雅典當然不會放過時機，它趁勢糾合愛琴海各島及小亞細亞希臘各城邦，建立了以自己爲盟主的海上同盟——「提洛同盟」。提洛同盟與伯羅奔尼撒同盟爲了各自的利益明爭暗鬥，毫不相讓，最後導致了伯羅奔尼撒戰爭的爆發。

↑伯羅奔尼撒戰爭，古希臘瓶畫，西元前431年至前404年時期作品
同室操戈的雅典和斯巴達軍隊，戰鬥之慘烈。

↓雅典士兵和斯巴達士兵的決鬥

【人文歷史百科】

伯羅奔尼撒戰爭

伯羅奔尼撒戰爭在古代軍事史上占有相當重要的地位。交戰雙方對海上的封鎖和侵入，都達到了一定規模；為奪取要塞，他們創造了許多新方法，如使用水淹、火焚和挖掘地道等；步兵方陣雖然還是基礎隊形，但已能以密集隊形和散開隊形，在地勢起伏不定的地區機動行動；職業軍人也開始出現在歷史上。這些都對希臘以及西歐軍事產生了深遠的影響。

十年戰爭

↑《尼西亞和約》殘片，古代石刻

擺脫波斯的威脅後，斯巴達人提出：「既然波斯人被趕走了，城牆和要塞就沒有存在的必要，雅典不必再花錢重修它們，其他城邦也把城牆拆了吧！」這些愚蠢的傢伙以爲他們的計謀很巧妙，殊不知雅典人早就看穿其險惡用心。如果沒有堅固的防禦城牆，軍事力量強大的斯巴達人會像惡狼一樣隨心所欲地衝進任何他們想占領的城邦。雅典人當然不會上當，他們以最快的速度修好了損毀的防禦工事，又把南邊的出海口營建爲海軍基地。

爲了加強自己的實力，雅典和斯巴達不惜以各種手段，脅迫引誘對方的盟友加入自己的同盟。因此，雙方經常同時在同一城邦展開激烈的爭奪。西元前431年3月，伯羅奔尼撒同盟成員底比斯突然襲擊雅典盟邦布拉底，戰火就此燃起；5月，斯巴達國王阿基丹姆二世率軍入侵阿提卡，戰爭全面爆發。斯巴達是陸地霸王，而雅典則在海上稱雄。雙方紛紛發揮自己的優勢，斯巴達從陸路離間提洛同盟各成員國，以孤立雅典；而雅典則計劃率海軍襲擊伯羅奔尼撒沿海地區，逼斯巴達求和。

然而，天有不測風雲。不久，雅典城內瘟疫流行，越來越多的人被可怕的瘟疫奪去了生命，連首席將軍伯里克利也沒能倖免。隨後的幾年裡，雅典和斯巴達相繼發生城邦起義或是奴隸叛亂，使雙方全都陷入了困境。西元前422年，雅典和斯巴達在安姆菲波利斯展開最後決戰，雅典主戰派首領克里昂，和斯巴達將軍伯拉西達，全都在這場戰役中陣亡。西元前421年，兩敗俱傷的雅典和斯巴達無奈之下締結了《尼西亞和約》，雙方退出占領地，並承諾在五十年內休戰。

→騎馬的斯巴達青年，古希臘瓶畫

西西里戰爭

↑格鬥的雅典和斯巴達戰士，古代浮雕

雅典和斯巴達在《尼西亞和約》中信誓旦旦，承諾在半個世紀中絕不再兵戎相見。然而，這種和平僅維持了六年十個月，希臘土地上又峰煙四起。隨後，厄運似乎降臨到雅典人的頭上，失敗接踵而來。災難從西西里之戰開始。

西元前416年，西西里島的雅典盟邦塞蓋斯塔與鄰國塞利努斯首先掀起了戰爭的序幕，塞蓋斯塔請求雅典出兵支援。西元前415年5月，雅典將軍亞西比德、尼基阿斯和拉馬科斯率一支龐大的軍隊遠征西西里。這次遠征是雅典歷史上規模最爲壯盛的一次，「每個人都充滿了遠征的熱情」。

然而，接下來發生的兩件事讓遠征軍的熱情蒙上了一層陰影。一件事是遠征軍發現塞蓋斯塔很窮，根本無力支付遠征軍龐大的費用。另一件事就是三統帥之一的亞西比德，因爲被指控在遠征前參與了破壞雅典城內的赫耳墨斯神像，而叛逃到斯巴達。

臨戰失帥，雅典軍先在士氣上輸了幾分，隨後另一位主帥拉馬科斯陣亡，士氣更加低落。不久，斯巴達援兵趕到了西西里。勞師遠征，本已不占地利，又失去了人數上的優勢，雅典唯一的統帥尼西阿斯萌生撤離之心。也許是冥冥中的天意，就在雅典準備撤軍的時候，竟然發生了月蝕。在古代人心中，發生月蝕可是件天大的事。尼西阿斯立即找人占卜，占者說，神要雅典二十七天之後撤軍。就這樣，優柔寡斷的尼西阿斯竟然聽信占者的話，誤了戰機。而斯巴達人才不管什麼月蝕，他們向雅典人發起猛烈的進攻，雙方在西西里港灣展開了一場空前激烈的鏖戰。戰鬥持續了許久，雅典人終於被打垮了。

戰後，斯巴達人將雅典統帥尼西阿斯殺死，將被俘的雅典士兵賣作奴隸。西西里之戰，使雅典喪失近五萬人，漸漸失去了海上優勢，海上同盟開始瓦解，稱霸希臘的夢想從此化爲泡影。

德凱利亞戰爭

西西里之戰後，欲壑難塡的斯巴達並未罷兵，反加強了陸地進攻。西元前413年，斯巴達軍大舉入侵阿提卡，並占領了雅典城北部的德凱利亞。這時的雅典，農業生產已處於癱瘓狀態，誰知隨後發生兩萬名奴隸逃亡事件更猶如雪上加霜。雖然雅典海軍先後於西元前411年和前412年在阿拜多斯、基齊庫斯打敗斯巴達海軍。但斯巴達卻得了強大的波斯的援助，局勢對雅典越來越不利。

西元前405年，斯巴達和雅典的艦隊在赫勒斯滂海峽展開決戰，雅典海軍主力遭斯巴達全部圍殲。接著，斯巴達分陸、海兩路包圍雅典。此時的雅典哪還有還擊之力，它不得不接受斯巴達提出的屈辱條件：解散提洛同盟，加入伯羅奔尼撒同盟，廢除民主政治；拆毀雅典城的防禦工事，交出除十二艘警備艦外的所有艦隊。

長達二十七年的伯羅奔尼撒戰爭，以雅典的慘敗告終，斯巴達終於贏得了希臘的霸權。

這場曠日持久的戰爭給希臘造成的破壞是驚人的，無數農民與手工業者破產，大多數城邦失去了勞動力，土地荒蕪，工商業停滯。而那些擁有大批奴隸和大片土地的所有者、投機商人和高利貸者卻趁機大肆兼併土地、聚斂財富。無數的人在戰爭中死去，兵源日益減少，城邦的統治基礎搖搖欲墜。貧民衣不蔽體、食不果腹，對富人和豪強的統治越發不滿。

柏拉圖曾經寫道：「每個城邦，不管多麼微小，都分成了兩個敵對部分，一個是窮人的城邦，一個是富人的城邦。」因此，在斯巴達、科林斯等城邦，都曾先後發生貧民起義，風起雲湧的起義打擊了奴隸制統治，進一步加速希臘城邦的衰落。伯羅奔尼撒戰爭不僅結束了雅典的霸權，也使整個希臘城邦制度逐漸退出了歷史舞臺。

↑伯羅奔尼撒戰爭戰鬥圖，古希臘瓶畫

079.雅典的民主政治

西元前五世紀，當古希臘各城邦還在為爭奪土地而征戰不斷，甚至於全世界的各個國家還處於落後狀態時，雅典的公民已開始享受高度的民主權利了。

公民大會

公民大會是雅典的最高權力機關，每隔十天左右召開一次，所有年滿二十歲的男性公民都有權參加。公民可在會上提出任何建議或批評公職人員，討論一切內政外交政策，做出決議。

所有的提案會在開會前五天予以公布，以便讓參加者事先做好準備。遇有緊急情況，可以臨時召集。大會的會場設在雅典衛城西邊的普尼克斯山崗上，沒有座位，大家都席地坐在面向講臺的斜坡上，因此即使是坐在後面的人，也能清楚看到講臺上的情況。

大會召開時，每個公民都可宣讀自己的提案，然後由支持或反對提案的人一一上臺發言，陳述理由。如果同時有幾個人要發言，就以年齡的大小作為發言順序。如果有人侮辱發言者，主持人有權把他趕出會場，甚至還要罰款。發言的人也應保持禮貌，不得侮辱或謾罵與會的人。一旦有人違反，就會被取消發言權，甚至被剝奪公民權。發言辯論結束之後，就開始表決。表決的方式是舉手或投小石子或豆粒等，多數人同意，提案就算通過。

←雅典人修建自己的集會場所

有趣的陶片放逐

克利斯提尼是雅典一位富有魄力的政治家，他奪得政權後制定一項法令：凡是破壞國家民主制度，企圖個人獨裁的人，經過召開非常公民大會口頭表決，交由「陶懲審判庭」審判，並由它做出是否將此人逐出雅典的判決。

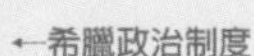

←希臘政治制度

這是十四世紀法國人為亞里斯多德的《雅典政制》一書所繪的插圖，由上至下分別解釋為君主制（一人決策）、貴族制（少數人決策）和民主制（多數人決策）。

通常，對公民實行流放，需經兩次會議表決方能通過。先由五百人會議提請公民大會討論某年有無必要流放某人，如果公民大會覺得有必要，那麼就要另外召開一次公民大會投票表決。投票在一個圍著籬笆、有十道門的會場內進行，每個公民在自己地區部落的入口處領到一塊陶片或貝殼，各自寫上自己認為應該被流放之人的姓名。進門後把它交給工作人員。繳回陶片或貝殼時，寫姓名的一面朝下，所以投票等同祕密。

投票結束後，工作人員統計票數。得票數超過六千的那個人，必須在一定限期內離開雅典，流放國外十年，期滿後才能回國。這期間，被流放者保有財產權和公民權，家屬也無須擔心受到株連。這個辦法叫「陶片（貝殼）放逐法」。被逐出雅典的人是非常不名譽的，也是極不光彩的。

「陶片放逐法」是雅典民主政治中有

↑參加「陶片放逐法」投票活動的雅典公民

力的一項制度。這一制度的實施，對維護社會安定、保障公民權利、鞏固政治，發揮了很大的作用。

↓雅典公民投票時所使用的陶片

五百人會議

五百人會議是雅典的最高行政機構，相當於政府。它由新設的十個地區部落，從所有公民中各選五十人組成。這五十人是按人口比例抽籤選出的。抽籤在一所神廟裡進行。那兒設有兩只箱子，一只箱子裡放著寫有候選人姓名的名單，另一只箱子裡放著白豆和黑豆。由官員從一只箱子裡取出一張名單，又從另一只箱子裡拿出一顆豆粒。如果是白豆，這個人就當選了。如果是黑豆，

【人文歷史百科】

公職津貼制

公職津貼制是雅典城為了保證一般公民都能擔任國家公職而制定的，它規定除大將軍外，所有擔任公職的人員每日都可得到政府的津貼。雅典的公民都把擔任公職當作一種榮譽，誰要是一生中什麼公職也沒有擔任過，就會被認作是懶惰者和沒有出息的人，那可是一生的恥辱。通常，公民擔任國家公職是透過公民大會選舉的。

那就要等下一次機會了。正因爲如此，在雅典常能聽到諸如「眞倒楣，又是黑豆」的抱怨聲。

五百人會議成員按部落分爲十組，輪流在一年的十分之一時間裡當政，處理國家的日常事務。每組五十人，內部每天抽籤選出一人値班，任期一晝夜，掌管國家檔案、城邦印章和金庫的鑰匙。値班者在有永不熄滅之爐火的市政廳裡辦公和用餐，那爐火即是國家的象徵。國家的任何問題都必須先經過五百人會議的討論，然後再交付公民大會議決。召開和主持公民大會，也由五百人會議負責。

↓古代希臘的重裝備步兵，古代雕刻

【人文歷史百科】

克利斯提尼改革

西元前508年雅典政治家克利斯提尼（約西元前570年至前508年）實行的政治和社會改革。西元前510年僭位者被推翻後，氏族貴族彼此之間、以及氏族貴族與平民之間的矛盾日漸尖銳，保有血緣關係的氏族、胞族和部落組織已不能適應奴隸制國家進一步發展的需要。克利斯提尼在西元前525至前524年任雅典首席執政官。西元前508年，他聯合平民，透過公民大會推行了「陶片放逐法」等一系列重大改革。

雅典的軍隊

在雅典，軍事要比民政更受重視。雅典的軍隊按地區部落徵兵，每個地區部落提供一隊重裝步兵、若干騎兵和水兵，並選舉一名將軍爲統領。由十名將軍組成將軍委員會，任期一年，負責軍事指揮方面的事情。十名將軍中有一人爲首席將軍，那就是統帥。他們可以連選連任，但沒有報酬，只有富裕的公民才擔當得起。將軍的職權很大，他們不僅統率陸、海軍，並且與外國談判交涉，控制雅典城的總稅收與支出。大將軍也因此成爲政府中最有權力的人。

陸軍無異於選舉團；每一個公民必須服兵役，在六十歲之前都可能應徵參戰。然而雅典人的生活並沒有全然軍事化；每個人只在年輕時經過一段時期的訓練，之後很少再參加操練，而且不必著軍服；不以軍務干擾老百姓。陸軍的組成有：輕甲步兵，主要爲較窮的公民，攜帶投石器或矛；重甲步兵，成員

↑雅典人的戰船

為有能力自己購置盔甲、盾、標槍的小康之士；由富人編組的騎兵，穿戴甲冑，配備矛槍及劍。至於海軍，每年選派四百名有錢人，令其招募水兵，並用政府所供應的材料，自費製造及裝備三層槳座的戰船，使其保持良好狀況；雅典以這種方式，維持了平時約六十艘戰船的艦隊。

人人平等的司法體制

雅典最高的司法機關是陪審法庭，由六千名陪審法官組成。這六千人，每年用抽籤的辦法，在十個地區部落從三十歲以上的公民中選出。這些法官分在十所法庭，平均每所五百人，每所另有一百名候補陪審法官。陪審法官每年改選一次，雅典公民一般每三年即可輪流擔任一次陪審法官。由於陪審法官人數眾多，加上實際上由哪一個法庭來審理，是用抽籤辦法決定的，事先誰都不知道，所以能夠有效預防受賄行為。

那時雅典沒有專門設立的國家公訴人，任何公民都可向法庭提出訴訟，以及幫助他人訴訟。陪審法庭可審理各種重要案件，包括個別公民的案件和國事罪（背叛國家）等。陪審法庭做出的判決，原、被告雙方必須絕對服從。

開庭時，陪審法官先聽取原告、被告和證人的口供，雙方申辯要在限定的時間內完成。法庭上沒有辯護人，被告自己替自己辯護。如果被告認為自我辯護較為不利，可以先請人代寫好辯護詞。陪審法官釐清案情後，相互之間不做分析和討論，就進行投票表決。每個法官應把所持有的黑、白色小石子中的一塊投進箱子裡。如果箱子裡黑石子多，被告就被認定為有罪；白石子多，被告就無罪。如果黑、白石子相等，便由庭長裁決，依法量刑，一般最後多為被告獲勝。

陪審團的作用，使得雅典公民「在法律面前人人平等」，也使它在公民中的威信極高。

↑公民大會演講壇，古代雅典遺址

080.伯里克利

提起希臘的黃金時代，人們無法不想到伯里克利將軍，因為伯里克利統治時期的雅典，是希臘最為強盛繁榮的時期。

希臘的黃金時代

西元前的某天，一名貴族打扮的男人在雅典中央廣場和一些百姓閒聊了一會後，看天色已晚便步行回家。忽然，一個衣冠楚楚的傢伙在他身後高聲叫罵起來：「你這個白癡、瘋子！你不配做貴族，竟然與那些下賤人說話！」他見受辱罵的男人並未理他，反倒氣急敗壞起來，一路尾隨著叫罵到那人進了自己的家，出乎他意料的是，那個男人進屋後，居然吩咐僕人打起火把他送回家去。這個寬容大度的男人，就是希臘民主政治家伯里克利。

↑伯里克利像，古代希臘雕塑

大約西元前495年，伯里克利誕生於希臘一個貴族家庭。西元前444年，他成爲希臘首席將軍，雅典眞正的統治者。爲了瞭解人民疾苦，他經常深入普通百姓中間，聽取下層人民的意見，因而，他的民主作風在雅典有口皆碑，雅典公民對他大力支持；同時他也得罪了很多貴族，當時的大貴族西門和福克奇利斯就專門和伯里克利作對。只要是伯里克利倡導的，他們想都不想就高喊反對；只要伯里克利反對的，他們一定舉雙手贊成。既然伯里克利代表著雅典公民的心聲，那麼這兩個傢伙的最終下場，便是一個被雅典公民投票放逐到國外，一個被趕下了臺。

伯里克利不僅奉行民主，還非常廉潔，在當政的十幾年中，他從沒參加過別人的宴請。即使他唯一侄子的婚宴，他也是未等開席就離開了。就是這樣一個清正廉潔的伯里克利，開創了希臘的黃金時代。

重建雅典城

在雅典，最初的政府工作都是沒有薪水可賺的，如果參加戰爭，士兵得自掏腰包購置武器和馬匹。所以，窮人根本沒有能力參政，只有那些有錢人可以擔任法官、議員等，他們可利用權力隨心所欲。伯里克利執政後改變了這一制度，由國家撥款支付軍人和其他公職人員薪金。從此，一般公民也能夠參政，公民的民主得到了更充分的體現。

←雅典神殿雕刻
在雅典衛城出土的多件女子雕像，都是著衣的。這一尊女子雕像被稱之為《握著蛇的女子》，此尊作品中，看得出雕刻家對人體有進一步的認識，人體的比例正確，在身著愛奧尼亞式的緊身上衣外面，還有柔軟而華麗的外套和披肩，繁複的衣褶處理成一條條很有韻律的波浪線，與雕像的頭飾和垂在肩胸的髮辮上下呼應，相映成趣，使整個雕像顯得華麗而和諧。

【人文歷史百科】

雅典衛城

伯里克利重建的雅典衛城，建在一五〇多公尺高的陡峭山巔上，是一個全部用大理石修建起來的建築群。城中心有世界聞名的巴特農神殿，長約七十六公尺，寬約三十三公尺。大理石的石柱，東西各有十六根、南北各八根，柱高約十一公尺多。神殿分為前殿、正殿和後殿，由白色大理石砌成九十二堵殿牆隔開。牆上雕刻著各種神像和聖獸。東、西兩面的人字牆上，裝飾著以希臘神話為題材的大理石浮雕。

伯里克利執政期間，做了一件意義非凡的大事：重建遭到波斯軍隊焚毀的雅典城！他將全希臘最優秀的雕塑家、建築師、工藝家都召集到雅典。不久，可容納一萬四千名觀眾的露天劇場，以及專門用於詩歌演唱和比賽的音樂堂，陸續屹立於雅典城，城中還屹立著著名的巴特農神殿和智慧女神雅典娜的銅像。爲了讓窮人也有文化娛樂的機會，伯里克利發給窮人「看戲津貼」。這一連串舉措，對日後雅典以至整個希臘的文化藝術、旅遊及商業等，都產生了重大影響。

伯里克利執政時期，雅典的民主政治達到古代世界的高峰。他以卓越的功勳，造就了希臘的強盛與繁榮。然而，這位偉大政治家的晚年卻屢經坎坷。他的從政生涯曾因受人誹謗而中止，復職後，他的兩個兒子相繼被可怕的鼠疫奪去了生命。他預感到自己也將死於這場災難，於是他對世人說：「我對雅典是問心無愧的。」確實，伯里克利將軍是問心無愧的，他的英名，將和希臘「黃金時代」一起銘記在後人的記憶中。

↓雅典衛城
遺址在今雅典市區內。西元前五世紀雅典從波斯入侵的破壞中復蘇過來時，展開了大規模的重建工程，尤以市中心的雅典衛城建造得宏偉壯麗，被稱為西方古典建築最重要的紀念碑。衛城建在長300公尺，寬130公尺的小山上，把山頂疊成一塊寬廣的平地。衛城大門向西，有宏偉的門廳。衛城中央最高處建巴特農雅典娜女神廟，其旁建伊臘克特翁神廟，門廳附近還有勝利女神尼克廟。所有建築均用大理石砌築，工藝極精。

081.腓力二世

一個落魄的王子，由人質變為希臘聯盟的統領，他最先對波斯宣戰，卻在大軍攻至波斯前，在自己女兒的婚宴上遇刺身亡，他就是馬其頓帝國的締造者——腓力二世。

馬其頓的統一

馬其頓是位於希臘北部邊陲的一個偏僻地區。馬其頓人是希臘人的近親，但文明的開始比其他希臘人晚。因而在帝國崛起之前，一直被希臘人視爲蠻荒之地。腓力是上馬其頓王阿明塔斯二世的小兒子，十五歲時被送到底比斯當人質，不過，命運造弄，他因而受到良好的希臘文化教育，並深受民主派領袖伊巴密濃達的影響，還曾獲得過古希臘奧運會馬車賽的冠軍。這段做人質的經歷，或許與今日出國留學有異曲同工之妙。

↑腓力二世頭像，古代雕塑作品

十八歲時，腓力獨自回到馬其頓，卻悲哀地發現上馬其頓被下馬其頓吞併，自己竟然無家可歸了。亡國之恥讓具有雄才大略的腓力開始招兵買馬，並與自己的叔叔下馬其頓之王對陣。受過希臘式文武均衡教育的腓力，一出手就把叔叔打得落花流水。西元前四世紀中期，腓力二世統一了馬其頓王國。

↓腓力二世頭像　古代銀幣

登上王位之後，腓力二世實行了多項重要改革：創立中央集權制度，削除部落首領的軍事權力；改革幣制，促進了國內外商業的發展；進行軍事改革，設立常備兵制，創造了著名的馬其頓方陣。經此全面改革之後，馬其頓便由一個落後的山國，一躍而成爲威震全希臘的強國。

征服希臘的蠻族之王

馬其頓迅速崛起後，腓力二世開始了威逼四方的侵略和擴張。他首先將目光鎖定了希臘。經歷了波希戰爭和伯羅奔尼撒戰爭後的希臘各個城邦，這時早就危機四伏、衰落不堪，哪還禁得起另一番戰鬥？馬其頓王看準這點，於是，希臘成爲馬其頓首當其衝的征服對象。

西元前338年，南下的馬其頓軍隊在中希臘的喀羅尼亞，與希臘聯軍展開了一場大決戰。馬其頓軍早早排好了方陣，重裝騎兵在方陣正面打前鋒，輕裝步兵和輕騎兵在兩側掩護，手持長矛的士兵都用巨盾護住全身，列成十六排密集縱隊。腓力二世親自指揮左翼，他十八歲的兒子亞歷山大指揮右翼。這一場決定了希臘人命運的決戰，最終以希臘聯軍的慘敗而結束。

很快地，希臘的大多數城邦都掌握在馬其頓軍隊的手裡。西元前337年，曾被希臘人視爲蠻夷的腓力二世，以希臘霸主的身分在科林斯召開大會。大會決定希臘境內停止戰爭，實現希臘「全面和平」，建立泛希臘同盟，腓力被推爲同盟軍的總指揮。征服希臘和希臘統一奇妙地結合在一起。此後，各城邦名存實亡，在軍事上和外交上均聽命於馬其頓。

被刺之謎

西元前336年夏天，馬其頓王國的舊都皮拉正在舉行一場奢華的婚禮。一臉喜氣的腓力身穿節日的白袍，在賓客的簇擁下走進禮堂。女兒的大喜日子，做父親的哪能不高興呢，他哪裡想到，就在幾分鐘後，他通過禮堂入口之時，一

【人文歷史百科】

馬其頓方陣

馬其頓方陣由腓力二世所創。作戰時排成很長的橫隊，縱深十六人，士兵與士兵之間有著較大的間隔。方陣頭上四至六排士兵的矛頭對準前方，後面各排士兵握矛的姿勢有的傾斜，有的垂直於地面，各不相同。作戰之時，整個方陣以密集隊形跑步推進，就像一把攻城錘猛烈衝擊敵人的隊伍。

柄利刃刺穿了他的胸膛。

這一幕是如此的出人意料，眾人都嚇呆了，而腓力倒在血泊裡。隨後，凶手被當場擊斃。然而，這位具有雄才大略的政治家、強大馬其頓王國的開拓者，還未完成征服東方的夙願就含恨而逝，年僅四十六歲。

對於腓力二世遇刺的眞正原因，歷史上一直眾說紛紜。有人認爲是馬其頓貴族下的毒手，因爲腓力的中央集權政策損害了他們的利益；也有人懷疑是波斯人爲了阻止腓力遠征波斯，而買凶刺弒。而美國學者富勒卻懷疑與腓力的前妻奧林匹婭斯有關，起因於腓力二世早有改立年輕貌美的克羅巴特拉爲后的想法，所以，奧林匹婭斯導演了這樣一齣悲劇。

數千年過去了，不論腓力二世到底是因何而死，他的卓越功勳都不會被歷史忘記！

←**馬其頓王國遺址，西元前五世紀至前二世紀**
西元前338年，在喀羅尼亞戰役中腓力二世戰勝了希臘聯軍，從而成為希臘諸城邦的主宰。其子亞歷山大大帝於西元前330年滅亡波斯帝國，不久建立起了一個地跨歐、亞、非三洲的龐大帝國——馬其頓亞歷山大帝國。

082.亞歷山大大帝

腓力二世還沒來得及實現自己征服波斯的野心，就被仇敵刺殺了，他的兒子亞歷山大帝替他完成了宏願，使馬其頓成了當時世界上最宏大的大帝國。

狂妄的少年

腓力二世死後，馬其頓的王位由其子亞歷山大繼承。受父親的影響，亞歷山大從小就好大喜功，不可一世。十二歲的亞歷山大便馴服過別的騎手不能駕馭的烈馬，而後又跟隨當時希臘「最博學的人」——亞里斯多德，學習哲學、醫學、科學等各方面的知識。他非常崇拜《伊利亞德》中的英雄阿基里斯，一心想效仿他，創下一番輝煌的偉績。

腓力二世遇害後，希臘被征服的城邦爲擺脫馬其頓帝國的控制，紛紛起義暴動，而年輕的亞歷山大在短短的兩年裡，就平息了這波騷動。爲了維持龐大的軍隊以鎮壓希臘各城邦的反抗，也爲了實現征服世界的壯志，亞歷山大把目光投向了土地遼闊、物產豐饒的波斯。

西元前334年春，亞歷山大親自率領三萬五千名士兵和一百六十艘戰艦，開始遠征東方的波斯。行前，他把自己的所有地產收入、奴隸和畜群分贈給身邊的人。一位大將迷惑地問道：「請問陛下，您把財產分光，給自己留下什麼？」亞歷山大只說了兩個字：「希望。」

↑電影《亞歷山大大帝》劇照，得利影視提供

←亞歷山大大帝，浮雕

在攻占小亞細亞後，有人請亞歷山大觀賞一輛神話中皇帝的戰車。車上有一個皮帶纏攪的結。據說皇帝有預言，誰能解開這結，就能得到亞洲。從不服輸的亞歷山大很想解開此結，但沒有成功。他毫不介意，舉起父親送給他的寶劍，一下子就把那結割成了兩半。接著，他把寶劍一揮，狂妄地說道：「管它什麼結，讓亞洲在我的寶劍下屈服吧！」亞歷山大的狂妄由此可見一斑。

千古一帝

在隨後的戰爭中，亞歷山大暢通無阻，亞洲大地下的眾多地區很快淪陷了。先是在敘利亞大敗大流士三世率領的三十六萬波斯軍，接著南下攻占腓尼基，又兵不血刃地占領了埃及。爲了彰顯自己的威名，他徵用當地的人力物力，在尼羅河口建造了一座以自己名字命名的城市——亞歷山卓。後來，這座

【人文歷史百科】

亞歷山卓城

位於埃及境內，是亞歷山大大帝建立的第一座城市。它既是亞歷山大文化帝國的樞紐，也是國際文化交流的大都會。東、西方人雲集於此，阿拉伯的香料、印度的胡椒、不列顛的錫、努比亞的象、小亞細亞的地毯，甚至中國的絲綢，在這裡皆是應有盡有。

而在亞歷山卓城外法羅斯島上的巨型燈塔，日夜不熄地經歷了一千六百多個春秋，創造了古代世界的奇蹟。時至今日，它依舊燃燒在人類的記憶中。

海港城市發展成爲地中海世界的商業和文化中心。

西元前331年，亞歷山大在底格里斯河東岸的高加米拉，再次大敗號稱百萬的波斯軍，致使波斯帝國末代皇帝大流士三世在亡命途中被殺。接著，亞歷山大攻占了波斯本土的重要城市巴比倫、蘇薩、帕賽波里斯等地，還親自點火焚燒了波斯舊都帕賽波里斯那座輝煌壯麗的宮殿。波斯帝國至此告終。

西元前327年，亞歷山大率軍南下侵入印度，占領了西北印度的廣大地區。

↑亞歷山大大帝畫像，古代壁畫作品

他本想進一步征服印度的心臟地帶，向恆河流域進發。但此時亞歷山大的士兵已厭倦了長期的征戰之旅，再加上印度的炎熱、暴雨和疾病，他們拒絕前進，並紛紛舉行集會，發生譁變，印度的土著居民也群起反擊。亞歷山大在萬般無奈之下，只好偃旗息鼓，班師回國。西元前325年，他們回到巴比倫，把這裡作爲首都。至此，亞歷山大東征結束，一個地跨歐、亞、非三洲的大帝國建立起來了。

西元前323年，亞歷山大正準備另一次遠征時，突然患了惡性瘧疾死去。這年，他僅三十三歲。

亞歷山大猝死之後，曇花一現的亞歷山大帝國迅速瓦解。他的部將瓜分了帝國的領土，各自建立了新的國家。歐洲部分爲由安提哥那統治的馬其頓——希臘王國，非洲爲由托勒密建立的王國來統治埃及，亞洲部分爲塞流卡斯王國統治兩河流域、波斯和小亞細亞。後來，這三個王國皆爲羅馬共和國所吞併。

↑亞歷山大東征圖

083.「史學之父」希羅多德

古希臘的歷史之所以輝煌燦爛，和一位偉大史學家的名字是分不開的。他就是聞名古今的古希臘歷史學家，也是《歷史》一書的作者——希羅多德。

在旅途中成長的史學家

大約在西元前484年，希羅多德出生於小亞細亞西南海濱的一座古老城市。他的父親是一個富有的地主，叔父是本地一位著名詩人。希羅多德從小就很愛學習，尤其對史詩有著特殊的興趣。長大後，他因與叔父一起參加了推翻陰謀篡權的當政者的鬥爭，而遭到流放。後來，篡位者被推翻，他才得以返回故鄉。然而不久，他再度被迫出走，從此一去未返。

大約從三十歲開始，希羅多德開始了一次長途旅遊。爲了保證旅途中的日常生活飲食，他做起了買賣，沿途販賣物品。每到一地，希羅多德都會到歷史古蹟名勝處流覽憑弔，考察地理環境，瞭解風土人情。他很喜歡聽當地人講述民間傳說和歷史故事，並把這一切都記在本子上，隨身攜帶。

↓希羅多德畫像，古代插圖

【人文歷史百科】

薩摩斯島

是當年希羅多德的流放地，位於希臘北愛琴海最南端，與土耳其的小亞細亞隔海相望，是希臘第八大島。薩摩斯島是世界著名的葡萄酒產地。由於該島氣候適宜，出產的麝香白葡萄風味獨特，被歐盟認定為特定產地品牌之一，享譽歐洲葡萄酒市場。

西元前445年前後，希羅多德來到了雅典。當時的雅典經歷波希戰爭，政治、經濟都獲得了高度發展，一派欣欣向榮的景象，學術文化更是稱雄於希臘世界。在這裡，希羅多德不僅積極參加各種的集會和政治文化活動，還與政治家伯里克利、悲劇家索福克勒斯等人結下了深厚的友誼。

希羅多德十分崇拜雅典的民主政治，對波希戰爭中雅典的勝出更是欽佩不已，他千方百計地瞭解戰爭的各方面情況，還收集了許多有價值的史料，並因此萌生了書寫一部完整敘述波希戰爭的歷史著作，這就是史學名著《歷史》，又名《波希戰爭史》。

→ 美狄亞和她的女兒

西元前443年春，希羅多德來到了雅典人建在義大利南部的圖里翁城，成了這個城邦的正式公民，並開始集中精力寫作《歷史》。可惜的是《歷史》還沒完稿，希羅多德就於西元前425年去世了。

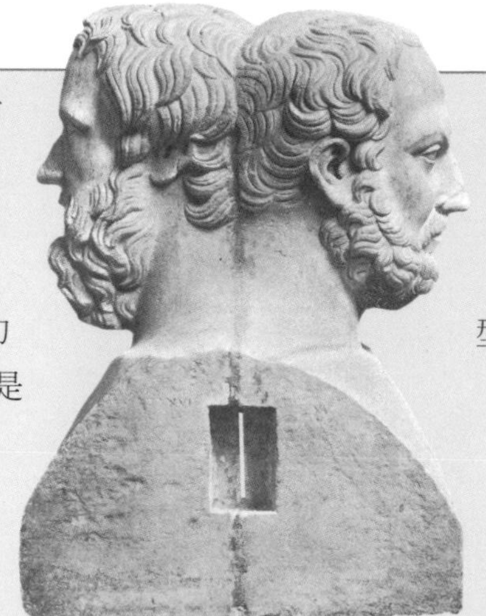

↑希羅多德雕像

《歷史》

希羅多德的《歷史》，是希臘史學史上第一部堪稱爲歷史的著作。全書按內容，基本上分爲兩大部分。前半部分含括黑海北岸的西徐亞人、希臘城邦及波斯帝國等，敘述了它們的歷史、地理、民族和風俗習慣等，並記述了波希戰爭爆發的原因。第二部分主要記述波希戰爭的經過和結果，從小亞細亞各希臘城邦舉行反對波斯的起義，一直到西元前478年希臘人占領塞斯托斯城爲止。後來全書又被分成九卷，因每卷各以古希臘神話中掌管文學和藝術的九位繆斯女神之名命名，所以這部書又被稱作《繆斯書》。

《歷史》內容豐富，對西亞、北非以及希臘等地區的地理環境、民族分布、經濟生活、政治制度、歷史往事、風土人情、宗教信仰、名勝古蹟等，都做了生動的敘述，爲我們展示古代近二十個國家和地區的民族生活圖景，宛如古代社會一部小型「百科全書」。

《歷史》的文學價值也很高，它被視爲西方第一部著名的散文作品。希羅多德採用了一種在東方文學中常見的結構形式，即在大故事中套小故事，環環相扣，變化無窮，具有迷人的魅力。他善於刻畫人物，其筆下的國王、大臣、政治家、學者、士兵等，大多性格鮮明、形象生動。然而由於時代和階級的局限，希羅多德的《歷史》也存在一定的局限性，不少地方帶有天命論和宿命論色彩，甚至還夾雜了許多不足爲據的神話傳說和無稽之談，儘管如此，他首創的歷史著作體裁仍爲後世保存了大量珍貴史料，具有極高的研究價值。

↓希羅多德所著《歷史》一書手稿複製品

084.《伊索寓言》

在古希臘有一部奇特的書，它大多以小動物為主人翁，卻能闡明一些大道理。它具有某種思想性，以及極高的文學價值，在世界文學史上發揮著巨大的影響。它，就是《伊索寓言》。

睿智的奴隸

在兩千五百多年前的一天，一個叫柯桑福的人喝醉了酒，在一個士兵面前吹噓說，自己能把大海喝乾，而且他情願把家中所有財產拿來作抵押。若喝不乾大海，財產就歸士兵所有。待酒醒之後，士兵要他履行誓言，他傻眼了，只得再次求助於自己家中一個叫伊索的奴隸，並許諾只要他能幫自己贏了這個賭，就還給他自由。這個渴望自由的奴隸於是給他想出了一個辦法。

↑伊索與狐狸，古希臘瓶畫

到了約定的時候，柯桑福趾高氣揚地來到海邊，當著眾多的圍觀者對那個士兵說：「我已經坐在這兒了，準備把大海喝乾，但我要你幫我個忙。如果你幫我之後，我還喝不乾大海，我的財產就全都歸你，你覺得怎麼樣？」士兵想，沒有人能把大海喝乾，他的財產就快要是我的了，幫他一下有什麼不好呢？於是便答應了下來。眾人都瞪大了雙眼，想看著這個叫柯桑福的傢伙出醜！只聽柯桑福不慌不忙地說：「現在，我要你幫我把所有的海水都盛來，只要你都能盛來，我就一定全都喝掉，一滴都不剩！」聽了這話，那個士兵傻眼了，他氣得鼓鼓的，但卻無法發

←伊索畫像，古代插畫

作，只好認輸了。但他不相信愚蠢的柯桑福能想出如此絕妙的辦法，就一連聲地追問，看熱鬧的這時都興奮地叫起來：肯定是伊索想出的辦法，伊索是天底下最聰明的人！

那麼伊索到底是個什麼樣的人？他如此聰明，怎麼會淪爲奴隸之身呢？

受命運之神垂青的醜孩子

兩千五百多年前的一天，一個長相奇醜的孩子在希臘誕生了，他的醜陋似乎沒有隨著年齡的增長而有所改變，尤其不幸的是，他從小就是個啞巴，只能發出奇怪的聲音，用手勢表達他的意思。在鄰居眼中，他是個不折不扣的瘋子、白癡；他的舅舅非常討厭這個又矮又醜的外甥，常常逼他在田裡做最累的工作，還時常毒打他。他就是伊索。幸好，伊索的母親非常愛他，時常講一些希臘民間流傳的故事給他聽，這些故事不僅僅給他幼小的心靈帶來了樂趣和安慰，還帶來難得的滋養。

【人文歷史百科】

《伊索寓言》

《伊索寓言》最初的版本是西元前三世紀左右一個希臘人編的《伊索故事集成》，但此書很快就失傳了。傳至今天的《伊索寓言》包括形成於西元前一世紀初的一百多篇拉丁韻文體的寓言、一百二十二篇希臘文的寓言，以及形成於西元四世紀的拉丁韻文寓言四十二篇。後來，一位僧侶將其中加了些印度、阿拉伯和基督教的故事，就成了今天我們看到的三百六十篇《伊索寓言》。

幸福的日子總是很快就過去，不久母親去世了，伊索跟著一位曾照料過他的好心的老人，離家到各地流浪。這個階段，他聽到了許多有關鳥類、昆蟲和動物的故事。

有一天，伊索夢見幸運之神慈祥地向他微笑，還把手指放進他的嘴裡，活動著他的舌頭。醒來後，他竟然能夠開

↓伊索，油畫，1639年委拉斯奎茲作品

口說話了，這可是件天大的喜事，伊索高興極了。此後，他和老人一起過了好多年快活的日子。後來，一個狡猾的牧羊人竟然將伊索給賣了！從此，受到命運之神「垂青」的醜孩子伊索，就開始了奴隸的悲慘生活。

↑《伊索寓言》插圖——獅子和老鼠

寧爲自由死

伊索的主人柯桑福，是個心胸狹隘的傢伙，他買伊索是要他做家務服侍主人。性情豁達的伊索常常在工作完成之後，給鄰居們講些小故事，這些小故事常常能表達他對社會和人生的看法，因而很多人都喜歡圍在他身邊聽故事，並被逗得哈哈大笑。

↓《伊索寓言》封面英文版

柯桑福是個心胸狹窄的傢伙，他看出伊索非常渴望自由，就口口聲聲說要給他自由，但卻遲遲不肯實現諾言，而是把他當作財產和工具，哄騙他乖乖做自己家「會說話的驢子」。

伊索最初根本沒明白主人的居心，他忠心耿耿地爲主人勞動，還多次以自己的機敏和智慧幫助主人度過難關，以爲能換回主人的眞心，放他自由。然而，一次次換來的都是欺騙和皮鞭。當幫主人擺脫了喝乾海水的困境後，伊索要求主人按承諾給他自由，然而這個出爾反爾的柯桑福居然又變卦了，他不僅耍賴，還拿起鞭子抽打伊索。他這個無賴舉動引起了圍觀者的同情，在眾人的指責下，柯桑福不得不給了伊索一紙自由書。

爲了重新把伊索控制在自己手裡，貪婪的柯桑福設下了一個圈套。他趁伊索在神廟給大家講動物故事的機會，偷偷地把祭壇上的金銀器塞進了伊索的包裹，然後馬上到祭司那裡告狀，說伊索是盜賊，偷藏了神廟裡的東西。伊索就像無辜的小羊一樣被抓了起來。

根據當時的法規，如果是自由民犯了盜竊罪，就得被拋下懸崖處死；如果是奴隸，便可交給奴隸主帶回去處置。

天下人誰不怕死呢？柯桑福一心以爲伊索會爲了活下去而自願跟他回家，重新開始奴隸的生活。然而出乎所有人意料的是，伊索竟毅然地選擇了自由民的身分，如一隻自由的飛鳥一樣，縱身躍下了懸崖。

↑《伊索寓言》插圖──狐狸和烏鴉，十七世紀義大利木刻版畫

警醒世人的寓言故事

伊索活著的時候，他講的故事就非常受人喜歡，並在下層人們中廣泛流傳開來，後來，有人把這些故事整理成書，取名叫《伊索寓言》。《伊索寓言》的主人翁常常是一些動物，情節也常常是日常生活中的一些小事，故事情節很有趣味性，內容簡短易懂，若只把它們當成故事哄哄小孩子，小孩會覺得故事有趣；但如果仔細品味一下，便能體味出一些我們沒有注意到的眞理。例如〈貓和公雞〉要人們對敵人提高警惕，不要上當；〈農夫兒子們的爭吵〉說明團結就是力量；〈龜兔賽跑〉勸誡人們不要驕傲；〈烏鴉和狐狸〉諷刺虛榮心；〈狐狸和葡萄〉諷刺無能者的自我安慰；〈狼來了〉告誡小孩子言行要誠實。所以，不僅一些老奶奶、稍長的孩子能繪聲繪影地講述這些極富生活哲理的小故事，它也受到了各國人民的喜愛，成爲世界上流傳最廣的經典作品之一。

↓《伊索寓言》插圖──沒有尾巴的狐狸，1883年阿爾佛雷德作品

085.「醫藥之父」希波克拉底

在西元前五世紀的希臘，人們得了病不是去找醫生，而是請神廟裡的祭司透過拜神來醫治，直到希波克拉底的出現，才改變了人們的這種觀念。

不信邪的醫生

大約在西元前460年，希波克拉底（Hippocrates）出生於小亞細亞科斯島的醫生世家，祖父、父親都是醫生，母親是接生婆。在古希臘，醫生的職業乃父子相傳，所以希波克拉底從小就跟隨父親學醫。父母去世後，他一面四處遊歷，一面行醫，從而增長知識，接觸了大量民間醫學。

那時，古希臘醫學受到宗教迷信的禁錮。巫師們只會用唸咒文、施魔法的辦法爲人治病。這種可笑的療法當然不會見效，到最後可憐的病人往往落個人財兩空。

一次，希波克拉底在街上看到一個人突然神志不清，全身抽動，面色青紫、口吐白沫。周圍的人都很害怕，說他中了邪，應趕快請巫師來醫治。這時恰好有位巫師經過，他裝模作樣地看了看病人後便下了結論，說他得了神病，只有抬到神廟裡去請求神的寬恕。

目睹一切的希波克拉底十分氣憤，他走上前說：「世上根本沒有什麼神病，他得的是癲癇病，把他抬到神廟是治不好的。」

←希波克拉底紀念像
1999年希臘捐贈給波士頓大學的希波克拉底紀念像。西方世界有這樣的傳統，每一個初為醫生的青年都要在「醫學之父」希波克拉底像前宣讀誓詞。

那僧侶根本不把希波克拉底放在眼裡，還威脅他如果胡說，惹惱了山神，也會患上神病。希波克拉底反駁道：「癲癇症並不比其他疾病神祕，而是和其他疾病一樣，具有相同的性質和相似的起因。只有魔術師、江湖術士和騙子，才會把它當作神病！是他的腦子出了問題，才會變成這個樣子的。」

但是，在當時的環境下，科學的解釋根本發揮不了任何作用，沒有人相信他的話。那個病人最後還是被抬到了神廟，沒多久就一命嗚呼。後來，希波克拉底指出的癲癇病病因，被

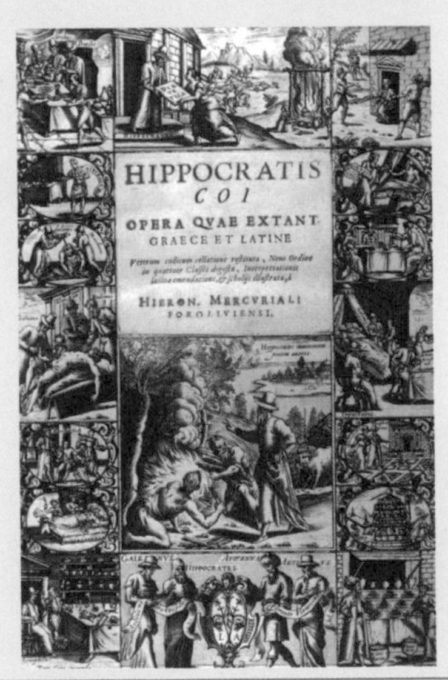

←一部介紹希波克拉底的醫學書籍，十七世紀出版物

現代醫學所證實，他提出的這個病名也一直沿用至今。

西元前430年，雅典派人請他來遏止一場大瘟疫的蔓延，及時解除了災難。他的好友德謨克利特笑他老不死，直到八十三歲時，這位長壽的偉大醫生才離開了人世。

↑希波克拉底誓言
希波克拉底的誓言簡短而樸實，足讓任何鴻篇巨帙在它面前黯然失色。希波克拉底誓言幾乎成為一種職業道德的代名詞，兩千多年前的希波克拉底的聲音，將永遠迴盪在人們耳畔。

希波克拉底的誓言

傳說，在西元前五世紀末，希臘立志從醫的年輕人都要宣讀一份有關醫務道德的誓詞，那段誓詞就是希波克拉底的誓言。

「我願以自身判斷力所及，遵守這一誓約。對傳授我醫術的老師，我要像父母一樣敬重。對吾子、先師之子以及吾門徒，我要悉心傳授醫學知識。除此三種情況外，不再傳給別人。

我會盡我的所能，遵守爲病人謀利益的道德原則，並杜絕一切墮落及害人的行爲。我不得將有害的藥品給予他人，也不指導他人服用有害藥品，更不答應他人使用有害藥物的請求，尤其不爲婦女施行墮胎的手術。我志願以純潔與神聖的精神終身行醫。」

無論到了什麼地方，也無論需診治的病人是男是女、是自由民或奴婢，對他們我一視同仁，爲他們謀幸福是我唯一的目的。我要檢點自己的行爲舉止，不做各種害人的劣行，尤其不做誘姦女病人或病人眷屬的缺德事。在治病過程中，凡我所見所聞，不論與行醫業務有否直接關係，凡我認爲須保密之事項堅決不予洩露。

我遵守以上誓言，目的在於讓醫神阿波羅、阿斯克勒庇俄斯及天地諸神賜予我生命與醫術上的無上光榮；一旦我違背了自己的誓言，請求天地諸神給予我最嚴厲的懲罰！」

這段誓言最初是希波克拉底個人的道德自律準則；隨著希波克拉底影響的擴大，它成爲數百年來醫生們恪守的道德自律準則。

【人文歷史百科】

體液學說

由希波克拉底提出，他認為人體是由血液、黏液、黃膽、黑膽這四種體液組成的，四種體液在人體內的比例不同，形成了人的不同氣質：性情急躁、動作迅猛的膽汁質；性情活躍、動作靈敏的多血質；性情沉靜、動作遲緩的黏液質；性情脆弱、動作遲鈍的抑鬱質。人所以會得病，就是由於四種液體不平衡造成的。這一項理論，比任何其他古代的醫學假說更為持久，直到上一個世紀才被放棄。

086.「一無所知」的哲學家

西元前 399年的一天，雅典監獄中一位七旬老人將一杯毒藥一飲而盡，微笑著對朋友說：「我還欠阿斯克勒庇俄斯（Asclepius，即手持蛇杖的希臘醫神）一隻公雞。」說完，他安詳地睡去。他就是大哲學家蘇格拉底。

石匠的兒子

蘇格拉底是古希臘著名的哲學家，他的父親是雕刻石匠，母親是接生婆。少年蘇格拉底曾跟父親學過石匠手藝，但由於酷愛讀書，他對荷馬史詩及其他著名詩人的作品比對石頭更感興趣，所以最後他並沒有承繼父業，而是成了學識淵博的智者。

蘇格拉底的生活一直非常清苦，無論春夏秋冬，他僅身著一襲單衣，經常赤足不穿鞋。對於飲食，蘇格拉底從不放在心上，粗茶淡飯，只要能果腹即可。他把自己的全部精力都用在專心做學問上。

蘇格拉底一生大部分的時間都是在室外度過的。他曾三次參加軍隊，當過重裝步兵，常常在戰鬥中救助傷兵。在行軍中蘇格拉底仍是個非常引人注目的士兵，因爲即使是在嚴冬，他依然只穿一件單衣，光著腳在冰上行走，卻和穿著鞋的士兵走得一樣好。這與他從小跟著父親搬石頭、練就出一身強健的體魄，有直接關係。

當年的雅典，人們經常可看到他在廣場、街市、競技場等公眾場合，與形形色色的人，就戰爭、政治、友誼、藝術、倫理道德等形形色色的問題展開辯論。三十歲以後，這位睿智的思想家開始以傳授知識爲生。從施教的年齡上看，他與中國的孔夫子不謀而合，不過他不設館，也不收取報酬。不論是誰，只要向他求教，他都熱情施教。許多貴族子弟和窮小孩一起圍在他身邊，孜孜不倦地向他請教。而蘇格拉底最常說的一句話是：「我只知道自己一無所知。」十年後，在雅典，很少有人不知道這位智者的大名。

↑蘇格拉底的沉思，雕塑

獨具特色的教學

蘇格拉底教學生和其他人不同，他從不採用那種將現成答案灌輸給學生，強行讓他們接受自己觀點的方法，而是透過反問和反駁，讓學生在不知不覺中接受他的思想影響。在教學生獲得某種概念時，他從不將

←蘇格拉底塑像
蘇格拉底是個講求樸素的智者，生活清苦，無論春夏秋冬都僅身著一襲單衣，經常赤足不穿鞋。

這種概念直接告訴學生，而是先提出問題令其回答；即使學生回答錯了，他也不給出正確答案，而是再提出問題引導學生思考，從而循序漸進地引出正確的結論。

有一天，他的學生柏拉圖向他請教什麼是愛情。蘇格拉底沒有直接回答他，而是叫他到麥田去摘一株最大、最好的麥穗；但條件是要一直向前走，不許回頭，而且在途中只可以摘一次。柏拉圖想，這不是很容易的事嗎？於是他充滿信心地走了出去。令人意外的是，過了很久他也沒有回來。當他一臉頹喪地空手而歸時，蘇格拉底並沒有責備他，臉上反而露出了微笑。柏拉圖說：「走入麥田後，我發現很難看見一株令自己滿意的麥穗，有時找到一株後，卻總懷疑它不是最好的，因爲才走了一半的路，又只可以摘一株，不能走回頭路，所以就想再往前走，或許有比它更好的。但走著走著卻發現自己已經走出麥地了，卻還是空著手，一棵麥穗都沒有摘……」這時，只見蘇格拉底輕輕地說：「這就是愛情啊！」

↑辯論會，十七世紀作品

蘇格拉底的這種教學方法在學生中非常受歡迎，因爲它啓發了他們的思想，主動地去分析、思考問題。同時，這種問答法也對後世產生了巨大影響，直到今天，問答法依舊是最普遍的教學方法之一。而盧梭、布魯納等人提倡的「發現法」，也明顯受到蘇格拉底方法的啓發。

←蘇格拉底和他的學生，十七世紀作品

【人文歷史百科】

蘇格拉底方法

「蘇格拉底方法」是蘇格拉底的獨特教學法，採取譏諷、助產術、歸納、定義四步，來從個別抽象之中理出其普遍性。「譏諷」透過不斷追問，使對方自相矛盾；「助產術」幫助對方拋棄謬見，產生正確的思想；「歸納」透過對個別的分析比較，來尋找一般規律；「定義」把單一的概念，歸到一般中去。

使哲學回到人間的哲學家

在蘇格拉底以前，希臘的哲學家們將目光投向浩渺的宇宙，他們執著地探求著宇宙的本源，以及世界到底是由什麼構成的，後人將這種哲學稱爲「自然哲學」。蘇格拉底認爲研究這些問題沒有實質意義，無益於造福人群。他認爲，天地間萬事萬物的產生、發展和毀滅，都是由世界的主宰——神安排的。所以蘇格拉底反對研究自然界，認爲那是褻瀆神靈。而出於對國家命運和人民疾苦的關心，他提倡人們要懂得做人的道理，過有道德的生活。因而，他的哲學主要研究探討的是倫理道德問題。

蘇格拉底研究人類本身，即研究人類的倫理問題，如什麼是正義、什麼是非正義；什麼是勇敢、什麼是怯懦；什麼是誠實、什麼是虛僞；什麼是智慧、知識是怎樣獲得的；什麼是國家、具有什麼品質的人才能治理好國家、治國人才應該如何培養等等。後人稱蘇格拉底的哲學爲「倫理哲學」。他爲哲學研究開創了新的領域，使哲學「從天上回到了人間」，在哲學史上具有里程碑的意義。

無論是生前還是死後，蘇格拉底都有大批狂熱的崇拜者和反對者。他一生雖未留下任何著作，但卻發揮超人的影響力。哲學史家把他視爲古希臘哲學發展史的分水嶺，將他之前的哲學稱爲「前蘇格拉底哲學」。做爲一個偉大的哲學家，蘇格拉底對後世的西方哲學產生了影響甚爲深遠。

【人文歷史百科】

三十僭位者集團

三十僭位者集團是伯羅奔尼撒戰爭後，由蘇格拉底的學生克利提阿斯和查米迪斯等人組成的獨裁政治集團。這個集團在執政的八個月中處死了一千五百人，致使人民大量流離逃亡。八個月後，三十僭位者集團垮臺，民主制恢復。克利提阿斯和查米迪斯被處死。

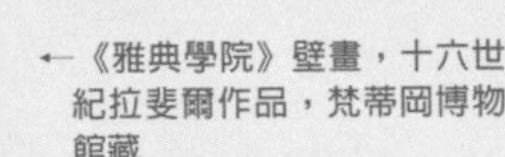

←《雅典學院》壁畫，十六世紀拉斐爾作品，梵蒂岡博物館藏

在《雅典學院》的畫面上，把古希臘以來的著名哲學家和思想家聚於一堂，其中包括亞里斯多德、蘇格拉底、柏拉圖、畢達哥拉斯，還有繪者自己。整個壁畫洋溢著濃厚的學術研究和自由辯論的空氣，拉斐爾在《雅典學院》不僅塑造了那些思想家的典型形象，也揭示了他們各自不同的性格特徵和豐富的精神面貌。

↑蘇格拉底之死，油畫，1878年雅克．路易．大衛作品
蘇格拉底之死，刻畫了這位古代的大哲學家悲壯地接過盛滿毒芹草汁的杯子的瞬間（橫伸的手臂），還在堅持自己的理想（上舉的手指），古典主義三角平衡的構圖理論在這幅畫中發揮得淋漓盡致，充分歌頌「為信仰而死，雖死何憾」的精神。

哲學巨星的殞落

西元前404年，雅典在伯羅奔尼撒戰爭中慘敗，三十僭位者的統治取代了民主政體。蘇格拉底有個學生叫克利提阿斯，他就是當時三十僭位者的頭目。有一次，克利提阿斯為了霸占一個富人的財產，命令蘇格拉底帶領幾個人去抓那個富人。蘇格拉底認為那人並沒有違犯法律，故而憤然抵制克利提阿斯的非法命令，且在公眾面前大聲譴責克利提阿斯的暴行。這一來，克利提阿斯惱羞成怒，他下令不准蘇格拉底再接近青年，並警告他說：「你小心點，莫叫我們的羊群再減少一隻。」蘇格拉底對他的威脅和恐嚇根本就不放在心上，依舊我行我素地教導學生。

歷史的風雲總是在變幻，不久，「三十僭位者」的統治被推翻了，民主派重掌政權。這時，又有人認為蘇格拉底與克利提阿斯是師生關係，理應反對民主政治，所以他是用邪說毒害青年。就這樣，蘇格拉底被民主派抓入牢獄，並以「不敬神」、「腐蝕青年」的罪名判處死刑。雖然他的學生和朋友們為他安排了逃跑計畫，但他卻認為，儘管加給他的罪名純屬誣陷，但他既是雅典的公民，就應該遵守雅典的法律。

行刑那天，蘇格拉底鎮定自若地從行刑官手裡接過毒酒，一飲而盡。就這樣，一位哲學巨星殞落了。

087.「學園派創始人」柏拉圖

在西元前五世紀，隨著史學、醫學等專業性學科的發展，哲學思想也率先進入古希臘的土地。這個時期，這片神奇的土地又孕育了一位偉大的哲學思想家——柏拉圖。

學園派的創立

柏拉圖出身於雅典一個大貴族家庭。據說他的名字源於他的寬額頭，其眞實姓名反而被人淡忘了。柏拉圖生於伯羅奔尼撒戰爭期間，青年時期和其他貴族子弟一樣受過良好教育，並接觸到當時的各種思潮。

二十歲時柏拉圖拜蘇格拉底爲師，跟他學習了十年，直到蘇格拉底遭雅典民主派處死。老師的死對柏拉圖而言是沉重的打擊，他和自己的老師一樣，反對民主政治。爲了宣傳自己的政治主張，柏拉圖離開了雅典，先後到過埃及、義大利、西西里等地。西元前388年，他到了西西里島的敘拉古城，本想說服統治者建立一個由哲學家管理的理想國，結果非但沒有達到目的，還在返回雅典的途中被賣爲奴隸，幸虧他的朋友及時伸出援手，花了大把銀子才把他贖了回來。

此後，柏拉圖在雅典開辦了一所學園，一邊教學，一邊著作。在他的學園門口掛著一面有趣的牌子，上面寫著：「不懂幾何學者勿進」。由此可知，沒有幾何學的知識，是不能登上柏拉圖的哲學殿堂的。這個學園成爲古希臘重要的哲學研究機構，設有數學、天文、音樂、哲學四門課程。柏拉圖要求學生不能生活在現實世界裡，而要生活在頭腦所形成的觀念世界裡。他以抽象的語言說：「畫在沙子上的三角形可以抹去，可是三角形的觀念卻不受時間、空間的限制而留存下來。」柏拉圖深知學以致用的道理，他的學園裡按照他的政治哲學，培養了各方面的從政人士，他的學園也因此被稱爲「政治訓練班」。

柏拉圖死後，他所創業的學園由其門徒主持，代代相傳，繼續存在了數世紀之久。

←柏拉圖和蘇格拉底，壁畫（局部），拉斐爾作品

把假想當成眞實的理念

←柏拉圖頭像
據說柏拉圖之名來自於其寬額頭的特徵，原來的真實姓名卻反被人淡忘了。

柏拉圖窮其一生精力，構建了他自己的一套哲學體系，而理念論就是他哲學體系的核心。他認爲，在物質世界之外還有一個非物質的觀念世界存在。唯有人們在頭腦中構想的這個理念世界才是眞實的，而人類所處的這個物質世界是虛幻的，它僅是理念世界的一種模糊反映。

我們可以美爲例，來理解柏拉圖所說的感覺世界、理念世界和人的思想認識三者的關係。柏拉圖認爲：世間有許多類的事物，當你判斷它是否爲美時，心中必然已有了一個美的原型，這心目中美的原型又源於理念世界中存在的那個絕對的美。任何美的事物都無法與美的原型相比，前者不過是對後者的一種模仿，美的事物有千萬種，而美的原型或理念的美卻只有一個。其他事物也是如此，例如，有了桌子的理念才有各式各樣的桌子，有了房子的理念才有了各式各樣的房子，有了綠色的理念才有了世間的綠色……顯然，柏拉圖的這種主張屬於後世的唯心論，他抹煞了客觀世界而把假想當成了眞實。這種理念論在當時聽來十分新穎獨特，因而激發了不少的信奉和追隨者。

【人文歷史百科】

柏拉圖學園

創立於西元前387年，是歐洲歷史上第一所綜合性傳授知識、進行學術研究、提供政治諮詢、培養學者和政治人才的學校。當時希臘世界大批有才華的青年受它的吸引來到這裡。他們聚集在柏拉圖周圍從事科學研究和學術討論，為後來西方各門自然科學和社會科學的發展提供了許多原創性的思想。可以說，柏拉圖的學園在西方開創了學術自由的傳統，是希臘世界最重要的思想庫和人才庫。

哲學王

我們常說：「實踐出眞知。」而柏拉圖卻認爲人的知識（理念的知識）是先天固有的，不需從實踐中獲得。他認

↓柏拉圖的精神世界，油畫
柏拉圖認為在物質世界之外還有一個觀念世界存在。這個只存在人們腦中的理念世界才是真實的，而人類身處的物質世界則為虛幻，僅是理念世界的一種反映。

爲，人的靈魂是不朽的，可以不斷投生。人在降生以前，靈魂在理念世界是自由而有知的。一旦轉世爲人，靈魂進入了肉體，便同時失去了自由，把本來知道的東西也遺忘了。要想重新獲得知識就得回憶，因此，認識的過程就是回憶的過程，眞知即是回憶，是不朽的靈魂對理念世界的回憶，這就是柏拉圖認識的公式。

↑柏拉圖的《對話錄》書影

他還認爲，這種回憶的本領並非所有的人都具備，只有少數有天賦的人，即哲學家才具備。因此，他肯定地說：除非由哲學家當統治者，或者讓統治者具有哲學家的智慧和精神，否則國家是難以治理好的。這種「哲學家治國」的思想，即是他理想國的支柱。然而，有誰願意把代表至高權力的統治地位，讓給一位「終日沉於思索」的哲學家呢？

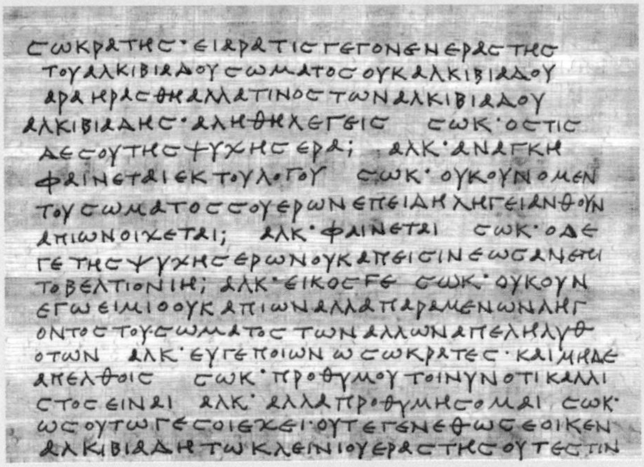

←柏拉圖手稿，紙草複製品

正因爲如此，柏拉圖的這一政治願望從未實現過，令他抱憾終身。

理想的烏托邦

柏拉圖一生中寫了許多著作，多數以對話體寫成，常被後人引用的有《辯訴篇》、《曼諾篇》、《理想國》、《智者篇》、《法律篇》等。《理想國》是其中的代表作。

《理想國》涉及柏拉圖思想體系的各個方面，包括哲學、倫理、教育、文藝、政治等內容，主要是探討理想國家的問題。他認爲，國家就是放大了的個人，個人就是縮小了的國家。人有三種品德：智慧、勇敢和節制。國家也應有三等人：一是有智慧之德的統治者；二是有勇敢之德的衛國者；三是有節制之德的供養者。前兩個等級擁有權力但不可擁有私產，第三等級有私產但不可有權力。他認爲這三個等級就如同人體中的上、中、下三個部分，協調一致而無矛盾；只有各就其位，各謀其事，在上者治國有方，在下者不犯上作亂，就達到了正義，猶如在一首完美的樂曲中達到

↑柏拉圖和他的學生，十七世紀作品

了高度和諧。

其實，柏拉圖心中至善的城邦，不過是空想的烏托邦。他認爲：理想的國家縱然還不能眞實存在，但它卻是唯一眞實的國家，現存各類國家都應向它看齊，即使不能完全相同，也應盡量相似。這就是柏拉圖對他的理想國所持的態度。同時，它也反映了柏拉圖思想的局限性，無論是在當時的社會環境下，還是有著進步文明的今天，他這般理想國的概念只能留在人們的想像中，難以化成現實。

【人文歷史百科】

西西里島

地中海上最大的島嶼，也是義大利面積最大的省分。它位於地中海的中心，遼闊而富饒，氣候溫暖，風景秀麗，盛產柑橘、檸檬和橄欖。無論是東海岸，還是西海岸，到處是果實累累的橘林、檸檬園和大片大片的橄欖樹林。由於其發展農林業的良好自然環境，歷史上被稱為「金盆地」。

西元前八世紀，希臘人在此建立了重要殖民地，保存至今的神廟和劇場遺址成為島上最著名的景點。

↓柏拉圖畫像，古代插圖

088.酒神祭與希臘戲劇

每當葡萄藤上綴滿了綠葉，或到了葡萄豐收的時節，希臘人都要舉行酒神祭慶典，這種載歌載舞的狂歡表演漸漸發展成為悲劇。

慶祝酒神的恩賜

從很早開始，古希臘人便開始採集歌頌其英勇先祖的詩歌。這些詩歌講述了他們的先祖把皮拉斯基人逐出希臘半島，以及摧毀特洛伊城的豐功偉績。行吟詩人走過一個個村落，當眾朗誦這些詩歌，每個人都出來聆聽。可是，作爲我們當代日常生活中必不可少的娛樂形式之一的戲劇，卻不是起源於這些當眾吟誦的史詩，它的起源奇妙無比。

↑酒神戴奧尼索斯與半人半獸的森林之神，古希臘瓶畫

在古希臘神話中，有一位名叫戴奧尼索斯的神。他是主神宙斯和特拜公主塞墨勒的私生子。當他的母親被宙斯的璀璨之焰燒死時，他還是個柔弱的嬰兒。宙斯將他託付給山中的仙子們。在森林之神西萊娜斯的輔導下，戴奧尼索斯掌握了有關自然的所有祕密。他每天坐著由野獸駕駛的四輪馬車到處遊蕩，他走到哪兒，音樂聲、歌舞聲和狂放的豪飲就跟到哪兒。

據說，戴奧尼索斯的一位童年玩伴在決鬥中死了，戴奧尼索斯將他埋葬後，每天到墓上痛哭，說來也怪，有一天，他發現墳上長出一根長藤，藤上結的果實紅潤潤的，就像他玩伴的臉一樣！他多麼思念自己的夥伴呀，禁不住送給果實輕輕的一吻。誰曉得他太激動了，竟然吻破了一粒，香甜的果汁流到了嘴裡，這滋味太美妙了。戴奧尼索斯不再悲傷，他將那果

←戴奧尼索斯劇場復原遺址

希臘古城邦有兩大不可缺少的建築，即衛城和劇場。戴奧尼索斯劇場，作為古跡得以保留，是古雅典的劇場建築。戴奧尼索斯，是希臘神話中的演劇之神和酒神，每年都以此劇場為中心舉辦「戴奧尼索斯節」。戴奧尼索斯劇場半圓形舞臺後面的雕像和浮雕，取材於戴奧尼索斯的生平事蹟，是難得的藝術珍品。

子的汁榨出釀成了酒，葡萄酒就這樣誕生了。後來他把這甘醇的美酒送給奧林帕斯諸神和希臘人。他自己則成爲了酒神。爲了感謝酒神的恩賜，希臘人每年都要聚在一起狂飲狂歡、歌唱跳舞，酒神的慶典成爲希臘的重要節日。

【人文歷史百科】

希臘的劇院

當戲劇作為一種新穎的娛樂形式出現後，極需要合適的場所，所以很快地每個希臘城市都擁有了一座劇場。它開鑿在附近小山的岩壁旁，觀衆們坐在木製的長凳上，面向一個寬闊的圓形場地。這個半圓形場地就是舞臺，演員和合唱隊在此表演。他們身後有一座帳棚，供演員們化裝之用。他們在此戴上黏土製的大面具，代表幸福、歡笑、悲哀、哭泣等等表情。

希臘戲劇的起源

早在西元前十三世紀左右，希臘就開始崇拜戴奧尼索斯了。到了西元前七、八世紀時，在拜祭酒神的慶典中已有歌隊舞蹈者，和狂喜的戴奧尼索斯神頌（也叫羊歌）。西元前六世紀時，在酒神的慶典中出現了戲劇演出。

希臘戲劇的最早確切紀錄見之於西元前534年，這一年「城市的戴奧尼索斯節」悲劇競賽的冠軍得主是塞士比斯，他是第一個爲世人所知的演員，塞士比斯的戲劇比較簡單，由一名演員和一個歌隊組成。這並不意味著這是一齣獨幕劇，而是說，這唯一的演員演出了全劇的所有人物。看來，古希臘戲劇的演員眞是全才呀！但是他要改變角色時該怎麼辦呢？這就得靠面具了。而當他離開舞臺去裝扮成另一個人物時，便是歌隊發揮作用的時候了，因此歌隊在早期戲劇中也是頗爲重要的。

一旦觀賞戲劇成爲古希臘人生活的一部分，人們便認眞地對待它，不僅僅爲放鬆心靈而去劇院。一齣新戲的上演與一次選舉同等重要。一個成功的劇作家獲得的榮耀，甚至超過一名剛凱旋而歸的將軍。

古希臘的「山羊之歌」

西元前四世紀時，亞里斯多德說，「戴奧尼索斯神頌是悲劇的引導者。」「悲劇」一詞最初的意思是「山羊之歌」，因爲歌詠隊成員都身披山羊皮表演。如果在表演比賽中獲勝，還可以得

↓戴奧尼索斯劇場復原圖

劇場的歷史可追溯到西元前六世紀，據說最多可容納一萬五千名觀衆。經羅馬時期的改建，古典時代的樣子幾乎蕩然無存。但最前面用大理石做的高靠背貴賓席，依舊保留著當年的風采。

到一隻山羊的獎勵。

最初的酒神頌歌是由歌隊提出問題，由作者隨口吟誦詩文來回答。這個作者兼回答者就是第一個演員。後來，又有第二個、第三個演員出現，他們穿著高底鞋，帶著面具，輪流扮演各種角色。歌隊的舞蹈與歌聲則表達了對劇中人物的同情和警示，歌隊還擔負著旁白或預示後來情節的任務。

西元前七世紀末期，希臘人在戴奧尼索斯神頌中，表演和戴奧尼索斯直接有關的故事。後來，雅典的鄰邦科林斯有一個叫阿瑞溫的人，利用這種形式，表演有關希臘英雄的故事，他預先寫出歌詞且賦以題目，甚至還寫出了「序曲」，由領隊表演，用來向聽眾介紹即將表演的內容。從這時起，戴奧尼索斯神歌舞就從純粹宗教的娛神活動，轉變成為對民族英雄的頌歌。這也意味著，戴奧尼索斯神頌從娛神變成了娛人。至此階段，悲劇就初具規模了。

埃斯庫羅斯（Aeschylus）是「希臘悲劇之父」，這個出生於古希臘厄琉西斯的貴族子弟，經歷了雅典從一個普通城邦上升為德利亞聯盟「盟主」的歷史巨變。西元前490年波斯軍隊入侵希臘，作為堅定的愛國者，埃斯庫羅斯參加了著名的馬拉松戰役。西元前480年，雅典人在薩拉米斯水域大敗波斯海軍，次年又在陸路的普拉泰亞重創波斯陸軍，埃斯庫羅斯亦可能在這兩次戰役中效力。他一生寫了九十部悲劇，雖然流傳下來的僅有七部，但他的劇作無疑給希臘戲劇帶來了巨大的影響。他根據希臘神話創作的《被縛的普羅米修斯》，成功地塑造了一個為人類造福而反抗強暴的英雄形象。劇中普羅米修斯那句悲憤的臺詞：「我寧肯被縛在崖石上，也不願作宙斯的忠順奴僕」，因此成為了千古名句。

↑觀看埃斯庫羅斯劇作《阿伽門農》的雅典貴族，油畫，1884年威廉．布萊克．里士滿爵士作品，伯明罕博物館藏

飲酒狂歡的希臘喜劇

希臘悲劇蓬勃發展了幾個世紀後，直到西元前487年，喜劇才受到雅典政府的肯定，並正式納入戴奧尼索斯節。

←埃斯庫羅斯頭像
埃斯庫羅斯出生於一個古老的貴族家庭，他年輕時雅典的暴君被推翻，民主制被引入。他很早就開始喜歡戲劇和阿加索克利斯與阿波羅多的詩。傳說戴奧尼索斯在夢中親自向他傳授詩的藝術。

→海怪和仙女，十九世紀作品

那時，狂歡狂舞是慶典活動中不可少的內容，後來又加進了民間滑稽戲的表演，兩者結合在一起就發展成為喜劇。所以「喜劇」的原意是飲酒狂歡歌。亞里斯多德說：「喜劇則經由陽具歌的引導……作為民間風俗，至今仍保存於許多城市之中。」古希臘人非常崇拜陽具，傳說戴奧尼索斯曾被女神朱諾碎屍，並用香草煮熟吃掉，只有陽具被他的姐姐搶回收藏起來。因而在慶典的歌舞隊裡，有人化妝成半人半獸的怪物，有人騎獸，有人在身上掛上誇張的陽具造型，邊走邊唱邊舞，還與看熱鬧的觀眾嘻笑逗趣。偶爾隊伍中有人興起，開始即興表演，於是就產生了第一位喜劇演員。

在喜劇發展的過程中，不能不提的是厄皮卡瑪斯（Epicharmus）。這位生於希臘殖民下的西西里島人，在西元前485至前476年間，以一些小市民、廚子、妓女等人的日常生活為基礎寫了許多劇本，情節非常熱鬧，有不少令人捧腹的趣談妙語。

「希臘喜劇之父」阿里斯托芬（Aristophanes）是雅典附近的小地主，他一生寫過四十四部喜劇，流傳至今的有十一部。他的喜劇顯現出雅典民主制度衰落時期的社會生活和政治紛爭。他的劇作表達了譴責戰爭、祈求和平、抨擊貧富不均、呼籲男女平等主題思想，語言生動活潑，常常是笑裡帶著嘲諷，非常受人們的喜愛。

←阿里斯托芬頭像

阿里斯托芬生於阿提卡的庫達特奈昂，一生大部分時間在雅典度過，和哲學家蘇格拉底、柏拉圖有交往。他一生寫過四十四部喜劇，得過七次獎，流傳下來的有十一部。阿里斯托芬的喜劇尖銳、深刻，俗稱舊喜劇，屬政治諷刺劇，觸及重要的社會政治問題。

希臘戲劇對後世西方戲劇的發展影響甚鉅，無論從內容還是形式上，都是不可多得的傑作。有許多劇目，至今仍在現代希臘的戲劇節上贏得來自世界各地觀眾的掌聲。

→阿里斯托芬的喜劇場景，古希臘瓶畫

089.羅馬和母狼

走進義大利羅馬的帕拉佐博物館裡，有一座母狼正哺養兩個嬰孩的青銅像，這座奇特的雕像源自羅馬早期歷史裡的一段迷人傳說。

狼之子

當特洛伊城被希臘人用木馬屠城計攻破以後，特洛伊英雄伊尼亞逃了出來，他坐船漂流到義大利半島，在臺伯河岸建立了亞爾巴龍伽國。後來，亞爾尼龍伽國王有個弟弟叫阿穆留斯，這個野心勃勃的傢伙設詭計篡奪了兄長的王位，爲了不受報復，他殺死了他的侄子，還強迫侄女成爲終身不得結婚的女祭司。然而出乎他意料的是，希臘戰神瑪爾斯竟使他的侄女生了一對雙生子。聽到這個消息後，他氣急敗壞地下令把兩個孩子裝在籃子裡，丟進臺伯河淹死。

也許是上天的旨意吧，奉令扔孩子的女僕來到河邊後，正遇上臺伯河漲水，爲了不負上殺人的罪名，女僕將籃子放在河邊就走了。正是她的一念之仁，讓這兩個孩子逃脫了被淹死的厄運。

↓孿生子與母狼，青銅像
卡庇托林山丘的母狼用自己的奶水餵飽了兩個嬰兒，從此，母狼成為羅馬崇拜的聖物和羅馬城城徽。

不一會，兩個孩子高聲啼哭起來，哭聲引來了一隻母狼。這隻母狼剛剛失去幼子，具偉大母性的牠不但沒有吃掉孩子，還用自己的奶水餵養他們。

後來，一個獵人路過這裡，看到了這奇異的景象，他想，連凶狠的狼都不肯吃他們，這兩個孩子定有天神佑護。所以，待母狼離開後，他把孩子帶回自己家裡，分別取名爲羅慕洛和勒莫斯。當他聽說女祭司的孩子被扔入臺伯河時，他立即明白了這兩個孩子的身世。

十幾年後，兄弟倆練就了一身好武藝，不僅健壯勇敢，而且熱情仗義，因而很多受欺壓的牧人、無家可歸的流浪者和逃亡的奴隸都聚集到他們身邊。在一個偶然的衝突中，勒莫斯見到了被趕下臺的外祖父——阿穆留斯的哥哥，兄弟倆的身世之謎終於天下大白。他們決定除掉陰險狡詐的阿穆留斯，爲親人報仇。

阿穆留斯是個不折不扣的暴君，人民在他的黑暗統治下受盡了苦難，早已對他恨之入骨。因而，兩兄弟一發出推翻阿穆留斯統治的號召，立刻就得到許多人響應。他們同心協力殺死了阿穆留斯，並把政權交還給善良的老國王。

血淚奠基的羅馬城

國仇家恨已報，兄弟倆決定建立一座新的城市。很快地在臺伯河畔，母狼餵養過他們的山崗上，一座新城拔地而起。但是，誰來統治新城呢？兄弟倆爲此爭執不休。羅慕洛一怒之下殺死了勒莫斯，並用自己的名字來命名這座新城，叫做羅馬城。古羅馬作家記載，這件事發生在西元前753年4月21日，古羅馬人就把這一天作爲開國的紀念日。

羅馬城終於建立起來了，但城裡的人太少了。怎麼才能讓人口多一些呢？羅慕洛想了一個好辦法，他向周圍部落發出來羅馬城狂歡的邀請。這一天，很多部落的人都來了，尤其是薩賓人，他們幾乎是傾巢而出。所有的人豪吃狂飲，開心極了。突然，隨著羅慕洛的一聲令下，羅馬男人立即衝進人群，每個人抓住一個薩賓女人，搶回了自己的家中。

↑毀滅了的古羅馬城，1620年考奈利斯．馮．波倫伯格作品
古羅馬的都城，位於今義大利首都羅馬城內，得名於傳說中的建城者羅慕洛。文藝復興以後備受西方學術界重視，研究、整理、發掘工作持續不輟。雖然大部分遺址已埋在現羅馬街區下，但遺址中心的羅馬廣場及其周圍一帶已闢為國家公園，可供遊人觀賞。

這突變令薩賓人覺得是奇恥大辱，他們含恨離開羅馬城，回去備戰。

一年以後，薩賓人向羅馬進攻。在羅馬城旁的一個峽谷中，一場你死我活的血戰眼看就要爆發。突然，羅馬城中衝出一群懷裡抱著嬰兒的婦女。她們哭喊著跪在地上，有的甚至哭暈了過去。原來，她們正是一年前被搶走的薩賓女人，對於她們來說，這是一場親人之戰，是父兄與孩子父親的戰爭，不管哪一方勝利，她們都會痛苦！

女人的眼淚和哭訴使男人們扔下武器，兩個部落和解了，他們從此合成一個部落，世世代代都居住在羅馬城。

↓羅慕洛的勝利，油畫，1812年安格爾作品，羅浮宮藏

090.權力的象徵法西斯

提起法西斯，人們就會自然而然地把它與獨裁、暗殺、專制及一切恐怖統治聯繫在一起，其實，最初的法西斯與這些名詞毫不相干。

法西斯的由來

西元前六世紀後半葉，長久實行「王政」的羅馬帝國開始走下坡路，到塔克文當政時，羅馬帝國內已是人人對他深惡痛絕。人們之所以痛恨他，不僅因爲他的王位是透過耍陰謀手段奪來的，更因爲他的專制統治和貪婪殘暴。塔克文是羅馬前任國王的女婿，自從他奪得權位後，生怕別人也仿效他重施故技，就用專制獨裁的手段控制一切，動不動就處死他不喜歡的人。一次，羅馬最富有的一個貴族無意中「衝撞」了他，他竟然狠心地將這個貴族滿門抄斬。幸好這個貴族的小兒子當時不在家，才免遭屠戮。

這個倖存下來的少年名叫魯齊。幾年後，長大成人的他決定爲全家人報仇，但礙於自己勢單力薄，始終沒敢輕舉妄動。爲了騙過猜疑心極強的塔克文，他甚至僞裝成一個傻子，藉以伺機復仇。

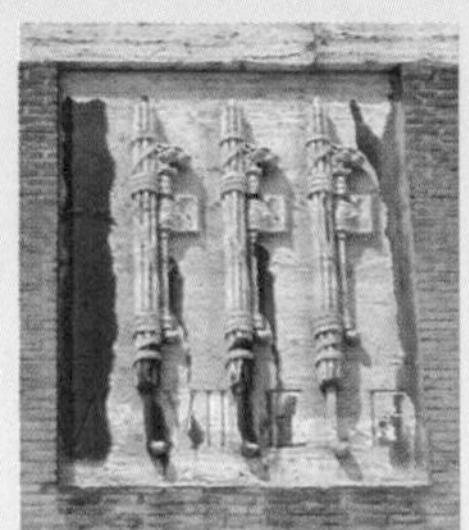

↑古羅馬建築上的法西斯束笞棒裝飾

↑手持法西斯束笞棒的青年，紀念郵票

法西斯源於古羅馬，是一種代表權力的象徵，同時也有從民間產生出權力的意思，為古羅馬長官出巡時所持的標記。

機會終於來了。一天，塔克文的兒子仗勢欺人，當眾侮辱了羅馬一位貴族婦女。這件事激起了人們極大的憤慨，怒火中燒的人們拿起武器一起湧向王宮。魯齊瞧準時機，勇敢地站出來發表演說，歷數塔克文的殘暴罪行，被大家推舉爲首領。齊心協力的羅馬人在魯齊的率領下，很快地打敗塔克文，把他趕出了羅馬。

羅馬人趕走塔克文後，廢除了王政體制，建立了共和國。每年從貴族中，選出兩位執政官做共和國的領袖。執政官在平時是羅馬的統治者兼裁判官，戰時是羅馬軍隊的統帥。執政官沒有薪俸，卻是全國最榮譽的官職。他們外出

↓古羅馬的皇帝和貴族，十九世紀彩色木版畫

→古羅馬法西斯紀念銀幣

←手持法西斯束笞棒的古羅馬官員，現代雕塑

時總會帶著十二名侍衛官。每位侍衛官的肩上扛著一束笞棒，中間插著一把斧頭，用它作爲執政官的標誌，象徵國家最高長官的至尊權力。這種象徵暴力和權力的標誌棒被稱做「法西斯」，正是法西斯一詞的由來。

大義滅親的魯齊

羅馬共和國首任執政官之一，就是爲推翻塔克文專制統治做出獻力的魯齊。他上任之初，就遇到了一件十分棘手的事情。

塔克文被逐出羅馬後並未死心，仍企圖東山再起。他暗中聯絡煽動一些貴族青年反對共和國。一些貴族青年禁不起蠱惑，答應替塔克文的軍隊打開城門，來個裡應外合。但是，警惕性極高的羅馬公民及時戳穿塔克文的陰謀，參加叛亂的青年都被抓了起來。其中有魯齊的兩個兒子和另一執政官的兩個外甥。兩位執政官將如何處置這幾個叛國賊呢？羅馬人都拭目以待。

兩位執政官把全城人民召集到中心廣場，由他們當眾審判叛國罪犯。魯齊的兩個兒子供認了自己的罪行，並含淚請求父親的寬恕。然而爲大局著想，魯齊做出了痛苦的抉擇，宣布判處他們死刑。當他親眼目睹自己的兩個兒子在「法西斯」棒束的抽打下皮開肉綻，接著又被斧頭砍去頭顱時，可想而知肯定痛徹心腑。

另一位執政官也審判了他的親人，但由於他不忍心對自己的外甥下手，便提議把他們放逐出羅馬，以代替兩人應得的死罪。這個結果並不是羅馬人想要的，在他們的強烈要求下，魯齊撤銷了那位執政官的命令，改判他們死刑，受到了大批公民的擁護。那位徇私護親的執政官，最後也被放逐出羅馬。

近代以後，象徵暴力和無上權威的「法西斯」被一些政治野心家所利用，最後淪爲極端恐怖和獨裁的代名詞。

↓裝飾有法西斯束笞棒的泉水臺，古羅馬遺址

【人文歷史百科】

法西斯

「法西斯」一詞是拉丁文「權標」（fasces）的音譯，權標是義大利法西斯黨的標誌。後來「法西斯」泛指一般最野蠻的獨裁制度和思想體系。

在古羅馬，「法西斯」是用來執行死刑的一種刑具。每個執政官都有十二名侍衛官，他們肩上荷著一束打人的笞棒，中間插著一把斧頭，象徵著國家最高長官的暴力和強權，這種笞棒就叫「法西斯」。

091.聖鵝救羅馬

在古羅馬，有這樣一個特殊的日子，人們要將大白鵝打扮得非常漂亮，還要將狗釘死在十字架上，然後抬著牠們在街道上遊行。這是為什麼呢？

遭遇「野獸」的戰爭

西元前四世紀末，羅馬的勢力已經非常強大，周圍的眾多部落都唯羅馬馬首是瞻。然而，西北部的高盧人卻不買羅馬的帳，他們早已蓄謀要進攻羅馬。高盧人儘管個子不高，卻個個驍勇善戰；在戰爭中，哪怕只剩下最後一口氣，他們都不肯離開戰場。

羅馬人攻占維愛城的第六年，高盧人準備進攻克魯西烏姆。克魯城離羅馬僅有兩百公里，守城的將士見高盧人來者不善，嚇得趕緊向羅馬元老院求助。羅馬元老院深明脣亡齒寒的道理，他們派出三位特使去警告入侵者。可是，高盧人根本沒將羅馬放在眼裡，他們狂妄地說：「再過百日，羅馬城就是我們的了。快滾吧，羅馬人！」

要知道，羅馬人一向驕傲極了，哪受過這種奇恥大辱，三位使者立即趕往克魯城。其中一位還一箭射死了一個高盧酋長。高盧人的首領高林聽說這消息後，肺都氣炸了。他猶如盛怒的雄獅般，親率七萬大軍殺向羅馬。

↑羅馬人與高盧人的戰鬥，古羅馬浮雕

西元前390年7月18日，在離羅馬城不遠的阿里河，光著頭、身穿盛裝、戴著金項圈的高盧人和羅馬軍展開了血戰。他們掄著板斧、舞動長矛，砍下羅馬士兵的胳膊後，居然像凶殘的野獸般津津有味地啃著。羅馬士兵不曾見過如此野蠻的人，他們目瞪口呆地站在那裡，任憑高盧人砍殺。只有少數人倉皇地逃回城裡，嚇得連城門都來不及關就四處躲藏起來。

一向以軍人的勇敢爲驕傲的羅馬，何嘗有過此等慘敗。爲了記住這奇恥大辱，羅馬人將這一天定爲國恥日。

聖鵝的叫聲

得知前線慘敗的消息，羅馬執政官曼里緊急下令將居民撤到城後的卡庇托林山崗。再說那些凶殘的高盧人，他們一直殺到羅馬城前，看到城門未關，因爲怕是羅馬人設

←古羅馬戰士，十九世紀彩色木版畫

→ 古羅馬女性浮雕

圈套，所以整整觀察了一天，才帶兵衝進羅馬城。

羅馬城寧靜而空曠，一群鴿子在廣場上悠閒地啄食。高盧人衝到中心廣場後頓時嚇呆了，只見寬闊的廣場中央，有上百尊衣著華麗、手持聖杖、坐在象牙圈椅裡的老者雕像。雕像的表情沉著而安詳，神聖不可侵犯。一個高盧人小心翼翼地走到雕像前，看雕像的鬍鬚栩栩如生，就伸手拉了拉，沒想到雕像竟立即舉起聖杖狠狠地打了他的頭。天哪，竟是羅馬的元老，他們寧可死也不肯離開羅馬城。高盧人正有滿腔凶戾之氣無處發洩，不一會，中央廣場血流成河，羅馬城化為廢墟。

↑抱鵝的少年

隨後，高盧人如瘋狗一樣撲向卡庇托林山崗，開始瘋狂進攻，由於羅馬兵抱著必死的決心，加上山崗易守難攻，他們打了好多天都沒能攻下來。後來，高盧人意外地發現了一條十分隱蔽的小路，一天晚上，十個最精壯的高盧人在夜色的掩護下，拉著蔓藤悄悄地爬上懸崖。夜靜極了，經過多日的戰爭，羅馬士兵困倦不堪，衛兵打著盹，連狗都睡得像死了一樣。眼看高盧人的偷襲就要得逞了，「嘎、嘎——」的鵝叫聲驀地撕裂了萬籟俱寂的夜空。

靜夜中，鵝鳴聲異常響亮，執政官曼里立即被驚醒，他立即撥劍衝向懸崖，用力刺入第一個上山黑影的胸膛，並高聲呼叫起來……不一會，羅馬士兵紛紛趕來，他們齊心協力將高盧人打下懸崖。羅馬人得救了！

山崗上的白鵝是從哪來的？難道逃難的羅馬人會在生死攸關的時候還帶著鵝嗎？當然不會。這是羅馬人奉獻給山上女神的。鵝是警惕性很高的動物，特別容易受驚，正因如此才救了羅馬人。

白鵝的叫聲，使羅馬人保住的國家，免受外族的奴役。為了感謝牠的貢獻，古羅馬人稱之為「聖鵝」，每年都要紀念牠，並把失職的狗兒釘死在十字架上以示懲罰。

【人文歷史百科】

高盧

高盧人是古代世界中最驍勇好戰的民族之一，他們的足跡遍布中歐的大半土地。但高盧人一直分為各個部落，從未形成過統一的國家。西元前十世紀前後，被同時代的羅馬人稱作「高盧人」的克爾特人，使法國逐漸從新石器時代過渡到青銅器時代。高盧人統治下的法國被稱為「高盧」。

←自殺的高盧人

092.布匿戰爭

西元前273年，古羅馬征服義大利半島後，又對當時稱霸西地中海的迦太基虎視眈眈，不久即爆發戰爭。因為羅馬人稱迦太基人為「布匿」，所以這場戰爭又稱為布匿戰爭。

跨世紀燃燒的戰火

西元前260年，羅馬和迦太基在西西里島東北面的米里海角，爆發了一次大海戰。一向以海軍逞強的迦太基人像往常一樣對敵人的戰艦不屑一顧，連隊形也沒有排，就一鼓作氣向羅馬戰艦衝去。然而，怪事發生了，羅馬戰艦遇到迅猛撞來的迦太基戰艦，竟然沒有像以前一樣閃避，反而迎了上來。就在雙方戰艦即將挨近時，羅馬士兵迅速放下繫在桅杆上的小吊橋，緊緊鉤住了敵艦甲板。接著，羅馬士兵迅速躍過吊橋，在敵艦甲板上和迦太基人廝殺起來。轉眼之間，擅長肉搏戰的羅馬人初次在海戰中嚐得勝果，號稱無敵艦隊的迦太基海軍遭到毀滅性的打擊。

【人文歷史百科】

條條道路通羅馬

在長期的掠奪戰爭中，羅馬獲得了大批的奴隸。橫行於地中海各地的海盜，也經常把擄掠而來的人口賣至羅馬，大大促進了羅馬工業的發展。羅馬為方便商品流通和戰爭，開闢了許多對外通路，形成「條條道路通羅馬」的盛況。

羅馬海軍是怎麼出奇制勝的呢？

原來，羅馬人雖不善於海戰，但卻善於模仿，他們以一艘擱淺的迦太基戰艦爲範本，在希臘人幫助下，迅速建立了一支龐大的艦隊。軍艦的基本結構與迦太基人的一樣，但卻多了搭有尖鉤的活動吊橋，那個鐵鉤像烏鴉的嘴一樣，能牢牢地鉤住敵艦，這樣一來，不習水戰的羅馬人如同將甲板變爲陸地，展開短兵相接的肉搏戰。這次戰爭的結果是迦太基向羅馬賠付鉅款，西西里成了羅馬的第一個行省。

西元前218年，貪得無厭的羅馬人藉口迦太基占領了與羅馬結盟的西班牙城市薩

←迦太基古城遺址（今突尼斯灣）

迦太基城建於西元前814年，在西元前八世紀至前六世紀，迦太基逐漸向非洲內地擴張，成為當時地中海西部最強大的國家。西元前264至前146年，迦太基與羅馬發生了三次戰爭，史稱布匿戰爭，結果迦太基覆滅，迦太基城也被夷為平地，成為羅馬統治下的阿非利加省。

→做手工的女人，古羅馬浮雕

貢托，正式向迦太基宣戰。迦太基將領漢尼拔於西元前218年4月，率步騎兵六萬人翻越天險阿爾卑斯山，突然出現在義大利北部的波河平原，在提楔諾河和特雷比亞河地區連挫羅馬軍。西元前204年，羅馬派大西庇阿進攻迦太基本土，漢尼拔回國救援，在扎馬之戰中遭擊敗。第二次布匿之戰，迦太基喪失了所有海外領地和艦隊。

↑羅馬人和迦太基人的混戰，油畫

西元前146年春，迦太基發生饑荒，疾病流行，羅馬軍趁機破城而入。迦太基陷落後，二十五萬居民經過戰爭倖存的約五萬人均淪為奴隸。羅馬在迦太基設置行省，取得了西地中海的霸權。

第三次布匿戰爭是迦太基滅亡之戰。西元前149年，羅馬出兵圍攻迦太基城；在第三年春天，彈盡糧絕的迦太基城終於淪陷，城中的五萬居民淪爲奴隸，城市也被焚爲灰燼。至此，一場燃燒了一世紀之久的戰火，將迦太基變成了羅馬的阿非利加省。

百年戰爭的意義

持續一百一十八年的布匿戰爭結束，迦太基從此消失了，而戰勝國羅馬也同樣付出了慘重的代價，城鎮被毀，田園荒蕪，無數的居民慘遭屠殺。

然而，布匿戰爭在古代軍事學術史上譜寫了燦爛的一頁。陸地強國羅馬建立了海軍，戰勝海上霸主迦太基；其所採取的接舷戰，可以說是戰術史上的傑作。另外，迦太基統帥漢尼拔在不採制海權優勢的情況下，從陸上翻越天險阿爾卑斯山深入羅馬腹地，以劣勢兵力圍殲優勢之敵。這些都對歐洲陸戰和海戰產生了深遠的影響。

征服迦太基之後，羅馬繼續向地中海東部擴張，接連征服了馬其頓王國和小亞細亞的中西部。到西元117年，它的疆域北到英國，東到波斯灣，以地中海爲中心，幾乎囊括了全歐洲，以及非洲和大部分亞洲。布匿戰爭讓羅馬打開了通往世界霸主的大門。布匿戰爭造就了世界歷史上繼波斯帝國、亞歷山大帝國之後，另一個領土橫跨歐、亞、非的大帝國——古羅馬帝國。

←迦太基人大象騎兵隊，現代模型

布匿戰爭中，迦太基人用百頭大象組成的騎兵隊，讓羅馬軍隊慘敗。

093.戰略之父漢尼拔

西元前218年的一天，一位青年將領統率的迦太基軍隊從遙遠的西班牙，突然出現在義大利北部的波河流域，將羅馬人打得大敗。這個青年就是漢尼拔。

奇兵天降

漢尼拔是迦太基的統帥將領哈米爾卡・巴卡的兒子。他九歲時就按照父親的命令，在祭壇前發誓：與羅馬人不共戴天！第一次布匿戰爭後，漢尼拔隨父親去了西班牙，受到良好的教育和軍事訓練。西元前221年，二十五歲的漢尼拔就任西班牙地區迦太基軍隊統帥。漢尼拔上任後，迅速擬訂周詳的作戰計畫，並完成了一系列作戰準備。

西元前218年，第二次布匿戰爭正式開始後，羅馬人本打算兵分兩路：一路從西西里進攻迦太基本土；一路從西班牙登陸，牽制漢尼拔的軍隊。然而漢尼拔卻出人意料地避實就虛，率領大軍從小道翻越了人跡罕至的阿爾卑斯山。阿爾卑斯山終年積雪，氣候極其惡劣，而且艱險難行，但漢尼拔的大軍卻只用了三十三天時間就走完近九百哩的路程，可見他們克服了多少難以想像的困難。當漢尼拔大軍如神兵天降般攻入義大利本土後，羅馬頓時亂成一團，漢尼拔取得輝煌的勝利。

↑偷襲羅馬
西元前218年，漢尼拔率領大軍從小道翻越了人跡罕至的阿爾卑斯山，如神兵天降般攻入羅馬。

千年經典——坎尼會戰

西元前216年，漢尼拔占領了靠近亞得里亞海岸的坎尼，這裡是羅馬的重要糧倉。8月2日清晨，擁有八萬步兵和六千騎兵的羅馬軍隊，在坎尼附近的平原上排兵布陣。他們把騎兵分布在步兵的兩翼，希望以步兵的強力衝擊取勝。此時，漢尼拔僅有四萬步兵和一萬四千騎兵。針對羅馬人的布陣特點，熟知當地風向的漢尼拔在高處的山谷中擺下了奇特的陣形：兩千名戰鬥力較弱的步兵居中排成凸出的半月形，兩旁是戰鬥力強的步兵；再外端是精銳的騎兵。同時，他命五百名精悍步兵每人都在內衣裡藏了一把短劍。這是送給羅馬人的禮物。

刺耳的軍號聲響起後，羅馬士兵首先發起猛攻，漢尼拔的軍隊順勢後退，凸出的半月形戰線漸漸變成了凹形。羅馬人越是深入，迦太基的隊伍越是從兩側向內收縮。當羅馬人鑽進了「口袋」後，漢尼拔立即發出信號。只見一聲吶喊，這五百人扔下手中的長槍向羅馬人跑去，還高喊著：「我們投降……」羅馬人見敵人窩裡反，高興極了，就把他們安置在自己的後陣。

↑漢尼拔頭像

臨近中午，從東方刮來一股黑色旋風，漫天塵土飛揚。這正是漢尼拔預料中的事。見羅馬兵睜不開眼睛，留在羅馬軍隊後陣的五百名降兵拔出短劍，餓虎撲食般地刺進羅馬兵的胸膛。迦太基的騎兵也飛奔而來，完成了對羅馬人的圍殲。

十二個小時的殘酷廝殺結束後，羅馬人幾乎全軍覆滅，而漢尼拔僅僅損失了六千人，這次戰鬥創造了古代軍事史上以少勝多的奇蹟。

常使英雄淚滿襟

此後的戰爭中，羅馬軍採取遷延戰術，消耗迦太基的實力；而迦太基的貴族卻因害怕漢尼拔位高權重而不肯援助。西元前209年，漢尼拔的後方基地新迦太基城陷落。兩年後，漢尼拔之弟哈斯德魯拔率領的增援部隊在途中遭羅馬人消滅，孤軍無援的漢尼拔只得退守到義大利南部。

西元前204年，羅馬軍在北非登陸。翌年秋天，漢尼拔奉命回國救援。西元前202年在扎馬之戰中，漢尼拔有生以來第一次也是，最末一次在戰場上受挫。從此，迦太基喪失了強國地位。

西元前196年，漢尼拔當選迦太基最高行政長官，爲振興國家，他銳意改革，卻遭到貴族們的強烈反對。他們向羅馬政府告密，誣陷漢尼拔準備發動新的反羅馬抗爭。這引起羅馬政府的恐慌，他們頻頻向迦太基施加壓力，漢尼拔被迫流亡到敘利亞。懷著一腔報國之志的漢尼拔，曾向敘利亞國王安條克三世獻計攻取義大利，希望能借敘利亞之力打敗羅馬，卻未能如願。而羅馬人一直視漢尼拔爲眼中釘，欲拔之而後快，到處捕抓他。西元前183年，末路英雄漢尼拔不得不服毒自盡。

←漢尼拔和士兵

【人文歷史百科】

迦太基

迦太基在腓尼基語中意為「新城」。關於迦太基的建城時間，現代學者通常認為是西元前814年，據說係腓尼基人的城邦推羅的殖民者所建。在西元前八世紀至前六世紀，迦太基逐漸向非洲內地擴張，逐漸成為當時地中海西部最強大的國家。

094.壯志未酬的皮洛斯

皮洛斯是古希臘伊庇魯斯國的國王，他是亞歷山大大帝的遠親，功勳卓著的亞歷山大大帝成了他心中的榜樣，他也夢想著能在地中海建立一個大帝國。

皮洛斯的勝利

西元前282年羅馬艦隊入侵塔林敦海灣，引起了塔林敦的不滿。不久，羅馬派來大批軍隊進攻塔林敦。無奈之下，塔林敦向皮洛斯求援。這一下正中皮洛斯下懷，他認爲自己建立偉大功勳的時機終於到來了！

西元前280年，皮洛斯率領兩萬名重裝兵，兩千名射手和三千名騎手抵達南義大利，不過，羅馬人並沒有將他放在眼裡，令羅馬人震驚的是，皮洛斯還帶來了二十頭經過特殊訓練的戰象。每頭戰象都由一個象奴駕馭，象背上有四個手持長矛的士兵，就在雙方拚死爭鬥未決勝負時，戰象出現了。羅馬人猛然見到這種龐然大物，頓時嚇得目瞪口呆，他們胯下的戰馬也受了驚，落荒而逃。

↑皮洛斯和他的士兵

第二年四月，一心想稱霸的皮洛斯派出更多的兵力進攻羅馬。兩軍在奧斯庫倫城展開了激戰。羅馬人這一次吸取了教訓，他們認爲，凡是動物都怕火，所以他們發明一種配著炭火爐、長矛和其他武器裝備的戰車，並在森林裡擺下了自己的方陣。雙方交戰不久，羅馬士

↑少年時代的皮洛斯，古羅馬雕塑

【人文歷史百科】

象軍

在古代戰爭史上，曾經有過一類特種部隊——象軍。象軍最早出現在東南亞各國，牠在戰爭中發揮著現代部隊中坦克的作用。經過訓練的戰象，作戰時衝鋒陷陣，勇猛無敵，牠能破城門、毀營壘、折武器、踏敵軍、陷敵陣，常常造成敵方極大的死傷。

兵用縛著火把的長矛攻擊戰象，戰象受驚後變得難以駕馭，但狡詐的皮洛斯巧妙地把羅馬士兵引出森林，逼到一塊平原上。這一場激戰，無數羅馬士兵慘死在大象的鐵蹄下。連羅馬的執政官也在這一場戰役中殞命。然而，皮洛斯也沒有占到便宜，他不僅自己受了輕傷，還失去了三千五百名驍勇善戰的士兵。面對殘兵敗將，他扼腕嘆息道：「如果再來一次這般的勝利，便無人能跟我回國了。」

成也象戰，敗也象戰

進攻羅馬無功而返，壯志難酬的皮洛斯非常頹喪。這時，西西里島上的敘拉古人正在與迦太基作戰。因爲羅馬人是迦太基人的盟友，所以，當敘拉古請求皮洛斯出手援助時，皮洛斯很痛快地就把軍隊帶到了西西里島。不過，西西里島上的希臘城邦並不歡迎皮洛斯，他們處處爲難皮洛斯。皮洛斯率軍在西西里島拚殺了三年，卻未建尺寸之功，最後只得悻悻然返國。

然而更糟的事還在後頭。西元前275年，已心灰意冷的皮洛斯剛剛率殘餘部隊回到義大利，就發現羅馬人已占據了義大利南部的許多城市，並隨時準備向他發起攻擊。不久，皮洛斯與羅馬這對老冤家在貝尼溫敦又一次交手。當時，皮洛斯也許沒有想到，這是他與羅馬人的最後一次會戰。在激戰中皮洛斯不幸迷路，而羅馬人早就對他的戰術瞭若指掌，他們向大象射出密集的火箭，嚇得大象發瘋似地轉身逃跑，鐵蹄無情地踐踏著己方的士兵，這場突變使皮洛斯一敗塗地，皮洛斯在騎兵的掩護下才得以逃生。

這一年的秋天，皮洛斯接到本國的告急信，原來，馬其頓正出兵進攻他的國家。於是皮洛斯帶著他的夢想，無奈地從義大利撤軍。西元前272年，他在一次巷戰中悲慘地死去。

↓援救皮洛斯，油畫，1634年尼古拉斯．普桑作品，羅浮宮藏

095.阿基米德

除了牛頓、愛因斯坦之外，再沒有一個人能像阿基米德那樣對人類進步做出此等偉大的貢獻，而牛頓和愛因斯坦也從他身上汲取過智慧和靈感。

智慧之都的學子

西元前 287年，阿基米德誕生於西西里島的敘拉古（今義大利錫拉庫薩）。他出生於一個貴族家庭，父親是天文學家兼數學家，學識淵博，爲人謙遜。他十一歲時，被送到古希臘文化中心亞歷山卓城去學習。在這座「智慧之都」裡，阿基米德學習和生活了許多年，並對數學、力學和天文學表現出異乎尋常的興趣。在學習天文學時，他發明了用水力推動的星球儀，並用它模擬太陽、行星和月亮的運行及表演日蝕和月蝕現象。

這期間，他經常到尼羅河畔散步。在久旱不雨的季節，他看到農人吃力地一桶一桶把水從尼羅河提上來澆地，便發明了一種圓筒狀的螺旋提水器，透過螺桿的旋轉把水從河裡取上來，幫助農人省了許多力氣。後人稱它爲「阿基米德螺旋」。它不僅沿用到今天，而且也是當代用於水中和空中所有螺旋推進器的原始雛形。

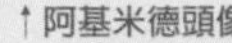

↑阿基米德頭像

西元前240年，阿基米德回到敘古拉，當了赫農王的顧問，幫助國王解決生產實踐、軍事技術和日常生活中的各種科學技術問題。

在《沙的計算》一書中，他提出了一個問題：如果整個宇宙，全部用沙粒填滿，那需要多少粒呢？乍一看，這個問題毫無意義，結論也是荒謬的。但是，這裡卻蘊藏著計數理論和方法的重大變革。原來，在那時我們今天使用的阿拉伯數字還沒有出現，希臘人是用他們的字母來表示數目的，這種計數方法不但麻煩，而且也有極限，一萬便是數字的極限。這種計數方法當然不能滿足複雜計算的需要。阿基米德努力探求用最少的符號表示極大的方法，提出了一個劃時代的計算方法，就是按級計算方法。這種計數法幫助他解決了許多難題，也爲以後級數計算法奠定了基礎。

←倫敦機械學雜誌插圖，1824年

古今科學家中，沒有誰比阿基米德更瘋狂了，「假如給我一個支點，我就能推動地球。」這個命題，充滿了科學和創造的詩意。

→阿基米德畫像

盆裡的發明

據說阿基米德常忘了吃飯，完全忽視自己的身體，經常要人強迫他洗澡，擦上香油膏，往往在這時，他會用手指在自己擦上油膏的身體上畫著幾何圖形。他的科學思考總是那樣深刻，以致周圍的一切都被遺忘了。

相傳敘拉古赫農王讓工匠替他做了一頂純金的新王冠，做好後，國王疑心工匠在金冠中摻了假成分，但做好的王冠無論從重量上、外形上都看不出問題。那麼到底工匠有沒有搞鬼呢？既想檢驗眞假，又不能破壞王冠，這個問題不僅難倒了國王，也使那些大臣們面面相覷，百思不得其解。

國王於是把這個難題交給了阿基米德。最初，阿基米德冥思苦想多日也不得要領。一天，他去澡堂洗澡，當他坐進澡盆裡時，看到水往外溢，同時感到身體被輕輕托起。於是突然領悟到可以用測量固體在水中排水量的辦法，來確定金冠的比重。他興奮地跳出澡盆，顧不得衣服沒穿就跑了出去，邊跑還邊大聲喊著「尤里卡！尤里卡！」（意思是「我知道了」）

經過進一步的實驗後，他來到王宮，先把金王冠放進一個裝滿水的缸中，一些水溢出來了。他取出王冠，把水盛滿，再將一塊同王冠一樣重的金子放進水中，又有一些水溢了出來。經過對兩次溢出的水進行比較，他發現第一次溢出的水比第二次多。於是他斷定金冠中摻了銀子。經過進一步試驗，他還算出了銀子的重量。當他宣布自己的發現時，金匠目瞪口呆。這次試驗的意義遠勝過查出金匠欺騙國王的事實，阿基米德從中發現了浮力定律：物體在液體中所獲得的浮力，等於它所排出液體的重量。一直到現在，人們仍利用此原理來計算物體比重和測定船舶載重量等。

推動地球的支點

阿基米德不僅是個理論家，也是個實踐家，他一生熱中於應用實踐其科學

↓阿基米德螺旋提水器，木刻版畫，1567年丹尼爾．巴巴羅作品

發現，從而把兩者結合起來。在西元前1500年前左右的埃及，就有人用槓桿來抬起重物，不過人們不知道它的原理。阿基米德潛心研究了這個現象並發現了槓桿原理。阿基米德曾說過：「假如給我一個支點，我就能推動地球。」

當時的赫農王爲埃及國王製造了一條船，體積大且笨重，因爲不能挪動，擱淺在海岸上許多天。阿基米德設計了一套複雜的槓桿滑輪系統安裝在船上，將繩索的一端交到赫農王手上。赫農王輕輕拉動繩索，奇蹟出現了，大船緩緩地挪動起來，最後移到了海裡。國王驚訝之餘，十分佩服阿基米德，派人貼出告示：「今後，無論阿基米德說什麼，都要相信他。」

阿基米德晚年時，羅馬軍隊入侵敘拉古，阿基米德指導同胞們製造了許多

【人文歷史百科】

阿基米德浮力原理

浸在液體裡的物體受到向上的浮力，浮力的大小等於物體排開液體的重量。浸在液體裡的物體如果浮力小於物體的重量，物體就下沉；如果浮力大於物體的重量，物體就上浮；浮在液面的物體受到的浮力等於它本身的重量。現代人們根據這個原理設計出潛水艇，利用排出或吸入水的方法，使潛水艇浮在水面或潛入水底。

具攻擊和防禦性的作戰武器。他設計製造了不少投石器和起吊器，安裝在城牆上。當侵略軍首領馬塞盧斯率眾攻城時，還沒接近城牆，就先受到一陣鋪天蓋地的石雨襲擊。那石頭大如西瓜，砸著非死即傷。有的士兵本能地用盾牌遮擋，那石頭竟能將盾牌砸得粉碎。羅馬人被打得喪魂落魄，爭相逃命。馬塞盧斯僥倖沒有受傷，但驚恐萬分，他感慨萬千地說：「在這位幾何學百手巨人面前，我們只得放棄作戰。他拿我們的戰船當遊戲扔著玩，在一剎那間，他向我們投射了這麼多鏢、箭和石塊，他難道不比神話裡的百手巨人還厲害嗎？」最後只好下令撤退。

從海路進攻的羅馬戰艦，則被阿基米德製造的鐵爪式起重機攪得天翻地覆。從城牆上伸出的無數巨大起重機式的機械巨手，分別抓住羅馬人的戰船，把船吊在半空中搖來晃去，最後甩在海

←**阿基米德肖像，油畫，1620年多明尼克．費提作品，德國德累斯頓博物館藏**
畫面人物手撫地球儀，面對幾何圖紙思考，也許正在尋找推動地球的那個支點。

→阿基米德紀念畫像

邊的岩石上，或是把船重重地摔在海裡。那滿船的水手和士兵像竹筒倒豆般，傾瀉到海裡去。

↑手持凹面鏡的阿基米德

愛國者阿基米德

有關阿基米德的另一個傳說，是他曾率領敘拉古人民手持凹面鏡，利用拋物鏡面的聚光作用，把陽光聚焦在羅馬軍隊的木製戰艦上，使它們焚燒起來。羅馬的許多船隻都被燒毀了，但羅馬人卻找不著失火的原因。羅馬士兵在這頻頻的打擊中已心驚膽戰，草木皆兵，一見到有繩索或木頭從城裡扔出，他們就驚呼「阿基米德來了」，隨之抱頭鼠竄。從此羅馬士兵聞攻城令而色變，馬塞盧斯只好改變戰略，圍而不攻。

羅馬軍隊被阻於城外達三年之久。後來，西元前212年的一天晚上，趁敘拉古人忙於宗教慶典時，羅馬士兵攀上城牆並打開了城門。當馬塞盧斯的軍隊蜂擁而入時，他告訴部下說：「任何人都不得斗膽對阿基米德妄動一個手指頭，這人是我們的座上賓。」還派了一名士兵去找阿基米德。

馬塞盧斯的士兵找到阿基米德時，阿基米德還不知城門已破，正凝視著地上的幾何圖形沉思。當士兵走到他面前時，他大叫道：「不要動我的圖形！」那士兵頓時火起，一怒之下拔出佩劍，直向阿基米德刺去。阿基米德請求說：「我的朋友，在你殺死我之前，請讓我把圓畫好。」這位魯莽無知的士兵，迫不及待就把劍刺向阿基米德，阿基米德躺倒在地，喃喃地說：「他們奪走了我的軀體，但我將攜走我的靈魂。」說完安然死去。一位璀璨的科學巨星就此殞落，可憐一代科學大師竟冤死於一無知士卒之手。

馬塞盧斯聞訊後大為傷感，大罵那士兵，將阿基米德隆重安葬在西西里島，並雇人為他修造了精緻的陵墓。按照阿基米德生前遺願，墓碑上刻著一個體積比為三比二的圓柱體和內切球，令人產生無盡的遐想和追思，以紀念他在幾何學上的卓越貢獻。阿基米德被後世的數學家尊稱為「數學之神」，人類有史以來最重要的三位數學家中，阿基米德占首位，另兩位是牛頓和高斯。

↑阿基米德之死，十六世紀馬賽克複製品

096.斯巴達起義

西元前73年的一天晚上，龐貝城裡的七十多名角鬥奴，揮舞著鐵鐐打死了看守的衛兵，逃出了人間地獄。這群勇敢角鬥士的首領，就是色雷斯人斯巴達。

命運悲慘的角鬥士

在龐貝城遺址裡，考古學家曾發現過這樣的文字：「營造使阿・綏狄厄・策利阿家的角鬥士，定於5月31日在龐貝城舉行角鬥。屆時並表演鬥獸，準備搭棚招待。」那麼，角鬥是指什麼呢？為什麼有鬥獸表演呢？

「角鬥士」，又稱格鬥士或劍鬥士，是專門參加角鬥的奴隸。古時候，義大利半島的伊達拉里亞人認為，角鬥是對死者最好的悼念。他們經常在舉行殯葬時讓奴隸們互相拳鬥，後來覺得這樣不夠刺激，便開始讓奴隸與獅、虎、熊、豹等猛獸搏鬥，或是讓兩個奴隸手持利劍互相廝殺。西元前264年，角鬥遊戲傳入羅馬。這種血腥的殺人遊戲很合殘忍好戰的羅馬貴族的口味，他們將體格健壯的奴隸送到角鬥士學校接受專門訓練，然後讓他們在角鬥場上以死相拚。當一方到最後被殺死後，會有人手持燒紅的鐵錐，猛地刺入他的身體，看他是否真正死去。假如他還有一點點反應，就會立即被沉重的鐵錘擊斃。由此可見，只要成為角鬥奴，那麼死不過是早晚的事。

→斯巴達和他的戰士，古羅馬浮雕

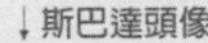

↓斯巴達頭像

勇敢的色雷斯人

一天上午，一場有五十對角鬥士殘殺的比賽，在龐貝城的露天劇場進行。腦漿鮮血飛濺，殘肢斷臂橫飛，但羅馬貴族瘋狂的喝采聲及婦女們狂熱的尖叫聲卻此起彼伏。沒多久，場上只剩四個手持三叉戟的高盧奴隸在狂追一個手拿短劍的色雷斯人，格鬥已到了白熱化的地步。

【人文歷史百科】

維蘇威山

維蘇威山是全世界最著名的火山之一，位於那不勒斯市東南，海拔高度1281公尺。維蘇威火山在歷史上曾多次噴發，最為著名的一次是西元79年的大規模噴發，灼熱的火山碎屑流毀滅了當時極為繁華、擁有二萬人口的龐貝古城。

→廝殺的角鬥士，古羅馬浮雕

那個色雷斯人叫斯巴達，他在一次反抗羅馬的戰役中，和許多夥伴被俘，隨後被送往角鬥學校當角鬥奴。這一次角鬥中，他雖然十分勇猛，但惡虎難敵群狼，他節節敗退，眼看就要被追上了。這時，他出人意料地猛然轉身，迎著撲過來的高盧人，用力刺出了短劍。他的動作快極了，「刷刷」兩下，就有兩個高盧人倒在血泊中，隨即他又制伏了其他兩人。這時，他抬頭看著觀眾。觀眾不約而同地翹起了大拇指，這意味著這兩個戰敗的角鬥士可以暫時保住性命。

↑斯巴達起義，圖書封面

觀眾沸騰了，他們的尖叫聲響成了一片，他們給那個以少勝多的色雷斯人戴上了棕櫚冠，讓他繞場一周。而斯巴達此時卻面無表情，他深知，自己和同伴的鮮血不過是爲了讓嗜血的羅馬貴族作餘興。他在爲同伴的死而哀痛，也在爲自己的命運擔憂。

千年來最傑出的英雄

其實，許多角鬥士都和斯巴達有相同的想法，但是，他們平時都戴著沉重的枷鎖，並受到主人的密切監視，要逃走眞是難如登天，所以大多數人都聽天由命了。

然而，斯巴達是個寧爲自由戰死的人，他絕不想接受命運的安排。西元前73年的一天晚上，他和其他角鬥士設計騙開了牢房的門，打死看守的衛兵後，他們放出所有的角鬥奴，然後消失在茫茫夜色中。

不久，斯巴達帶領起義的角鬥奴，在義大利半島南部地勢險峻的維蘇威山區建立了營地。越來越多的奴隸和貧民投奔斯巴達，起義軍的隊伍竟然很快就達到十二萬人之多。羅馬的統治者哪能容忍這種事情，他們派出軍隊要剿殺起義者。這些角鬥士早將生死置之度外，面對羅馬官兵，他們機智勇敢地回以沉重的反擊。

然而，這次奴隸起義最終還是失敗了，導致他們走上滅亡的主因並非官兵的追擊，而是起義軍內部的分歧。這些分歧使部分起義軍脫離了主力部隊，給了羅馬軍各個擊破的可乘之機。西元前71年春的一天，羅馬軍的統帥、富有的奴隸販子克拉蘇率軍在東海岸的布林底西港附近，與斯巴達率領的起義軍展開了決戰。戰鬥慘烈異常，視死如歸的斯巴達壯烈犧牲，五萬多起義軍英勇戰死，六千名被俘的奴隸，被喪心病狂的克拉蘇殘忍地釘死在十字架上。

097.凱撒的早年生活

西元前102年7月12日凱撒出生於羅馬，他的父母都出身於純粹的貴族家庭環境中，凱撒由此也獲得了很好的庇蔭。

高貴的出身

凱撒的直系親屬中，曾有多人擔任過執政官、大法官等職務。他的叔父塞克斯圖斯．尤利烏斯，於西元前91年晉升到執政官的職位，姑母茱莉亞也嫁給了赫赫有名的馬略。他的父親在西元前100年前後曾擔任過財政官、大法官等職務，還曾出任過小亞細亞的總督。這樣顯赫的身世，註定了凱撒日後將獲得行政官的職務。

凱撒的母親奧萊莉亞，亦是來自權勢很大的奧萊利．科塔家族。凱撒的外祖父盧西烏斯．奧萊利烏斯．科塔曾在西元前119年擔任過執政官。特別是在凱撒事業的開始階段，外祖父始終如一的支持和協助，使凱撒獲得了強而有力的後盾。

→青年時代凱撒雕像

凱撒以英俊著稱，以至於他的士兵稱其統帥為「所有女人的男人，所有男人的女人」。由於希臘羅馬時代，同性戀在青少年中普遍流行，特別是在軍營生活中。

凱撒在很小的時候，就被送到小亞細亞沿岸的羅德島接受教育。在那裡他學習了希臘的哲學和修辭學，不但能講一口流利的希臘語，還寫得一手好文章。他對希臘的歷史由衷地熱愛，就像飢餓的人趴在麵包上一樣，貪婪地吸取著營養。穿越歷史的時空，他結識了一位大英雄，那就是馬其頓國王亞歷山

↓馬背上的亞歷山大，油畫

凱撒十分崇拜馬其頓國王亞歷山大。亞歷山大生於馬其頓首都培拉。他相貌英俊，擅長狩獵。十三歲師事亞里斯多德，醉心於兵法，跟隨其父腓力二世學習戰略戰術。在隨其父征服希臘時，年輕的亞歷山大指揮馬其頓軍的左翼，殲滅了著名的底比斯神聖軍團。

【人文歷史百科】

凱撒與海盜

凱撒曾被奇里乞亞海盜劫持，海盜要求以二十塔蘭特作為贖金。凱撒嘲笑他們不知道自己捉到了什麼人，並要求海盜索取五十塔蘭特。在等待贖金的三十八天裡，他不得不和海盜們待在一起，他對他們開玩笑說獲釋後一定要將他們統統送上十字架。當他獲釋之後做的第一件事，便是組織一支艦隊，捕獲所有劫持他的海盜。也許是因為那些海盜對他還不錯，凱撒為了減輕其痛苦，在把他們釘上十字架之前，割開了他們的喉嚨。

→少年凱撒頭像

←蘇拉頭像銀幣

蘇拉（西元前138年至西元前78年），古羅馬政治家、軍事家、獨裁者。他奪權前一直在軍隊中擔任統帥，西元前88年他當選執政官，並率領軍隊發動內戰，推翻當時的實際統治者馬略。西元前82年他逼迫元老院同意其進行獨裁統治，廢除所有民主法律，幾乎剝奪保民官所有的權力，捕殺民主派分子。西元前79年，他宣布辭職並隱退。

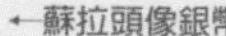

大。在他眼裡，亞歷山大象徵著權威與榮譽，代表著高貴與尊嚴。凱撒下定決心，長大後要做亞歷山大式的人物，做「羅馬第一人」。

凱撒對亞歷山大實在太著迷了。他一遍遍閱讀著《亞歷山大遠征記》，時常陶醉在亞歷山大征戰的壯舉中。當得知自己要參加軍訓時，更是欣喜不已！在受訓軍團裡，他如飢似渴地學習軍事技術和攻城戰術，對騎術和劍術尤爲熱中。在教官的指導下，凱撒一招一式練得非常認眞。他盼望著自己有一天也能指揮著千軍萬馬到疆場衝殺。

初出茅廬

西元前86年和前84年，元老院民眾派領袖馬略和秦納先後去世，前者是凱撒的姑父，後者曾提名凱撒爲朱庇特神（宙斯的羅馬名）祭司，而凱撒則由於親緣等原因，被視爲馬略的當然支持者。凱撒雖一下子失去了兩個保護人，但也同時獲得了此職位所帶來的成就和自由。西元前84年，凱撒娶秦納之女科涅莉亞爲妻。

西元前82年，在內戰中取勝且得到元老院菁英派成員支持的獨裁官蘇拉，要求凱撒和科涅莉亞離婚。但是，凱撒選擇了拒絕並謹愼地離開了羅馬。在親友的幫助下，凱撒躲過了放逐和死亡的威脅。雖然後來蘇拉屈服於對青年凱撒的各種利處而寬恕了後者，但凱撒仍奉遠離羅馬爲上策。

西元前82年至前79年間，凱撒旅居東方，他到達小亞細亞之後，很快便接受了一項使命：前往比蒂利亞尋找船隻。卑斯尼亞國王尼科梅德已答應了向羅馬供應船隻，卻遲遲不肯履約。初出茅廬的凱撒圓滿地完成了這項任務。也許是完成得太圓滿了，他的對手開始傳言正是這位羅馬使者不同尋常的魅力，才使得狡猾的國王唯命是從。雖然這只是個插曲，但卻給人們留下了凱撒是同性戀的印象，而且這一影響是長遠的，以至於他的士兵在很久以後的一次凱旋式中，稱其統帥爲「所有女人的男人，所有男人的女人」。

↓凱撒的出征，油畫

西元前80年，凱撒隨軍前往米蒂萊，在戰鬥中他顯示出了非凡的軍事才能。

凱撒的仕途

西元前74年，凱撒返回羅馬，並很快地繼承了舅舅奧萊利烏斯·科塔的職位，成爲祭司。西元前70年，三十二歲的凱撒再次當選爲財務官，這職務是羅馬官職體系中第一個正式官職，只有三十歲以上的人才能參與競選，任期一年，獲勝者將自動獲得元老院議員的資格。凱撒於西元前69年前往西班牙赴任，作爲總督的副手。有一天，凱撒在海克力斯神廟中看到了亞歷山大大帝的塑像，他那亟欲建功立業的焦灼心情溢於言表。只見他長嘆一聲道：「亞歷山大在這個年紀已經征服了世界，而我到現在卻沒做過一件像樣的事。」凱撒當年三十三歲，亞歷山大也正是三十三歲病亡的。凱撒言罷，連連搖頭，在亞歷山大像前佇立了許久才轉身離去。

←羅馬元老院，油畫作品
凱撒三十二歲當選為財務官，這一職務只有三十歲以上的人才能參與競選，任期一年，獲勝者將自動獲得元老院議員的資格。

此後他越發專注於政治活動，不惜一擲千金，傾家蕩產，博取平民的歡心。

西元前66年凱撒當選新市政官，古羅馬的市政官類似於今日的市長，主要負責城市的公共設施（特別是神廟）的建設和維護，管理市場和其他日常生活各方面的事務。爲了取悅平民階層，凱撒爲公眾提供了許多引人入勝的競技比賽，新建或改建許多令人印象深刻的公共建築。帶著巨大的榮耀結束了一年的市政官任期後，他自己卻破產了。他負債數百塔蘭特，這嚴重威脅到了他未來的政治生涯。

西元前63年凱撒又獲得了另外一個

←馬略像
馬略出身於義大利中部一戶農家，由於作戰勇敢，晉升迅速。後來，馬略投身政界，歷任保民官、大法官及西班牙總督等職。西元前107年，馬略當選為執政官後，開始對羅馬的軍事制度進行一系列的改革。

【人文歷史百科】

高盧戰役

西元前58年以後的八年間，凱撒率軍征服了外高盧（如今的法國、比利時），並占領了不列顛島北部。當他占領八百多個城市後回到羅馬城，由抬著繳獲的兩千八百頂金冠的部下簇擁著通過凱旋門，在萬人空巷的歡呼聲中威望達到最高點。一代代西方人都記得凱撒向羅馬報捷的連續三句話——「我到達了，我看見了，我勝利了！」

職位——大法官。這一職位本應在四十歲之後才能獲得，而凱撒在三十九歲時就已得到了。這一年，凱撒與蘇拉的孫女龐培雅成婚。西元前61年，大法官任期屆滿，凱撒得到了西班牙行省總督的職位。這次，凱撒又一次陷入了經濟困境中，正當凱撒一籌莫展之時，躲在家中避嫌的克拉蘇慷慨解囊，爲他還了債款，還掏出八百三十塔蘭特的鉅資爲其他債務作保。克拉蘇看出凱撒是個人才，將在政治上發光，若在落難時拉他一把，凱撒將來絕不會虧待他。

↑龐培頭像

三頭同盟

凱撒在西班牙苦心經營，臨到西元前60年已是名利雙收。他自覺各項條件齊備，便打算從西班牙轉回羅馬，競選西元前59年的執政官。元老院對具平民色彩的凱撒從來就沒欣賞過，他們藉口他是得勝的統帥，必須舉行完凱旋式後方可進城，否則不能參加選舉。凱撒雖未享受過凱旋的殊榮，爲前途計算還是忍痛犧牲凱旋式，回羅馬展開緊張的拉票活動。

凱撒爲了當選爲羅馬共和國的執政官，需要組建自己的政治同盟，他找到了龐培和克拉蘇，凱撒需要龐培的聲望和克拉蘇的金錢奧援。三人訂立盟約，目的是使「這個國家的任何一項措施，都不得違反他們三人之一的意願」。歷史學家將這個聯盟稱爲「前三頭同盟」。西元前60年的選舉如期舉行，龐培、克拉蘇和凱撒互相配合，帶著各自人馬，順利把凱撒推上了執政官的象牙圈椅。

爲了鞏固政治聯盟，凱撒把十四歲的女兒朱莉亞嫁給五十歲的龐培。在古羅馬，十四歲正是最適合的結婚年齡，當時的習俗是女孩十二歲便達到合法結婚的標準。當時朱莉亞已許配他人，龐培便把自己的千金嫁給那位失意的未婚夫作爲補償。龐培的另一個女兒許給克拉蘇的公子，而凱撒則迎娶了「三頭」內定好的下年度執政官皮索的女兒。

三人結盟後，勢力大增，凱撒大權獨攬，在完成執政官任期之後，凱撒被授予總督一職，管理山北高盧和伊利里亞地區。

↓征服高盧，油畫

凱撒在高盧戰役中掠奪了鉅額財富，並造就出一支有十個軍團的強大軍隊。高盧戰役是凱撒一生的轉捩點，其結果是加速了羅馬共和國解體、走向帝制的步伐。

098.無冕之君凱撒

羅馬及其帝國之所以能倖存，乃因建立了能吸收社會各分子力量的個人獨裁統治，凱撒的偉大睿智就在於他清楚地看出這一點，並付諸了行動。

凱撒的獨裁

凱撒、龐培、克拉蘇的「三頭同盟」是不可能持久的，他們的關係奠基於相互利用。克拉蘇在戰爭中陣亡，使原來成鼎足之勢的三人同盟，變成了凱撒、龐培兩雄並立的局面。這時，凱撒的女兒去世，意味著凱撒與龐培的聯姻關係中斷，兩人之間爲了權力的爭鬥已勢所難免。於是掌權者兩派發生了內戰。

西元前50年，以龐培爲首的貴族派元老院因擔心凱撒建立獨裁政權，決議拒絕延長凱撒擔任高盧總督的任期，令其遣散軍隊。凱撒拒不執行這一決定。當時，他的軍隊絕大多數分駐在北山高盧，身邊僅有一支軍團和一些輔助部隊。西元前49年1月，新的內戰帷幕拉起，元老院宣布全國處於緊急狀態，並宣布凱撒爲人民公敵。爲了把握戰機，經過一番周密策劃之後，凱撒果斷地率領一支軍團，越過義大利和高盧諸行省之間的界河比孔，以迅雷不及掩耳之勢向羅馬進發。

↓凱撒的獨裁，油畫
龐培全軍覆滅後，西元前45年，凱撒實現了他的軍事獨裁統治。

【人文歷史百科】

龐培

古羅馬政治家、軍事家。曾多次參加蘇拉統治期間的內外戰役，戰功卓著。蘇拉隱退後，他和凱撒、克拉蘇組成「三頭政治同盟」，後和凱撒發生權力之爭，爆發內戰。他的軍隊敗戰，被凱撒追擊至埃及，最後為埃及人所殺。

西元前48年8月，龐培和凱撒在法薩盧進行了最大也是最後一次的決戰。龐培集中所有的騎兵衝擊凱撒的騎兵。凱撒以經過特殊訓練的輕步兵和弓箭手的突擊，徹底擊潰了龐培那些驕橫的東方騎兵；由於敗逃的龐培騎兵衝亂了自己步兵的陣形，龐培左翼軍潰敗，其他軍團看到左翼向後敗退，也軍心動搖。凱撒大軍趁機全面進攻，龐培幾乎全軍覆滅，大部分士兵都淪爲俘虜。

在侍衛的掩護下，龐培從亂軍叢中逃出，他逃向埃及想尋得一處藏身之所。西元前48年9月28日，就在龐培乘坐的小船靠岸時，埃及國王托勒密十二世的侍從揮劍刺向他的脊背，一代名將倒下了，他生前爲其祖國建立不朽功勳，連他的敵人凱撒也深深地爲之惋惜。西元前45年，凱撒終於實現了他的軍事獨裁統治。

↑凱撒之死，油畫
凱撒從容進入元老院，當他走到大廳前的龐培雕像旁邊時，幾名身藏短劍的刺客一擁而上刺死凱撒，一代雄君就此殞落。

凱撒之死

西元前44年，凱撒向元老院施壓授與他「終身獨裁官」的職位，擁有了如同帝王般的權力。他當時逐步削去那些昏庸老貴族把持的元老院權力，羅馬商人、自由民和軍人們也厭惡了只由上層貴族發言且議而不決的共和制，轉而擁戴能代表他們利益的凱撒，並公開以「國王」之名相稱。

元老院變成一個空架子，守舊集團、對改革失望者和宿敵殘餘結合起來，以保衛「共和」之名，密謀採取恐怖攻擊，合法抗爭已無可能，唯一的出路就是消滅凱撒。

西元前44年3月15日，凱撒已察覺城內氣氛詭譎並聽到暗殺傳言，卻不把敵人仇視的目光放在眼裡，傲然昂首步入元老院。當他走到大廳前的龐培雕像旁邊時，幾名身藏短劍的刺客一擁而上，衝在最前面的竟是他與一個情婦的私生子布魯圖斯。凱撒最後只驚叫了一聲：「吾兒，亦有汝焉？」便放棄了抵抗，他滾倒在龐培雕像的腳旁，身中二十三刀。凱撒之死純係他個人的悲劇，並非君主獨裁不合時宜。當時共和制已衰亡到奄奄一息，遲早有人給它最後的一擊。凱撒只是虛掩地做了他該做的事。他死於過分的自信、過分的寬容，不屑對政敵做最低限度的防範。

凱撒死時五十八歲，死後按照法令列入眾神行列，被尊爲「神聖的尤利烏斯」。元老院也決定封閉他遇刺的那座大廳，並將3月15日定爲「弒父日」，元老院永不得在這天集會。陰謀刺殺他的人，幾乎未能活過三年。所有人都被判有罪，並以不同方式死於非命：一部分人死於海難，一部分人死於屋大維和其他凱撒部將隨後發動的戰爭，甚至有人用刺殺凱撒的同一把匕首自殺。

↑凱撒老年時期的雕像

099.羅馬大帝屋大維

凱撒死後，他的養子屋大維採取了一連串的手段奪得羅馬政權，開始了「元首政治」，此後四十多年，羅馬一直處於經濟上最富裕的「黃金時代」。

後三頭同盟的建立

↑屋大維頭像

屋大維是凱撒的侄孫，凱撒不僅把他收養爲義子，還指定他爲自己的繼承人，並決定將四分之三的遺產傳給他。凱撒遇刺時，羅馬執政官安東尼正是凱撒的心腹大將，他自命爲凱撒的繼承人。當屋大維從國外趕回羅馬時，安東尼根本未把十九歲的屋大維放在眼裡，不僅占有屋大維的遺產，還反對屋大維當選保民官。

爲了奪回繼承權，屋大維不惜變賣自己財產，招募凱撒原來的部下，成立了一支裝備精良的部隊。西元前43年7月，趁安東尼出兵在外之機，屋大維率兵進入羅馬，威逼元老院任命他爲執政官。元老院的人正想利用屋大維控制安東尼，如此一來屋大維就和安東尼勢均力敵了。當時雷必達是凱撒的騎兵長官，羅馬西部各省眾多擁護凱撒的人都歸依了他。屋大維、安東尼、雷必達三人都有不小的實力，爲了互相牽制，也爲了給凱撒報仇，他們捨棄了各自建立的獨裁政權，於西元前43年公開結成同盟。爲了區別凱撒和克拉蘇、龐培的「前三頭同盟」，這「三頭」稱爲「後三頭同盟」。

接著，屋大維等三人打著爲凱撒復仇的口號，發布公敵宣告，實行大屠殺。在公敵的名單上，有殺害凱撒的凶手，也包括「三頭」的私人仇敵和普通富豪。結果，有三百名元老貴族和兩千名騎士被處死並沒收財產。公敵中的許多人逃到西班牙和希臘。屋大維和安東尼率軍追趕，在希臘的腓力比打敗共和派的武裝力量，刺殺凱撒的首謀布魯圖斯和喀西約在絕望中被迫自殺。

奧古斯都

西元前42年，「後三頭」聯盟消滅了他們的共同敵人——元老院貴族後，三巨頭內部展開了爭鬥。西元前36年，雷必達被屋大維剝奪了軍權，三巨頭變成屋大維和安東尼兩巨頭並立的局面。

安東尼與屋大維一起在希臘打敗公敵後，到了小亞細亞，對支持公敵的人興師問罪，其中包括埃及的克麗歐佩脫拉女王。不料，他被女王的美色迷住，竟隨同她一起到了埃及；後來乾脆拋棄元配，和女王結了婚，並允諾把羅馬的東方行省贈送給女王及其子女。消息傳到羅馬，引起各階層人士普遍不滿。屋大維抓住機會，竭力反對安東尼，趕走了近三百名擁護安東尼的元老們，又用元老院和公民大會的名義，宣布安東尼爲「祖國之敵」，並向埃及女王宣戰。

西元前31年9月，羅馬討伐軍的艦隊和安東尼、埃及女王的艦隊在希臘西北部的海面會戰。雙方勢均力敵，戰鬥不分勝負。但在戰鬥最激烈的時候，埃及女王突然率領埃及艦隊撤出戰場，逃往埃及。安東尼見女王乘船離開，也棄軍而逃，部隊失去了主帥，馬上便被屋大維消滅了。第二年夏天，屋大維進軍埃及首都。安東尼在敗局已定的時候，提出要和屋大維單獨決鬥，屋大維覺得沒有必要，勸安東尼用其他方法結束生命。安東尼被迫自殺，埃及女王也在王宮裡以毒蛇自盡。

【人文歷史百科】

克麗歐佩脫拉

埃及女王，於西元前69年出生於亞歷山大埃及王宮，西元前51年登基執政。當時托勒密王朝早已衰敗不堪，為了保住埃及的獨立與安寧，她把自己獻給了凱撒。凱撒死後，她又擄獲了前來尋仇的羅馬大將安東尼的心。直到屋大維威逼埃及，她才在安東尼自殺後，以毒蛇了結自己的生命。儘管她的名聲不佳，但卻是埃及人心中的勇士，因為她為弱小的埃及贏得了二十二年的和平。

屋大維回到羅馬後，儼然成爲同凱撒一般的大人物，集國家的行政、軍事、司法和宗教大權於一身，並自稱爲第一公民或首席元老，這種統治形式叫「元首政治」。從西元前27年起，屋大維被元老院奉予神聖之名，授給他「奧古斯都」的尊號。奧古斯都是神聖、莊嚴、偉大的意思，後來成爲西方帝王的一種頭銜。

↓屋大維銀幣

屋大維是凱撒的侄孫，在凱撒死後，為了奪回自己的繼承權，他不惜變賣自身財產，招募回凱撒原來的部衆，儲備力量。

100.耶穌的故事

上帝耶和華創造了人類之後，不忍見到人類處於深沉苦難之中。為拯救原罪深重的人類，祂派遣其子——救世主基督來到人間，於焉誕生了三大宗教之一的基督教。

上帝顯靈人間

一日晚間，月明星稀，幾位東方博學大師正在樹底下談論學問，忽然間看到西方天空劃過一道美麗的弧光，耀眼奪目，整個小亞細亞半島都被這道美麗的弧光照耀得明亮透徹，其耀眼的光華蓋過了月光。只見那弧光在天空中遊走著，最後消失在茫茫夜色之中。

幾位東方博士在驚訝之餘忽然猛醒，拔腿就向弧光消失的地方追去，當他們追到約旦河時，發現約旦河已被染上了深紅色，在河流的西岸隱約可見淡淡的紅光，這紅光到達猶太國耶路撒冷城時，顯得特別耀眼。

這時，他們忽然聽見不遠處的一個小村莊傳來一聲嬰兒的啼哭，聲音洪亮高亢，隱隱夾雜著心中透出的悲涼。幾位博士朝著嬰兒啼哭的方向找去，發現一位名叫馬利亞的少女，將嬰兒產在馬槽裡。博士們知道這名嬰兒就是上帝之子，趕緊跪倒在馬槽前頂禮膜拜，口唸禱文。原來，上帝耶和華創造了人類之後，不忍見到人類處於深沉苦難之中。爲了拯救原罪深重的人類，祂派遣其子——救世主基督來到人間。上帝顯靈，使美麗賢淑的馬利亞未婚而孕生了耶穌。

馬利亞得知孕有上帝之子不久後，嫁給了約瑟。但在當時的年代，未婚先孕是不見容

←東方博士和基督，油畫，十五世紀吉蘭達約作品
基督誕生時的普通馬廄，被畫家變成了一幢宮殿式的建築。牛和驢的目光，以及三個牧羊人的眼神都顯得很善良，只有約瑟似乎在焦慮地望著天空。朝聖的人和三博士正匆匆從遠方趕來。基督被描繪得和一般嬰兒無異，天真地吮吸著手指。畫家的高明在於賦予耶穌神的光環的同時，並沒有遺忘他的人性。

→**基督的降生，油畫，十五世紀吉蘭達約作品**
天使在天空繞著一個圓圈飛舞，對稱的三個天使坐在屋簷上觀望降生在馬槽裡的耶穌。馬利亞雙手合十祈禱，而約瑟因忽然的震驚還有點不知所措，他背對觀者，用手擋住了臉。

於族群的，於是約瑟只好帶著新婚的妻子馬利亞四處流浪。在西元元年的一天，約瑟和馬利亞流浪到耶路撒冷城，當時夜黑風高，凜冽的東北風呼嘯著，裹起生硬的沙礫，打在人臉上陣陣刺痛。不巧此時馬利亞的肚子開始劇烈疼痛起來，他們又找不到合適的房子住宿，只好借住在附近一個馬棚裡。隨著一聲嬰兒的啼哭，馬利亞在馬槽裡生下了一名男嬰，這就是耶穌。

倉皇逃命

耶穌將成爲未來猶太人之王，這個消息不脛而走，很快就傳進了當時的猶太國國王耳裡，國王十分震怒，下令殺死全城所有這天出生的男嬰。

【人文歷史百科】

耶穌

基督教信仰的救世主，基督教的創始人。其稱號「基督」為希伯來文彌賽亞（意為受膏者，原指上帝派來拯救以色列的救世主）之希臘文譯音。根據《新約》四福音書的記載，耶穌是上帝之子，由童貞女馬利亞受聖靈感孕，生於伯利恆城客店的馬廄之中。

可憐的約瑟和馬利亞爲了保護上帝之子——耶穌，不得不四處逃難，最後他們來到埃及，直到那位下令殺死他的國王去世後，耶穌才隨著父母返回故土。但他們不敢回到伯利恆，因爲此時統治耶路撒冷的，正是下令要殺死耶穌的那個國王的兒子，約瑟一家只好遷到巴勒斯坦北部的加利利，住在拿撒勒城，因此，耶穌又被稱爲拿撒勒人。

隨著時間的流逝，耶穌漸漸長大

了。當他十二歲時，隨母親馬利亞來到神殿後便流連忘返，再也不願離開。馬利亞在神殿裡找到他，要他回家，耶穌卻說：「這是我父親的家，難道不正是我的家嗎？」年輕的耶穌早意識到自己是上帝之子，肩負著拯救人類的使命。從此，耶穌用自己的雙腳走遍了中東各地，瞭解民間疾苦。

河邊洗禮

有一天，耶穌來到了約旦河西岸，遇到一位名叫約翰的施洗者。約翰一邊口誦禱文，一邊爲立在水中的耶穌施以洗禮。受了洗禮，就等於接受了上帝的聖靈。在上帝的幫助下，耶穌漸漸長大成人，到了三十歲，耶穌開始外出傳教，廣收門徒，勸說人們信仰上帝。他說世間萬物皆有罪，只有忍受人間疾苦、求得上帝寬恕的人，死後才能夠到天國。一天，他指著一棵無花果樹說：「從今以後，你永遠不結果子！」那棵無花果樹頃刻間就枯死了。人們無法理解，耶穌就宣揚說：「只要你誠心信仰上帝，就有力量把一座山移到海裡去！」他教育人們要仁愛和睦、虛心忍受，多做善事。能做到其中一條的人，就是上帝之子。

耶穌在傳教的過程中，不斷爲窮苦人做好事，免費爲他們治病，無私地幫助他們，慢慢累積起越來越多人的崇拜

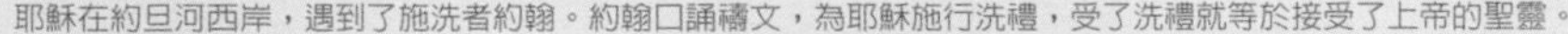

↓**河邊洗禮，油畫，十五世紀吉蘭達約作品**
耶穌在約旦河西岸，遇到了施洗者約翰。約翰口誦禱文，為耶穌施行洗禮，受了洗禮就等於接受了上帝的聖靈。

→最後的晚餐，油畫，十五世紀吉蘭達約作品
《最後的晚餐》是耶穌基督的門徒之一猶大向羅馬當局告密，出賣導師耶穌的宗教傳說。畫面當中坐著的是耶穌，他正在對十二個門徒說：「你們中間有一個出賣了我。」餐桌上坐著的十二個門徒，個個神情各異。

和信仰。他從信仰者中招了十二位門徒，經常講天國的道理給他們聽，他教導信徒說：「窮人在精神上是有福的，因爲他們的精神屬於天國；悲痛的人是有福的，因爲他們將得到安慰；懦弱者是有福的，因爲他們將得到土地；渴求正義的人是有福的，因爲他們將得到滿足；仁慈的人是有福的，因爲他們將獲得仁慈。」

十字架上的重生

耶穌的傳教活動，得到了廣大民眾的敬仰，卻遭到統治者和猶太祭司長的仇視。他們聯合當地的羅馬總督迫害耶穌，用三十塊銀幣買通了耶穌十二門徒之一的猶大，耶穌被捕且安上了「謀叛羅馬」、「自稱猶太王」的罪名。他受盡打罵和侮辱後，被處以死刑，最後被殘酷地釘在十字架上，慢慢受苦而死。他死的那一天，被後世定爲耶穌受難日。三天後，耶穌復活了，升天而去，並顯靈在信徒面前，教導他們要拯救受苦受難的人類。耶穌的信徒們牢記耶穌的教誨，前仆後繼，飽經風霜，以不屈不撓的的精神傳播基督教，使得基督教的影響日漸擴大。最後在西元四世紀時，羅馬統治者將其定爲國教，衍生爲世界三大宗教之一。

第四十天，耶穌升入天堂。耶穌復活的那天，恰巧是春分日，全球晝夜等長，像這樣的天數全年僅有兩天，此日又是月圓的第一個星期日，更賦予這天更多的神祕色彩，基督教將這一天命名爲「復活節」，並將耶穌的生日——每年的12月25日定爲「耶誕節」。「復活節」和「耶誕節」都是今日西方國家的重要節日。

101.君士坦丁大帝

君士坦丁不但是羅馬帝國後期最著名的皇帝，同時也是影響基督教發展的人物，他頒布的《米蘭敕令》，承認了基督教的合法地位。

私生子的身分

據說，君士坦丁是康士坦提烏斯與其第一任妻子赫蓮娜的私生子。赫蓮娜原是一家小旅店的奴僕。康士坦提烏斯年輕時整天四處遊樂，有一天遇上了赫蓮娜。赫蓮娜長得十分美麗，一下子就吸引住了這個王公，之後便產下君士坦丁。不過也有一種說法是，赫蓮娜是小旅店的主人，她與康士坦提烏斯在結婚之後，才有了君士坦丁。

西元293年，康士坦提烏斯被任命為凱撒，那時的君士坦丁年約十八歲。

康士坦提烏斯在被任命為凱撒之後，又覓得新歡，他與西方奧古斯都馬克西米安努斯的女兒結婚。這給君士坦丁的母親帶來了傷害，她只能接受被冷落的辛酸。而這時的君士坦丁正在戰場上奮勇殺敵，為東方的奧古斯都戴克里先效命。在戰場上的他表現出了卓越的才能，但並未被任命為凱撒。康士坦提烏斯於305年5月遞補為西方的奧古斯都，這時君士坦丁才回到了父親身邊。

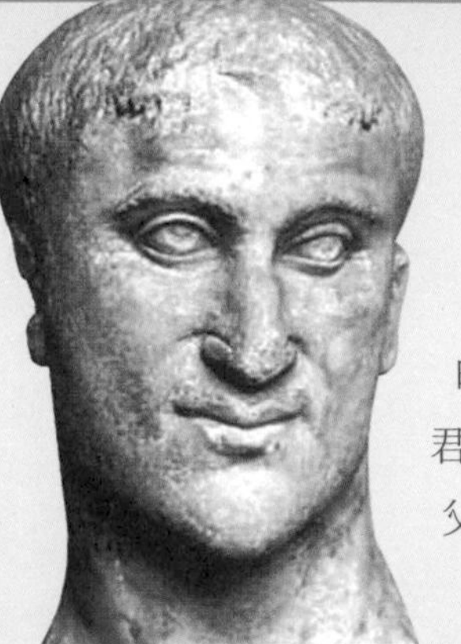

↑君士坦丁頭像

可悲的是，康士坦提烏斯在當上奧古斯都僅十五個月就死了。此時君士坦丁在戰爭中已經建立了自己的聲望，因而受到軍隊擁護成為繼任的奧古斯都。

一山不容二虎

君士坦丁野心勃勃，他夢想建立一個廣大國家，成為名符其實的奧古斯都。西元307年左右，他迫使繼承戴克里先之位的東方奧古斯都授予他「凱撒」稱號，但這僅僅意味著他在西方確立了統治地位，與他的夢想還差很遠。他又花了六年時間與他的對手們較量。西元312年，他擊敗了於義大利自稱凱撒的馬

←君士坦丁金幣

君士坦丁隨父轉戰於不列顛，西元306年父死後由軍隊擁立為奧古斯都，於312年侵入義大利。他後來與東羅馬皇帝李錫尼結盟，316年奪取李錫尼在巴爾幹半島的領地。324年在阿德里亞堡和克里索普利斯大敗李錫尼，戰勝了所有帝位競爭者，成為帝國的獨裁統治者。

克森提烏斯，進駐羅馬，並占據了義大利、非洲和西班牙，成爲一位眞正的奧古斯都。

他的強大引起了鄰近君主的敬慕和擔憂。當時統治著巴爾幹半島和伊利里亞的另一個奧古斯都李錫尼，到米蘭來提親，想與君士坦丁之姐結婚，締結聯姻之親，君士坦丁痛快地答應了。他們之間也建立起了聯盟和友誼，並共同簽署了著名的《米蘭敕令》。從那時起，基督教才得到了合法的地位。君士坦丁是第一個正式承認基督教的君主，這是對基督教的認同，也意味著他們尋求宗教以支持統治。而這次通婚也使得整個羅馬世界出現兩個君主。

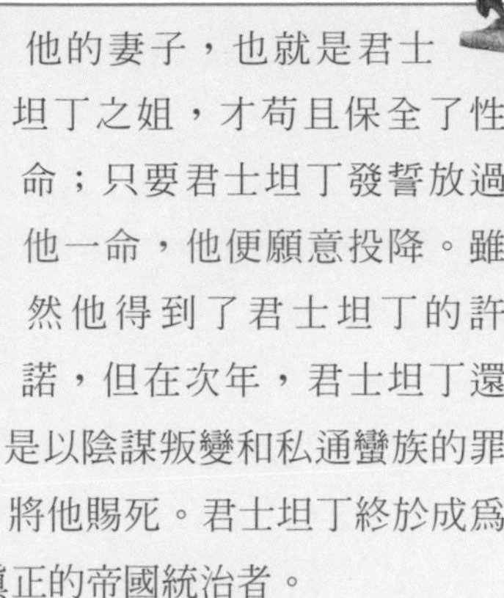
↑君士坦丁紀念像

兩雄並立的局面維持了不到一年，兩強於西元314年開戰。這次戰爭兩方都未取得決定性的勝利，簽定了停戰和約。和平局面並沒有維持多久，雙方便再次開戰，君士坦丁憑藉其非凡的軍事才能，取得了最後的勝利。李錫尼透過他的妻子，也就是君士坦丁之姐，才苟且保全了性命；只要君士坦丁發誓放過他一命，他便願意投降。雖然他得到了君士坦丁的許諾，但在次年，君士坦丁還是以陰謀叛變和私通蠻族的罪名，將他賜死。君士坦丁終於成爲了眞正的帝國統治者。

【人文歷史百科】

《米蘭敕令》

西元313年，君士坦丁頒布了歷史性的《米蘭敕令》，宣告人人享有宗教自由，並把基督教定為國教。此後，社會上一些中上層人士為了求得精神上的安慰，也紛紛加入基督教會，教會中出現了一些富裕的教徒，基督教的基礎已產生了變化。西元五世紀，羅馬大主教逐漸成了拉丁語地區的宗教領袖，與東部君士坦丁堡教會分別形成東、西兩大信仰中心。

保護基督教

君士坦丁成爲眞正的帝國統治者之後，開始惴惴不安。他深知帝國統一來之不易，便想方設法鞏固帝國統治權。

↓君士坦丁凱旋門浮雕
表現了君士坦丁西元324年大敗李錫尼的場景。

他希望由自己親手建立起來的大帝國能永遠傳承下去，也希望子孫們能和他一般風光。他經常到各地去巡查，視察各省的情況和各地軍隊的情況。

帝國畢竟幅員遼闊，難以管理，於是他任命長子克里斯普斯爲「凱撒」，委以重任，保衛萊因河並治理高盧一帶。這引起了克里斯普斯的繼母，也就是君士坦丁後任妻子的嫉恨。她在君士坦丁的面前說，克里斯普斯調戲自己，君士坦丁不問眞相就把兒子處死了；眞相大白之後，這位繼母也被處死。但她的三個兒子被任命爲「凱撒」，管理帝國的各個地區：君士坦丁二世掌管西班牙、高盧和不列顛；康士坦提烏斯二世掌管亞洲行省和埃及；康士坦斯掌管義大利、西伊利里亞和非洲。君士坦丁這般安排，乃是爲了避免大權旁落。

←君士坦丁頒布《米蘭赦令》

爲了維護自己的統治，君士坦丁也想到利用宗教，尤其基督教教義是有利於維護統治的。所以他對基督教加以保護，給予基督教許多的特權：免除基督教僧侶的徭役，賦予主教審判權，並且授予教會接受遺產、饋贈以及釋放奴隸的特權。

同時，君士坦丁也深知軍隊的重要性，爲了讓軍權眞正掌握在自己的手裡，他取消了原來的近衛軍，建立起宮廷親衛隊。但當時的軍源嚴重不足，他就號召蠻族人當兵，越來越多蠻族被編入軍隊，後來甚至還出現了一支由四萬哥德人組成的「同盟者」。

帝國的沒落

君士坦丁雖然把權力分配給了自己最親近的人，將權力牢牢掌握在自己人手裡，但親兄弟爲了權力也會自相殘殺的。長久的安寧也使軍隊失去了原有的戰鬥力，造成軍紀鬆弛。

爲了加強中央集權，君士坦丁建立了龐大的官僚機構，

←君士坦丁凱旋門浮雕

凱旋門人物雕像栩栩如生，中間大拱門上面的碑文說明建造凱旋門的由來。碑文是：獻給崇高偉大真明幸福皇帝凱撒．佛拉維奧．君士坦丁．馬西摩，他蒙神明默感並以卓越智慧仗義率軍作戰，平息虐王叛亂，適時消滅黨派紛爭，力求建立國家，元老院與羅馬人民謹立此勝利凱旋門。

【人文歷史百科】

拜占廷帝國

拜占廷帝國是羅馬帝國的後繼者東羅馬帝國的別稱。西元330年，羅馬皇帝君士坦丁一世在古希臘移民城市拜占廷舊址定都，並改名為「君士坦丁堡」。西元395年，羅馬帝國分裂為東、西兩部。東羅馬帝國建都君士坦丁堡，因此又稱「拜占廷帝國」。帝國版圖橫跨歐、亞、非三洲交界處，領土以巴爾幹半島和小亞細亞為中心，包括亞美尼亞、敘利亞、巴勒斯坦、美索不達米亞和埃及。

還設立了一套嚴格的階級制度與之相應，但官員卻逐漸官僚化和腐敗化。他們享有眾多特權如免納租稅、免受拷打、唯受元首審判等。這些人的最高職責就是效忠於君主，君主的意志即是唯一的法律。國家的最高公職人員，也就是皇帝的總管。帝國的政務與皇帝的私人事務，也已無法區分了。

西元330年，君士坦丁正式宣布定都拜占廷，徹底拋棄了羅馬。不僅捨棄羅馬，也拋棄了羅馬所代表的共和制，確立君主專制。

君士坦丁爲了維護自己的統治，頒布法令恢復領主殺害奴隸的權力，還准許貧民出賣子女爲奴，確認領主有權把「無禮的」被釋奴隸及其子女一起重新變爲奴隸。用來對付奴隸的嚴峻刑法也被用於其他貧苦的勞動者，特別是隸農。奴隸制社會的行爲規範施加在隸農的身上，隸農們被打上了奴隸烙印。與此同時，其他居民如城市手工業者也喪失了人權，不能自由脫離其所屬的手工業公會。在這般君主制的統治下，人民的生活狀況急劇惡化。然而憂患還不止這些，蠻族人開始在帝國的邊境策馬揚鞭，薩爾馬泰人遷移到多瑙河邊界，汪達爾人也遷移到了班諾尼亞。

西元337年，君士坦丁身患重病。但身患重病的他，堅持讓教士爲他做施行人生第一次，也是最後一次的洗禮。幾天後，君士坦丁在尼科米提駐地去世。

↓**君士坦丁凱旋門，西元 312年，古羅馬**

君士坦丁凱旋門是羅馬城現存三座凱旋門中，年代最晚的一座。它是為慶祝君士坦丁大帝於西元312年徹底戰勝強敵馬克森提，並統一帝國而建的。這是一座三拱的凱旋門，高21公尺，面闊25.7公尺，進深7.4公尺。由於它調整了高與寬的比例，橫跨在道路中央，顯得形體巨大。尤其它上面所保存的羅馬帝國各個重要時期的雕刻，更是一部生動的羅馬雕刻史。

102.奧古斯丁

奧古斯丁的神學在西歐基督教會中曾居於最高地位，他還被後人奉為聖人，稱作「聖奧古斯丁」。

信仰摩尼教

奧古斯丁出生在北非離塔加斯特城大約六十公里的一個小鎮上。他的父親巴特里亞烏斯是當地的多神教教徒，以寬容異教著稱；他的母親蒙尼卡出身羅馬貴族，是個虔誠的基督教正統教徒，她堅定的信仰影響了奧古斯丁。

奧古斯丁十二歲時，到了塔加斯特城一所學校學習，後來他又進入馬都拉城進修雄辯術，而後又轉到迦太基主攻修辭學。或許迦太基的生活過於安逸，也許簡單的課程無法滿足他，奧古斯丁的生活充滿了任性和放蕩。但這並不代表他放棄了學習，他反而更注重自己的文學修養，從閱讀羅馬著名作家西塞羅的作品開始，他愛上了哲學，之後又閱讀了柏拉圖和亞里斯多德的一些著作，

↓**摩尼和他的信徒，宗教插圖**

奧古斯丁在信仰基督教前，曾經有九年之久是摩尼教的聽者（普通信徒）。

【人文歷史百科】

摩尼

摩尼是摩尼教創始人，出生在底格里斯河畔的瑪第奴，父親是當地基督教異端教派諾斯替派中一支浸禮教派的信徒。摩尼從小深受諾斯替教派善惡二元論思想的薰陶。據稱他在十二歲和二十四歲時，受到推因神的點化，命他在人世間傳授一種新的宗教，以拯救這個充滿罪惡和苦難的世界。從此，他自命為推因神派遣到塵世來的「光明使者」，開始傳教活動。

同時還是研究星相、占卜的行家。在任性和放蕩中，他的博學異常突出，而這種博學又成了他追求榮譽的基石。

西元373年，奧古斯丁加入了北非三大教派之一的摩尼教，想在裡頭一展身手。北非三大教派分別是摩尼教、基督教的朵拉圖斯派和基督教正統派。基督教的朵拉圖斯派在西元313年《米蘭赦令》公布後，便失去了合法地位；而當時的基督教正統派勢力還未發展起來，短時間內看不出有什麼大變化。於是，熱烈追求榮譽的奧古斯丁加入了摩尼教，他把摩尼教當作靠山及關鍵時的擋箭牌。

奧古斯丁的意圖隨著摩尼教的發展表現出來了。四世紀中後期，基督教正統派逐步與羅馬政權結合，教會的勢力隨之擴大，使摩尼教在北非的發展受到影響，奧古斯丁立即疏遠了摩尼教。

改信基督教

西元375年，奧古斯丁從迦太基的學校畢業後，回到出生地塔加斯特城教授雄辯術，並於次年返回迦太基的學校。雖然他在迦太基的學校教了七年，但並未受到學校的青睞和學生的歡迎。學校生活裡的窘境讓他待不下去，於是在383年動身前往羅馬。

到羅馬後，他仍然以教授雄辯術為生，同時對新柏拉圖主義產生了濃厚的興趣。新柏拉圖主義是一種唯心主義，宣揚神是萬物的源泉和歸宿，這種哲學思想構成了奧古斯丁哲學的基礎。

↓雄辯術教授
奧古斯丁在迦太基的學校裡教了七年雄辯術。

在羅馬待了一年左右，奧古斯丁透過摩尼教徒的幫助，獲得了到米蘭教授雄辯術的機會。西元384年左右，奧古斯丁到了米蘭之後，首先去拜訪當時地位顯赫的米蘭大主教安布羅西，以求得他的庇護。奧古斯丁為了討安布羅西的歡心，在他講道的時候，奧古斯丁始終擺著一副入迷的狀態，將懺悔的表情形之於臉上，甚至悔意十足地說自己過去信奉摩尼教是天大的罪過。

聽了安布羅西兩年左右的傳道後，奧古斯丁表示要徹底懺悔，要把自己獻給上帝。為了表達自己的誠意，他辭去了教職。西元387年4月24日，奧古斯丁如願地接受安布羅西為他主持的洗禮。

打擊異教

接受完安布羅西的洗禮後，奧古斯丁於西元388年返回了家鄉。按當地修道院的要求，他要隱居三年。隱居三年，足將以雄辯著稱的奧古斯丁毀滅。他借著隱修的名義四處活動，並建立了一個小型宗教團體。為了擴展勢力，他不惜使用各種手段。摩尼教強盛時曾成為他的護身符，為了討好安布羅西，他與摩尼教劃清了界線；而現在，他又開始攻擊摩尼教了。

為了增加攻擊力，他寫了幾本論著攻訐摩尼教；在公開的辯論會上，對摩

尼教的攻擊更顯露了他卓越的辯才。隨著對摩尼教的攻擊，奧古斯丁聲名日隆。西元391年，「隱居」期滿的奧古斯丁前往希波城拜謁該城主教瓦勒里烏斯，並透過辯才爲自己贏得了信任，還成功地當選希波教會的神父，成爲瓦勒里烏斯的助手。

西元382年，羅馬皇帝狄奧多西頒布法令取締異教，並扶助基督教正統派成爲羅馬國教。奧古斯丁自從上任神父後，就開始參與打擊朵拉圖斯教派和阿哥尼斯特斯運動。西元393年，奧古斯丁利用朵拉圖斯教派內部發生的分歧，對其進行攻擊，同時利用羅馬軍鎮壓茅利塔尼亞的柏柏爾人起義的機會，鼓動大地主強迫隸農改信正統派教。

↓**奧古斯丁在希波城，油畫**
西元391年，奧古斯丁成為希波城主教的助手，五年後主教去世，當時四十二歲的奧古斯丁成了希波城的新主教，在隨後的餘生中一直擔任此職。

【人文歷史百科】

朵拉圖斯教派

朵拉圖斯派教派形成於四世紀，它保留了早期基督教的一些特點，如教會財產共有、反對教會和羅馬政權結合等。後來朵拉圖斯教派內部產生分歧，有人主張武裝抗爭，有人反對。在激烈的爭辯之後，部分人發動了宗教起義。奧古斯丁趁機向朵拉圖斯教派發動攻擊，羅馬當局對他們採取了血腥的迫害和殘酷的鎮壓。

在和朵拉圖斯教派的周旋中，奧古斯丁一面對其進行假意的退讓，一面向羅馬政府提供朵拉圖斯教派的祕密情報。在奧古斯丁的「努力」下，羅馬皇帝於西元405年2月宣布朵拉圖斯教派爲非法，並對其進行鎮壓，殺害了許多教徒。

西元411年，奧古斯丁在迦太基宗教會議上，與朵拉圖斯教派代表展開了舌戰。由於主持人──正統派教徒馬爾策林的偏袒，辯論會演變成了對朵拉圖斯教派的審判。

西元412年1月30日，羅馬皇帝宣布朵拉圖斯教派有罪。同時規定，如果朵拉圖斯派教徒不脫離該教，將沒收其財產，並實施肉刑。這次行動沒收了朵拉圖斯教派所有的教堂，並對教徒進行了一番殺戮。

奧古斯丁的著作

奧古斯丁不但熱中於打擊異教，還熱中於寫作。據統計，奧古斯丁寫了大約九十三種論著，還有兩百七十六封信件，具有代表性的著作是《懺悔錄》和《上帝之城》。

《懺悔錄》約作於西元396年至401年，以自傳體的形式寫成，共十三卷。第一部分寫他加入基督教前的種種經歷，並對過去的經歷後悔不已，認爲自己誤入歧途，犯了不少罪，表達了自己虔誠向上帝懺悔的願望。第二部分主要是對《舊約・創世紀》第一章做注釋，歌頌上帝六天創造世界的偉業。在這本書中，奧古斯丁把自己描繪成一個熱愛眞理的人，並得出信奉基督教最符合眞理的結論。

《上帝之城》約寫於西元413年至426年，是奧古斯丁闡述其宗教思想和歷史哲學的一本著作。在《上帝之城》的第一部分，他對羅馬的宗教和歷史進行了論述，闡言缺少基督教是造成他們災難的根源。在第二部分中奧古斯丁宣稱，天地之間有兩種城，即地上之城和上帝之城。地上之城的罪是由魔鬼撒旦造成的，地上之城是不完全的，最終會毀滅，而上帝之城是完美而永恆的。當耶穌再次降臨人間進行末日審判時，教會領導的地上之城，將會變成上帝之城。透過對這兩種城的論述，奧古斯丁表達了教會權力優於一切俗世政權的思想。

↓奧古斯丁在宣講教義，宗教插圖

奧古斯丁是黑暗時代最偉大的基督教神學家，他的著作在牧師中擁有廣泛的讀者。他的有關拯救、性、原罪以及許多其他觀點，都產生了重要的影響。許多後來的天主教神學家，如阿奎那以及新教徒領袖如馬丁・路德和喀爾文，都受到他的啓發。

國家圖書館出版品預行編目資料

圖解世界史－古代卷／郭豫斌主編 .
——三版 . —— 臺中市　：好讀，2023.08
面：　公分，——（圖說歷史；3）

ISBN 978-986-178-675-9（平裝）

1. 世界史　2. 古代史

712.4　　　　112011153

好讀出版

圖說歷史02

圖解世界史：古代卷【彩圖解說版】

主編／郭豫斌
總編輯／鄧茵茵
文字編輯／林碧瑩、莊銘桓
美術編輯／李靜姿、林姿秀
行銷企劃／劉恩綺
發行所／好讀出版有限公司
台中市 407 西屯區工業 30 路 1 號
台中市 407 西屯區大有街 13 號（編輯部）
TEL:04-23157795 FAX:04-23144188 http://howdo.morningstar.com.tw
（如對本書編輯或內容有意見，請來電或上網告訴我們）
法律顧問　陳思成律師

線上讀者回函
獲得好讀資訊

讀者服務專線／ TEL：02-23672044 / 04-23595819#230
讀者傳眞專線／ FAX：02-23635741 / 04-23595493
讀者專用信箱／ E-mail：service@morningstar.com.tw
網路書店／ http : //www.morningstar.com.tw
郵政劃撥／ 15060393（知己圖書股份有限公司）
印刷／上好印刷股份有限公司
如有破損或裝訂錯誤，請寄回知己圖書更換

三版／西元 2023 年 8 月 1 日
定價： 399 元

Published by How-Do Publishing Co., Ltd.
2023 Printed in Taiwan

ISBN 978-986-178-675-9